REVISTA DE DIREITO MERCANTIL
industrial, econômico e financeiro

128

Publicação do
Instituto Brasileiro de Direito Comercial Comparado
e Biblioteca Tullio Ascarelli
do Departamento de Direito Comercial
da Faculdade de Direito da Universidade de São Paulo

Ano XLI (Nova Série)
outubro-dezembro/2002

MALHEIROS EDITORES

REVISTA DE DIREITO MERCANTIL

industrial, econômico e financeiro

Nova Série — Ano XLI — n. 128 — outubro-dezembro de 2002

REVISTA DE DIREITO MERCANTIL
publicação trimestral de
MALHEIROS EDITORES LTDA.
Rua Paes de Araújo, 29, conjunto 171
CEP 04531-940
São Paulo, SP - Brasil
Tel. (011) 3078-7205
Fax: (011) 3168-5495

Diretor Responsável: Álvaro Malheiros
Diretora: Suzana Fleury Malheiros

Assinaturas e comercialização:
CATAVENTO DISTRIBUIDORA DE
LIVROS S.A.
Rua Conselheiro Ramalho, 928
CEP 01325-000
São Paulo, SP - Brasil
Tel. (011) 289-0811
Fax: (011) 251-3756

Supervisão Gráfica: Vânia Lúcia Amato
Composição: *Scripta*

SUMÁRIO

DOUTRINA

A DISCIPLINA DO DIREITO DE EMPRESA NO NOVO CÓDIGO CIVIL BRASILEIRO
— Luiz Gastão Paes de Barros Leães 7

ASSOCIAÇÕES E SOCIEDADES
— Rachel Sztajn 15

ATUALIDADES

CONTROLE PÚBLICO E SOCIAL DOS MEIOS DE COMUNICAÇÃO
— Fábio Konder Comparato 27

A DISCIPLINA DO AVAL NO NOVO CÓDIGO CIVIL
— Rachel Sztajn e Haroldo Malheiros Duclerc Verçosa 33

DA COMPETÊNCIA DAS AGÊNCIAS REGULADORAS PARA INTERVIR NA MUDANÇA DE CONTROLE DAS EMPRESAS CONCESSIONÁRIAS
— Arnoldo Wald 41

O NOVO MERCADO DA BOVESPA E O COMPROMISSO DA SOCIEDADE DE ECONOMIA MISTA COM PRÁTICAS DE BOA GOVERNANÇA CORPORATIVA
— Mario Engler Pinto Junior 54

PARTICULARIDADES DO CONSELHO DE ADMINISTRAÇÃO DAS SOCIEDADES ANÔNIMAS
— João Luiz Coelho da Rocha 61

O PROTESTO DE BOLETOS BANCÁRIOS
— Jean Carlos Fernandes 66

DA NECESSIDADE DE SE REPENSAR A PRAXE DA DUPLICATA MERCANTIL
— Bruno Resende Rabello 75

O SISTEMA DE DEFESA COMPOSTO NO PEDIDO DE FALÊNCIA — COMPREENSÃO DA OPOSIÇÃO FALIMENTAR
— Vinícius Jose Marques Gontijo 91

UMA ANÁLISE JURÍDICA DO ESTUDO E GERENCIAMENTO DOS RISCOS ENVOLVIDOS NA ATIVIDADE FINANCEIRA E SEU TRATAMENTO ATUAL NO BRASIL
— Almir Rogério Gonçalves 102

O NOME EMPRESARIAL NO NOVO CÓDIGO CIVIL

— JOÃO MARCOS SILVEIRA 122

A TEORIA DA DESCONSIDERAÇÃO DA PESSOA JURÍDICA NO NOVO CÓDIGO CIVIL

— JOSÉ TADEU NEVES XAVIER 138

A RESPONSABILIDADE DOS ADMINISTRADORES E AS ALTERAÇÕES PROMOVIDAS NO ÂMBITO DA RESPONSABILIDADE CIVIL NO NOVO CÓDIGO CIVIL, DE UMA FORMA GERAL

— RUI BELFORD DIAS 150

A RECUPERAÇÃO DA EMPRESA EM CRISE DIANTE DO DECRETO-LEI 7.661/1945

— RICARDO TEPEDINO 165

ESPAÇO DISCENTE

AS CONSTANTES MUDANÇAS LEGISLATIVAS NO MERCADO DE CAPITAIS E SEUS EFEITOS

— ANA PAULA GORDILHO PESSOA 175

O JOGO DE XADREZ DA DIPLOMACIA BRASILEIRA

— JOÃO OTÁVIO BENEVIDES DEMASI 194

TEXTOS CLÁSSICOS

DO SISTEMA ACIONÁRIO — UMA ANÁLISE NEGOCIAL

— WALTHER RATHENAU (traduzido por NILSON LAUTENSCHLEGER JR., com a nota introdutória "Relato breve sobre Walther Rathenau e sua obra: *A teoria da empresa em si*") 199

JURISPRUDÊNCIA COMENTADA

CONFLITO DE INTERESSES: FORMAL OU SUBSTANCIAL? NOVA DECISÃO DA CVM SOBRE A QUESTÃO

— ERASMO VALLADÃO A. E N. FRANÇA 225

PARECERES

OS CONCEITOS DE "EBITDA", "BRAZILIAN GAAP" E "JUROS SELIC"

— LUIZ GASTÃO PAES DE BARROS LEÃES 263

LEI DE FALÊNCIAS — ALIENAÇÃO DE ESTABELECIMENTO DA CONCORDATÁRIA

— PAULO FERNANDO CAMPOS SALLES DE TOLEDO 275

COLABORAM NESTE NÚMERO

ALMIR ROGÉRIO GONÇALVES

Advogado em São Paulo

ANA PAULA GORDILHO PESSOA

Aluna da Faculdade de Direito da Universidade de São Paulo — USP

ARNOLDO WALD

Doutor em Direito pela Faculdade Nacional de Direito. Professor Catedrático de Direito Civil da Faculdade de Direito da Universidade do Estado do Rio de Janeiro. Advogado

BRUNO RESENDE RABELLO

Formado pela Faculdade de Direito da Universidade Federal de Minas Gerais — UFMG. Professor de Teoria Geral do Processo e Direito Processual Civil da Faculdade de Direito de Sete Lagoas e da Escola Superior do Ministério Público. Mestrando em Direito Comercial pela Faculdade de Direito da UFMG. Advogado

ERASMO VALLADÃO A. E N. FRANÇA

Professor-Doutor de Direito Comercial da Faculdade de Direito da Universidade de São Paulo — USP

FÁBIO KONDER COMPARATO

Doutor *Honoris Causa* da Universidade de Coimbra. Doutor em Direito pela Universidade de Paris. Professor Titular da Faculdade de Direito da Universidade de São Paulo — USP

HAROLDO MALHEIROS DUCLERC VERÇOSA

Mestre e Doutor em Direito Comercial pela Universidade de São Paulo — USP. Professor de Direito Comercial das Faculdades de Direito da USP e da FAAP. Membro do Centro de Mediação e Arbitragem da Câmara de Comércio Brasil-Canadá. Consultor

JEAN CARLOS FERNANDES

Mestre em Direito Comercial pela Faculdade de Direito da Universidade Federal de Minas Gerais — UFMG. Professor Universitário. Advogado em Belo Horizonte/MG

JOÃO LUIZ COELHO DA ROCHA

Professor de Direito Comercial da Pontifícia Universidade Católica do Rio de Janeiro — PUC/RJ. Advogado

JOÃO MARCOS SILVEIRA

Formado pela Faculdade de Direito da Universidade de São Paulo — USP, com Pós-Graduação em Propriedade Industrial pelo CEIPI — *Centre d'Études Internationales de la Propriété Industrielle*, Universidade de Estrasburgo, França. *Master of Intellectual Property* pelo Franklin Pierce Law Center, Concord, N. H., EUA. Advogado

JOÃO OTÁVIO BENEVIDES DEMASI

Estudante de Direito da UNESP-Franca. Jogador de xadrez

JOSÉ TADEU NEVES XAVIER

Mestre e Doutorando em Direito pela Universidade Federal do Rio Grande do

Sul — UFRS. Advogado da União. Professor Substituto na UFRS. Professor na Universidade do Vale do Rio dos Sinos — UNISINOS, na Escola da Magistratura do Trabalho do Rio Grande do Sul — FEMARS, no Instituto de Desenvolvimento Cultural — IDC, na Escola da Magistratura do Rio Grande do Sul — AJURIS e na Fundação Escola da Defensoria Pública do Rio Grande do Sul — FESDEP

LUIZ GASTÃO PAES DE BARROS LEÃES

Professor Titular da Faculdade de Direito da Universidade de São Paulo — USP. Advogado

MARIO ENGLER PINTO JUNIOR

Procurador Geral Adjunto do Estado de São Paulo

NILSON LAUTENSCHLEGER JR.

Mestre em Direito Comercial pela Universidade de Munique, Alemanha. Doutorando da mesma Universidade. Advogado em São Paulo

PAULO FERNANDO CAMPOS SALLES DE TOLEDO

Professor de Direito Comercial da Faculdade de Direito da Universidade de São Paulo — USP. Coordenador do Curso de Especialização em Direito Comercial da Escola Paulista da Magistratura. Advogado

RACHEL SZTAJN

Professora Associada da Faculdade de Direito da Universidade de São Paulo — USP

RICARDO TEPEDINO

Advogado em São Paulo

RUI BELFORD DIAS

Advogado no Rio de Janeiro

VINÍCIUS JOSE MARQUES GONTIJO

Professor no Curso de Mestrado da Faculdade de Direito Milton Campos, nos Cursos de Graduação em Direito da Universidade Federal de Minas Gerais — UFMG e da Pontifícia Universidade Católica de Minas Gerais — PUC/MG. Mestre e Doutorando em Direito Comercial pela UFMG

Doutrina

A DISCIPLINA DO DIREITO DE EMPRESA NO NOVO CÓDIGO CIVIL BRASILEIRO[1]

LUIZ GASTÃO PAES DE BARROS LEÃES

"Lo studio storico è complemento dello studio dogmatico; il quale se ci mostra quali sono i principi della scienza del diritto privato, desidera e vuole poi che si richiamino alle loro origini di ragione e di fatto perché siano intesi bene e tenuti nei propri confini e stimati nel giusto valore" (Federigo Del Rosso, *Alcuni Cenni sulla Logica del Diritto Privato Civile*, Pisa, 1836, p. 68).

1. A unificação da matéria obrigacional e o Direito de Empresa. 2. O Código Civil como lei básica e o fenômeno da decodificação. 3. A atividade negocial e o Direito de Empresa. 4. O Direito de Empresa.

1. A unificação da matéria obrigacional e o Direito de Empresa

O novo Código Civil brasileiro introduziu, na sua parte especial, e logo após o Livro dedicado ao Direito das Obrigações, sem solução de continuidade, dispositivos relativos ao que denomina de *Direito de Empresa* (arts. 966 a 1.195), que eram desconhecidos do Código anterior. Confessadamente inspirado no Código Civil italiano de 1942, a ponto de repetir alguns artigos do Código peninsular relativos à disciplina da empresa (inserida no Capítulo relativo ao Direito do Trabalho), o novo Código mostra-se fiel à longa tradição do Direito brasileiro, consagrando a idéia da unificação da matéria obrigacional e inscrevendo no âmbito do Direito das Obrigações a disciplina do Direito das Empresas, considerado como um desdobramento imediato e natural daquele.

De fato, a unificação das obrigações no Direito brasileiro já se mostrava praticamente instaurada em nosso meio, em pleno Império, desde o seu primeiro monumento legislativo, ou seja, o Código Comercial de 1850, cujo art. 121 estabelecia, faz mais de 150 anos, que, salvo modificações e restrições nele estabelecidas, "as regras e disposições do Direito Civil para os contratos em geral são aplicáveis ao contratos comerciais". Já então, portanto, a matriz da matéria obrigacional era a lei civil, composta, na época, por um cipoal de regras a que faltava o fio ordenador que só viria a se introduzir no Direito brasileiro — se abs-

1. Comunicação feita no "Colloquio Internazionale" sobre "Il nuovo Codice Civile del Brasile e il sistema giuridico latinoamericano", realizado em Roma, entre os dias 23-25 de janeiro de 2003, no Istituto Ítalo-Latino Americano (IILA), Palazzo Santacroce, patrocinado pela Università degli Studi di Roma "Tor Vergata".

trairmos a *Consolidação das Leis Civis*, de 1858, de Teixeira de Freitas — com o Código Civil de 1916. O propósito unificador, ora consagrado pelo novo Código, não era, pois, uma novidade no Direito nacional, tanto que o mesmo Teixeira de Freitas, incumbido em 1859 pelo Governo Imperial de elaborar um *Esboço de Código Civil*, entregue um lustro depois, mas antecipado em folhetins, já propusera pioneiramente a unificação do Direito Privado das Obrigações.

Em 1900, na comissão revisora do Código Civil de Clóvis Beviláqua, Bulhões de Carvalho voltou a aventar a mesma idéia de unificação, que foi, ainda uma vez mais, e ao arrepio da vocação brasileira, considerada prematura. Em 1912, Inglês de Souza, incumbido de elaborar um Projeto de Código Comercial, entendeu igualmente que não devia limitar-se a esse Código, e apresentou emendas e aditivos que o transformariam em um Código de Direito Privado.

Nos anos que se seguem, esse movimento uniformizador das relações privadas não esmoreceu. Assim como o Código Civil italiano de 1942 foi precedido por várias tentativas frustadas de elaborar um Código das Obrigações de cunho unitário (como as idéias lançadas por Cesare Vivante em alguns escritos no fim do século XIX, principalmente na introdução de seu *Trattato*, de 1893, por Vittorio Scialoja, já no início da Primeira Guerra Mundial, em 1916, numa legislação que seria comum aos países europeus, e pelo projeto unificado franco-italiano de Código das Obrigações e dos Contratos, de 1927),[2] o novo Código Civil brasileiro também foi precedido de projetos de códigos unificados da matéria obrigacional. Em 1941, a comissão composta de Orozimbo Nonato, Philadelpho Azevedo e Hahnemann Guimarães, elaborou um Projeto de Código das Obrigações, orientado no sentido de "reduzir a dualidade de princípios aplicáveis aos negócios civis e mercantis, em prol da unificação de preceitos, que devem reger todas as relações de ordem privada". Em 1965, nova comissão de juristas, tomando como ponto de partida o anteprojeto elaborado por Caio Mário da Silva Pereira, volta a apresentar um Projeto de Código das Obrigações, desta feita com a inclusão no sistema unificado de uma terceira parte inovadora dedicada *aos empresários e às sociedades*, fato que o projeto anterior desconhecia.[3]

Frustradas essas tentativas de codificar, separada e unitariamente, a matéria obrigacional, em projetos que não prosperaram, eis que o assunto foi retomado em 1969, com a constituição de uma comissão presidida por Miguel Reale, e composta por José Carlos Moreira Alves, Agostinho Alvim, Sylvio Marcondes, Clóvis do Couto e Silva, Herbert Chamoun e Torquato Castro. A ela foi dada a orientação pelo Governo de não mais cuidar apenas da unificação da matéria obrigacional, para valer ao lado dos Códigos Civil e Comercial, mas, sim, de elaborar um projeto de Código Civil, entendido como lei básica — mas não global — do Direito Civil, conservando, em seu âmbito, o Direito das Obrigações, sem dicotomia, com a inclusão de regras relativas ao Direito das Empresas. A comissão apresentou em 1972 o respectivo anteprojeto, que viria, em 1975, a converter-se no Projeto de Lei do Poder Executivo 634-B, enviado à Câmara dos Deputados.

É esse Projeto que, após longa tramitação pelas duas Casas do Congresso brasileiro, seria convertido na Lei 10.406, de

2. Cesare Vivante, *Per un Codice Unico delle Obbligazioni*, in *Arch. Giur.*, XXIX, 1888, pp. 407 ss., e *Trattato di Diritto Commerciale*, Milão, 1893 (objeto de retratação na introdução da 5ª ed., de 1893); Vittorio Scialoja, *Per un'Alleanza Legislative fra gli Stati dell'Intesa*, in *Nuova Antologia*, 1916, p. 450; *Progetto di Codice delle Obligazioni e dei Contratti*, testo definitivo aprovato a Parigi nell'ottobre 1927, anno VI. *Projet de Code des Obligations et des Contrats*, texte definitive approuvé à Paris en octobre 1927, Roma, 1928, anno VI.

3. Rubens Requião, *Notas sobre o Projeto do Código de Obrigações*, Universidade Federal do Paraná, 1966.

10 de janeiro de 2002, que instituiu o Código Civil ora em discussão, e que entrou em vigor em 11 de janeiro último, ou seja, um ano após a sua publicação no órgão oficial (art. 2.044). Ademais, a lei em tela abriu o prazo de mais um ano, a partir de sua vigência, para que os empresários, individuais ou sociais, viessem a se adaptar às disposições do novo Código (art. 2.031).

2. *O Código Civil como lei básica e o fenômeno da decodificação*

Ao contrário do Código Civil italiano, o novo Código brasileiro não teve o propósito de promover a unificação de todo o Direito Privado, mas, apenas, a unificação do Direito comum em matéria de obrigações; assim como não alimentava a ambição de abranger todas as relações privadas, mas tão-somente a de se constituir como "*lei básica, mas não global, do direito privado*, conservando, em seu âmbito, o direito das obrigações, sem distinção entre obrigações civis e mercantis", como se adverte na exposição de motivos do projeto convertido em lei.[4]

Daí que o novo Código revoga, além do Código Civil anterior (Lei 3.071, de 1º de janeiro de 1916), apenas a parte primeira do Código Comercial, relativa ao "comércio em geral" (Lei 556, de 25 de junho de 1850), mantendo, assim, o Direito Privado dividido em dois códigos, permanecendo o Código Comercial emasculado, contendo apenas a parte relativa ao comércio marítimo (art. 2.045), com a ressalva adicional de que, salvo disposição em contrário, "aplicam-se aos empresários e às sociedades empresárias as disposições de lei não revogadas por este Código, referentes a comerciantes, ou a sociedades comerciais, bem como a atividades mercantis" (art. 2.037). Daí também porque enfatiza a exposição de motivos que o projeto "não é global", como ressaltamos, ficando, destarte, excluídas "as matérias que reclamam disciplina especial autônoma, tais como as de falência, letras de câmbio, e outras que a pesquisa doutrinária ou os imperativos da política legislativa assim o exijam".

O Código acompanha, portanto, a tese da *autonomia substancial* do Direito Mercantil e adota o processo de *unificação parcial* do Direito Privado, na parte relativa ao Direito das Obrigações, deixando para leis esparsas as matérias que reclamam disciplina especial autônoma (*in primis*, falência, concorrência etc.), certo de que os institutos do chamado Direito Comercial, estejam normatizados em um Código único, conjuntamente com os de Direito Civil, ou incorporados a legislações extravagantes, sempre serão substancialmente distintos dos de Direito Civil, posto que informados por princípios próprios. Como salientou Sylvio Marcondes em notável Conferência produzida na Câmara dos Deputados, ao discorrer sobre a parte do projeto a seu encargo, as razões expostas por Vivante na sua famosa retratação para sustentar a autonomia do Direito Mercantil continuam válidas, "mas nem por isso excluem a coordenação unitária de atos jurídicos concernentes ao fenômeno econômico".[5]

Ainda segundo a referida exposição de motivos, o escopo que prevaleceu na redação do projeto foi o de imprimir ao Código novo a sua caracterização como *lei básica*, "não dando guarida senão aos institutos e soluções normativas já dotados de certa sedimentação e estabilidade, deixando para

4. Miguel Reale, *O Projeto de Código Civil. Situação Atual e seus Problemas Fundamentais*, São Paulo, 1986, pp. 71 ss.

5. "Fonte sistemática de institutos adequados ao desenvolvimento deste (do fenômeno econômico), o direito comercial pode conviver com o direito civil num código unificado, tal como convive com o direito penal, nas leis de repressão aos delitos comerciais, com direito judiciário nos processos peculiares à atividade mercantil, com o direito administrativo na fortuna do mar. Um código não necessita ser polêmico para regular, na unidade de um direito objetivo, as diversificações de faculdades subjetivas" (Sylvio Marcondes, "Direito mercantil e atividade negocial no projeto de Código Civil", in *Questões de Direito Mercantil*, São Paulo, 1977, p. 29).

a *legislação aditiva* a disciplina de questões objeto de fortes dúvidas e contrastes, em virtude de mutações sociais em curso, ou na dependência de mais claras colocações doutrinárias, ou ainda quando fossem previsíveis alterações sucessivas para adaptações da lei à experiência social e econômica".

Observando-se o que sucedeu nos sessenta anos de vigência do Código Civil italiano, fonte de inspiração da presente codificação brasileira, verifica-se que o mesmo passou por constantes e extensas modificações, não só internamente, no corpo do Código, com a ab-rogação de dispositivos e a introdução de normas novas, mas, sobretudo, externamente, com a edição de leis especiais, destinadas a inovar profundamente setores específicos do ordenamento privado. Em balanços feitos principalmente por ocasião da celebração do cinqüentenário do Código italiano,[6] foi verificado que o texto atual está muito distante do texto de 1942, mormente em matéria de Direito de Família, de Propriedade e de Direito de Trabalho (que passou a ser objeto de ampla regulação fora do Código, como ocorre no Brasil). Já no setor das obrigações e das empresas, porém, sofreu menores alterações, sendo de se assinalar a constante revisão operada no Direito Contratual e no Direito Societário, com uma legislação aditiva volumosa relativa ao mercado mobiliário, à disciplina da concorrência, à proteção ao consumidor etc.

Esse crescente processo de edição *a latere* de leis especiais levou os juristas peninsulares a indagar se tal fenômeno não estaria gerando a perda pelo Código Civil da posição central que ocupava na disciplina das relações privadas, emprestando a este uma função meramente *residual* no sistema de fontes do Direito comum. Segundo a opinião de muitos, esse processo centrífugo de "*decodificação*", para usarmos da expressão de Natalino Irti,[7] estaria criando microssistemas normativos, com autonomia lógica, comprometendo a posição do Código Civil como sede dos princípios gerais e como núcleo das garantias e direitos dos particulares, que passaria a ser assumido exclusivamente pela Constituição.

O modelo adotado pelo Código Civil brasileiro procura passar ileso a essas críticas e percalços, optando, como linha diretriz, pela adoção de regras jurídicas gerais, dotadas de estabilidade, objetivando compor, repita-se, uma "lei básica, mas não global, do direito privado", que admitisse a edição concomitante de leis especiais em matérias candentes, sujeitas a transformações inevitáveis, que reclamam disciplina autônoma. A reforçar essa linha reguladora, introduz o Código uma *Parte Geral*, de longa tradição no Direito brasileiro, tal como existia no Código de Clóvis Beviláqua e na Consolidação das Leis Civis de Teixeira de Freitas, desconhecida do modelo italiano, cujas disposições preliminares abordam tão-somente as fontes e os critérios de interpretação.

A estrutura sistemática adotada pelo Código brasileiro é, assim, distinta do modelo italiano, procurando disciplinar apenas aquilo que é nuclear na disciplina das relações privadas, evitando ser omnicompreensiva. Sob esse prisma, o fenômeno da proliferação da legislação especial de Direito Privado até reforça a centralidade do Código, que se torna, destarte, o ponto de referência obrigatório para o desate de eventuais contradições entre as leis, dado o número excessivo destas e a sua crônica carência de coordenação.

Tendo por escopo compor uma *lei básica* do Direito Privado, natural, também, que as suas normas se afeiçoem aos *princípios* igualmente *básicos* da Lei Maior, entendidos como fundamentos de todo o ordenamento jurídico, razão pela qual o presente Código pressupõe e admite a chamada

6. Pietro Rescigno, "Rilettura del Codice Civile", in *I Cinquant'Anni del Codice Civile*, Milão, 1993, pp. 22 ss.

7. Natalino Irti, *L'Età della Decodificazione*, 2ª ed., 1979, p. 33.

"*constitucionalização do Direito Privado*", ou seja, a aplicação direta da normativa constitucional às relações privadas (*Drittwirkung*).[8] De onde também o grande número de *normas básicas* fixadas na Parte Geral do Código, de larga aplicação nos domínios do Direito Público, dada a progressiva integração no campo do Direito Público do Direito Civil. Essa integração se opera, contudo, sem descaracterizá-lo, pois, como é dito na Exposição de Motivos, o Código toma o Direito Privado e o Direito Público "como duas perspectivas ordenadoras da experiência jurídica, considerando-os distintos, mas substancialmente complementares, e até dinamicamente reversíveis, e não duas categorias absolutas e estanques".

Por fim cabe dizer que, ao promover a unificação apenas do Direito Obrigacional, e não do Direito Privado como um todo, o Código brasileiro se antecipa a esse novo apelo de divisão do Direito Privado que começa a delinear-se na Itália, sob o influxo do *Direito Comunitário*, entre o Direito comum e o Direito Econômico.[9] A unificação do Direito Privado em um único código é, como se sabe, uma peculiaridade do Direito italiano, conservando os demais países da Comunidade Européia de tradição romanística a divisão tradicional entre Código Civil e Código Comercial, o que vem motivando esse pleito de nova separação. A preservação da dicotomia formal entre a matéria civil e a matéria mercantil, a não ser no campo obrigacional, manterá o Direito brasileiro a cavaleiro diante de eventual demanda similar, no âmbito do Mercosul.

3. A atividade negocial e o Direito de Empresa

No projeto em tela, a elaboração da parte relativa ao Direito de Empresas, inserida como desdobramento da disciplina do Direito Obrigacional unificado, foi confiada ao Professor Sylvio Marcondes, que já elaborara a parte terceira do Projeto de Código das Obrigações de 1965 dedicada aos empresários e às sociedades. Reformulando o texto anterior, deu o redator ao corpo do Código que disciplina as sociedades e o exercício da atividade profissional a denominação de *atividade negocial*, denominação essa que seria substituída, no Congresso, por *atividade empresarial* e, ao depois, por *Direito de Empresa*, que iria prevalecer no projeto aprovado pela Câmara dos Deputados e no código sancionado. A substituição da denominação "atividade negocial" e a eliminação do artigo inaugural do livro dedicado aos empresários e às sociedades tiraram do anteprojeto a sua contribuição a mais original, ou seja, a noção de *atividade negocial* — embora esse conceito se mantenha tacitamente preservado como elemento informativo fundamental, permeando os demais dispositivos do Código relativos ao Direito de Empresa.[10]

Com efeito, em face da adesão do Código à doutrina do *Rechtsgeschäft*, o conceito de *ato jurídico*, restrito, na concepção adotada pelo antigo Código Civil, ao que tem por fim adquirir, resguardar, transferir, modificar ou extinguir direitos (art. 81), se amplia como fonte formal de todo comportamento apto a construir direitos subjetivos, compreendendo toda declaração de vontade, seja individual ou coletiva, seja dos órgãos jurisdicionais ou do Poder Legislativo, seja das autoridades administrativas ou do particular, constituindo gênero, do qual a declaração de vontade do particular, dirigida no sentido da obtenção de um resultado, seria espécie, denominada de *negócio jurídico*. Daí inscrever-se o negócio jurídico — e não o ato jurídico — como o Título I do Livro Terceiro da Parte Geral do Código (art. 104 ss.).

8. Francesco Galgano, *Il Diritto Privato tra Codice e Costituzione*, Bolonha, 1986; Francesco Lucarelli, *Diritti Civili e Istituti Privatistici*, Pádua, 1984, pp. 31 ss.

9. Guido Alpa, *Trattato di Diritto Civile*, v. I, Milão, 2000, p. 195.

10. Sylvio Marcondes, "Direito mercantil e atividade negocial no projeto de Código Civil", in *Questões de Direito Mercantil*, São Paulo, 1977, pp. 1 ss.

Ora, a prática, quando continuamente reiterada, de negócios jurídicos, de modo organizado e estável, por um mesmo sujeito, na busca de uma finalidade unitária e permanente, cria, em torno desta, uma série de relações interdependentes que, conjugando o exercício coordenado dos atos ou negócios jurídicos, o transubstancia em *atividade negocial*. Como observou Hegel em sua *Ciência da Lógica*, os aumentos quantitativos redundam, muitas vezes, em modificações qualitativas. Contraposta aos negócios jurídicos, encarados como atos isolados, sem nenhum sentido de habitualidade, continuidade finalística e coordenação sistemática, a atividade negocial, dotada de todas as características acima, é erigida no Código em categoria jurídica diferenciada, sujeita a um regime legal distinto, no que concerne, desde à capacidade para a sua prática, até o sistema de validade e de efeitos jurídicos que presidem o seu exercício.[11]

Cumpre observar que, no artigo inaugural, fixado no capítulo relativo à "atividade negocial", que seria posteriormente eliminado, o anteprojeto estabelecia que o exercício dessa atividade, nos termos acima descritos, poderia ser desempenhado "por empresários, ou sociedades, *tenham estas, ou não*, por objeto, o exercício de atividade organizada de empresa". Quer dizer, o exercício da atividade negocial poderia ser desempenhado por profissionais que se organizassem para o exercício habitual de negócios, constituindo a empresa *uma* das formas de tal organização (art. 966, *in fine*).

Apesar da relevância reconhecida à atividade empresarial, esta não abrange, portanto, todas as formas habituais de atividade negocial, cujas peculiaridades o Código teve o cuidado de preservar. Assim, "não se considera empresário quem exerce *profissão intelectual*, de natureza científica, literária ou artística, ainda que com o concurso de auxiliares ou colaboradores, salvo se o exercício da profissão constituir elemento de empresa" (art. 966, parágrafo único). Igualmente, o Código assegura "tratamento favorecido, diferenciado e simplificado ao *empresário rural* e ao *pequeno empresário*, quanto à inscrição e aos efeitos daí decorrentes" (art. 970), facultando ao empresário rural a eventual inscrição no registro das empresas mercantis, para se subordinar às normas que regem a atividade empresária como tal (arts. 971 e 984). Os pequenos empresários, entendidos como tais os microempresários os empresários de pequeno porte, conforme definidos na Lei 9.841/1999, em seu art. 2º, são excluídos do regime empresarial, dada a *natureza artesanal* da atividade por eles desenvolvida, ou a predominância nela do trabalho em relação ao capital.

Em contrapartida, o Código não exclui da regência as chamadas *sociedades simples*, cujo escopo seria a realização de operações econômicas de natureza *não empresarial* (vale dizer, de exercício de atividade negocial sem conteúdo empresarial), não se vinculando como tal ao registro das empresas, mas sim ao registro civil das pessoas jurídicas (art. 998). Essas sociedades funcionariam, assim, como direito supletivo das sociedades típicas e como regra das sociedades não-empresariais, nelas incluídas as cooperativas (art. 982, parágrafo único) e as sociedades de profissionais intelectuais (art. 966, parágrafo único).

Parece, portanto, que o *nomen iuris* "atividade negocial", fixada no anteprojeto, seria de maior rigor científico, na abrangência das matérias tratadas no tópico em questão, do que a denominação "atividade empresarial" e "direito de empresa", que foram, por fim, sufragradas no Código, já que ali não se trata apenas do exercício da atividade profissional praticado por empresários e sociedades empresárias. É de se concordar, porém, que a parcela principal desse Livro do Código é dedicada ao Direito das Empresas, constituindo exceção os dispositivos relacionados com atividades profissionais não-empresariais, o que

11. Nicola Rondinone, *L'"Attività" nel Codice Civile*, Milão, 2001, *passim*.

justificaria, ou ao menos explicaria, a denominação adotada, desde que não se perca de vista o conceito mais abrangente de atividade negocial que está sempre presente no Código.

4. O Direito de Empresa

De acordo com a concepção existente no Código Civil italiano, a disciplina do Direito das Empresas, concebida por Sylvio Marcondes, parte da tese de Alberto Asquini, hoje generalizadamente acolhida, de que a empresa é um fenômeno econômico unitário, que se apresenta, no entanto, no mundo do Direito, fragmentado, encarado sob aspectos diversos em relação aos diferentes elementos que nele concorrem, não cabendo por isso num esquema jurídico único. Ou seja, de acordo com o prisma sob o qual o fenômeno econômico da empresa é focalizado, diferentes são os *perfis* sujeitos à disciplina imprimida pelo Direito. Assim é que o conceito econômico de empresa é encarado no plano jurídico, ao menos, sob quatro ângulos diversos: *subjetivo*, como empresário; *objetivo*, como patrimônio; *funcional*, como atividade; e *corporativo*, como instituição. Na doutrina alemã, Julius von Gierke também frisava que a ordem jurídica considera e regula três aspectos essenciais da empresa econômica: em sentido subjetivo, como atividade do empresário (*Betriebstatigkeit*); em sentido objetivo, como conjunto patrimonial a serviço daquela atividade (*Betriebsgeschäft*); e em sentido corporativo, como a comunidade de trabalho composta pelo empresário e seus auxiliares (*Betriebsgemeinschäft*).[12]

Feita a ressalva de que esse último aspecto só interessa ao Direito do Trabalho, que, entre nós, representa um campo totalmente distinto, sujeito a uma legislação especial, cumpre dizer que o Código Civil procura disciplinar a empresa sob todos os outros ângulos acima identificados. A empresa tem um conceito econômico unitário, mas não um conceito jurídico unitário, tratando ora de um, ora de outro aspecto desse "fenômeno econômico poliédrico".

Sobre o conceito econômico de empresa — como organização dos fatores da produção de bens ou serviços para o mercado, coordenada pelo empresário, que lhe assume os resultados — não há, aliás, dissensão. A concepção econômica de empresa oferecida por Coase[13] e pelos demais autores filiados à corrente da chamada *transaction cost economics*, entendida como uma organização dos agentes econômicos do mercado, orientada no sentido de obter mecanismos de redução dos custos de transação, não se opõe à noção unitária de empresa atrás citada. Apresentando-se, porém, a empresa no plano do direito através de diversos aspectos, não está o legislador obrigado a procurar operar a sua disciplina legal com a suposição de que ele caiba num esquema jurídico unitário, devendo dar tratamento distinto aos seus diferentes perfis, aliás destacados de maneira semelhante no conceito de *firm* veiculado pela citada escola econômica.

É o que, de resto, à semelhança do modelo italiano, faz o Código Civil brasileiro, prendendo-se, na disciplina da empresa, à figura do *empresário*, individual e social, sujeito de direitos e obrigações resultantes do exercício da empresa (*perfil subjetivo*), ao *estabelecimento*, ou seja, ao complexo de bens organizados pelo empresário para o exercício de sua atividade empreendedora (*perfil objetivo*), e à atividade econômica organizada para a produção ou a circulação de bens ou de serviços exercida profissionalmente pelo empresário (*perfil funcional*).

12. Sylvio Marcondes, "Do conceito de empresa", in *Problemas de Direito Mercantil*, São Paulo, 1970, pp. 1 ss.; Alberto Asquini, "Profili dell'imprese", in *Rivista del Diritto Commerciale*, v. 43, primeira parte, Milão, 1943, pp. 1 ss.; *Gierke — Sandrock I, Handels- und Wirtschaftsrecht*, por Julius von Gierke atualizado por Otto Sandrock, 9ª ed., 1975, pp. 96 ss.

13. Ronald H. Coase, *The Firm, the Market and the Law*, Chicago-Londres, 1988, pp. 115 ss.

A disciplina do empresário e das sociedades empresárias, personificadas ou não, se estende do art. 966 ao art. 1.141 do Código, incluindo as sociedades simples, voltada ao exercício de atividade de fins econômicos não empresariais. A disciplina do estabelecimento ou *azienda*, vai do art. 1.142 ao 1.149. E a disciplina da atividade negocial ou empresarial aparece disseminada em vários dispositivos do Código (arts. 966, 972, 981, 982 etc.). São ainda por ele disciplinados, à semelhança do modelo peninsular, institutos complementares, tais como registro, nome empresarial, escrituração e prepostos, nos arts. 1.150 *usque* 1.195.

No tocante às sociedades, o novo Código promove a revisão dos tipos tradicionais de sociedade, procurando configurá-los em função das características que a atividade negocial, em geral, e a empresária, em particular, lhes imprime, classificando-os em sociedades personificadas e não personificadas. Entre as *não personificadas*, alinham-se a sociedade em conta de participação e a "sociedade em comum" — denominação extraída da redação do art. 304 do Código Comercial para as sociedades de fato ou irregulares.

Entre as sociedades *personificadas*, além da sociedade simples, não empresarial, regula o Código a sociedade em nome coletivo, a sociedade em comandita simples, a sociedade limitada, a sociedade anônima e a sociedade em comandita por ações, todas empresariais. De maneira distinta, porém, do congênere italiano, o Código promove a fixação, em termos gerais, das normas caracterizadoras das sociedades anônimas (arts. 1.088-1.089) e das cooperativas (art. 982, parágrafo único, c/c art. 1.093), para ressalva de sua integração no sistema do Código Civil, embora disciplinadas em lei especial. Talvez deveria ter sido estendido idêntico tratamento, com a mesma ressalva de regência especial, também às sociedades limitadas. Correspondendo a mais de 90% das sociedades brasileiras, as limitadas atendem a apelos práticos múltiplos e diversificados que justificariam um estatuto mais flexível, com maior espaço para o exercício da autonomia privada.

Doutrina

ASSOCIAÇÕES E SOCIEDADES

RACHEL SZTAJN

A unificação do direito privado decorrente da aprovação Lei n. 10.406/2002, em vigor desde 11 de janeiro, impõe, ao estudioso do Direito, algumas reflexões no que concerne ao fenômeno associativo e às formas ou tipos socialmente desenhados.

As associações entre pessoas existiram desde a antigüidade mais remota; partindo da necessidade de defesa dos grupos sociais e a impossibilidade de uma pessoa, individualmente, operá-la, até motivos outros, a formação de grupos de pessoas, mais ou menos estruturados é comum. Certo que associações para realizar fim comum têm no contrato de sociedade o fenômeno mais estudado, com ênfase, particularmente, nas formas ou tipos empregados na organização das sociedades mercantis cujas origens remontam aos séculos XII e XIII da e.C. o fato pode ser explicado pela visibilidade desses grupos e pelo interesse econômico que os informa.

Demais disso, consolidadas essas organizações na prática negocial a uniformidade tipológica, característica dos institutos mercantis, é regra, sobretudo nos ordenamentos jurídicos da família romano-germânica. Parece razoável aceitar que instituições sociais, desenhadas para atender interesses específicos podem constituir a base de normas de direito positivo; mais ainda, parece que, nesse terreno, eventuais diferenças introduzidas pelos ordenamentos são de menor importância. Exemplifica-se com a aquisição, ou não, de personalidade jurídica por certos tipos de sociedades como a em nome coletivo e a comandita simples em que, mesmo naqueles sistemas como o brasileiro, em que são personificadas, não se altera o regime de responsabilidade dos sócios.

Mas, se as sociedades mercantis são mais estudadas o fenômeno associativo não se limita a elas ainda que, do ponto de vista quantitativo, possam ser em número mais elevado quando comparadas com outras formas de associação. O fenômeno associativo reflete necessidades humanas que não podem ser satisfeitas sem colaboração; quando o esforço individual não basta para o escopo visado as pessoas se reúnem para atingi-lo formando-se grupos familiares, clãs, tribos, organizações para defesa mútua, grupos de socorro, enfim, motivos não faltam para que se pense em reunir pessoas para buscar fim de interesse comum.

Alguns grupos são efêmeros, episódicos, outros estáveis, mas duradouros. Tudo depende do interesse ou da necessidade presente e da força que tenha para induzir à reunião de pessoas para alcançar o objetivo ou finalidade idêntica entre elas divisas. Organizações de pessoas são atos de autonomia privada e, por isso, interessam ao Direito.

A recente multiplicação de organizações sociais que servem como instrumento que, a par de reunir pessoas com interesse comum e que podem funcionar como instrumentos de pressão na defesa desses interesses específicos, torna a análise do fenômeno relevante. Se a razão da constituição dessas organizações é, do ponto de vista da sociologia, encarada como forma de mediar as relações entre pessoas, entre indivíduo e Estado, o ordenamento jurídico deve dar-lhes disciplina adequada. Afinal se tais organizações visam a reunir pessoas com interesses que podem ser de categorias ou profissões, religiosos, políticos, busca de tutela de direitos coletivos como os de consumidores, de idosos, de crianças e adolescentes, de portadores de deficiências físicas, artísticos, culturais, científicos, pios, beneficentes, seria inadequado dar-lhes tratamento igual ao que se prevê para as organizações de fins econômicos.

A comunidade intermédia entre Estado e pessoas, que tradicionalmente se conhece, é a família, grupo de pessoas ligadas entre si por especiais vínculos de sangue e parentesco; outras organizações que desempenham função similar são as comunidades religiosas, esportivas, científicas, sindicais, políticas, solidárias, cada uma delas organizada para atingir finalidade em que os interesses individuais não são a perseguição e subseqüente partilha de resultados econômicos mas em que a eficácia do resultado é maior quando, ao invés de atos isolados, as ações são empreendidas pelo grupo que, com centro de decisão, represente muitas pessoas. Demais disso, essa pluralidade facilita a divisão de tarefas de sorte que as ações podem ser programadas de forma continuada. Ações de voluntariado, por exemplo, são mais eficazes quando realizadas por organizações do que individualmente.

O direito de associação, a liberdade para reunir-se em grupos tem, no Direito brasileiro, suporte na Constituição da República, que relaciona entre os direitos individuais tanto a liberdade de reunião em locais públicos, mediante prévia autorização da autoridade competente (art. 5º, inc. XVI), quanto a liberdade de associação para fins lícitos (art. 5º, inc. XVII), bem assim a criação de associações (art. 5º, inc. XVIII). Nessas disciplina incluem-se tanto as associações quanto as sociedades, aquelas sem finalidade econômica que é típica destas.

Nessa linha o Código Civil (Lei n. 10.406/2002), quando distingue e disciplina separadamente sociedades e associações, aquelas no art. 981 e estas no art. 53 e ss., tem no preceito constitucional ponto de partida da análise jurídica. No plano do Direito tanto sociedades quanto associações são centros de imputação com identidade própria, distinta da de seus membros. O legislador brasileiro não seguiu, nesse caso o Direito italiano que, ao lado das pessoas jurídicas com substrato pluripessoal reconhece as organizações não personificadas (não entram aqui, adverte-se, nem a sociedade em conta de participação nem a sociedade em comum, mas as *associazione non riconosciute* e *comitati*).

No que concerne às sociedades, sua relevância jurídica é inquestionável, comerciais, ou não, servem ao propósito de aglutinar recursos e/ou esforços para fim comum. Não se estranha, pois, sejam sujeitos de direito, matéria de política legislativa que é resultado de motivos práticos. Centros de imputação de direitos, deveres e obrigações, facilitam a reunião de pessoas que contribuam recursos para a realização dos fins do grupo sem que seus bens individuais fiquem sujeitos à constrição de credores oriundos de obrigações assumidas no exercício de atividade. Essa construção existe, de forma mitigada, nos tipos de sociedades não personificados, em que aparece como benefício de ordem, quando na execução dos ativos.

Resultantes de atos de autonomia privada, como se disse anteriormente, as associações para o desenvolvimento de atividades econômicas terão natureza jurídica diferente daquelas voltadas para ações em que esse caráter falte? Muitas atividades de natureza social, humanitária, solidária, cultural, artística, precisam de recursos econômico-financeiros para atingirem suas finalidades. Por que distinguir sociedades de associações? É realmente importante promover a criação de um centro de imputação ou seria admissível que os grupos sociais se organizassem reconhecidos como pessoas jurídicas?

Não se pode é ignorar os grupos sociais, pessoas jurídicas, ou não, de fins lucrativos ou outros porque fazem parte do cotidiano da vida social e são importantes instrumentos de defesa de interesses coletivos. Veja-se, por exemplo, o programa do Governo Federal denominado Fome Zero. A sociedade vem sendo convocada para colaborar com recursos financeiros e alimentos, mesmo que não se tenha criado, ainda, organização específica para recebê-los e distribuí-los. Nada obstante a mobilização entre empresários foi iniciada. O que fazer com eventuais doações para tal programa faltando uma formalidade de criação/instituição?

O que é assente na doutrina e, agora, na legislação, é que sociedades e associações têm, na finalidade econômica daquelas, inexistente nestas, seu traço diferenciador, mesmo que pudesse haver, na vigência do Código Civil de 1916, discordâncias quanto a tal divisão. É que o fenômeno parece o mesmo. Tullio Ascarelli, ao tratar do contrato plurilateral, suporte de constituição de sociedades, via dois tipos de associações, as organizadas destinadas a satisfazer necessidades de seus membros como, por exemplo, as esportivas, culturais, recreativas, e as formadas para prestação de auxílio ou utilidades para terceiros.

Portanto, é de indagar qual o negócio jurídico de constituição das associações e se é diferente do contrato plurilateral, notadamente quando, em geral, as organizações sociais adotam modelos ou estruturas que se aproximam das previstas para as sociedades anônimas, afastando-se das comunhões e dos condomínios. Será que o mesmo negócio jurídico — contrato de sociedade — pode abrigar a constituição de associações ou haverá uma categoria de contratos associativos que sirva de suporte normativo para diferentes tipos organizacionais? É possível pensar-se em tipologia das associações ou elas hão de ser organizadas segundo uma mesma estrutura e nesse caso o que significa dizer modelo corporativo?

Se o de que se trata é um negócio associativo, a natureza jurídica da constituição das associações, uma vez que qualquer associação é fruto de exercício da autonomia privada, há que partir do quadro geral dos negócios associativos a partir do qual verifica-se a existência de diferença específica que as distinga de outros da mesma espécie.

Negócios associativos são resultado de contratos de que resultam centros de imputação autônomos ou pessoas jurídicas, ou não como se dá, no Direito italiano, com as associações não reconhecidas como pessoas jurídicas. Será esse o suporte normativo das associações tal como previstas no art. 53 do Código Civil brasileiro?

Por óbvio que, se não resultarem de contratos, as associações deverão ser excluídas desse quadro geral e, nessa hipótese, qual o negócio jurídico em que seriam classificadas? A inexistência de fins econômicos significa o quê exatamente? Não será, por certo, a desnecessidade de recursos financeiros até porque no art. 54, IV, do Código Civil (Lei n. 10.406/2002) exige-se que o estatuto preveja ou defina fontes para manutenção das atividades, isto é, regras para custeio da manutenção das ações empreendidas e que permeia a discussão sobre atividade.

Partindo da noção de contrato plurilateral, tal como definida no *Codice Civile*, inexistente no Código Civil brasileiro de 2002, pretende-se analisar a classificação das associações nesse tipo de negócio jurídico.

1. negócios *plurilaterais*: eventuais dúvidas quanto a serem, as sociedades, contratos foram, de há muito, espancadas pelo texto magistral de Ascarelli sobre o contrato plurilateral. É pacífica, na doutrina, a concepção de que contratos não precisam, necessariamente, ser celebrados entre duas partes que têm interesses opostos, que podem servir para organizar grupos e que, nem o *ato complexo*[1] nem o *coletivo*[2] nem o *colegial*,[3] para compreender qual o negócio jurídico que está na base da constituição de sociedades. Mais importante é o crescente abandono da idéia de que sem contraposição de interesses não se deve tomar contratos como suporte jurídico para outros negócios.

Contratos servem para promover a circulação da riqueza e se, no mais das vezes, isso se dá pela composição de interesses distintos, resultam da vinculação das partes deveres de cooperação, deveres esses de que a boa-fé na execução das obrigações contraídas, é uma expressão.

Quando as pessoas têm objetivos que, isoladamente, não conseguem atingir, a solução é buscar a cooperação de outras que visem a mesma finalidade, com o que são criados entre elas direitos, deveres e obrigações recíprocos, vínculos esses voltados para a cooperação destinada à consecução do fim comum. Ascarelli explicara que esse escopo comum não afasta a existência de interesses contrapostos que se referem a interesses individuais existentes ao lado dos comuns. No caso das sociedades, dizia, essa divergência está no exercício da administração, do poder de comando, na forma pela qual esse poder é exercido, e que estão presentes, características quase inerentes aos negócios de sociedade.

Daí, portanto, poder-se conceber a sociedade como uma espécie de contrato, o plurilateral. Também é importante ressaltar que a este específico negócio jurídico, por suas peculiaridades, não se lhe aplicam as regras deduzidas para a categoria dos contratos bilaterais, que os italianos denominam contratos de *scambio*. A troca econômica nos contratos plurilaterais é mais do que um simples *tit for tat*.

Enquanto nos contratos bilaterais as partes são sempre duas, e só duas, mesmo que cada uma delas possa ser plúrima, nos contratos plurilaterais, duas é o número mínimo de partes; a diferença específica entre essas estruturas negociais e os contratos bilaterais é que, enquanto nestes o número de partes é fixo, determinado e inalterável, naqueles, por serem de estrutura aberta, existe a possibilidade de acolherem número indeterminado delas, partes; além dessa indeterminação numérica de partes o modelo admite que esse número varie ao longo do tempo, seja alterado para mais ou para menos, mantido o mínimo de dois. (não se pensa, ainda, em sociedades unipessoais).

A indeterminação do número de partes que o modele faculta, não obsta a que sejam fixadas regras que definam tanto o número de participantes do negócio quanto a eventual cessão de posições contratuais o que é típico da estrutura aberta. Não importa, para estruturar o contrato, saber se o número de partes é fixo, determinado, ou não, em que limites pode variar porque sobressai sempre a possibilidade de participação de mais de duas partes no negócio desde sua formação ou ao longo do tempo de duração do contrato.

Como todos os contratantes são titulares de direitos e obrigações, em face de sua pluralidade e, sobretudo, da variabilidade, quer os direitos quer as obrigações são assumidos por cada um perante todos os demais. Ascarelli recorre, para explicar

1. Diz-se *ato complexo* é aquele de que participam diferentes sujeitos cujas declarações são de idêntico conteúdo visando ao interesse de apenas uma delas, (caso do curador e curatelado) ou de terceiro, que resulta de órgão plúrimo de pessoa jurídica, que é a única a experimentar seus efeitos.

2. *Ato coletivo* é aquele em que vários sujeitos declaram suas vontades com idêntico conteúdo para persecução de interesse comum, resultando daí que todos os declarantes sofrem os efeitos derivados dessas declarações.

3. *Ato colegial* é aquele proveniente de declarações de pessoas que integram uma organização de forma que o ato resulta de declaração coletiva caracterizada pela regra da maioria. São típicos atos colegiais as manifestações em assembléias em que cada membro presente declara seu voto prevalecendo as manifestações majoritárias. Há quem veja nos atos colegiais a expressão de um grupo personificado e que se projeta para fora enquanto os atos coletivos terão projeção interna no que se assemelha a um contrato (F. Carresi, *Il Contratto*, Milão, Giuffrè Editore, 1987, pp. 84 e ss.).

o fato, à imagem de um círculo em que as partes estariam sobre a curva, e se olhariam uma a todas as outras.

Tornar-se parte desse tipo de contrato, aderir a ele, diz Ascarelli que há duas alternativas: uma é a adesão simultânea, quando estão todas presentes, outra é a adesão sucessiva, em que as manifestações podem estar desfasadas no tempo; as adesões, aduz, são individuais e comunicadas aos promotores, ou fundadores da sociedade, pois era esse contrato que o jurista examinava.

Seja pela variabilidade do número de partes, seja por serem contratos de execução continuada, é próprio dos contratos de sociedade a possibilidade de serem alterados por deliberação da maioria dos membros, maioria essa que, nas sociedades mercantis ou empresárias, será computada em relaçao à participação no capital social; em outras sociedades a maioria é calculada em relação ao número de partes do contrato ou, ainda, dependerá do critério previsto para a contagem de votos (há sociedades com voto plural, outras em que certos membros não têm direito a voz, ou têm direito a voz em certas matérias).

Enfim, contrato de execução continuada o de sociedade é um tipo de contrato incompleto e, por isso, a regra da maioria é necessária para que, periodicamente, se faça o completamento do negócio segundo as circunstâncias presentes no momento. Há, em certa medida, uma delegação dos sócios para que a maioria aprove alterações que, entende-se, representarão o interesse geral.

Ainda em face de ser contrato de comunhão de escopo, Ascarelli notara que o adimplemento das prestações de cada parte contratante, nas sociedades, não esgota sua função uma vez que tal adimplemento é premissa para a consecução dos objetivos comuns, a comunhão de escopos que anima as partes a participarem da sociedade e que aparece na atividade que será desenvolvida em comum. Por isso o contrato serve, também, para disciplinar o uso dos bens que os sócios lhe conferem.

O escopo comum dos sócios se reflete na atividade exercida pela sociedade. Atividade é bem definida como a sucessão de atos, materiais ou instrumentais, negócios jurídicos, ou não, que são unificados pelo fim visado pelo agente. Como se se tratasse de uma universalidade de ações praticadas por uma pessoa ou ordenada por alguém contando com a colaboração de outras.

Quanto aos direitos dos sócios, eles são idênticos quanto à qualidade, podendo variar em quantidade, como se dá nas sociedades mercantis em que os votos são computados segundo a participação das partes no capital social. Sociedades como as cooperativas, entretanto, excepcionam essa regra, contando-se os votos por cabeça.

Por final, o contrato de sociedade é um contrato de organização, aqui entendida a palavra no sentido de determinação de um centro de imputação, da estruturação do comando, de desenho de responsabilidades e deveres de administradores. As características acima enumeradas estão previstas, no Código Civil, nos arts. 981 e ss. Não se diz que o contrato de sociedade é plurilateral, mas essa noção decorre da disciplina prevista no ordenamento pelo que pode-se recorrer à doutrina desenvolvida na Itália para compreender o fenômeno.

Entretanto, no que tange às associações, não há – salvo nenhuma indicação quanto ao negócio constitutivo e, salvo regras quanto a menções ou disposições estatutárias e matérias administrativas; faltam elementos para determinar-se qual o substrato do negócio constitutivo.

A antiga intercambiabilidade entre as expressões sociedades e associação civil (art. 16 do CC de 1916) desaparece porque agora, pós-unificação do direito privado, distingue-se, de forma inequívoca, sociedades de associações, projetando-se para cada um dos fenômenos disciplina própria, que abandona o modelo anterior. Até a distinção entre sociedades civis e comerciais é esquecida dispondo-se quanto a sociedades empresárias e não empresárias, sociedades personificadas ou não.

Opta o legislador por inserir as sociedades na disciplina dos contratos (Título II do Livro II — arts. 981 e ss.), enquanto que as associações, parece, devem ter outra natureza jurídica pois que vêm definidas como fruto da união de pessoas que se organizam para fins não-econômicos (art. 53). Ora, tratando-se de união de pessoas que se organizam por que não ver aí um contrato plurilateral?

Resultando de manifestação da autonomia privada, aplicar-se-ão às associações avaliações quanto à sua função social? Na esteira do que se dá em outros países, prevê-se para as associações organização similar à das companhias, com diferentes órgãos de divisão de competências claras, seguindo modelo hierárquico. Assemelham-se à concepção institucional das companhias com caráter perene ou quase permanente.

Essa opção pode ser conseqüência do fato de que a elaboração das regras aplicáveis às companhias, pela estrutura que facilita a variabilidade do número de membros, organização mais elaborada, personificação perfeita com clara limitação de responsabilidades dos membros frente à sociedade, não a seus credores, tendem a ser reproduzidas em outros negócios similares aos quais falte a busca de lucro para posterior divisão entre os participantes. Assim, reproduzirem as associações, em alguma medida, as regras de organização das companhias é compreensível. Mesmo porque as normas predispostas para as companhias estão assentadas em longa prática social, podendo ser facilmente assimiladas por outros negócios de reunião de pessoas para fins comuns. Como as normas predispostas para as associações são reduzidas se comparadas às previstas para as sociedades, pode-se mesmo pensar em recorrer a elas, supletivamente e no que não conflitarem com o "tipo" se houver necessidade.

Washington de Barros Monteiro[4] diz que sociedades e associações são espécies do gênero corporação e que correspondem às *universitas personarum* do direito romano e que se distinguem, entre si, pelo fito de lucro daquelas que não existe nestas, sem, entretanto, explicar melhor a razão da distinção.

Orlando Gomes começa a discutir o que denomina de *fenômeno associativo*.[5] Que para a realização de fins comuns que interessam a vários indivíduos, eles unem seus esforços e haveres, ou seja, *associam-se* sendo que, na associação, o fim colimado é ideal enquanto na sociedade é o proveito comum dos sócios e que, apenas nas sociedades, se estabelecem direitos e obrigações recíprocos entre sócios. Prossegue afirmando que a lei só se ocupa da natureza patrimonial da entidade quando cuida da destinação de seus bens em caso de extinção. Propõe que se parta do interesse dos membros na perseguição do lucro para divisão entre eles, ou não, para chegar à distinção entre as duas espécies de negócios. E, nesse ponto, lembra as cooperativas que fornecem utilidades aos membros sem visarem lucro próprio e que são sociedades, enquanto que seriam associações os grupos em que os associados não visem vantagens econômicas para si mesmos.

Caio Mário da Silva Pereira,[6] por seu turno, diz que sociedades ou associações civis se distinguem das comerciais pela finalidade, e que em "doutrina pura há distinção entre sociedade e associação". Entende que o termo associação serve para denominar o grupo constituído por número avantajado de indivíduos, tendo em vista fins morais, pios, em suma, objetivos não

4. *Curso de Direito Civil*, 1º v., Parte Geral, 5ª ed., revista e aumentada, São Paulo, Saraiva, 1966, p. 118.

5. *Introdução ao Direito Civil*, 13ª ed., Rio de Janeiro, Forense, 1999, atualização e notas de Humberto Theodoro Júnior, pp. 185 e ss.

6. *Instituições de Direito Civil*, v. I, 19ª ed. revista e atualizada, Rio de Janeiro, Forense, 1999, pp. 214 e ss.

econômicos, enquanto as sociedades agrupariam número reduzido de pessoas e visariam a finalidade econômica. Nota, ademais, que o Código Civil deixou de se ater a essa distinção, e que as expressões são, no Código de 1916, sinônimas.

Essa explicação corrobora afirmação de Clóvis Beviláqua, de que a distinção resultara de elaboração puramente doutrinária, sem ligação quer com a norma quer com a prática social e, em seguida, o fato de considerar que o número expresso de pessoas seria mais comum nas associações do que nas sociedades. Possivelmente baseava o argumento na ausência de um mercado de valores mobiliários que favorecesse a dispersão acionária nas anônimas.

No mesmo sentido de ignorar qualquer eventual falta de sinonímia entre as palavras sociedade e associação, o legislador comercial de 1850 as empregava indiferenciadamente, ora se referindo a sócio ora a associado quando dispunha sobre direitos, deveres e responsabilidades dos participantes de algum dos tipos de sociedades disciplinados no Código Comercial. O uso de uma ou outra palavra não tem o condão de alterar a disciplina típica de cada forma societária e de cada classe ou espécie de sócio.

Para Alfredo Assis Gonçalves Neto[7] a legislação civil brasileira não fizera distinção entre sociedade e associação, que aparece agora no novo Código. Que qualquer "sociedade" sem fins lucrativos não pode ser assim qualificada mas é uma associação. Que o fato de ser associação não se afasta o pressuposto de pluralidade de membros, sócios ou associados, no mínimo na constituição, o que não se requer para as sociedades dado o reconhecimento daquelas unipessoais.

Os argumentos do jurista paranaense não se sustentam em qualquer dos dois casos. De um lado porque as cooperativas, organizações sem escopo de lucro, são sociedades em face de terem fim ou função econômica, função essa que se manifesta no benefício econômico auferido pelos cooperados, quer com a redução de custos na aquisição de bens, quer no maior preço recebido na venda dos bens ou serviços ofertados pela cooperativa. O caráter econômico das cooperativas decorre dos benefícios patrimoniais que produz e que são atribuídos diretamente aos membros; esses benefícios eqüivalem a ganhos e podem ser comparáveis a lucros distribuídos por outras organizações. Assim, fim lucrativo não serve para distinguir sociedades de associações.

Na verdade, essa questão ainda não está assentada na doutrina estrangeira, uma vez que, sem precisar o que sejam fins econômicos, em oposição a fins não econômicos, que nada tem a ver com busca de lucro para posterior partilha, está-se em beco sem saída. Há consenso quanto a ser essa, a não perseguição de lucros para partilha entre os membros, condição necessária e suficiente para extremar sociedades de associações. Essa foi a opção de política legislativa adotada na legislação brasileira, que incorpora doutrina que, de há muito, pregava dever-se efetuar a segmentação de sociedades e associações sobre tal característica, nada obstante faltasse apoio para a pretensão no direito positivo vigente.

Quanto às sociedades unipessoais, salvo a subsidiária integral, prevista na Lei n. 6.404/1976, não existe disciplina legal que as admita. Basta ler o texto do art. 981 do Código Civil que é expresso quanto à necessidade de pluralidade de pessoas para a constituição de qualquer sociedade, empresária, ou não. Demais disso é óbvio que a norma do art. 251 da Lei do Anonimato, por ser esta especial, não se estende a outras formas societárias e só permite a unipessoalidade quando uma sociedade brasileira organizar outra, que adotará necessariamente a forma anônima.

As sociedades comerciais seguiam modelos tipológicos que determinavam a

7. *Lições de Direito Societário*, Juarez de Oliveira, 2002, pp. 11 e ss.

organização e responsabilidades pessoais dos membros pelas obrigações sociais, específicas para cada um dos diferentes tipos legais; sociedade civis, na vigência do Código de 1916, eram regidas, primariamente pelo disposto nos arts. 1.363 e ss. daquele Código, salvo se adotassem uma das formas mercantis, quando ficariam sujeitas àquela disciplina, ainda que civil fosse seu objeto (das normas especiais do tipo).

Nas sociedades comerciais de origem mais remota, ainda quando personificadas, a responsabilidade dos sócios, todos ou alguns, em face de obrigações da sociedade, obrigações decorrentes da atividade exercida em comum, é solidária, conquanto subsidiária, o que é emblemático da necessidade de haver regras que tutelassem o crédito, regras deduzidas pelos comerciantes para facilitar sua atividade negocial e que se mantiveram ao longo dos séculos.[8]

Ao lado dessas, sociedades típicas, o Professor paranaense reconhece que outras organizações como os grupos de sociedades, os consórcios de empresas, os *shopping centers* e contratos de concessão mercantil formam comunidades de interesses que se assemelharão às associações e não a contratos de sociedades porque, segundo sua visão, a partilha de lucros não está presente nesses negócios.

Entendo que as organizações formadas por contratos de concessão mercantil, distribuição, consórcios, e grupos de sociedades, de fato ou de direito, na vigência do art. 1.363 do Código Civil de 1916, cuja redação é "Celebram contrato de sociedade as pessoas que mutuamente se obrigam a combinar seus esforços ou recursos para lograr fins comuns", são formas societárias ou sociedades atípicas. Entretanto, essa redação não é mantida pelo novo ordenamento, o que implica concluir que aquelas formas organizacionais não podem mais ser assemelhadas a sociedades, quando muito pode-se vislumbrar nelas negócios associativos ou relacionais.

Contratos de concessão mercantil não apresentam essa característica, assim como não a têm as franquias nem os consórcios societários ou de empresas uma vez que, nestes, cada unidade personificada atua em nome próprio e os efeitos da atividade recaem sobre o exercente da atividade. Poder-se-á, em contraposição ao jurista do Paraná argumentar que, sem cooperação entre consorciados os benefícios individuais não serão produzidos e, portanto, tem-se, aí também, um esquema semelhante ao de partilha de resultados. Aliás, partindo da concepção coaseana de empresa, fica evidente que a formação de centros autônomos de imputação tem que ver com a relação entre organizar a produção internamente ou ajustá-la mediante outros esquemas negociais, decisão essa que leva em conta a redução de *custos de transação.*

Quer dizer, o negócio jurídico sociedade, que resultava de combinação de recursos (patrimoniais) ou esforços (pessoais) que as pessoas punham em conjunto para atingir finalidades comuns precisa, agora, de ser acompanhado de alguma forma de partilha dos resultados. Nas cooperativas, como se afirmou, essa partilha pode ser detectada na medida em que os resultados (redução de preço na aquisição de bens ou maior preço na venda de produtos), no primeiro momento imputados à pessoa jurídica, são, ato contínuo, atribuídos aos cooperados que deles se aproveitam.[9] Essa uti-

8. Reconhecia-se o patrimônio separado, formado pelas contribuições dos sócios para o exercício da atividade e que respondia, prioritariamente, pelas obrigações dela decorrentes. Assim, personificação e patrimônio separado são técnicas ou instrumentos jurídicos que disciplinam a responsabilidade dos sócios no que se refere ao exercício da atividade daquelas que lhes são próprias em outros campos.

9. Lembra-se ensinamento de Tullio Ascarelli (*Problemas das Sociedades Anônimas e Direito Comparado*, São Paulo, Saraiva, 1945, retomado, posteriormente, em *Studi in Tema di Contratti*, Milão, Dott. A. Giuffrè Editore, 1952, pp. 97 e ss.) sobre o contrato plurilateral, no qual, em visão panorâmica quanto às discussões sobre a base contratual, ou não, das sociedades, demonstra que as teorias que tentam abandonar o contrato levam a soluções inviá-

lidade econômica eqüivale à partilha de resultados típica das sociedades.

Algumas associações apresentam resultados similares a esse resultado. Clubes esportivos, por exemplo, que põem à disposição de seus associados equipamentos, treinadores e professores, infra-estrutura, piscinas, sauna, utilidades a que não têm acesso terceiros, embora cobrando mensalidades, distribuem benefícios. Serão efetivamente associações sem fins econômicos ou serão sociedades sem finalidade lucrativa?

Ponto de partida é o reconhecimento da função econômica do contrato plurilateral nos termos propostos por Ascarelli.[10] Estruturalmente, nos dois negócios — sociedades e associações — o que se verifica é que admitem duas ou mais partes. As associações, definidas como a união de pessoas que se organizam para fim comum não econômico e a sociedade o contrato entre duas ou mais pessoas que se organizam para fim econômico e partilha dos resultados. As duas estruturas são aptas a receber mais de duas pessoas (melhor fora dizer partes), permitem a variabilidade do número de membros (associados ou sócios), portanto, são ambos negócios de estrutura aberta.

Nos dois casos existem contribuições dos membros para a consecução do fim colimado, variando o que podem pleitear. Nas sociedades visa-se ao lucro que será, posteriormente, partilhado entre sócios. Nas associações, dado que os fins são não econômicos, mais correto seria fins não lucrativos, os benefícios dos membros, ou de terceiros, podem ser de outra natureza.

E, afinal, muitas associações, tal como inúmeras fundações, exercem atividades econômicas, razão pela qual Ascarelli[11] entende que, ainda quando as associações tenham como finalidade obras esportivas, culturais ou outras, se as exercem em benefício dos próprios associados, ao facilitar-lhes a prática de certas atividades ou houver criação de utilidades que satisfaçam necessidades, ainda que não visem ao lucro, os resultados apurados não sejam repartidos entre os membros, a utilidade produzida é deles e, eventuais resultados econômicos, aplicados na manutenção da finalidade comum, também revertem, ainda que indiretamente, em favor dos membros.

Mutualidades também levam a esse resultado de eqüivalência de partilha de resultados, tal como nas cooperativas. Se, do ponto de vista da função econômica, sociedades e associações podem gerar vantagens para seus membros, o que teria levado o legislador a distingui-las uma da outra?

Os argumentos anteriores não se mantêm, e surgem dúvidas quando o grupo (a associação) tem por escopo a realização de atividades assistenciais em benefício de terceiros não membros. Quanto a, mesmo nessa hipótese, ser necessária alguma forma ou espécie de organização é inquestionável. Também é preciso que se defina a imputação dos atos/atividades uma vez que a associação terá projeção externa, as relações jurídicas serão celebradas com terceiros, fornecedores de bens e/ou serviços, e os utentes ou destinatários da atividade ou fim comum. Agora, porém, a utilidade produ-

veis; que a base das sociedades e associações é o contrato plurilateral; que essa espécie de contrato não se confunde com os largamente utilizados contratos de troca (a palavra é emprega em sentido não técnico para denotar a contraposição de interesses — em italiano se diz *contratti di scambio*).

10. Ob. cit. Para Ascarelli é preciso partir do aspecto estrutural e não do econômico ou funcional em que sociedade e associação são, efetivamente, contratos de organização. Por isso ataca a concepção de que o negócio fundacional das sociedades pudesse ser o ato complexo porque neste as declarações de vontade são paralelas enquanto que no contrato plurilateral existem interesses contrapostos que são ajustados em razão do fim comum. Diz Ascarelli que o contrato plurilateral explica que todos os membros gozem de direitos do mesmo tipo, cuja diferença pode ser quantitativa, não qualitativa; que do exame das obrigações, tanto se pode encontrar sócios que contribuem bens ou recursos, serviços ou, aqueles que se obrigam a contribuir periódica e continuadamente (mensalidades, ou pagamentos com outra periodicidade).

11. Ob. cit., p. 122.

zida tem destinatário que nada contribui, que a recebe graciosamente.

Por exemplo, associações de defesa do meio ambiente, de animais, de idosos ou crianças, de defesa de direitos de minorias, enfim, são organizações que visam mediar alguns aspectos da vida de pessoas na comunidade. São comunidades ou organizações surgidas para mediar as relações entre indivíduos e o Estado.

Assim, talvez, seja de considerar que o fundamento para a distinção entre sociedade e associação seja a necessidade, ou pretensa necessidade, de distinguir entre negócios que têm mesma base organizacional mas uma característica diferente, tomando como caracterizador de um deles o fato de o benefício econômico ser partilhado entre os seus membros, como explica Humberto Theodoro Júnior, ou dar-lhes utilidades que podem ter valoração econômica mas não são divisíveis financeiramente após sua apuração e que a utilidade produzida reverte em benefício de estranhos. Resumidamente, tomar-se a perseguição, ou não, do lucro para divisão parece pouco significante para que se chegue à bipartição entre sociedades e associações feita pelo legislador de 2002. Afinal é pacífico que as cooperativas são sociedades!

Outra hipótese é a de ter-se, sem maior atenção aos fundamentos lógicos dos negócios, trazido para o país a concepção do art. 21 do *BGB* que delimita, de forma negativa, associações e sociedades, o que não ocorria no Direito brasileiro anterior. Assim, quanto à atual opção de política legislativa, distinguindo sociedades de associações, pode-se considerar que resulta da tradição da doutrina pura, para empregar a expressão de Caio Mário da Silva Pereira, ou é fruto da reprodução de norma do ordenamento italiano de 1942, ou vem embebida do espírito do *BGB* nesse aspecto.

A distinção feita pelo legislador italiano de 1942 parece-me visar a compatibilização da noção de contrato, expressa no art. 1.321 que o define como o acordo entre duas ou mais partes para constituir, regular ou extinguir, entre elas, uma relação jurídica de conteúdo patrimonial. Ora, como esse conteúdo patrimonial pode faltar a algumas associações, a disposição do art. 11 não menciona a palavra sociedade que indica a existência de uma relação jurídica de conteúdo patrimonial. Curial, portanto, que se o negócio sociedade, além de ter finalidade econômica, está preso ao esquema de organização do trabalho, não de trabalho voluntário mas de atividade profissional, mereça disciplina específica e distinta daquela predisposta para negócios jurídicos não qualificáveis como contratos.

Daí que parece impraticável, naquele sistema de direito, considerar as associações – que não devem ter fim econômico (busca de lucro para distribuição aos membros) – como contrato. Mais, o art. 11 do *Codice Civile* ao dispor sobre associações, fundações e outras instituições privadas que adquirem personalidade jurídica deve ser complementado pelo art. 36 e ss., que tratam da organização e funcionamento de associações não reconhecidas como pessoas jurídicas. Da visão de Ascarelli poder-se-ia prosseguir para considerar que se em algumas associações reconhecidas (as do art. 11) pode-se entrever algum benefício econômico para os membros, no caso do art. 36 parece que não se trata de exercer atividade em busca de ganhos financeiros, mas sim de organizar grupos de pessoas que têm em comum outro tipo de interesse.

Demonstrando que novo ordenamento brasileiro não reproduz o italiano, veja-se que na matéria o legislador adota outra concepção. Começa por separar o fenômeno associativo em duas vertentes básicas, as sociedades, que têm, agora, finalidade econômica e as associações, sem tal escopo. A distinção resulta clara da redação do art. 44 do Código em contraposição ao art. 16 do anterior. Neste diz-se: "São pessoas jurídicas de direito privado: I — as associações; II — as sociedades; III — as fundações", enquanto aquele previa no art. 16: "São pessoas jurídicas de direito privado: I

— as sociedades civis, religiosas, pias, morais, científicas ou literárias, as associações de utilidade pública e as fundações; II — as sociedades mercantis; III — os partidos políticos".

Segue-se, como conseqüência a bipartição dos negócios associativos porque nas associações, resultado da união de pessoas que se organizam para fins não econômicos (art. 53), o negócio seria, segundo o Direito italiano, não contratual. Mas, como falta ao nosso Direito o enquadramento dos contratos entre os negócios jurídicos de conteúdo patrimonial, não pode a doutrina, abeberando-se no Direito italiano, afirmar que não terem elas suporte contratual.

Por isso que o texto de Ascarelli sobre o contrato plurilateral permite enquadrar as associações, sempre que os membros recebam benefícios ou utilidades, entre as sociedades e quando não o recebem, ainda assim entre os contratos. Não tendo reproduzido o legislador brasileiro a regra do art. 1.321 do ordenamento italiano, pode-se considerar que o suporte jurídico de ambos os negócios é o mesmo. Até porque o Direito brasileiro, nos termos da regra do art. 44, parágrafo único, ao determinar sejam aplicadas às sociedades, supletiva ou subsidiariamente, as disposições predispostas para as associações, não considera serem os institutos — associações e sociedades — senão gêneros de uma mesma espécie de negócio, o associativo.

Afinal, as manifestações, declarações dos participantes, que se unem e organizam, quando nada no sentido de aderir às regras que desenham o funcionamento da associação tem características de negócio jurídico contrato. A simples adesão a qualquer estatuto depende de declaração, daí porque, ainda que se adote a concepção institucionalista das associações, o negócio que lhes dá origem, que resulta de declarações de vontade, é contrato.

A distinção, repita-se, entre sociedades e associações segundo estipulação legal, é a função econômica daquelas que não se exige nestas, por que não podem ter mesma base negocial ainda quando uma seja denominada contrato e a outra ato fundacional? Uma vez que a política legislativa que separou sociedades de associações não tipificou o negócio jurídico que as abrigasse seria a norma do parágrafo único ao art. 53, quando dispõe não haver entre os associados direitos e obrigações recíprocos, como se não se criassem, entre eles, qualquer tipo de vínculos, suficiente para excluir o contrato? E que tipo de negócio de perseguição de fim comum é esse em que as partes não estão vinculadas entre si? A sensação perturbadora derivada dessa dicção é enorme, porque, se os membros do grupo não estão entre si vinculados o que mantém a união ou a coesão entre eles?

Ou será que não estarem reciprocamente vinculados pretende indicar que não podem exigir, uns dos outros, reciprocamente, algum tipo de comportamento? Novamente como se explica a reunião em vista dessa hipótese? E, se assim for, por que normas de despedida ou expulsão? Qual a distinção entre demissão e exclusão? Será aquela decisão do associado e esta de outros associados em face de um deles? E se assim é, como não haver direitos e obrigações recíprocos entre eles?

Afinal se ninguém pode exigir nada dos demais, que razões haveria para expulsar um associado? Maior a perplexidade diante da norma do art. 54, que requer que no estatuto (produzido por quem e aprovado como?) se especifiquem os requisitos para admissão, demissão e exclusão, direitos e deveres dos associados, sem o quê o estatuto será nulo.

Parece-me que a disciplina organizacional implica, sim, a existência de vínculos, direitos, deveres e obrigações dos membros da associação cuja observância pode ser exigida pelos demais. Afinal, as pessoas se associam para alcançar determinado fim comum que, possivelmente, não atingiriam isoladamente. Vinculam-se à perseguição, em comum, desse fim. Para isso é preciso que haja entre os membros confiança, mais do que isso, cooperação, algum tipo de dependência e coordenação das ações empreendidas pela associação, sejam elas individuais ou coletivas.

O Código Civil não previu nenhum tipo de negócio ou *fattispecie* que abrigue essa manifestação social. Se a idéia é de que uma associação é um grupo de pessoas que se organizam para uma finalidade específica, não econômica, dar-lhe natureza de instituição passa pela elaboração de um conjunto de regras, normas positivadas ou não, aí incluídas sanções, que as pessoas reunidas aceitam e às quais se submetem, regras essas que criam vínculos desejados em face do interesse comum.

Ora, uma das acepções, não técnico-jurídica, por óbvio, da palavra sociedade é exatamente a de representar um grupo de pessoas reunidas e que se submetem a um conjunto de regras a fim de exercer atividade comum ou defender interesse comum. Nenhuma distinção de monta entre as duas organizações, as associações e as sociedades. Em ambos os casos, se a organização mantém relações com terceiros a separação patrimonial é de regra e por isso é que o contrato plurilateral, como substrato da definição da imputação serve de base para a personificação da sociedade ou associação de sorte a que as relações jurídicas possam ter como um dos pólos, e de forma unitária, a pessoa jurídica. E, quando isso não ocorre, isto é, a personificação do ente, a técnica do patrimônio separado vem solucionar um dos problemas.

A crescente organização de grupos intermédios, no que se denomina terceiro setor, para exercer a mediação entre o Estado e a sociedade, as organizações não-governamentais ou ONGs, parece-me importante preencher esse vácuo da legislação brasileira. Se o negócio de constituição for contrato aplicam-se na análise dos instrumentos que reproduzem as normas de funcionamento as regras de função social e boa-fé o que facilita a apreciação de cada caso.

Conclusão é que, mesmo que se considerasse a definição sobre ser o contrato negócio jurídico de conteúdo patrimonial, desaparecem razões para afirmar-se que sociedades e associações não sejam ambas espécies do gênero contratos associativos. São negócios resultantes de atos de autonomia privada; o conteúdo patrimonial existe nos dois porque há contribuições economicamente avaliáveis em ambos; em muitas associações há, ainda, benefício economicamente apreciável atribuído apenas aos membros. Mais ainda, a aplicação subsidiária das regras predispostas para as associações aos contratos de sociedade só tem lógica se o suporte negocial, no plano jurídico, for o mesmo. Entendo, pois, que embora se fale em estatuto no que concerne às associações, o ato de constituição é um contrato plurilateral enquanto que aquele, o estatuto, se refere ao esquema de organização do contrato, distinção clássica no sistema da *common law* entre os *by laws* e o contrato que dá origem às companhias.

CONTROLE PÚBLICO E SOCIAL DOS MEIOS DE COMUNICAÇÃO*

FÁBIO KONDER COMPARATO

Reorganizar a estrutura jurídica dos meios de comunicação social. Reformar o Conselho de Comunicação Social. Instituir o direito de antena. Ampliar o direito de resposta, dando-lhe um sentido social.

Na história política da humanidade, a imprensa surgiu como um meio de controle do poder, ou seja, como um instrumento de fiscalização e denúncia dos governos, em defesa dos direitos e liberdades individuais.

Esta foi a razão da excepcional importância que os grandes pensadores do constitucionalismo clássico sempre atribuíram à liberdade de imprensa. Thomas Jefferson, por exemplo, pouco antes da Convenção de Filadélfia que elaborou a Constituição Federal norte-americana, em carta a Edward Carrington datada de 16 de janeiro de 1787, quando ainda exercia as funções de embaixador dos Estados Unidos junto à Corte francesa, foi enfático. "Sendo a opinião do povo a base dos nossos governos (da confederação norte-americana)", disse ele, "o seu primeiríssimo objeto deve ser a garantia desse direito (de opinião); e se tocasse a mim decidir se deveríamos ter um governo sem jornais, ou jornais sem governo, eu não hesitaria um segundo em preferir o segundo termo dessa alternativa".

* Comunicação à XVIII Conferência Nacional da Ordem dos Advogados do Brasil, realizada em Salvador (BA), em novembro de 2002.

Efetivamente, até o século XX, os donos de jornal (pois este era o único meio de comunicação de massa da época), com raras exceções, não participavam do esquema de poder político.

No mundo contemporâneo, todavia, a posição do conjunto dos órgãos de comunicação social — agora incluindo jornais e revistas, estações de rádio e televisão, a indústria do cinema, a *internet*, ou a combinação de todos esses veículos numa rede global conhecida como *multimedia* — mudou significativamente. Em todos os países, operou-se uma nítida cisão entre um macro e um microssetor de comunicação social. Naquele, salvo raras exceções individuais, os diferentes veículos entraram a fazer parte do esquema de poder político, quer oficialmente como órgãos do governo, quer lateralmente, como empresas privadas que se aliam aos governantes, ou exercem uma influência preponderante sobre os Poderes do Estado, notadamente o Executivo e o Legislativo.

Na verdade, as relações entre esse macrossetor privado de comunicação de massa e os poderes estatais não são de direção única. É um engano imaginar, por exemplo, que os controladores das empresas mercantis de imprensa, rádio e televisão buscam exclusivamente o lucro como seu objetivo final. A atração pelo exercício do poder, sobretudo o político, é um dos impulsos mais fortes do ser humano. Os grandes empresários do setor de comunicação, muito mais freqüentemente do que se pensa, contentam-se em ter uma lucratividade medíocre, contanto que a rede das suas empresas, compreendendo jornais, radioemissoras e televisões, tenha condições de exercer uma influência preponderante sobre as decisões governamentais, tanto no plano local, como nacional.

Em contrapartida, apesar das garantias constitucionais de liberdade de expressão, são raras as grandes empresas privadas de comunicação de massa que podem desenvolver sua atividade sem depender minimamente do Estado, dispensando a publicidade oficial ou o socorro financeiro em situações de agudo endividamento.

De modo geral, portanto, as relações que se estabelecem entre o macrossetor de comunicação social e o Estado, em países capitalistas, são de potência a potência. Os Poderes Públicos não se dobram sistematicamente às pressões do setor, nem tampouco este se submete, sem condições, às injunções estatais. O que existe, antes, nesse complicado jogo de forças, é uma "dialética da ambigüidade", segundo a feliz expressão cunhada nos anos 50 pelo sociólogo Guerreiro Ramos a respeito do relacionamento entre o Estado e as classes dominantes no Brasil. O poder estatal depende das grandes empresas de comunicação para assentar a sua legitimidade política junto à opinião pública, e essas empresas, por sua vez, dependem do Estado para a defesa do sistema capitalista, no qual elas se inserem como elemento-chave. A mútua dependência acaba por suscitar, naturalmente, um acordo, visando ao exercício conjunto do poder político, econômico e cultural sobre aquilo que é essencial para ambos os lados. Quem fica fora do acordo é, obviamente, o povo, que no esquema constitucional clássico seria o grande beneficiário do sistema de garantias institucionais à liberdade de comunicação.

Acontece que, em tempos de globalização, o conluio entre o poder estatal e as grandes redes de comunicação de massa se estabelece, claramente, em níveis transnacionais. O surgimento do primeiro império mundial da História, com sede nos Estados Unidos, ampliou o acordo de que se acaba de falar para todo o espaço do orbe terrestre. Doravante, as políticas de dominação imperial exigem uma cobertura ideológica sem fronteiras, por parte dos grandes veículos de imprensa, rádio, televisão e cinema.

Nos dias atuais, por conseguinte, restringir a orientação do ordenamento jurídico nessa matéria unicamente à garantia da liberdade de expressão já não atende às exigências de um mundo sensivelmente diverso daquele em função do qual se erigiu o constitucionalismo clássico. Enquanto essa garantia representa, inegavelmente, uma segura proteção do microssetor dos meios de comunicação de massa, o poder social do macrossetor fica imune a todo controle oficial no interesse do povo, quando não vê reforçado o seu poder de influir, decisivamente, sobre a opinião pública, para a proteção dos seus próprios interesses particulares.

A Constituição Federal de 1988, embora contendo algumas disposições tendentes a controlar o poder social dos meios de comunicação de massa, não alcançou nenhuma efetividade prática na defesa dos direitos fundamentais do povo brasileiro de ser informado e de manifestar a sua opinião sobre assuntos de interesse público.

Mas o pior sobreveio recentemente. O Congresso Nacional, cedendo às pressões exercidas pelos grandes grupos de televisão, fortemente endividados em moeda estrangeira, aprovou a Emenda Constitucional 36, de 28 de maio de 2002, a qual permitiu a participação de estrangeiros, em até 30% (trinta por cento), no capital das empresas jornalísticas, de radiodifusão sonora e de televisão. Como medida de disfarce e não de efetivo contrapeso, dispôs-se que a responsabilidade editorial e as atividades de seleção e direção da programação veiculada ficariam em mãos de brasileiros natos ou naturalizados há mais de dez anos.

Não escapou a nenhum advogado com mínimo conhecimento do direito e da prática empresarial, que ao sócio estrangeiro, mediante acordos societários aparentes ou dissimulados, será sempre viável adquirir uma posição de controle ou dominação empresarial, tornando perfeitamente ineficaz a reserva a brasileiros da responsabilidade editorial e das atividades de seleção e direção dos programas.

Para cúmulo da desordem constitucional, o Presidente da República decidiu baixar, em 1º de outubro próximo passado, uma Medida Provisória, de n. 70, para regular a matéria. De um só golpe, cometeram-se três graves atentados à Constituição.

Em primeiro lugar, o art. 222, na nova redação que foi dada pela citada Emenda 36, dispôs terminantemente que "*a lei* disciplinará a participação de capital estrangeiro nas empresas de que trata o § 1º (as jornalísticas, de radiodifusão sonora e de sons e imagens)". *Lei*, no vocabulário constitucional e no reconhecimento unânime da doutrina e da jurisprudência, não é, obviamente, sinônimo de *medida provisória*. Esta pode ou não converter-se em lei, depois de apreciada pelo Congresso Nacional.

Em segundo lugar, a Emenda Constitucional 32, de 11.9.2001, expressando um princípio cediço em matéria constitucional, alterou o art. 246 da Constituição, para vedar "a adoção de medida provisória na regulamentação de artigo da Constituição cuja redação tenha sido alterada por meio de emenda". A norma constitucional acrescenta: "emenda promulgada entre 1º de janeiro de 1995 até a promulgação desta emenda, inclusive". O acréscimo é simplesmente tolo e de nenhuma eficácia, pois o princípio expresso na parte inicial do art. 246 já vigorava de modo absoluto e sem exceções, antes de promulgada a Emenda 32, e continuou a vigorar ao depois, pela sua própria força normativa de princípio fundamental.

Em terceiro lugar, finalmente, ainda que se não cuidasse de medida provisória com pretenso efeito de regulamentação constitucional, ela não teria validade, no caso, por ausência de um de seus pressupostos substanciais, qual seja, a urgência. Com efeito, não passou despercebido a ninguém, neste País, que a matéria a ser regulada não é e nem nunca foi urgente para o interesse público; tanto é que a proibição de participação de capital estrangeiro em empresas de comunicação social vigorou no País, ininterruptamente, desde a Constituição de 1934 (art. 131). A absurda intervenção presidencial nesse campo atendeu, unicamente, a exclusivo e premente interesse de certas empresas da área.

Isto posto, vejamos como encaminhar as devidas soluções para os problemas acima indicados.

Por ocasião da XVII Conferência Nacional da Ordem dos Advogados do Brasil, tive oportunidade de formular algumas propostas, no sentido de se instituir e reforçar o controle social do conjunto dos meios de comunicação de massa. O Conselho Federal da OAB pede-me, agora, que volte ao tema, reexaminando o que foi proposto naquela Conferência e formulando eventualmente novas diretrizes de mudança.

Preliminarmente, contudo, importa esclarecer o sentido técnico do substantivo *controle* e dos qualificativos *social* e *público*.

Como tive ocasião de assinalar,[1] o vocábulo *controle* (ou *controlo*, forma mais usada em Portugal) tem dois sentidos principais: verificação e fiscalização, de um lado; dominação e regulação, de outro. Na primeira acepção, fala-se juridicamente em controle judicial dos atos do Poder Públi-

1. *O Poder de Controle na Sociedade Anônima*, 3ª ed., Rio de Janeiro, Forense, 1983, pp. 11 e ss.

co (tema do livro clássico do saudoso Dr. Miguel Seabra Fagundes). Na segunda acepção, o termo é empregado para designar o poder de dominação, interno ou externo, exercido sobre uma organização empresarial.

Pois bem, na formulação do tema que me foi proposto, o termo *controle* é usado em ambos os sentidos assinalados acima. Trata-se, não só de refletir sobre a fiscalização dos meios de comunicação social, como também de examinar a melhor forma de regular a organização do setor na sociedade contemporânea.

No tocante aos dois qualificativos desse controle constantes da enunciação do tema — público e social — convém advertir para o fato de que o primeiro deles tornou-se, na linguagem moderna, sinônimo de estatal. Na língua matriz, no entanto, *publicus* (*-a*, *-um*) deriva de *populus*. Assim, os jurisconsultos romanos denominavam *publicum* o que pertencia ao povo romano e, em particular, o tesouro público. Ainda não se havia concebido, então, o Estado como organização personalizada de poderes, distinta do povo. A partir da filosofia política hegeliana,[2] estabeleceu-se a distinção conceitual entre a esfera ideal do Estado, como "efetividade da idéia moral" (*die Wirtlichkeit der sittlichen Idee*), e a esfera material da sociedade civil, onde se atende às necessidades naturais e às particularidades individuais, ambas essas esferas confrontadas, uma à outra, numa relação dialética.

A civilização burguesa institucionalizou a separação entre Estado e sociedade civil, no quadro da chamada democracia representativa: o povo soberano não governa, mas limita-se a designar os governantes pelo processo eleitoral. O que mal se esconde por trás desse mecanismo é uma realidade oligárquica, no sentido profundo que Aristóteles empresta ao conceito de oligarquia: o regime político em que o poder supremo (*kyrion*) pertence aos mais ricos, que são sempre a minoria.[3]

Ora, a grande tarefa que se impõe, hoje, aos defensores da autêntica democracia consiste em derrubar a separação entre o Estado e a sociedade civil, entre a minoria opulenta e a grande maioria indigente, e voltar a dar ao povo a plenitude da soberania política; ou seja, não só a titularidade, mas também o efetivo exercício do poder supremo.

É nesse sentido que se apresentam, sob a forma de conclusões, as seguintes propostas.

Reorganizar a estrutura jurídica dos meios de comunicação social

Impõe-se, antes de mais nada, revogar a Emenda Constitucional 36, que abriu os órgãos de comunicação social à ingerência do capital estrangeiro, comprometendo com isto, seriamente, o princípio da soberania nacional, inscrito no art. 1º, inciso I, da Constituição. É indispensável restabelecer a norma do art. 222, em sua redação original.

Impõe-se, demais disso, reformular inteiramente o estatuto jurídico interno dessas entidades.

Aquelas que integram o setor público só deveriam poder funcionar sob a forma de fundações públicas, nas quais o órgão deliberativo máximo seria um conselho de administração, composto, em igual proporção, por representantes do governo, representantes do Ministério Público e representantes dos empregados.

Nas entidades privadas de imprensa, rádio e televisão, igualmente, deveria haver um conselho de administração, incumbido de estabelecer as diretrizes editoriais e de programação, conselho esse no qual os representantes dos empregados ocupariam pelo menos a metade dos cargos.

2. *Grundlinien der Philosophie des Rechts*, in *Sämtliche Werke*, v. 7º, 3ª ed., Stuttgart, 1952, §§ 182 e ss. e 257 e ss.

3. *Política*, 1279 *b*, 11 e ss.

É mister, finalmente, alterar em profundidade o estatuto das radioemissoras e televisões educativas, à vista do escândalo ocorrido durante o governo do Presidente Fernando Henrique Cardoso, em que 357 dessas entidades foram concedidas sem licitação a particulares, em sua maior parte políticos ligados ao esquema oficial de poder. Proponho que esses órgãos de comunicação social só possam existir como fundações públicas, em cujo conselho de administração 1/3 (um terço) dos cargos, no máximo, seja ocupado por representantes da pessoa jurídica de direito público que as instituiu, e os demais cargos preenchidos por professores da rede de ensino público de todos os graus. Expirado o prazo, a concessão das atuais rádios e televisões educativas, públicas ou privadas, não seria renovada.

Reformar o Conselho de Comunicação Social

Esse órgão, criado pelo art. 224 da Constituição Federal de 1988, deveria ter sua competência sensivelmente ampliada. Atualmente, por força do disposto na Lei 8.389, de 30 de dezembro de 1991, ele tem a medíocre atribuição de realizar "estudos, pareceres, recomendações e outras solicitações que lhe forem encaminhadas pelo Congresso Nacional"; ou seja, trata-se de figura meramente decorativa no universo dos meios de comunicação de massa.

Proponho que o Conselho de Comunicação Social passe a ter uma dupla competência.

Em primeiro lugar, estabelecer os critérios de outorga e renovação de concessões, permissões e autorizações para o serviço de radiodifusão sonora e de sons e imagens, levando em conta, entre outros princípios, a proibição de monopólio ou oligopólio no amplo setor dos meios de comunicação social, tal como estabelecido no art. 220, § 5º da Constituição. Atualmente, como ninguém ignora, na ausência de critérios precisos, ligados ao interesse público, essas concessões, permissões e autorizações são objeto de uma escandalosa troca de favores entre o Presidente da República e os componentes do Congresso Nacional, além de ensejarem uma abusiva concentração de poder em mãos de poucos.

Em segundo lugar, competiria igualmente ao Conselho regulamentar os princípios sobre a produção e a programação das emissoras de rádio e televisão, enunciados no art. 221 da Constituição e até agora não regulamentados. Dentro dessa segunda atribuição, competiria ao Conselho também regular o exercício do direito de antena, como será dito mais abaixo.

Na composição do Conselho, além de representantes das diversas categorias profissionais do setor, como jornalistas, radialistas e artistas, deveriam ingressar também representantes de entidades que já demonstraram, em nossa experiência histórica, capacidade para a defesa da cidadania, como a Ordem dos Advogados do Brasil.

Instituir o direito de antena

Trata-se, aqui, de estabelecer um verdadeiro controle popular, no sentido forte de ocupação efetiva, pelo povo, do espaço público de comunicação social.

O chamado direito de antena foi instituído pelas Constituições portuguesa (art. 40) e espanhola (art. 20, alínea 3, *in fine*), como prerrogativa essencial da cidadania. A Constituição portuguesa atribui legitimação ativa para o seu exercício aos "partidos políticos, as organizações sindicais, profissionais e representativas das atividades econômicas, bem como outras organizações sociais de âmbito nacional". A Constituição espanhola indica genericamente, como titulares desse direito, "grupos sociais e políticos significativos, respeitados o pluralismo da sociedade e as diversas línguas da Espanha".

Proponho que a regulação do exercício desse direito fundamental do povo de livre comunicação por meio do rádio e da televisão, uma vez instituído em lei, seja feita pelo Conselho de Comunicação Social.

Ampliar o direito de resposta, dando-lhe um sentido social

Renovo, aqui, proposta por mim feita durante os trabalhos da XVII Conferência Nacional da Ordem dos Advogados do Brasil.

O direito de resposta, tradicionalmente, visa a garantir a defesa da verdade e da honra individual. Legitimado a exercê-lo, portanto, é sempre o indivíduo, em relação ao qual haja sido difundida uma mensagem inverídica ou desabonadora. Ainda que se não possa nele enxergar um direito potestativo, como sustenta o eminente Professor Vital Moreira, da Universidade de Coimbra,[4] é inegável que esse instituto se apresenta como um meio de defesa particularmente vigoroso, em geral garantido pela cominação de pena da multa em caso de descumprimento do preceito pelo sujeito passivo.

Minha proposta é no sentido de se estender a utilização desse mecanismo jurídico também à defesa de direitos coletivos ou difusos. É sabido que na civilização capitalista contemporânea os detentores do poder econômico privado não encontram dificuldades em dominar os meios de comunicação de massa, tornando-os instrumentos dóceis para a promoção de seus interesses próprios, tanto no campo econômico, quanto no político. Os defensores do bem comum ou interesse social encontram-se sempre em posição inferior, só tendo acesso obrigatório aos meios de comunicação nos raros casos previstos em lei.[5]

A legitimação para o exercício desse direito coletivo de retificação deveria caber, analogamente ao previsto na Lei 8.078, de 1990: 1) ao Ministério Público; 2) a órgãos da administração pública, direta ou indireta, ainda que despidos de personalidade jurídica, quando especificamente criados para a defesa de interesses difusos ou coletivos; 3) a organizações não-governamentais, existentes sob a forma de associações legalmente constituídas há pelo menos um ano e que incluam entre suas finalidades estatutárias a defesa desses interesses.

São Paulo, 23 de setembro de 2002.

4. *O Direito de Resposta na Comunicação Social*, Coimbra Editora, 1994, p. 16, citando Pierluigi Lax, *Il Diritto de Retifica nell'Editoria e nella Radiotevisione*, Pádua, Cedam, 1989. Dado que o direito de resposta tem por objeto um *facere* por parte do sujeito passivo, ele não pode ser reconhecido como sendo de natureza potestativa, pois a potestatividade consiste justamente no fato de que o efeito jurídico — criação, modificação ou extinção de uma relação jurídica — produz-se pela simples manifestação de vontade do titular, encontrando-se, portanto, o sujeito passivo em estado de sujeição e não de dever.

5. É o que sucede, por exemplo, na hipótese de publicidade enganosa ou abusiva em detrimento do consumidor. A Lei 8.078, de 1990, criou para o caso a sanção de uma contrapropaganda imposta (art. 60).

A DISCIPLINA DO AVAL NO NOVO CÓDIGO CIVIL

RACHEL SZTAJN

e

HAROLDO MALHEIROS DUCLERC VERÇOSA

Introdução. 1. Os princípios dos títulos de crédito. 2. A legitimação nos títulos de crédito. 3. O aval. 4. Intromissão do direito de família na regência dos títulos de crédito.

Introdução

Segundo Tullio Ascarelli, a maior contribuição do direito comercial para a formação da economia moderna, aquela que mais influiu na economia, é a dos títulos de crédito porque, sem eles, faltariam os meios jurídicos que oferecem aos empresários e graças aos quais (títulos) foi possível mobilizar a riqueza, vencer espaço e tempo, pois os títulos de crédito permitem representar no presente possíveis riquezas futuras.[1]

A importância e utilidade dos títulos de crédito é tal que são um dos melhores exemplos da contribuição oferecida pelos mercadores à circulação de direitos. Não se estranha terem, rapidamente, ultrapassado o uso em relações entre banqueiros e entre estes e seus clientes, para a vulgarização (cremos possa ser assim designada) e conseqüente largo emprego de títulos de crédito na economia, tanto entre nas relações empresariais quanto nas relações privadas.

A segurança necessária para a expansão dos títulos de crédito prende-se à elaboração doutrinária alemã do século XIX, que opera a separação entre obrigações cambiárias ou cambiais, presentes no documento, daquelas estranhas àqueles documentos, não mencionadas ou contidas.

Ainda para Ascarelli, a disciplina dos títulos de crédito é complexa, obrigando a remontar a princípios rigorosos e profundos porque, nesse campo, a certeza e a segurança do direito são absolutamente essenciais. É a necessidade de certeza e segurança, certeza no direito e segurança na sua realização, a razão da criação e do aperfeiçoamento de institutos que satisfaçam tal exigência.[2] Referidos princípios são resguardados pela adoção de formalidades dotadas de valor absoluto, de forma a se atingir o objetivo da circulação do crédito, sempre com segurança e certeza. Se o Direito Comercial reveste-se da condição de informalidade na quase totalidade dos seus institutos, em matéria de títulos de crédito essa regra é quebrada em vista das razões acima referidas, do que muitos operadores do direito infelizmente têm-se esquecido.

Função dos títulos de crédito, espécie particular de documento, é tornar mais sim-

1. *Teoria Geral dos Títulos de Crédito*, São Paulo, Livraria Acadêmica, Saraiva & Cia. Editores, 1943, p. 3.

2. Ob. cit., p. 5.

ples, rápida e segura a circulação da riqueza mobiliária, agilizando operações no tráfico negocial. Por isso que a circulação dos documentos cambiários, diferentemente do que ocorre com a cessão ordinária de direitos, segue regras deduzidas para a circulação das coisas móveis.

Dizer que título de crédito é coisa móvel resulta de aperfeiçoamentos e generalizações ocorridos ao longo do tempo, sendo a desvinculação da relação jurídica que lhe dá origem, talvez, a mais relevante nesse processo. Facilita a rápida realização do direito mencionado no documento que se transfere com facilidade, garantindo-se ao cessionário ou portador legitimado, a segurança de que seu direito não estará preso a exceções que poderiam atingir a sua própria existência.

1. Os princípios dos títulos de crédito

A segurança acima mencionada deriva da imposição de requisitos para a delimitação e definição do direito, seguida da certeza de que o portador legitimado poderá exercê-lo, sem o que ficará ele inseguro, dificultando-se a circulação da riqueza mobiliária. Insegurança resulta em custo de transação, perda de eficiência e, portanto, perda de bem-estar geral.

Invenção dos juristas aparece na incorporação do direito ao documento (*princípio da cartularidade*) que opera como veículo daquele, é o próprio direito que nele estiver mencionado que circula com a transmissão do documento. Aqui se realça a *literalidade* do documento porque o direito de crédito (pagamento de valor em moeda, direito à entrega de mercadorias, direito de garantia), deve estar necessariamente mencionado no documento ou, caso contrário, não há pretensão juridicamente exercitável.

É que o documento consubstancia direito(s) de uma só parte, tem estrutura unilateral, condição esta essencial para a circulação do direito que é nele mencionado. Conseqüência dessa unilateralização dos direitos é a observância de requisitos formais, como se disse acima, para que o documento seja considerado título de crédito.[3]

Literalidade é, então, requisito básico para a circulação desses documentos ao qual se adiciona o controle da *completude*, incluindo-se aqui a inexistência de alterações no documento, controle da legitimação cartular, que se faz pela cadeia de endossos, quando em preto, e por derradeiro, controle da identidade do portador.

Títulos de crédito incompletos ou em branco podem circular, devendo, porém, estar completos (podem ser completados ao longo do processo de circulação) quando do exercício da pretensão, do direito mencionado no documento (veja-se o art. 891 do novo Código Civil).

O direito é literal na medida em que sua extensão e conteúdo estão claramente expressos no documento e apenas nele, o que leva à exclusão da possibilidade de interposição de exceções fundadas em declarações inexistentes no título. Dado o princípio da literalidade, alterações introduzidas no documento acarretam sua invalidade como título de crédito, sem, porém, atingir a relação jurídica subjacente (nesse sentido o art. 888 do novo Código Civil).

Convenções extra-cartulares, isto é, não constantes do documento, são ineficazes em relação a terceiros, uma vez que com ele, documento, não circulam. Isto em nada altera a validade de tais negócios entre partes diretamente relacionadas, em relação às quais não se configura outro princípio fundamental dos títulos de crédito, a *autonomia*. De outro lado, nem mesmo a prova do conhecimento que o terceiro tenha quanto à existência de qualquer convenção extracartular é a ele oponível. Nesse sentido, a autonomia adquire relevo absoluto, observados os demais princípios em sua devida coordenação.

A literalidade aplica-se a cada uma das obrigações ou declarações constantes do

3. Ascarelli, ob. cit.

documento. Por isso é importante saber o que deve constar do título com eficácia cartular e o que não tem essa eficácia, ainda que dele conste. No plano das menções obrigatórias, impõe-se a determinação do direito de crédito, o devedor final, e eventuais garantes. A lei estabelece em relação a cada título quais são os elementos essenciais de sua literalidade, dando meios para que alguns deles possam ser supridos a partir de elementos constantes do próprio documento (vejam-se, p. ex., o art. 1º do Decreto 57.595/1966, quanto ao cheque e o art. 2º do Decreto 57.663/1966, no tocante à letra de câmbio).

Literalidade, em direito cambiário, não é mera aparência de direito, mas assemelha-se à literalidade do contrato romano: apenas o que estiver escrito vincula e obriga. Daí a autonomia da declaração cartular e o valor constitutivo do documento: nada que dele não conste pode ser exigido do terceiro portador legitimado, salvo se houver pacto extra-cartular entre ele e o devedor. As pessoas cujas assinaturas figurem no documento sabem qual o direito nele mencionado e que estão vinculadas como devedoras, credoras ou garantes, segundo regras específicas. É que as declarações cartulares são regidas pelo teor do documento.

Verificadas a completude e a inexistência de alterações, controles do título, passa-se à *legitimação* para o exercício do direito. Esta é matéria tipicamente cartular, cujo fulcro está em que a legitimação cambiária, a aparência de titularidade, decorre da lei, é formal. Por isso o controle da seqüência de endossos, uma vez que o portador do documento, de acordo com sua lei de circulação, pode não ser titular do direito, mas estará legitimado para exercê-lo. Esta é uma qualidade específica dos títulos de crédito, contrária à do direito comum, fato que explica decisões lamentavelmente equivocadas dos tribunais que não a perceberam em toda a sua extensão e conteúdo.

Nos denominados títulos de crédito abstratos — aqueles que podem ser criados por pluralidade de negócios subjacentes — a desvinculação das declarações contidas no documento da relação entre autor (devedor final) e primeiro beneficiário, permite afastar, na cessão do direito contido ou mencionado no documento, a possibilidade de argüição de exceções, norma de direito comum, com o que se aperfeiçoa sua circulação.

2. *A legitimação nos títulos de crédito*

A desnecessidade de se investigar a existência de eventual relação entre cedente e devedor final da obrigação cambiária torna a aceitação do título segura. Para isso o formalismo que informa as criação e circulação dos títulos de crédito serve de esteio, de sorte que o que não estiver no documento não pode ser pleiteado pelo titular legitimado, nem por isso estará obrigado o devedor final.

Saber se uma pessoa é ou não titular legitimado, apta a transferir o documento corresponde a uma tarefa bastante simples: basta acompanhar a regularidade da cadeia de endossos que se equipara, para os efeitos de transmissão do direito, à filiação de propriedade, cadeia de transferência de direito de propriedade imobiliária informado pelo Cartório de Registro de Imóveis ao qual o imóvel objeto se subordine. O mesmo formalismo que se exige, no direito brasileiro, para a transmissão da propriedade imobiliária, está presente no direito cambiário.

Ascarelli explica que as declarações cartulares, as presentes nos títulos de crédito, são declarações de vontade, não de ciência ou verdade, são fontes de direito autônomo e distinto da relação fundamental ou subjacente e de qualquer convenção extra-cartular.[4]

A conexão entre documento e direito tem caráter permanente, o que lhes dá função de documento constitutivo e, também,

4. Ob. cit., p. 62.

dispositivo, na medida em que circula. A separação dos direitos das partes decorrentes de negócios bilaterais é o primeiro passo, diz o jurista, para satisfazer as exigências econômicas que permitem a fácil e segura circulação dos direitos. Esse entendimento está presente no art. 893 do novo Código Civil que dispõe sobre a circulação da cártula.

3. O aval

Esse é o quadro em que se insere o aval, espécie de garantia cambiária, considerada fidejussória por parte da doutrina, enquanto outros vêem no aval a mesma autonomia das obrigações cambiárias acima referida. Assim é que os arts. 897 e 898 do novo Código Civil, dispõem:

"Art. 897. O pagamento de título de crédito, que contenha obrigação de pagar soma determinada, *pode ser garantido por aval*. Parágrafo único. É vedado o aval parcial" (destaque nosso).

"Art. 898. O aval deve ser dado no verso ou no anverso do próprio título. § 1º. *Para a validade do aval, dado no anverso do título é suficiente a simples assinatura do avalista*. § 2º. Considera-se não escrito o aval cancelado" (destaque nosso).

Da leitura do texto do art. 898 e seu parágrafo único é possível concluir que o aval é declaração cartular unilateral e que seu cancelamento eqüivale a não ter havido referida declaração. Assim, a garantia cambiária, aval, é prestada mediante *simples assinatura no documento*, se no anverso. Quando feita no verso do documento, o avalista deve indicar aquele ao qual estará equiparado como obrigado cambiário (art. 899 do NCC).

Dado que, em matéria cambiária, a transferência do documento representa a transferência dos direitos nele mencionados (art. 893 do NCC), e dada a equiparação do avalista ao avalizado, a garantia circula com o título implicando, ainda, solidariedade do garante pelo pagamento da obrigação.

Sabe-se que documentos cartulares são aptos a incorporarem plúrimas declarações constitutivas de relações obrigacionais, portanto, não se estranha que a autonomia das declarações cambiárias seja combinável com a solidariedade entre os declarantes (signatários) do documento, solidariedade que se rege por normas específicas que não as do direito comum. Dessa forma problemas de coordenação entre as duas disciplinas são evidentes e, talvez, a dificuldade de promover tal coordenação tenha levado o legislador de 2002 a igualar o aval à fiança.

A disciplina da fiança, arts. 818 e ss. do novo Código Civil, a inclui, como tradicionalmente efetuado, entre os contratos, explicitando-se que obrigações nulas não são suscetíveis de fiança salvo a nulidade ser resultante de incapacidade pessoal do devedor (art. 824) e no art. 827, dispõe-se sobre benefício de ordem na execução da dívida garantida.

Fiança e aval são espécies de garantia diferentes: aquela resulta de contrato; este de declaração unilateral. Entretanto, por serem ambos garantias e, em face de divergências doutrinárias, Campobasso busca solução unitária para essas obrigações, ressaltando a necessidade de se coordenar a disciplina cambiária com a de direito comum.[5]

Na fiança, o peso da dívida garantida grava bens de um só dos co-devedores, diz Campobasso.[6] Enquanto isso, a responsabilidade nos títulos de crédito é diferente, atípica. O legislador não subsume a solidariedade nos títulos de crédito às regras gerais, chegando a equiparar o avalista ao avalizado, o que não faz em relação a fiador e afiançado.

Aval é obrigação cambiária de garantia, autônoma em relação à obrigação garantida, resultante de declaração unilateral, aposta e, por isso, incorporada ao título de

5. Gian Franco Campobasso, "Solidarietà cambiaria (con particolare riferimento all'avalo", in *I Titoli di Credito — a Cura di Giovanni I. Pelizzi*, Milão, Giuffrè Editore, 1980, pp. 87 e ss.

6. Ob. cit., p. 104.

crédito. Em face do portador da cártula, o avalista tem obrigação idêntica à de quaisquer outros obrigados. Signatários de títulos de crédito estão entre si em posições solidárias no pagamento da soma indicada no título em relação aos seus antecedentes, ou seja, são solidários entre si na ordem inversa àquela em que figurem na cadeia de endossos.

Quem quer seja o titular legitimado para exercer a pretensão — o direito contido no título — pode escolher qualquer dos signatários anteriores a ele nessa cadeia. E os que estiverem em ordem posterior, na direção do emitente, sacado, ou aceitante, são solidariamente obrigados pela obrigação, enquanto os subseqüentes estão liberados de qualquer pagamento.

A articulação dessas relações faz com que, no regresso cambiário, quem pague o título ocupe a posição ativa em relação aos obrigados que o precederam, até que se chegue ao devedor final, emitente, sacado ou aceitante do título.

Se há nos títulos de crédito regra de coobrigação é, entretanto, possível, separar as obrigações em principais e de garantia e estas, eventualmente, serem entendidas como subsidiárias, não acessórias, como se dá no direito comum, com o que se opera separação entre as garantias cambiárias e as de direito comum, na solidariedade passiva.

Por exemplo, solidariedade, nos termos do art. 264 do novo Código Civil existe quando, na mesma obrigação, concorrem mais de um credor ou mais de um devedor, cada um com direito, ou obrigado à dívida toda. Essa norma é aplicável à disciplina dos títulos de crédito. Já a regra do art. 281, que trata da oposição de exceções, permitindo a oposição daquelas pessoais e as comuns aos demais devedores, sua inaplicabilidade é evidente. Quanto às exceções pessoais, sua oposição é admitida em matéria cambiária apenas opera entre partes diretamente relacionadas, em relação às quais não se configura a autonomia. As exceções formais, resultantes de vício documental, são oponíveis a qualquer momento, mas exceções relativas a outro ou outros coobrigados não são permitidas, pena de se ultrapassar o princípio da segurança na circulação do documento.

Campobasso explica que, partindo-se da visão que se dê à tal divisão entre obrigações principais e subsidiárias, há quem entenda devam ser elas submetidas às normas das obrigações solidárias entre obrigados de mesma hierarquia, enquanto outros consideram que há elementos suficientes nas normas especiais para que se abandone essa possibilidade. Elementos como a falta de unidade de causa e independência recíproca das obrigações cambiárias, subsidiariedade no regresso, justificam a exclusão das normas de direito comum.

4. Intromissão do direito de família na regência dos títulos de crédito

A explicação e alerta de Ascarelli quanto à importância dos títulos de crédito, entretanto, parece ter sido abandonada pelo novo Código Civil. Talvez tenha faltado harmonizar dispositivos legais topograficamente distantes: os de direito cambiário e os de direito de família, dois subsistemas dentro do novo Código Civil.

O Título VIII do novo Código Civil, ao dispor sobre títulos de crédito (atípicos, talvez), cuida de apoiar a disciplina dessas declarações unilaterais sobre a literalidade, cujo controle se faz pela análise formal do documento que deve preencher requisitos mínimos. A seguir, passa-se ao controle da legitimação do portador que é, igualmente, formal. Assim, o que deve estar no documento decorre de prescrição legal (art. 889), sem o quê o documento não será título de crédito (art. 888).

Depreende-se desse tratamento que o legislador tinha, na disciplina específica dos títulos de crédito, como meta a tutela da segurança na circulação, sem o que os títulos de crédito perdem sua função sócio-econômica. Mas o mesmo legislador, mais adiante, ao se ocupar da matéria de família, deveria ter outras preocupações. E, como não se pode servir a dois senhores ao mesmo tempo, criou-se dicotomia perversa.

De um lado, busca-se permitir que particulares criem documentos cambiários oferecendo suporte normativo. De outro, escolhe-se tutelar a família e, com isso, se exige a outorga do cônjuge para a concessão de aval, tal como se faz na fiança.

A lição de Camposso, tal como a de Ascarelli, foi ignorada e os institutos associados. O formalismo que suporta a segurança do direito na circulação do documento e que torna os títulos de crédito instrumentos ágeis, seguros e fundamentais no tráfico negocial, tenderá a ser ignorado no Brasil?

É que, no art. 1.647, inciso II, há determinação de que a prestação de garantias — fiança e aval entre outras — depende de autorização do cônjuge, sempre que o garante for casado em outros regimes que não o da separação absoluta. Prevê-se o suprimento judicial quando haja negativa *sem motivo justo* (art. 1.648), bem assim a anulabilidade do ato que poderá ser requerida pelo cônjuge que não concedeu a autorização (não seria melhor dizer outorga?) pelo prazo de até dois depois de terminada a sociedade conjugal.

Claro que a pérola explicativa está no parágrafo único ao art. 1.469, quando prevê a possibilidade de autorização, para validar o ato, desde que feita por instrumento público ou particular autenticado.

Além do mais, verifica-se que o art. 1.647 do NCC está fazendo apenas referência à *autorização do outro cônjuge*, para o fim de que o interessado obrigue-se *individualmente por aval*. Mas, considerados os efeitos dos regimes de bens, teríamos os seguintes efeitos:

a) aval autorizado pelo cônjuge no casamento sob o regime da comunhão universal: o patrimônio comum responde pelas dívidas do avalista, na forma do art. 262 do novo Código Civil;

b) aval autorizado pelo cônjuge no casamento sob o regime da comunhão parcial: o patrimônio comum (formado pelos bens aqüestos) responde pelas dívidas do avalista, na forma do art. 269 do novo Código Civil;

c) aval dado pelo cônjuge casado em regime de separação parcial: responde pelas obrigações correspondentes apenas o seu próprio patrimônio.

Caso o credor deseje dispor da garantia do patrimônio de ambos os cônjuges a partir do instituto do aval, a assinatura deles dois seria necessária sob essa qualidade, ou seja, segundo as regras do art. 898, esclarecendo-se que, caso venha a ser dado no anverso do título, necessário se torna uma declaração expressa nesse sentido.

Acontece que a legislação de títulos de crédito limita taxativamente a expressão da literalidade, prevendo, conseqüentemente, somente alguns tipos específicos de posições cambiais, por meio das devidas assinaturas: sacador ou emitente, sacado/aceitante, endossante e avalista. Não existe a figura do "*autorizador*". Disso decorrem dois efeitos jurídicos possíveis.

Em primeiro lugar, de acordo com a Lei Uniforme em matéria de Letra de Câmbio (Decreto 57.633/1966), os elementos constantes de sua literalidade específica constam do art. 1º. Estipulações não autorizadas pela Lei Uniforme recebem dois destinos: ou são consideradas não escritas (*v.g.*, juros, art. 5º, 2ª alínea; endosso condicionado, art. 12, 1ª alínea) ou são nulas (*v.g.*, endosso parcial, art. 12, 2ª alínea). Aplicando-se tais regras para o aval, a "*autorização*" do cônjuge será considerada não escrita ou nula, levando indiferentemente à sua falta de efeito cartular.

Considerando-se que a Lei Uniforme resulta de um tratado internacional do qual o Brasil faz parte, para que a regra introduzida pelo novo Código Civil, institucionalizadora da autorização pudesse vir a afastar aquele texto, teria sido necessária a denúncia do tratado, o que não ocorreu. Daí que não seria eficaz para o fim pretendido uma cláusula do tipo "*Outorgo a presente autorização exclusivamente para os fins do art. 1.647 do novo Código Civil*".

Em segundo lugar, ainda que se venha a aceitar como regularmente presente no título e para os seus devidos efeitos a chamada ***autorização do cônjuge*** (outorga) deverá ser considerada necessariamente como aval, por exclusão, isto é, por haver no título uma assinatura que não é saque, aceite ou endosso. Isto quer dizer que, assinando o documento, o signatário será "*co-avalista*" com o outro cônjuge.

O aval de um cônjuge em negócio celebrado pelo outro corresponderia, segundo Antonio Pavone La Rosa àquele denominado "*de favor*", que tem a função econômica de "*aumentar o crédito*" do favorecido, ao lado de proporcionar uma negociação mais ágil do título, inexistindo dívida do avalista de favor em relação ao avalizado. O instituto nasce de uma "*convenção de favor*" celebrada expressamente pelo dador do aval em benefício do favorecido.[7] Do ponto de vista cambial, a prova da convenção estaria na assinatura apropriada no próprio título. Referindo-se o art. 1.649, parágrafo único do NCC, à possibilidade de ser feita por instrumento público ou particular, em afronta aos princípios da cartularidade e da literalidade, ela seria cambialmente ineficaz.

Qual a natureza das imposições presentes no art. 1.647 do NCC que, não somente quanto ao aval e à fiança, restringe a liberdade jurídica de um cônjuge em relação ao outro? Evidentemente, como se diz, o bem jurídico em vista corresponde à proteção do patrimônio familiar. Pelo mecanismo da autorização, o patrimônio do casal não poderá ser objeto dos tipos de gravames presentes ou eventuais, ali referidos, sem que o outro cônjuge a conceda, dentro dos casos previstos no dispositivo acima, cujo alcance é bastante amplo, considerando-se que a penalidade para a falta de autorização é a *nulidade do ato praticado* em seu todo, evidentemente.

Isto porque a disciplina e a segurança do direito, no que tange aos títulos de crédito, prendem-se ao formalismo do documento e, se a certeza na circulação do crédito depende da observância de regras claras, é evidente que, ou a outorga conjugal estará presente no título, ou de nada servirá por se tratar de declaração extra-cartular que não circula com o documento. E, neste caso, como vimos, ela deverá ser, alternativamente, reconhecida como aval, considerada não escrita ou considerada nula.

Se o título de crédito resulta de declaração unilateral; se cada obrigação nele constante é, igualmente, declaração unilateral; se cada uma delas é constitutiva de direitos e obrigações, então a autorização para aval deve dele constar. Mas, se é certo que as obrigações cambiárias são solidá rias, ter-se-á que tanto marido quanto mulher são solidários e estão individualmente obrigados pela totalidade da obrigação.

Algumas maldades com relação a eventuais comportamentos oportunistas que podem ocorrer por conta da regra do art. 1.647, II:

I — Qualquer dos cônjuges se recusa a assinar o documento — o aval é imprestável e a literalidade estará comprometida irremediavelmente. Quem se disporá a aceitar esse tipo de documento?

II — Diante da recusa do cônjuge, o juiz poderá supri-la desde que considere que a negativa deu-se por motivo *não justo*. Dessa forma, ele estará penetrando na vida empresarial de um dos cônjuges e na vida doméstica de ambos para fazer um juízo de valor sobre a qualidade da recusa o que, convenhamos, não é papel próprio do Judiciário.

III — Há duas assinaturas no anverso do documento — mulher e marido — mas em algum momento aquela questiona a assinatura sob o argumento de que ela foi coagida a assinar ou o casal se encontrava em estado de perigo (NCC, arts. 151 e 156). Passam-se anos até que, judicialmente, se

7. "La cambiale", in *Trattato di Diritto Civile e Commercialle*, Milão, Dott. A. Giuffrè Editore, 1982, pp. 343 e 343.

constate que não era verdadeira a alegação. Quem aceitará documentos que, ao invés de garantir agilidade no exercício do direito, podem levar a esse tipo de debate?

IV — A companheira, requerendo a aplicação do art. 1.725 do novo Código Civil (segundo o qual aplica-se às relações patrimoniais, no que couber, o regime da comunhão parcial) pleiteia a anulação do aval, por não haver concedido a autorização necessária.

Como não se deve atribuir ao legislador o desejo de facilitar condutas oportunistas, é de indagar se o direito brasileiro será sempre tão inovador que acabe por determinar a morte de certos institutos.

Exemplo clássico é o cheque antedatado ou pós-datado que substitui a letra de câmbio tradicional. Como no Brasil se dá pouca importância a detalhes, notadamente à existência de documentos apropriados para certas finalidades e com funções definidas, a introdução de exigências para a ação de execução em relação a certos títulos de crédito — como o registro dos documentos em Cartório de Títulos e Documentos — gerou disfunção do cheque.

No período em que se admitia títulos ao portador, eram eles comuns no tráfico negocial, funcionando como moeda. Interessando ao governo controlar a criação e circulação de moeda o artifício a que se recorreu foi retirar a força executiva do documento cambiário a que faltasse o tal registro que, porém, podia ser cobrado via ordinária.

Um desses títulos era a letra de câmbio, ordem de pagamento a prazo como se sabe. Ora, a criatividade dos agentes foi imediata com o abandono da letra de câmbio, cujo espaço foi ocupado, com mesma função, pelo cheque. O cheque é, originalmente, ordem de pagamento a prazo de vencimento, mas à vista de apresentação, e acabou por ser transformado em ordem de pagamento a prazo.

Cheques pré ou pós-datados, isto é, cheques em que há pacto para apresentação ao banco sacado em data previamente ajustada entre emitente e beneficiário preenchem, agora, a função da letra de câmbio. A quem questionar a possibilidade de o cheque ser apresentado antes da data aprazada lembra-se que os Tribunais reconhecem que o pacto deve ser observado pelo beneficiário do título, ainda quando haja provisão suficiente na instituição financeira sacada que não poderia, portanto, recusar a compensação do título.

O equívoco dessa tendência jurisprudencial, afinal consolidado, é próprio da tutela do devedor e não da tutela do crédito. Dá-se ao devedor todas as oportunidades para retardar o pagamento porque está na posição mais débil da relação, a de quem precisa honrar uma obrigação, esquecendo-se da necessidade de tutela do crédito.

Possivelmente — mas não adequadamente —, no que tange ao aval, a preferência dos Tribunais recairá sobre a tutela da família e o aval poderá desaparecer da prática negocial. A disciplina dos títulos de crédito fica debilitada e, talvez, no futuro, seja mais difícil fazer circular direitos.

Dúvida que precisa ser apontada tem que ver com a exigência de autorização conjugal na prestação de aval quando se tratar de títulos de crédito sujeitos às normas de leis especiais. Nesses casos, como o Código é lei ordinária entende-se que não poderá ser exigida a autorização prevista no art. 1.647, II. Entretanto, tem-se a sensação de que este não será o entendimento dos Tribunais que tenderão a unificar toda a disciplina cambiária sob a égide do novo Código Civil. Isto certamente representará um enorme retrocesso, operando em sentido absolutamente contrário a toda a evolução desse singelo instituto.

Prejudicada uma eficaz forma de garantia, a concessão de crédito passará a representar um agravamento do risco experimentado pelo credor, do que decorrerá o aumento dos custos de transação, os quais, por sua vez, provocarão a elevação da taxa de juros em negócios de crédito, com o encarecimento da atividade empresarial e a elevação dos preços a serem pagos pelos consumidores, em um círculo vicioso. Simples assim.

Atualidades

DA COMPETÊNCIA DAS AGÊNCIAS REGULADORAS PARA INTERVIR NA MUDANÇA DE CONTROLE DAS EMPRESAS CONCESSIONÁRIAS

ARNOLDO WALD

I — Introdução. II — A natureza jurídica da concessão: um contrato especial de direito público "intuitu personae". III — Atos societários e atos biface. IV — Da atuação e intervenção do Poder Concedente. V — As transformações societárias das concessionárias no setor de telecomunicações. VI — Problemas societários e intervenção da Agência Reguladora. VII — O interesse da União. VIII — A diferença entre o "amicus curiae" e a assistência especialíssima (prevista pela Lei 9.649/1967). IX — A competência da Justiça Federal. X — Conclusão.

I — Introdução

1. As recentes alterações de fato e de direito na estruturação societária de diversas empresas concessionárias prestadoras de serviços públicos, nos setores de telecomunicações, energia elétrica, gás e petróleo, ensejaram mudanças efetivas no controle acionário das mesmas. Por outro lado, às agências reguladoras foi legalmente atribuído o poder de fiscalização sobre tais operações, fato que gerou inúmeros questionamentos. A discussão se refere à extensão destes poderes e a possibilidade de utilizar medidas judiciais ou administrativas para prevenir ou remediar as situações ilegais ou irregulares, inclusive decorrentes da insolvência dos controladores.

2. Indaga-se se devem as agências reguladoras exercer sobre as concessionárias controle administrativo espontâneo, de ofício, em face do conhecimento inequívoco das alterações que possam ocorrer no controle das mesmas, inclusive *interna corporis*, ou, se instada a comparecer em processos judiciais que discutam tais situações, teriam as agências competência para atuar nesse âmbito ou deveriam esperar possivelmente as decisões do Poder Judiciário.

3. Para encaminhar tais questões, é imprescindível a análise do âmbito das competências da agência, dos compromissos e obrigações das concessionárias, incluindo as conseqüências da não preservação das condições de habilitação e qualificação requeridas por ocasião da licitação, em especial no que se refere ao controle acionário das mesmas, e ainda da natureza dos atos abrangidos por tais operações.

II — A natureza jurídica da concessão: um contrato especial de direito público "intuitu personae"

4. A concessão é uma delegação de poderes para a execução de um serviço público, que se caracteriza pelo fato de ser o concessionário um operador que atua de acordo com a regulamentação e sob a fiscalização do Poder Público. Etimologicamente, a concessão é uma cessão, na qual o cedente mantém a sua autoridade e sua responsabilidade, donde a composição da palavra (com + cessão) exclui a idéia de uma cessão simples, para enfatizar a parceria existente entre o Estado e a iniciativa privada. Ressalte-se que a delegação das atribuições ocorre sem prejuízo da responsabilidade do delegante.

5. Embora a concessionária seja pessoa jurídica de direito privado e o contrato a concessão se caracteriza como um contrato de direito público para o exercício de um serviço público. A melhor doutrina, tanto estrangeira como nacional, e a própria jurisprudência reconhecem a prevalência do interesse público que deve existir na concessão, sem prejuízo do resguardo dos direitos patrimoniais dos acionistas da empresa concessionária. Estes não podem, todavia, prejudicar o bom funcionamento do serviço, nem alterar as estruturas da empresa concessionária de modo a interferir na relação de direito público.

6. Neste sentido, a doutrina tem estudado os chamados contratos de colaboração entre a administração e os particulares, distinguindo a colaboração por atividade paralela da colaboração por participação. A primeira, que abrange por exemplo o estabelecimento de ensino, se caracteriza por uma atividade exercida pelo particular em seu próprio nome e no interesse tanto seu como do Estado. Ao contrário, na colaboração mediante participação voluntária, não se trata do exercício privado de uma função pública, mas sim da integração do particular na organização administrativa, ou seja na prestação dos serviços pelo Estado.

7. Tem sido entendido que, na colaboração por participação, o concessionário está associado ao funcionamento de um serviço público.[1] Afirma-se, ainda, que "Trata-se do exercício público de atividades públicas por um sistema de direito público".[2]

8. Em monografia na qual trata da colaboração entre a administração e os particulares, Bernard Gény esclarece que as concessionárias de serviço público são entidades que "na realidade se incorporam à administração pública, da qual se tornam, em certo sentido, se não juridicamente (pois mantêm seu caráter privado) ao menos praticamente um integrante da engrenagem da organização administrativa, obedecendo a uma sujeição mais acentuada de sua atividade em relação ao poder central".[3]

9. No direito brasileiro, o caráter predominantemente público da concessão decorre do próprio texto constitucional de acordo com o qual a prestação do serviço público incumbe ao Estado, fazendo-o direta ou indiretamente (sob regime de concessão ou permissão) nos precisos termos do art. 175. Salientou pois o constituinte que mesmo prestado pelo concessionário, o serviço público é incumbência do Estado, podendo realizar-se mediante uma forma de cooperação na qual mantém o seu poder regulamentar e o dever de fiscalizar o concessionário.

10. Todas as definições da concessão esclarecem, por outro lado, que se trata de um contrato *intuitu personae*, no qual é fator relevante a escolha do concessionário, que depende de habilitação prévia e que pressupõe idoneidade financeira e capacidade técnica. Efetivamente, na concessão, os capitais privados e a gestão empresarial são utilizados para realizar um serviço público, no interesse da sociedade e dos usuários. A qualidade do serviço depende, evidentemente, das condições pessoais do concessionário e de sua especialização.

1. Maurice Hauriou, *Précis Élémentaire de Droit Administratif*, 4ª ed., Paris, Sirey, 1937, p. 118.

2. Miguel S. Marienhoff, *Tratado de Derecho Administrativo*, t. II, 2ª ed., Buenos Aires, Abeledo Perrot, p. 192, n. 367.

3. Bernard Gény, *La Collaboration des Particulares avec l'Administration*, Paris, Sirey, 1930, p. 225.

11. A matéria é mansa e pacífica na Constituição, na lei, na jurisprudência e na doutrina. O texto constitucional reconhece o caráter especial do contrato de concessão (art. 175) e a lei determina que a fiscalização seja realizada pelo Poder Concedente, com a cooperação dos usuários (arts. 3º e 30 da Lei 8.987/1995), cabendo ainda ao Poder Público autorizar a transferência não só da concessão, mas ainda do controle acionário da empresa concessionária (art. 27 da Lei 8.987/1995 e art. 98 da Lei 9.472/1997).

12. Esclarece Hely Lopes Meirelles que a "Concessão é a delegação contratual da *execução do serviço*, na forma autorizada e regulamentada pelo Executivo. O contrato de concessão é ajuste de Direito Administrativo, bilateral, oneroso, comutativo e realizado *intuitu personae*"[4] (grifos nossos).

13. No mesmo sentido, tivemos o ensejo de escrever que "Não seria, no entanto, demasiado aditar ao conceito de concessão a característica *intuitu personae*, que lhe é inerente, diante, inclusive, da relevância que assume no ordenamento da matéria, com destaque para o disposto no art. 27 da lei, no tratamento da transferência da concessão e da mudança na composição do controle societário da concessionária".[5]

14. Na doutrina estrangeira, também é pacífica a conceituação de contrato de concessão como sendo *intuitu personae*, como se verifica pelas lições, entre muitos outros, de Bielsa e de Escola[6] na Argentina, e de André de Laubadère, na França.[7]

15. Tratando-se de um contrato realizado *intuitu personae*, é evidente que não pode haver a transferência da concessão, nem tampouco do controle da sociedade concessionária de direito e de fato sem prévia autorização do Poder Concedente, representado pela agência reguladora.

III — Atos societários e atos biface

16. Como conseqüência do caráter personalíssimo dos contratos de concessão, tanto na incorporação, como na cisão da sociedade, ou na mudança do seu controle, ao qual se refere expressamente a nossa legislação, temos um verdadeiro "ato biface", que é como tal reconhecido pela doutrina e pela jurisprudência.

17. Cunhamos a expressão "ato biface" em artigo publicado na *Revista de Direito Mercantil, Industrial, Econômico e Financeiro*,[8] caracterizando os atos de mudança de controle e de incorporação de bancos, terminologia que posteriormente foi consagrada na doutrina.

18. Entendemos que para ser eficaz, a modificação do controle acionário necessita de dois atos de natureza distinta, mas que somente produzirão os seus efeitos quando ambos forem realizados: um ato de direito comercial — a cessão de controle — e um ato administrativo — a autorização do concedente. São verdadeiros "irmãos siameses" que não podem ser dissociados, dando o ato administrativo validade à decisão de natureza comercial e funcionando como uma espécie de "blindagem", sem a qual a alteração é incompleta e não produz efeitos.

4. Hely Lopes Meirelles, *Direito Administrativo Brasileiro*, 26ª ed., São Paulo, Malheiros Editores, 2001, p. 358.

5. Arnoldo Wald, Luiza Rangel de Moraes e Alexandre de M. Wald, *O Direito de Parceria e a Nova Lei de Concessões*, São Paulo, Ed. RT, 1996, p. 102.

6. Héctor Jorge Escola, *Tratado Integral de los Contratos Administrativos*, v. 2, Buenos Aires, Depalma, 1979, pp. 33-34. Com o mesmo entendimento, Miguel S. Marienhoff, *Tratado de Derecho Administrativo*, t. III-B, Buenos Aires, Abeledo Perrot, 1970, p. 613, e Bartolomé A. Fiorini, *Manual de Derecho Administrativo*, t. I, Buenos Aires, La Ley, 1968, p. 514.

7. André de Laubadére, *Traité Élémentaire de Droit Administratif*, 4ª ed., Paris, LGDJ, 1967, p. 562, n. 1035.

8. Arnoldo Wald, "Aspectos peculiares do Direito Bancário: o regime jurídico dos auts bifaces", *Revista de Direito Mercantil, Industrial, Econômico e Financeiro* 48/5, São Paulo, out.-dez./1982.

19. A doutrina brasileira tem admitido a existência de atos bifaces, que se caracterizam pela necessidade de serem praticados dois atos de natureza diversa, regidos por ramos distintos do direito, como é o caso da incorporação de banco ou da cessão de controle de empresa concessionária.

20. Tratando da matéria, na sua obra clássica, Hely Lopes Meirelles salientou que certos atos administrativos negociais dão ensejo à estruturação de atos bifaces:

"Os *atos administrativos negociais*, que acabamos de ver, são normalmente seguidos de *atos de Direito Privado*, que completam o negócio jurídico pretendido pelo particular e deferido pelo Poder Público. É o que ocorre, p. ex., quando a Administração licencia uma construção, autoriza a incorporação de um banco, aprova a criação de uma escola ou emite qualquer outro ato de consentimento do Governo para a realização de uma atividade particular dependente da aquiescência do Poder Público. São atos *bifaces*.

"Os dois atos são distintos e inconfundíveis, mas permanecem justapostos um ao outro de modo indissociável. Daí porque não podem as partes — Administração e particular — alterá-los ou extingui-los unilateralmente, sendo sempre necessária a conjunta manifestação de vontade dos interessados para qualquer modificação ou supressão do negócio jurídico objetivado."[9]

21. Hely Lopes Meirelles desenvolveu seu pensamento em parecer que deu a respeito da incorporação de banco, mas a sua lição se aplica também como uma luva à cessão de controle de empresa concessionária, que deve ser autorizada pelo Poder Concedente. Na realidade, a autorização do Concedente constitui um ato-condição para a realização da operação pretendida, a qual somente poderá ser efetivada na forma aprovada. Ao tratar do ato biface, o jurista entende que: "(...) É um ato *biface*, que se forma com a justaposição da vontade da Administração à pretensão dos particulares. Ambas são distintas mas inseparáveis: aquela é regida pelo direito administrativo e esta pelo direito privado, mas uma não sobrevive sem a outra, e, assim sendo, para invalidar-se ou alterar-se o negócio há que se desconstituir ou modificar, primeiro, o *ato administrativo*, para depois alterar o *ato comercial*, pois aquele é que plasma este e o acompanha em todas as suas mutações"[10] (grifos nossos).

22. E ainda que: "Essa interferência de atos administrativos em negócios particulares e vice-versa é corrente no Direito Público, como nos informam os mais autorizados publicistas pátrios e estrangeiros (cf. Rui Cirne Lima, in *RDA* 62/1; Lafayette Pondé, in *RDA* 63/16; Seabra Fagundes, in *RDA* 78/1; Caio Tácito, in *RDA* 114/465; Hely Lopes Meirelles, *Estudos e Pareceres de Direito Público*, I/43; Arnoldo Wald, "Aspectos peculiares do Direito Bancário — O regime jurídico dos atos bifaces", *RDM* 48/5. Na doutrina estrangeira, v.: Jèze, *Contrats de l'Administration*, Paris, 1934, I/3; Laubadére, *Contrats Administratifs*, Paris, 1956, I/115; Marienhoff, *Tratado de Derecho Administrativo*, Buenos Aires, 1966, III/20), como também a nossa jurisprudência reconhece e admite a ingerência do Poder Público em negócios civis ou comerciais (STF, *RDA* 46/192, e tb. no agr. 74.195-0/MT, j. 4.12.1978; TFR, MS 80.938-RJ, publ. 24.8.1978, AI 43.784-RJ e 43.785-RJ, j. 57.5.1983, *DJU* 1.9.1993; TJSP, AgRg 32.172, j. 14.4.1983, *RT* 574/63)".[11]

23. O aspecto constitutivo da autorização administrativa, quando essencial para a validade do ato, como ocorre na transferência do controle acionário, tem sido enfatizado pela doutrina, que considera que, em

9. Meirelles, ob. cit., p. 183.

10. Hely Lopes Meirelles, *Estudos e Pareceres de Direito Público*, v. 8, São Paulo, Ed. RT, 1984, pp. 309-310.

11. Hely Lopes Meirelles, *Direito Administrativo Brasileiro*, 24ª ed., São Paulo, Malheiros Editores, 1999, p. 174.

tais hipóteses, o papel do Estado ainda é mais importante do que se ele fosse parte no contrato. É o que salienta Ernst Forstoff,[12] para quem a autoridade, ao validar o contrato, também deverá intervir quando o mesmo for modificado.

24. Ora, aplicando-se tais princípios, verifica-se que, dada a concessão a determinado concessionário, qualquer modificação relevante na sua estrutura, por qualquer meio ou forma, só pode ocorrer com a intervenção do Estado, ou seja, no caso, da agência reguladora.

25. A afirmação se aplica quer o controle seja modificado por vontade das partes, ou por decisão da Justiça Estadual, apesar de ser esta incompetente para alterar ou anular decisão de autoridade federal, não podendo modificar o controle do concessionário em processo no qual a agência reguladora não é parte. E se for parte, a competência será da Justiça Federal.

IV — Da atuação e intervenção do Poder Concedente

26. Há consenso quanto ao fato de ser mantido pelo Poder Concedente o poder de regulamentação do serviço público, cuja titularidade mantém, transferindo-se tão-somente a execução, ou seja a gestão do serviço.[13]

27. Por sua vez, a Lei 8.987 previu várias as formas de controle abrangendo a fiscalização, a competência do Poder Concedente para cumprir e fazer cumprir as disposições regulamentares e as cláusulas contratuais e zelar pela boa qualidade do serviço, assim como um amplo direito de acesso a todos os dados relativos à empresa concessionária e às obras, equipamentos e instalações (arts. 3º, 29, 30 e 31).

12. Ernst Forstoff, *Traité de Droit Administratif Allemand*, trad. francesa por Michel Fromont, Bruxelas, Bruylant, 1969, p. 424 (original em alemão).

13. Héctor Jorge Escola, *Tratado Integral de los Contratos Administrativos*, v. II, Parte Especial, Buenos Aires, Depalma, 1979, pp. 78-79.

28. Em decorrência, reconheceu que: "O exercício desse poder de direção e controle constitui um *poder-dever* da Administração, ao qual ela não pode furtar-se, sob pena de responsabilidade por omissão".[14]

29. Quando existem normas legais e regulamentares referentes ao controle acionário da empresa concessionária, que também teve previsão no edital da licitação, um dos aspectos da fiscalização do Concedente é o que se refere ao exercício do poder de decisão na sociedade que realiza o serviço público. A matéria pode ser relevante seja para manter o *statu quo* existente no momento da outorga da concessão, seja para impedir que empresas sob o mesmo controle violem as normas estabelecidas para garantir a adequada competição no sistema. Foi aliás o que ocorreu, no passado, no caso da CRT, que ensejou medidas administrativas e providências judiciais por parte da ANATEL. Cabe aliás lembrar que, no mencionado caso, no qual se discutia o controle da CRT, a União Federal interveio como assistente com base no art. 5º da Lei 9.469/1997, esclarecendo, nas razões de agravo regimental, que apresentou, em 7.8.2000, interposto perante o Tribunal Regional Federal da 4ª Região que:

> O objeto do presente pedido de suspensão diz respeito a Ação Civil Pública ajuizada em face da Agência Nacional de Telecomunicações — ANATEL, Autarquia Federal Especial, criada pela Lei 9.472, de 16 de julho de 1997.
>
> Com efeito, ainda que o parágrafo único do art. 5º da Lei 9.469/1997 não exija a demonstração de interesse jurídico, impede salientar que a intervenção da União se impõe pela presença, no centro da discussão travada na Ação Civil Pública em tela, de questão que, diretamente relacionada à prestação, regulamentação, organização e exploração dos serviços de

14. Maria Sylvia Zanella Di Pietro, *Parcerias na Administração Pública*, São Paulo, Atlas, 1996, p. 55.

telecomunicações, envolve grande repercussão jurídico-econômica.[15]

30. No julgamento do mencionado agravo foi reconhecida a legitimidade da intervenção da União no acórdão da 4ª Turma, de 29.8.2000, do mencionado tribunal, cuja ementa é a seguinte:

Competência. Liminar em ação civil pública. "Fumus boni iuris" e "periculum in mora". Ausência.

1. *Competência.* Estando envolvidos na lide a União e Estado-membro a competência só é descolada ao STF quando se tratar de questão que envolva risco de quebra do pacto federativo. *Inocorrência.*

2. *"Fumus boni iuris" impresente.*

Dever de fiscalização sobre a controladora. A ANATEL cumpriu com os atos legais capazes de demonstrar sua fiscalização sobre a controladora da CRT, chegando até a intervenção. Afastada a omissão.

Prevalência do interesse público sobre o privado. A decretação de caducidade da concessão implicaria na descontinuidade do serviço prestado em detrimento do interesse público que é a manutenção do mesmo.

Poder discricionário da Administração. Deverão ser atendidos, na aplicação das sanções, os critérios de conveniência e oportunidade.[16]

31. No âmbito do setor de telecomunicações, por exemplo, para que se possa definir o campo de atuação da ANATEL é preciso que alguns fatos, desde a sua criação, sejam considerados, levando em conta os aspectos da reorganização dos serviços de telecomunicações empreendidos pelo Estado.

32. Por ocasião da nova organização dos serviços de telecomunicações, efetuada pelo Governo Federal, em dezembro de 1996, o Ministério das Comunicações deflagrou um amplo processo, com a edição de regras inspiradas nos aspectos essenciais da economia do setor, da estrutura de mercado que se pretendia modificar e da estratégia de introdução da competição na prestação de serviços. É o que foi enfatizado na introdução da Exposição de Motivos do Projeto de Lei de dezembro de 1996, visando atender ao disposto na Emenda Constitucional 8, de agosto de 1995, quanto à edição de legislação própria sobre a organização dos serviços de telecomunicações, considerando que a exploração de tais serviços é de competência da União, exercendo-se diretamente ou mediante outorga de concessão, permissão ou autorização.

33. O atendimento às premissas básicas do Projeto impuseram respeito ao princípio que rege a organização dos serviços de telecomunicações, ou seja, o da livre, ampla e justa competição, de forma que ao Poder Público coube impedir a monopolização do mercado, reprimindo condutas que possam consubstanciar infrações à ordem econômica, no intuito de buscar sempre o acesso amplo aos serviços de interesse coletivo, consoante ainda destaca a Exposição de Motivos do Projeto.

34. Neste passo, evidenciamos que a ANATEL, além de se incumbir da edição das normas e da responsabilidade pela outorga de concessões e permissões, deve atuar também na fiscalização preventiva e repressiva dos atos empresariais das concessionárias de serviços de telecomunicações, especialmente dos atos que evidenciem práticas contrárias à ordem estabelecida pela regulamentação vigente.

35. Este papel que lhe é conferido é o princípio consagrador da atuação do Estado ao controlar as atividades empresariais com vistas ao interesse geral, para que a agência promova o controle das condutas das operadoras detentoras de outorga, em virtude de concessão ou de permissão, adotando medidas transparentes.

36. A lei do regime de concessões — Lei 8.987/1995 —, ao cuidar dos encargos

15. Agravo regimental do agravo de instrumento 2000.04.01098103-2-RS do TFR da 4ª Região.

16. Acórdão do recurso referido na nota anterior.

do Poder Concedente, em seu art. 29, não se afastou das colocações acima referidas e até veio a reiterá-las, ao estabelecer que a entidade é competente para verificar a fiel observância das disposições regulamentares e contratuais, exercendo os deveres de fiscalização.

37. Da regulamentação dos serviços de Telecomunicações constam regras de apuração, pela ANATEL, acerca de condutas empresariais que possam caracterizar alterações do controle das concessionárias, segundo critérios preestabelecidos. Neste sentido, conceituou-se o que se entende pelas palavras controle e controladora e definiu-se os seus elementos, de modo a orientar o mercado brasileiro do segmento de telecomunicações, sempre com o intuito final de conservar a aplicação dos princípios da competitividade e da prestação do serviço adequado.

38. A conceituação de controle, na forma da Resolução ANATEL 101/1999, para fins de apuração e de transferência do mesmo em empresas prestadoras dos serviços de telecomunicações, é abrangente e exemplificativa na medida em que abrange todo o campo societário e gerencial da empresa. Na prática, observa-se que o conceito legal de controle pode ser contemplado em diversas situações, seja em decorrência de medida judicial que possa alterar situação de fato ou de direito, seja por meio de estratégicas manobras societárias de quaisquer ordens, ou porque as mesmas podem ensejar a descaracterização da identidade original do grupo controlador, ou ainda impedir a condução dos negócios pelo titular do controle, e, portanto, prejudicar o exercício da exploração dos serviços públicos de telecomunicações.

39. Importa ressaltar que, para efeito do regulamento de apuração do controle, o funcionamento das empresas compreende, entre outros aspectos, o planejamento empresarial e a definição de políticas de cunho econômico e financeiro, como as de mercado, dentre outras.

40. À toda evidência, o que se deseja verificar é o reflexo empresarial das transformações de controle procedidas, que venham a se afastar das condições originais das concessionárias ao tempo da outorga, no que elas se refiram à gestão corporativa, encaminhando-se, inclusive, a idoneidade financeira e técnica do controlador, quer se trata de modificação superveniente das suas condições legais ou econômicas, quer haja transferência de direito ou de fato para um novo controlador.

V — As transformações societárias das concessionárias no setor de telecomunicações

41. No âmbito do setor de telecomunicações, ao tempo da outorga da concessão de serviços de telefonia celular, e mais precisamente quando várias empresas ou grupos de empresas se submeteram ao atendimento dos requisitos do Edital MC/BNDES 01/1998, as estruturas societárias foram compostas de maneira a observar os dispositivos editalícios, ou seja, tendo sido comprovadas e aceitas pela Comissão Julgadora da Licitação as configurações dos participantes e dos controladores e a sua total sintonia com os requisitos da licitação.

42. A aceitação dos termos e condições do contrato de concessão pelos participantes comprometeu-os a comunicar toda e qualquer transformação que afetasse as respectivas composições originais, com a finalidade, entre outras, de afastar práticas vedadas pela regulamentação de telecomunicações. A comunicação à ANATEL decorre do atendimento explícito do art. 97, parágrafo único, da Lei Geral de Telecomunicações, devendo efetivar-se previamente para a devida aprovação do órgão regulador, que pressupõe à manutenção das condições existentes no momento da licitação, tanto no que se refere à competitividade no mercado como a situação financeira do controlador e a manutenção e desenvolvimento da tecnologia utilizada.

43. Mudanças societárias que venham sendo realizadas, algumas inclusive com base em decisões judiciais liminares, e que contemplem, no tocante à estrutura de controle, direto ou indireto, das concessionárias, condições diversas das pactuadas na origem, exigem a análise prévia e a autorização da ANATEL, pois indiscutivelmente afetam o exercício do controle das mesmas, impactando todos os aspectos decisórios das concessionárias.

44. Se tais alterações não forem devidamente informadas à ANATEL e por ela aprovadas, estarão as concessionárias deixando de cumprir uma das obrigações fundamentais do contrato de concessão, que é a de manter, durante todo o período da exploração dos serviços, as condições de habilitação exigidas na licitação.

45. A fiscalização da exploração dos serviços de telecomunicações, pelo órgão regulador, deve abranger todos os aspectos negociais que possam afetar direta ou indiretamente os contratos de concessão. Cabe ter em consideração os princípios de competitividade e de manutenção das condições licitatórias de habilitação e qualificação, já abordados, assim como a forma de exercício do controle, seja diretamente pelo controlador, seja por intermédio de empresas *holdings* ou em virtude de acordo de acionistas.

46. A Resolução 001, de 17.12.1997, que aprovou o Regimento Interno da ANATEL, evidencia a existência de regras que permitem que áreas com poderes de fiscalização sobre os serviços de telecomunicações (Superintendências e seus Departamentos de Controle) acompanhem o cumprimento dos contratos, monitorando as suas prestações e apurando *pari passu* a observância dos atos normativos e obrigações assumidas das concessionárias e seus controladores. Podem também os referidos órgãos solicitar auditorias para levantar informações de interesse da agência.

47. Assim sendo, é poder-dever das Agências Reguladoras, cada uma na sua própria área de atuação, exercitar de ofício a fiscalização regularmente a ela atribuída, de maneira preventiva e corretiva, em quaisquer das hipóteses acima referidas. Somente assim cumprirá integral e efetivamente a missão que lhe foi confiada.

48. O que se exige, ao final, é que o órgão regulador atue com a acuidade e diligência, de acordo com sua competência, estabelecida na órbita de verdadeiras missões, como foram concebidas no processo de reestruturação dos respectivos mercados.

VI — Problemas societários e intervenção da Agência Reguladora

49. Embora, em tese, os problemas referentes ao controle acionário sejam questões de direito privado, que se resolvem na Justiça Estadual, as repercussões que podem ter no caso de empresa concessionária justificam a intervenção do Poder Público.

50. Além da hipótese da CRT já referida, tem sido este o entendimento dos tribunais em relação aos casos nos quais há interesse do Banco Central, para salvaguardar a higidez das instituições financeiras.

51. Assim, em despacho proferido em agravo regimental pela Câmara Especial do Tribunal de Justiça de São Paulo, foi reconhecido, já na ementa, o interesse do Banco Central, por se tratar de discussão sobre aumento de capital de instituição financeira, esclarecendo a decisão:

> Desde que manifestado interesse da União Federal ou de suas autarquias no processo cessa a competência da Justiça Estadual, sendo obrigatória a remessa dos autos à Justiça Federal, porquanto cabe a esta — e somente a ela — decidir se há ou não interesse federal a justificar o deslocamento da ação para o âmbito respectivo.
>
> A medida cautelar liminarmente concedida aos acionistas minoritários em detrimento dos legítimos interesses dos demais acionistas pode ter seus efeitos sustados, porquanto as medidas cautelares, mesmo aquelas deferidas após cognição

completa, não fazem coisa julgada, podendo a qualquer tempo ser revogadas ou modificadas.[17]

52. No corpo do acórdão, datado de 26.1.1983, da lavra do Desembargador Andrade Junqueira, consta a justificativa da admissão do Banco Central no feito, com o decorrente deslocamento da competência, esclarecendo o relator:

> Aliás, o Banco agravante exibiu magníficos pareceres dos juristas Hely Lopes Meirelles e José Frederico Marques (fls.), ambos no sentido de que a intervenção do Banco Central do Brasil em um feito, onde se pretende o desfazimento de ato decorrente de sua competência, acarreta o deslocamento do processo para a alçada da Justiça Federal, porquanto o Banco Central do Brasil é a autoridade competente para autorizar a alienação a que alude o art. 255 da Lei das Sociedades Anônimas.
>
> Resulta daí ser relevante o fundamento invocado pelo agravante para a concessão da medida liminar no caso presente, porquanto a medida cautelar liminar em primeira instância foi deferida por Juiz manifestamente incompetente, uma vez que o Banco Central do Brasil já havia pedido sua intervenção no feito, manifestando interesse no julgamento da causa, para o efeito de assegurar o cumprimento de suas determinações legais e para verificar a regularidade da sua execução, não sendo competente a Justiça Estadual para decidir se há ou não interesse federal na espécie.
>
> (...)
>
> No caso dos autos, por força de despachos proferidos por Juiz incompetente, acionistas representando coeficiente insignificante do capital social conseguiram medidas liminares para evitar, por dois anos seguidos, que um estabelecimento bancário deixasse de atender às determinações baixadas pelo Banco Central do Brasil e da Comissão de Valores Mobiliários no sentido de aumentar o capital do Banco, atitude que, nessa inflação monetária galopante por que passa a Nação, pode acarretar, sem sombra de dúvida, até mesmo a falência do estabelecimento, em detrimento até dos próprios autores da demanda principal.
>
> Está patente, aí, o interesse específico do Banco Central do Brasil em ingressar nos autos para a defesa de suas prerrogativas legais e para a verificação da regularidade dos atos que deferiu, intervenção que obriga à remessa dos autos à Justiça Federal.[18]

53. Concluiu o acórdão decidindo que:

> Por todo o exposto, a Câmara Especial, por maioria de votos, dá provimento ao agravo para conceder medida liminar para o efeito de sustar os efeitos do despacho de primeira instância que justificou a propositura do presente mandado de segurança e, por via de conseqüência, para autorizar o Banco agravante a convocar assembléias gerais extraordinárias para as finalidades aludidas para dar cumprimento às determinações do Banco Central do Brasil, assim como a conseqüente averbação, ou registro, das atas perante a Junta Comercial. Custas a final.[19]

54. Não há, assim, qualquer dúvida quanto ao poder-dever da Agência Reguladora que, garantindo o bom funcionamento dos serviços públicos, tem legítimo interesse em verificar quem exerce o controle direto ou indireto da empresa concessionária. Cabe-lhe examinar se houve ou não mudança de controle, em qualquer nível, avaliando a idoneidade financeira e técnica de quem exerce de fato o poder na sociedade concessionária, sob pena de responsabilidade do Poder Concedente por omissão no exercício do seu dever de fiscalização.

VII — O interesse da União

55. Embora a competência para autorizar a modificação de controle seja da

17. Agravo regimental no mandado de segurança 32.172-1, in *RT* 574/63, São Paulo.

18. Ob. cit., pp. 65-66.

19. Ob. cit., pp. 66-67.

ANATEL, é evidente que a União tem incontestável interesse no feito, pois, nos termos do art. 21, inciso XI, da Constituição, com a redação que lhe deu a Emenda Constitucional 9, cabe-lhe a função de "explorar, diretamente ou mediante autorização, concessão ou permissão, os serviços de telecomunicações, nos termos da lei".

56. Sendo pois a União a entidade incumbida de garantir ao público a prestação do serviço adequado no campo das telecomunicações, a mudança de controle do concessionário pode ameaçar a manutenção desse serviço, especialmente quando o novo controlador é, por exemplo, empresa estrangeira sem bens relevantes no Brasil, que não apresenta prova da sua idoneidade financeira, tendo, inclusive, deixado uma das suas subsidiárias recorrer à concordata no exterior, ou quando a imprensa internacional reconhece a sua insolvência.

57. Assim sendo, justifica-se a presença da União no feito com base no art. 5º, parágrafo único, da Lei 9.469/1997, que tem a seguinte redação:

> Art. 5º. A União poderá intervir nas causas em que figurarem, como autoras ou rés, autarquias, fundações públicas, sociedades de economia mista e empresas públicas federais.
>
> Parágrafo único. As pessoas jurídicas de direito público poderão, nas causas cuja decisão possa ter reflexos, ainda que indiretos, de natureza econômica, intervir, independentemente da demonstração de interesse jurídico, para esclarecer questões de fato e de direito, podendo juntar documentos e memoriais reputados úteis ao exame da matéria e, se for o caso, recorrer, hipótese em que, para fins de deslocamento de competência, serão consideradas partes.

58. A apreciação do pedido de ingresso no feito é de competência exclusiva da Justiça Federal, a qual pode decidir sobre a existência ou não de interesse jurídico da União a justificar a sua intervenção, conforme entendimento do Supremo Tribunal Federal, no seguinte sentido:

> Recurso extraordinário. Constitucional. Usucapião. Perímetro de aldeamento indígena. Manifestação de interesse da União Federal. Incompetência da Justiça Comum para avaliação do pedido.
>
> 1. Ação de reconhecimento de domínio sobre imóvel situado no domínio de aldeia indígena. Manifestação de interesse da União, perante a Justiça Estadual. Somente à Justiça Federal cabe avaliar a realidade ou não desse interesse.
>
> 2. Incompetência da Justiça comum para exame da pretensão — Recurso conhecido e provido (RE 222.152-SP, rel. Min. Maurício Corrêa, 2ª T., *DJ* 5.6.1998).[20]

VIII — A diferença entre o "amicus curiae" e a assistência especialíssima (prevista pela Lei 9.649/1967)

59. Inspirando-se no Direito norte-americano, introduzimos no Brasil, pela Lei 6.616, de 16.12.1978, que modificou a Lei 6.385 o *amicus curiae*, que no tocante ao mercado de capitais poderá esclarecer a Justiça sobre questões de direito ou de fato, podendo ou não assumir posição ao lado de uma das partes e funcionando como verdadeiro "amigo do juiz".

60. Distinta é a situação prevista pelo parágrafo único do art. 5º da Lei 9.469/1967, que cogita da possibilidade para as pessoas jurídicas de direito público de intervir em determinados feitos, ensejando inclusive o deslocamento da competência para a Justiça Federal, em casos nos quais existe interesse administrativo ou econômico, ainda que indireto, de evitar situações que possam prejudicar o bom funcionamento dos serviços públicos ou criar, por via oblíqua, ônus futuro para o Tesouro Nacional em processos nos quais não é parte, ensejando os conhecidos "esqueletos" que alguns governos herdaram dos seus antecessores.

20. No mesmo sentido: RE 171.345, rel. Min. Carlos Velloso, *DJ* 6.2.1998; RE 198746-4, rel. Min. Carlos Velloso, *DJ* 23.5.1997.

61. Em tais casos, é legítimo e, em alguns casos, até obrigatório que o Poder Público venha a tomar a posição de parte, tratando-se de uma assistência especial de direito público que se equipara mas não se identifica com a prevista pela lei processual.

62. Efetivamente, em relação ao art. 50 do CPC, a jurisprudência tem entendido que a assistência só se justifica se houver interesse jurídico do terceiro, não bastando o simples interesse econômico.

63. A redação do parágrafo único do art. 5º da Lei 9.469/1997 teve como finalidade permitir que as pessoas jurídicas de direito público resguardassem não só os seus interesses jurídicos, mas também os seus interesses econômicos tomando as providências necessárias para garantir o bom funcionamento das instituições.

64. Enquanto, no caso do art. 50, o tribunal aprecia o risco de prejuízo juridicamente relevante, ao contrário no caso da chamada "assistência especial" do art. 5º, parágrafo único, basta que a administração esteja defendendo posição por ela assumida no exercício de suas funções em relação à qual a cessão de direito pode ter reflexos econômicos mesmo que remotos, para que se justifique a sua presença no processo.

65. Em decorrência, tendo a Agência Reguladora decidido, no plano administrativo, qual a sistemática de controle que se exerce em determinado caso e, especialmente, havendo justo receio dos riscos que poderão advir, para o serviço público, em virtude da mudança de controlador, legitima-se a atuação da mesma para defender o interesse público.

66. Para tanto poderá agir administrativamente, suspendendo o direito de voto de determinados acionistas, como já o fez no passado, no caso da CRT, ou ser-lhe-á lícito intervir nos processos judiciais, como assistente especial equiparado à parte, podendo inclusive requerer a suspensão de medida liminar, a fim de evitar lesão à ordem ou à economia públicas.

IX — A competência da Justiça Federal

67. Evidenciados o poder-dever de intervenção do Poder Concedente e o interesse da União, a competência para o julgamento da matéria passa a ser da Justiça Federal, quer funcionem a União e a Agência Reguladora como litisconsortes do controlador por eles aprovado, quer sejam assistentes do mesmo.

68. Neste sentido, no caso dos atos bifaces, como o presente, novamente Hely Lopes Meirelles, ao tratar da atuação do Banco Central e da Comissão de Valores Mobiliários — CVM, que se encontram em posição simétrica em relação às Agências Reguladoras, esclarece o seguinte:

"27. A clareza do mandamento constitucional e a singeleza dos fatos dispensam considerações doutrinárias tendentes a demonstrar que, no caso, os atos administrativos praticados pelo Banco Central do Brasil (autorização) e pela Comissão de Valores Mobiliários (aprovação), propiciadores da incorporação de um Banco por outro, teriam que ser desconstituídos pelo Judiciário por ilegalidade — e somente por ilegalidade — para, após, decidir-se sobre a pretensão dos autores, acionistas preferenciais que postulam a compra de suas ações sem direito a voto, pelo mesmo preço das ações ordinárias com direito a voto. Mas, se a doutrina é dispensável por nada acrescer aos preceitos constitucionais invocados, útil será trazer à colação a jurisprudência concernente à competência da Justiça Federal para apreciar atos administrativos emitidos por autarquia federal e especialmente pelo Banco Central do Brasil e pela Comissão de Valores Mobiliários.

"28. Em recente acórdão prolatado em 24.3.1982, sobre o Juízo competente para invalidação de ato de autarquia federal, no conflito de jurisdição 6.273-3, o Plenário do Supremo Tribunal Federal decidiu que: 'É competente a Justiça Federal para a ação (...) porquanto o desfazimento do ato decorrente do seu poder (...) afeta substancialmente a esfera de competência dessa autarquia'.

"E anteriormente já havia julgado a mesma Corte Suprema que: 'Após a Emenda Constitucional 1/69, pode o TRF conhecer de recurso de decisões de Juízes estaduais, para lhes reconhecer ou negar competência, e, nesse último caso, cassar a respectiva decisão' (STF, *RTJ* 78/401).

"E mais este recentíssimo julgado: 'Somente à Justiça Federal, e não à Justiça local, compete emitir um juízo de valor sobre o interesse manifestado pela União' (RE 96.422-3-SP, 2ª T., rel. Min. Cordeiro Guerra, *DJU* 30.4.1982).

"29. Dúvida não há, portanto, de que a Justiça Estadual é incompetente para decidir demanda em que são litisconsortes necessários o Banco Central do Brasil e a Comissão de Valores Mobiliários, entidades a que a lei atribui poderes para autorizar e aprovar, respectivamente, a alienação, a aquisição de controle e a incorporação de um Banco comercial por outro. A competência em tal causa é, inquestionavelmente, da Justiça Federal."[21]

69. No mesmo sentido, José Frederico Marques, ao analisar algumas questões jurídicas relacionadas à alienação de controle de instituição financeira, tratando-se de companhia aberta, esclarece que:

"2º) A autorização do Banco Central do Brasil e a aprovação da Comissão de Valores Mobiliários, respectivamente para a alienação de ações e incorporação do Banco em oferta pública, podem ser invalidadas ou desconsideradas pelo Poder Judiciário, sem o chamamento dessas autarquias à lide? (...).

"A resposta à primeira indagação do segundo quesito tem que ser negativa. Sem que o Banco Central participe de processo em que se pleiteia ou se discute a respeito da autorização dele emana, não pode o Judiciário invalidá-la. Isto é, mais que óbvio, em razão do postulado do processo contraditório e do devido processo legal. (...).

"3º) Qual é a Justiça competente para a desconstituição ou desconsideração do ato administrativo do Banco Central do Brasil e da Comissão de Valores Mobiliários? (...).

"No que tange ao terceiro quesito, certo é que provindo a autorização de Autarquia Federal, a competência é da Justiça Federal. (...).

"5º) Quais os órgãos judiciários com atribuição e competência para o processo e julgamento de causas em que haja interesses do Banco Central do Brasil? (...).

"A Justiça Federal é a única com competência e atribuição para as mencionadas causas. A competência é *ratione personae*, pois o Banco Central do Brasil é autarquia federal. Cuida-se, no caso, de competência absoluta, por decorrer da nossa organização federativa, em que os interesses da União e respectivas autarquias não podem ser apreciados e julgados exclusivamente pela magistratura federal. Refoge das atribuições das Justiças locais (salvo nos casos expressamente previstos na Constituição), processar e julgar litígios em que haja interesse de Autarquia Federal. (...).

"8º) A Justiça Estadual tem competência para declarar falta de interesse da União em alguma lide, ainda que essa lide tenha sido ajuizada na Justiça local? (...).

"A resposta ao 8º quesito tem de ser negativa, mormente, hoje, em que a Jurisprudência do Supremo Tribunal Federal se tornou pacífica, no sentido de que 'somente à Justiça Federal compete decidir sobre se há interesse da União na causa (RE 94.645, *RTJ* 99/1.382)'. De igual orientação outros acórdãos do Pretório Excelso (*RTJ*, 51/387, 78/398, 79/356, 99/1.328).

"*Conclusão* (...).

"Em razão da natureza e efeitos do ato autorizativo, é axiomático que o Banco Central tem interesse em todas as causas ou litígios referentes a negócios ou atos jurídicos derivados da autorização dele emanada, que a ela se liguem substancialmente, ou que dela resultem como conseqüên-

21. Meirelles, ob. cit., p. 320.

cia imediata ou essencial. Daí por que o Banco Central, é, sempre, litisconsorte necessário nas mencionadas causas em demandas ou litígios. (...).

"Em todas as causas, em que o Banco Central deve ser litisconsorte necessário, a competência para o respectivo processo e julgamento, cabe, de modo absoluto, à Justiça Federal. Em conseqüência disso, é mais que óbvio apresentar-se como nula, qualquer decisão proferida por órgão da Justiça Estadual."[22]

70. Por sua vez, a Súmula 150 do STJ dispõe no seguinte sentido: "Compete à Justiça Federal decidir sobre a existência de interesse jurídico que justifique a presença, no processo, da União, suas autarquias ou empresas públicas".

X — Conclusão

71. Assim sendo, entendemos que tratando-se de modificação de controle de empresa concessionária, por qualquer via, inclusive em virtude de decisões da Justiça Estadual, o Poder Concedente pode e deve intervir nos feitos para resguardar a sua competência, tratando-se de poder-dever que não pode deixar de exercer, sob pena de renúncia às funções básicas que lhe foram atribuídas pela Constituição, pela lei e pela própria regulamentação por ele baixada.

22. José Frederico Marques, *Pareceres*, São Paulo, AASP, 1993, pp. 43-50.

O NOVO MERCADO DA BOVESPA E O COMPROMISSO DA SOCIEDADE DE ECONOMIA MISTA COM PRÁTICAS DE BOA GOVERNANÇA CORPORATIVA

Mario Engler Pinto Junior

A BOVESPA (Bolsa de Valores de São Paulo) instituiu um segmento especial de listagem para companhias abertas com valores mobiliários admitidos à negociação em mercado de bolsa, que se comprometam a adotar práticas diferenciadas de governança corporativa. Foram estabelecidos três níveis crescentes de compromisso (Nível I, Nível II e Novo Mercado), em função da amplitude e qualidade das informações disponibilizadas ao mercado, da dispersão acionária existente e de outros direitos adicionais conferidos aos acionistas minoritários.

No nível mais elevado (Novo Mercado), a companhia deve basicamente (i) possuir apenas ações ordinárias e manter em circulação a parcela mínima de 25% do capital; (ii) realizar ofertas públicas com a utilização de mecanismos que favoreçam a dispersão da base acionária; (iii) melhoria nas informações prestadas trimestralmente, entre as quais as exigências de consolidação e de revisão especial; (iv) disponibilização de balanço anual segundo normas de contabilidade praticadas no exterior (USGAAP ou IAS GAAP); (v) cumprimento de regras de *disclosure* por parte dos administradores e do acionista controlador, em operações envolvendo valores mobiliários de emissão da companhia; (vi) divulgação de acordo de acionistas e programas de opção de compra de ações (*stock options*); (vii) mandato unificado de 1 (um) ano para todo o Conselho de Administração; (viii) extensão aos acionistas minoritários das mesmas condições obtidas pelos controladores quando da venda do controle da companhia (*tag along*); (ix) obrigatoriedade da realização de oferta de compra pelo valor econômico, de todas as ações em circulação, no caso de fechamento do capital ou cancelamento do registro do Novo Mercado; (x) adesão à Câmara de Arbitragem instituída pela BOVESPA para resolução de conflitos societários, nos termos da Lei n. 9.307/1996.

A admissão em qualquer dos segmentos especiais de listagem pressupõe a celebração de contrato escrito com a BOVESPA, pelo qual a companhia, o acionista controlador e os administradores (Diretores, membros do Conselho de Administração e do Conselho Fiscal) assumem diversas obrigações de fazer. A eventual inadimplência pode ensejar a imposição, pela BOVESPA, de multas pecuniárias previamente estabelecidas e até o descredenciamento da companhia, com a conseqüente obrigação de realizar oferta pública de compra da totalidade das ações em circulação. O sancionamento pela BOVESPA não afasta o direito de os investidores lesados reclamarem as perdas e danos cabíveis, com fundamento na legislação pertinente.

É fácil perceber que o ingresso no Novo Mercado cria um potencial de valorização das ações emitidas pela companhia aderente, em razão dos atrativos adicionais oferecidos ao público investidor. Vale dizer, o participante do mercado acionário sente-se mais estimulado a direcionar seus investimentos às companhias que proporcionem maior transparência na condução dos negócios sociais e nas relações mantidas com acionistas minoritários, ou cujas ações contemplem novos direitos patrimoniais e sejam mais líquidas. O mesmo efeito pode ser creditado ainda à segurança jurídica decorrente da tutela exercida pela BOVESPA, bem como ao emprego da arbitragem como alternativa mais ágil e especializada para resolver disputas societárias.

A questão que se coloca refere-se à legitimidade da adesão da sociedade de economia mista às regras do Novo Mercado, tendo em vista os ônus e as restrições que acarreta não só à própria companhia, como à pessoa jurídica de direito público que exerce o respectivo controle acionário.

Como se sabe, a sociedade de economia mista combina capitais públicos e privados para o exercício de determinada atividade lucrativa, que pode consistir inclusive na prestação de serviços públicos em regime de delegação. Nesse caso, a companhia funciona basicamente como instrumento de execução de políticas públicas, em que o objetivo da maximização dos lucros, inerente a qualquer empresa, pode ceder lugar a outros interesses estatais.

A Lei n. 6.404/1976 (que trata das sociedades por ações) procurou resolver o conflito potencial estabelecendo algumas regras especiais para o funcionamento das sociedades de economia mista, que visam basicamente a proteger os investidores particulares. Nesse sentido, o art. 235 deixa claro que a companhia aberta de economia mista está sujeita às normas expedidas pela Comissão de Valores Mobiliários, que obviamente proporcionam uma rede de segurança àquela categoria de acionistas.

Já o art. 236 assegura aos minoritários o exercício do direito de recesso, quando ocorrer a assunção do controle de companhia privada por pessoa jurídica de direito público. Em outras palavras, o legislador reconhece que o controle estatal pode implicar sacrifícios adicionais aos demais acionistas, afetando as bases essenciais do negócio societário original.

Por sua vez, o art. 237 restringe o campo de atuação da sociedade de economia mista, ao vedar a exploração de empreendimentos ou exercício de atividades não previstas na lei que autorizou a sua constituição. A mesma limitação aplica-se à participação em outras sociedades, que fica condicionada à prévia autorização legislativa. É clara aí a preocupação de não permitir a ampliação do risco a que está exposto o acionista minoritário pela convivência com o controlador público, mantendo-o circunscrito à empresa original.

Vislumbrou-se ainda a necessidade envolver os acionistas não controladores na gestão da companhia. Nesse sentido, os arts. 239 e 240 garantem a eleição de pelo menos um membro no Conselho de Administração e no Conselho Fiscal, sendo que este último órgão passa a ter funcionamento permanente.

Até recentemente, a sociedade de economia mista não podia requerer concordata e também estava imune à decretação da falência, sem prejuízo da penhorabilidade de seus bens; em contrapartida, havia a responsabilidade patrimonial subsidiária do acionista controlador em relação às obrigações sociais (cf. art. 242). Dessa forma, buscava-se preservar a empresa em situação momentânea de insolvência, cuja continuidade de funcionamento estava normalmente associada à realização de algum interesse público, na expectativa de que a pessoa jurídica controladora fosse sempre capaz de supri-la com recursos suficientes. Como a inadimplência de tais companhias tornou-se uma constante, sem perspectiva de solução pela via do socorro financeiro do acionista controlador, a reforma da lei do acionariato empreendida pela Lei n.

10.303/2001 resolveu simplesmente revogar o art. 242.

Finalmente, o art. 238 assevera que a pessoa jurídica que controla sociedade de economia mista tem os mesmos deveres e responsabilidades do acionista controlador privado, mas poderá orientar as atividades da companhia de modo a atender ao interesse público que justificou a sua criação. Vale dizer, as decisões do acionista majoritário (ou mesmo dos administradores eleitos) podem privilegiar a consecução de outros objetivos, que não apenas a obtenção de resultados patrimoniais crescentes.

Como regra geral, o acionista controlador deve usar o poder com o fim de fazer a companhia realizar o seu objeto e cumprir sua função social, e tem deveres e responsabilidades para com os demais acionistas da empresa, os que nela trabalham e para com a comunidade em que atua, cujos direitos e interesses deve lealmente respeitar e atender, tudo segundo estabelece o art. 116-A da Lei n. 6.404/1976. Entre as modalidades típicas de abuso de poder elencadas no art. 117, destaca-se a promoção de alteração estatutária, emissão de valores mobiliários, ou *adoção de políticas ou decisões que não tenham por fim o interesse da companhia e visem a causar prejuízo a acionistas minoritários*, aos que trabalham na empresa ou aos investidores em valores mobiliários emitidos pela companhia.

No caso da sociedade de economia mista, a flexibilização no exercício do poder de controle constitui a pedra de toque das relações societárias, na medida em que o dogma da preservação dos interesses da companhia (e por conseqüência lógica também dos acionistas minoritários) admite mitigação. Todavia, nem sempre é fácil identificar com precisão as hipóteses concretas de "desvio lícito" do controlador, assim entendida a possibilidade de sacrificar os interesses imediatos da companhia, em prol de outros interesses mediatos da coletividade social.

O assunto ganha especial relevo quando se trata de companhia estatal dedicada à prestação de serviço público de competência da própria pessoa jurídica controladora. Fica mais complicado ainda, se o serviço público não estiver sujeito a marco regulatório suficientemente definido para delimitar as prerrogativas do poder concedente em face da empresa delegatária. Nesse contexto, é natural que surjam questionamentos sobre certas condutas empresariais com forte impacto nos resultados, em conseqüência da adoção de políticas tarifárias com inspiração social, ou da realização de investimentos sem garantia de retorno financeiro, mas voltados à universalização dos serviços.

De todo modo, a admissão do juízo político nas decisões do controlador público é vista como absolutamente necessária para que a sociedade de economia mista possa cumprir bem o seu papel institucional, razão pela qual jamais poderia ser suprimida ou elidida por norma convencional.

Ora, os requisitos para listagem no segmento especial do Novo Mercado parecem não conflitar com essa premissa jurídica. De fato, os novos comportamentos exigidos da sociedade de economia mista, ou da pessoa jurídica controladora, não subvertem os valores éticos previstos no art. 238 da lei do acionariato. Pelo contrário, alguns compromissos reforçam princípios inerentes à Administração Pública, a exemplo da maior transparência na divulgação de operações e resultados sociais, que está em perfeita harmonia com a exigência de motivação e publicidade dos atos administrativos, conforme o disposto no *caput* do art. 37 da Constituição Federal.

O ponto mais delicado talvez seja a sujeição obrigatória ao procedimento de arbitragem para solução de controvérsias societárias, o que, em princípio, também abrangeria a discussão sobre a legitimidade do exercício do poder de controle voltado à execução de políticas públicas. Nesse cenário, estar-se-ia transferindo ao juízo privado a avaliação sobre o próprio mérito da decisão governamental e sua maior ou menor compatibilidade com os interesses patrimoniais dos acionistas minoritários, o que não parece aceitável sob a ótica do direito público.

Com efeito, muito já se discutiu sobre a possibilidade de a administração direta ou as entidades da administração indireta submeterem-se à arbitragem disciplinada na Lei n. 9.307/1996, considerando sobretudo o caráter cogente da cláusula compromissória, que admite execução específica com o juiz substituindo-se na declaração de vontade da parte que se recusou a firmar o compromisso arbitral (cf. art. 7º). A chave para a solução da controvérsia parece estar na conceituação de direito patrimonial disponível, que serve para delimitar o campo de aplicação da arbitragem (cf. arts. 1º e 25).

No âmbito da Administração Pública, o princípio da legalidade e da indisponibilidade do interesse público costuma ser apontado como fator impediente para qualquer transação envolvendo renúncia de eventuais direitos. Por outro lado, a vinculação ao juízo arbitral é vista como forma indireta de subordinação do interesse público, razão pela qual o impedimento para transacionar também excluiria a opção pela arbitragem. Semelhante raciocínio, porém, parte da falsa premissa de que a preservação do interesse público pressupõe inexoravelmente o recurso às vias judiciais, pouco importando as conseqüências nefastas que isso pode acarretar para o patrimônio estatal.

A visão mais moderna do Direito Público não se coaduna com esse posicionamento apriorístico e absolutamente descompromissado na obtenção de resultados concretos. O princípio da indisponibilidade do interesse público deve ser encarado de forma mais ampla e tendo como contraponto outros princípios igualmente importantes, a exemplo da razoabilidade e da eficiência, também consagrados respectivamente no art. 111 da Constituição do Estado de São Paulo e no art. 37 da Constituição Federal.

De outra parte, a realização do interesse público admite a atuação discricionária do administrador, observadas as balizas legais e desde que a finalidade que se pretende atingir seja aquela albergada pela norma de competência. Naturalmente, não se pretende que o poder público abdique de prerrogativas que são próprias, mas nada obsta que disputas de conteúdo essencialmente patrimonial possam ser resolvidas por meio de transação, ou submetidas ao juízo arbitral. Tudo depende da demonstração cabal de que as vantagens proporcionadas por tais soluções alternativas compensam as desvantagens decorrentes da demora excessiva ou da incerteza associada ao desfecho do litígio.

Ressalvadas algumas situações específicas, as controvérsias sobre relações societárias envolvem interesses meramente econômicos. Nesses casos, a sociedade de economia mista ou o acionista controlador não se colocam em posição de supremacia em face dos acionistas particulares, mas praticam basicamente atos negociais regidos pelo direito privado, em oposição aos contratos administrativos sujeitos ao regramento especial do direito público.

A propósito do assunto, merece destaque especial o recente acórdão da 1ª Turma do Supremo Tribunal Federal, relativo ao julgamento do recurso extraordinário 253.885-0-MG, Relatora a Ministra Ellen Gracie, em que se discutia a validade jurídica de transação levada a efeito por Município, tendo em vista a inexistência de lei autorizativa nesse sentido. Alegava-se ofensa ao art. 37 da Constituição Federal, que consagra o princípio da legalidade na Administração, em decorrência do qual o administrador age como mero executor do interesse público, não podendo dele dispor. A Corte Suprema entendeu que "há casos em que o princípio da indisponibilidade do interesse público deve ser atenuado, mormente quando se tem em vista que a solução adotada pela Administração é a que melhor atenderá à ultimação deste interesse". O voto da Ministra Relatora lembrou ainda o precedente do próprio Supremo Tribunal Federal, no agravo de instrumento 52.181, Relator o Ministro Bilac Pinto (*RTJ* 68/382), que considerou juridicamente viável a transação, ao concluir pela legalidade do juízo arbitral nas causas da Fazenda Pública.

Para acomodar a situação e permitir a adesão à Câmara Arbitral instituída pela BOVESPA, por parte da companhia e da pessoa jurídica de direito público controladora, o regulamento específico procurou definir o que sejam direitos indisponíveis do acionista controlador, de modo a excluí-los do controle da arbitragem. Nesse sentido, dispôs que as decisões do acionista controlador de sociedade de economia mista, através do voto em assembléia geral ou por influência exercida sobre os administradores, que visem à orientação de seus negócios nos termos do art. 238 da lei das sociedades por ações, são consideradas formas de exercício de direitos indisponíveis e não ficam sujeitas ao procedimento arbitral.

A análise a respeito da congruência jurídica da decisão governamental sobre a adesão de sociedade de economia mista ao Novo Mercado deve enfrentar ainda outra discussão importante. Trata-se da eventual transferência de valor da participação acionária do Estado, para os acionistas minoritários, como decorrência da atribuição de novos direitos patrimoniais (*v.g.*, extensão aos acionistas minoritários das mesmas condições obtidas pelos controladores quando da venda do controle da companhia — *tag along*).

Nesse particular, é possível raciocinar que o administrador estaria transigindo com o patrimônio público, na medida em que estende aos demais acionistas determinados direitos que, pela lei, são exclusivos do acionista controlador. Tal entendimento, porém, enxerga apenas para um lado da questão, que, na verdade, deve comportar avaliação mais ampla.

Vale lembrar que a própria Lei n. 6.404/1976 admite opções variadas sobre o modelo de sociedade. Quando uma sociedade de economia mista resolve adotar a forma de companhia aberta, com ações negociadas em mercado de bolsa, está automaticamente aceitando regras mais severas de comportamento societário, que limitam a atuação discricionária da pessoa jurídica controladora. No entanto, não ocorreria a ninguém questionar a lisura dessa decisão governamental, apesar dos ônus que pode eventualmente acarretar à companhia e seu acionista controlador.

Aplica-se o mesmo pensamento, quando se trata de adaptar os estatutos sociais às inovações introduzidas pela Lei n. 10.303/2001, especialmente no que concerne aos direitos conferidos às ações preferenciais, por força da nova redação do art. 17 da Lei n. 6.404/1976. O acionista controlador deve, então, escolher entre uma das alternativas apresentadas pelo legislador, para definir qual a vantagem mínima que será oferecida aos preferencialistas da companhia aberta: (i) direito de participar do dividendo correspondente a pelo menos 25% do lucro líquido do exercício, com prioridade em relação à parcela de 3% do valor do patrimônio líquido; (ii) recebimento de dividendos superiores em 10% aos atribuídos às ações ordinárias; ou (iii) inclusão na oferta pública de alienação do controle, com dividendos iguais aos das ações ordinárias. A decisão nesse particular provoca diferentes impactos econômicos ao erário, contudo, cabe ao representante da pessoa jurídica de direito público controladora tomá-la, independentemente de autorização legislativa da respectiva esfera de governo.

O requisito fundamental para legitimar as decisões do controlador público, no exercício do poder de controle da companhia mista, consiste na formulação de justificativa razoável e coerente em cada caso concreto, e não na existência de permissivo legal específico. Deve ser encarada *cum grano salis* a afirmação de que o princípio da legalidade atribui ao administrador a competência para fazer apenas aquilo que a lei permite. Se esse entendimento for levado às últimas conseqüências, estaria então inviabilizada qualquer forma de atuação discricionária do gestor público. Ora, a exigência de prévia autorização legislativa somente pode ser invocada, quando a própria lei expressamente condicione a prática do ato ao seu prévio beneplácito, sob pena de afronta ao princípio constitucional da separação de poderes. É o que ocorre em relação às situações previstas no art. 37, XIX e XX, Constituição Federal ("XIX — somente por lei específica poderá ser criada autarquia e autorizada a instituição de empresa pública, de sociedade de economia mista e de fundação, cabendo à lei complementar, neste último caso, definir as áreas de sua atuação; XX — depende de autorização legislativa, em cada caso, a criação de subsidiárias das entidades mencionadas no inciso anterior, assim como a participação de qualquer delas em empresa privada"). Nesses casos, o legislador reserva para si o juízo de conveniência e oportunidade da medida, retirando do administrador a discricionariedade que naturalmente lhe cabe.

É curioso notar a tendência vigente na Administração Pública, no sentido de atribuir a órgãos colegiados, com composição diversificada, a competência para apontar políticas públicas ou opinar sobre determinadas decisões de governo, sem que isso implique a transferência do poder conferido ao Chefe do Executivo. Em última análise, o que se busca com esse modelo é dar maior conforto jurídico à autoridade máxima, na medida em que fica robustecida a motivação política do ato praticado, além de haver o compartilhamento da responsabilidade com outros agentes públicos.

Frise-se, desde logo, que a vinculação às regras do Novo Mercado não acarreta nenhuma mudança na titularidade das ações integrantes do bloco de controle. Embora o constituinte federal não exija lei autorizativa para o Poder Executivo dispor desse ativo acionário, o art. 47, inciso XV, da Constituição Bandeirante condiciona a alienação de ações do capital de sociedades de economia mista à prévia aprovação da Assembléia Legislativa ("compete privativamente ao Governador, além de outras atribuições previstas nesta Constituição, (XV) subscrever ou adquirir ações, realizar ou aumentar capital, desde que haja recursos hábeis, de sociedade de economia mista e de empresa pública, bem como dispor, a qualquer título, no todo ou em parte, de ações ou capital que tenha subscrito, adquirido, realizado ou aumentado, mediante autorização da Assembléia Legislativa").

É certo, porém, que o Supremo Tribunal Federal, ao julgar a ação direta de inconstitucionalidade 234-1/600-RJ, proposta em face de dispositivo da Constituição do Estado do Rio de Janeiro com conteúdo basicamente semelhante ao texto bandeirante, firmou o entendimento de que o beneplácito do Poder Legislativo somente seria exigível na hipótese de venda do controle acionário de empresas controladas pelo Estado. Do contrário, se a mesma exigência fosse aplicável em relação à parcela minoritária do capital social, haveria inconstitucionalidade material por ofensa ao princípio da separação dos poderes, já que o Poder Executivo estaria sendo cerceado no exercício da competência administrativa que lhe é inerente.

De todo modo, para se saber se uma postura administrativa é prejudicial ao erário, faz-se necessário sopesar globalmente todos os aspectos envolvidos. Apesar de o ingresso no Novo Mercado produzir realmente a valorização das participações minoritárias, o efeito não pode ser creditado ao esvaziamento econômico do lote de ações pertencente ao acionista controlador. Isso porque o incremento de valor também é fruto da maior transparência, seriedade de gestão e aumento da liquidez do mercado acionário, que fazem parte dos compromissos assumidos pela companhia e pelo acionista controlador, sem envolver qualquer renúncia a direitos patrimoniais.

A rigor, a promessa de boa governança corporativa equivale a um jogo de colaboração entre os participantes, em que todos ganham e ninguém perde. Esse cenário traz reflexos positivos ao majoritário, que passa ter o seu ativo igualmente valorizado, além de contar com condições mais favoráveis para futuras colocações de ações no mercado primário ou secundário. Em suma, as concessões realizadas pela pessoa jurídica controladora são amplamente compensadas pelos benefícios decorrentes do novo *status* adquirido pela companhia controlada.

Os ganhos associados à adesão ao Novo Mercado tornam-se ainda mais evidentes, se o ato vem acompanhado de oferta pública de venda de ações de propriedade do tesouro, excedentes ao controle acionário, ou tem por objetivo o aumento do capital da sociedade de economia mista com recursos captados junto ao público investidor. Em ambas as situações, o mercado tende a reagir positivamente na fixação do preço da oferta, proporcionando melhores resultados à parte vendedora.

Como arremate final, cabe salientar que o efeito mais consistente ao longo do tempo, para a sociedade de economia mista que passa a fazer parte do Novo Mercado, reside no seu fortalecimento institucional. Em outras palavras, a companhia aumenta o grau de proteção contra eventuais desmandos do acionista controlador, criando barreiras para seu uso com fins políticos, que tantos males já provocou ao contribuinte no passado.

São Paulo, agosto de 2002.

PARTICULARIDADES DO CONSELHO DE ADMINISTRAÇÃO DAS SOCIEDADES ANÔNIMAS

JOÃO LUIZ COELHO DA ROCHA

A modernidade institucional do Conselho. Restrições aos membros. A função orgânica e a função individual. O "direito ao Conselho" e as minorias. O Conselho de Administração e o acordo de acionistas. Conclusão.

A modernidade institucional do Conselho

Na medida em que a abertura econômica vai abrindo as portas de empreendimentos brasileiros a investidores externos a estrutura capitalista do país vai ganhando melhor peso específico, pois esse influxo traz consigo o componente cultural de sistemas mais evoluídos, onde se prestigia a abertura e a democratização de capitais.

A acanhada, renitente postura do empresário nacional que tanto tem cultuado as empresas familiares, penhor da desejada preservação de riquezas de herdeiros tantas vezes sem talento e sem preparo, vai aos poucos cedendo vez à idéia superior da sociedade aberta, democrática, que se põe no mercado não só à vista de todos, mas na medida de preço e procura, ao alcance dos que ali pretendem investir para assumir o risco consciente do negócio.

Nesse passo, o Conselho de Administração, um órgão colegiado entronizado na ordem brasileira pela Lei 6.404 (*arts. 140 e ss.*; antes da Lei 6.404 somente a Lei 4.595/1964 previa, e apenas para sociedades financeiras, um Conselho Administrativo, mas de poderes bem limitados e sem estruturação estabelecida), com poderes decisórios de nível superior ao da diretoria executiva, passa a ganhar mais relevo, por isso que ali, eleitos pela assembléia geral dos acionistas, vão se encontrar tantas vezes, os representantes das correntes majoritárias e minoritárias do capital social.

O órgão colegiado tem o desenho funcional — e institucional — bem apropriado às sociedades anônimas em sua projeção mais moderna, vale dizer, com estruturação mais orgânica, abrangendo vetores diversificados de investimentos.

Porque, na verdade, são as empresas de maior dimensão, ou econômica, ou estratégica, ou política — como são as sociedades de economia mista, sociedades abertas e de capital autorizado —, que a lei brasileira houve por determinar a compulsoriedade do Conselho, certo, porém, que as demais companhias podem adotar o colegiado se o quiserem.

No caso das empresas privadas de capital fechado e não autorizado subentende-se que não têm elas relevância política ou influência no mercado de capitais, nem apresentam maiores possibilidades de captação de recursos ao público, que justificassem o envolvimento obrigatório do colegiado de controle, valendo ainda ponderar que, no nicho das subsidiárias integrais (art. 251), ou das sociedades anônimas com o mínimo legal de dois sócios, o Conselho se mostra impertinente, já que ficaria impossível atender-se ao mínimo compulsório de três conselheiros, todos acionistas.

Onde o órgão é de expressão legal obrigatória a relevância da subespécie de companhia fica evidente.

No caso das sociedades de economia mista temos uma estruturação social que atende à participação majoritária do Poder Público (Federal, Estadual, Municipal) congregado com capitais privados na execução ou de serviços públicos (por concessão, por permissão ou até por delegação), ou, ainda, de atividades econômicas em geral.

Não se trata, óbvio, de uma sociedade anônima comum, e mesmo que não tendo necessariamente parcela de seu capital distribuída no mercado aberto ela chama por um projeto institucional mais cuidadoso, diante dessa convivência um tanto delicada entre o interesse público e os interesses privados que ali se associam.

Em se tratando de sociedades abertas, é o valor econômico-jurídico da proteção ao mercado investidor, do cuidado com os direitos de minorias sociais, que ditou a premência do Conselho de Administração como um órgão intermédio entre a Assembléia de Acionistas, poderosa mas longínqua, e o exercício diário de poder pela diretoria executiva.

E, enfim, ao cuidar de uma flexibilização às companhias, permitindo-lhes, sem necessidade dos entraves da assembléia geral, a procura e obtenção de capital próprio, de risco, na idéia de assim agir dentro de um limite virtual (capital autorizado) estabelecido nos estatutos, a lei demanda, na contraparte, que o Conselho de Administração exista e seja o órgão de decisão de tais aumentos, pois que ali hão de percutir de forma sintetizada as posições acionárias mais relevantes, mesmo as minoritárias.

Restrições aos membros

É pena que a lei brasileira — por emenda legislativa, pois que decerto não era essa a vocação originada dos renomados autores do anteprojeto — restringiu (art. 146) a acionistas e pessoas físicas os assentos no Conselho, seguindo a orientação estreita da lei alemã de 1965, ao contrário das tendências mais modernas albergadas no Direito norte-americano onde as pessoas jurídicas, acionistas freqüentes, podem ir ao Conselho por um "presentante" (*apud* Pontes de Miranda) seu.

Nos bons estudos do Direito italiano sobre a matéria (Ettore Gliozzi, "Societa di capitali", *Riv. Delle Societá*, 1968, p. 93) e que refletem a vertente em proibir-se presença de pessoas jurídicas no Conselho, fala-se nas dificuldades de se atribuir as responsabilizações de ofício ao ente moral, imaterial.

Não concordamos com tal ressalva, sobretudo hoje, onde as modernas concepções doutrinárias e jurisprudenciais — pontualmente levadas à normatização expressa — falam na responsabilização "através" da pessoa jurídica (*lift of corporate veil*), alcançando seus diretores e até seus controladores, podendo por aí se chegar ao peso dos ônus responsabilizatórios decorrentes de atuação dolosa, desviosa ou negligente na função de conselheiro.

E neste sentido registramos opiniões como as de Modesto Carvalhosa e Nilton Latorraca (*Comentários à Lei de Sociedades Anônimas*, v. 3, Saraiva 1997, p. 166).

Na verdade, pensamos que, na necessária e já urgente evolução do instituto há de se conceber a própria permissão de conselheiro não acionista, por isso que, sendo o órgão criado para percutir a opinião medianeira entre os acionistas, que por conceito só em assembléia geral deliberam, e os diretores eleitos, não será da essência do órgão que seja integrado *in persona* por tais ou quais acionistas, senão por representantes seus, escolhidos na assembléia geral, e que de tal representação — e não de uma compulsória e tanta vez apenas simbólica titularidade de ação — retiram a legitimação de seus atos, de seus votos.

A função orgânica e a função individual

O Conselho de Administração é, por óbvio, um órgão colegiado, cujas deliberações vão atender à decisão de sua maioria, na forma estatutariamente prevista. A voz institucional do Conselho, será, pois, aquela resultante da deliberação interna entre seus membros.

Mas a função e os poderes de cada membro do Conselho vão mais além, competindo-lhes exercer individualmente atos fiscalizatórios e mesmo supervisórios da gestão social.

Neste sentido Carvalhosa e Latorraca (ob. cit., p. 47):

"Convém ressaltar que o caráter necessariamente colegial das deliberações do Conselho não inibe a atividade individual dos seus membros em fiscalização os atos dos diretores.

"Não é apenas direito, mas dever indeclinável dos membros do conselho de pesquisa, indagar e acompanhar as atividades dos diretores (...)."

Explica-se mais: o colegiado de gestão superior foi criado, já vimos, como uma câmara representativa da vontade acionária para mediar o espaço/tempo entre a gestão diária da empresa e a solene e demorada realização do conclave de acionistas.

E a lei ainda se esmerou em apontar meios de votação (art. 141) que eventualmente assegurem presenças minoritárias no grupo de conselheiros. Ou seja, a "vontade acionária" transposta do colegiado não é necessariamente a resultante linear da maioria, mas, às vezes, a voz preponderante desta, acolitada e talvez contestada por vozes minoritárias.

Daí a necessidade evidente de se assegurar a um ou mais conselheiros minoritários, mesmo que sem poder de decisão no plural do órgão, o pleno exercício de fiscalizar e supervisionar as ações diretivas das gestões da companhia.

Essa será, ao fim, a expressão correta e extrema do direito de participação dos acionistas na gestão social: a maioria traça as decisões finais, mas a voz da minoria, se alçada à membridade de conselheiros, deve ser livremente aceita, para fins de acompanhar a administração da empresa.

Neste sentido, de novo Carvalhosa e Latorraca sintetizam tal qualidade individual dos membros do Conselho (ob. cit., p. 47): "Essa atribuição dos membros do Conselho de Administração, individualmente exercitável, inclui-se no conceito amplo de legitimidade dos atos dos diretores".

O "direito ao Conselho" e as minorias

Há uma lacuna legal relevante, ao nosso ver, e que é uma das brechas na lógica do Conselho de Administração, como órgão colegiado de poderes superiores que reflita posições minoritárias.

Assim, um Conselho criado por uma companhia fechada, de capital fixo, ali está por deliberação estatutária e não por imposição legal. Segue-se que os majoritários, atendida a exigência estatutária, podem alterar a norma básica e extinguir o órgão, onde possivelmente estejam assentes membros de grupos minoritários.

Ora, a Lei 6.404 omitiu-se em conceder aí (arts. 136 e 137) direito de recesso aos minoritários prejudicados, que assim se vêem afastados de funções superiores de gestão — perda substancial em seu *rapport* acionista/sociedade — e não dispõem da solução de emergência do recesso.

Afinal, concebe-se clássica e pacificamente entre os direitos essenciais dos acionistas o de recesso como um ponto de equilíbrio entre "as conveniências das minorias dissidentes e o interesse geral da sociedade, constituindo fórmula capaz de harmonizar os direitos dos vencidos com o princípio majoritário (...)" (Egberto Lacerda Teixeira, *Das Sociedades Anônimas no Direito Brasileiro*, v. II, Ed. José Bushatsky, p. 426).

Então, tal como aqueles eventos que patrimonialmente podem afetar os minoritários (criação de ações preferenciais, de novas classes destas mais favorecidas etc.) ou mesmo que funcionalmente mudem as expectativas desses acionistas (mudança do objeto social etc.) também o encerramento, a extinção de um órgão tão relevante como o Conselho de Administração onde, por baliza legal, o minoritário pode ter assento, parece ter carga valorativa suficiente para permitir o direito de retirada.

Ainda se propõe doutrinariamente, como Paulo Campos Salles de Toledo (*Conselho de Administração na Sociedade Anônima*, Atlas, 1999, p. 97), e a nosso ver com procedência, que se comporte na lei brasileira a titularidade do Conselho para ações de responsabilidade civil contra os administradores, alternativa que seria concorrente e não excludente do poder da assembléia geral a respeito, ganhando-se com a maior proximidade do Conselho à realidade da gestão, sua convocação mais simples e sua menor periodicidade de reuniões.

O Conselho de Administração e o acordo de acionistas

Talvez seja na existência de um acordo de acionistas dentro da empresa que o Conselho de Administração apresente as facetas mais práticas de sua existência.

Hoje parece tranqüilizado o conceito pela prevalência jurídica dos compromissos de direito de voto acertados em acordos de acionistas.

Mas, para além da eficácia desses comprometimentos existe sempre a consideração sobre a eficiência prática de obrigações que são assumidas para uma expressão formal em longínquas assembléias gerais e que, no entanto, devem falar de perto a normas tidas como importantíssimas na gestão permanente dos negócios sociais.

Ajustar-se *a forfait* a palavra e as manifestações de vontade de certos acionistas, com relevância no capital social, para só serem explicitados no conclave assemblear e, às vezes, no tumulto de uma reunião tão ampla, nem sempre conduz a uma eficácia prática.

Contudo, se tal comprometimento de voto se torna operativo na eleição de tantos conselheiros por indicação dos acionistas concertados, a questão do desdobramento eficiente do compromisso fica mais simples, na medida em que ali, no colegiado, em ambiente necessariamente mas restrito, vai se espelhar a real resultante das vontades sociais ajustadas convencionalmente.

A própria execução específica dos termos do acordo, expressada na Lei como ganho processual para seu efetivo cumprimento, mostra-se mais simples, se pretendida em cima de um voto expressado em reunião do Conselho e que eventualmente não corresponda à orientação pautada no acórdão.

Na verdade, até aqui, na estruturação de ajustes de acionistas em empresas de mais peso temos preferido o artifício legal de conferir estatutariamente ao Presidente do Conselho de Administração, tal como ao Presidente da Assembléia Geral, o poder de desconsiderar votos de qualquer acionista que desrespeite aquilo que esteja fixado acordo averbado nos livros sociais. Mesmo porque a anotação que a Lei 6.404 comanda, dos termos do acordo nos livros sociais, tem esse efeito registral, de torná-lo compulsoriamente conhecido — e pois a ser respeitado — pela companhia ou por terceiros outros.

E a vantagem estará em, assim conferida a presunção de legalidade da decisão do administrador estatutário, imputar-se ao acionista inconformado a busca na Justiça de anulação desse *decisum*, ao invés de se conferir a um ou outro acionista prejudicado a procura de invalidez do voto erradamente proferido por incompatibilidade com o compromisso contido no acordo.

Conclusão

Há mais, muito mais possibilidades, vantajosas para a empresa, em um ambiente de capitalismo moderno, e que se encontram no uso desse instituto orgânico do Conselho de Administração, uma entidade de supervisão e orientação da diretiva diária da Companhia, e que pode funcionar como uma câmara restrita das vontades congregadas no instituto da sociedade anônima.

Assim é que propugna-se a admissão de representantes de trabalhadores no Conselho, de forma a se cumprir um velho postulado programático, já em vigor em algumas sociais-democracias, como na Noruega, na Espanha, na Dinamarca, na Áustria, na Alemanha, onde os empregados tem assento nos colegiados administrativos (Vincenzo Allegri, "Amministratori e Consiglio direttivo") de se ter os trabalhadores com real co-gestão, ainda que limitada, da empresa.

Paulo Campos Salles de Toledo (ob. cit., p. 102) defende a ampliação de funções para o órgão, por sua crescente importância, como a de apreciar o balanço geral e as demonstrações financeiras previamente à assembléia geral, de modo a se ter um crivo mais técnico do corpo social, antes da apreciação genérica dos acionistas.

A verdade é que a relevância do Conselho está em alta, na pauta dos valores jurídicos adotados pela nossa ordem societária. E a prática tem plascitado essa tendência. Nas empresas mistas é norma sabida que o Conselho de Administração tanta vez barra e critica atos de dispensa ou inexigibilidade de licitações que escapem aos padrões da Lei 8.666. Nas empresas privadas de mais porte é comum o embate, que é bem salutar, de vontades acionárias dentro do Conselho, refletindo, para a gestão social, a realidade do Conselho e Administração da S/A como um órgão de grande importância estratégica e política, no sentido amplo que se deve conceder a essa agregação coletiva de capitais e esforços representada pelas sociedades anônimas.

O PROTESTO DE BOLETOS BANCÁRIOS

JEAN CARLOS FERNANDES

1. Introdução. 2. Da sistemática do boleto bancário. 3. Da impossibilidade de protesto do boleto bancário. 4. Da emissão da triplicata. 5. Conclusão. 6. Referências bibliográficas.

1. Introdução

Não é novidade entre nós a existência do denominado boleto bancário[1] ou, conforme normatiza o Banco Central do Brasil, o bloqueto de cobrança,[2] originário, mormente, da simplificação operante no sistema de cobrança realizado pelas instituições financeiras, com os avanços provenientes das novas técnicas de informática.

De fato, a utilização do boleto bancário pelas instituições financeiras fez instaurar uma nova prática comercial. Não fossem os boletos apontados a protesto, ou servirem de base para a propositura de ações de execução e pedidos de falência, nada teria de ilegal na sua utilização como forma de cobrança informatizada.

Não é difícil perceber as mazelas que tal sistemática vem acarretando às práticas comercias, em que os comerciantes se vêem muitas vezes em descrédito perante fornecedores e a própria sociedade, em razão de protesto, execução judicial ou pedido de falência originados do não–pagamento do boleto bancário.

Espera-se que juízes, advogados e estudiosos do Direito possam identificar a ilegalidade da sistemática envolvendo o "*boleto bancário*", a qual vulnera direitos elementares dos cidadãos ao serem constrangidos por protesto, execução ou pedido de falência estribados em um simples "papel" (aviso de cobrança) emitido unilateralmente.

2. Da sistemática do boleto bancário

Os boletos bancários, como comumente são conhecidos, não passam de simples papéis de cobrança, não caracterizados como títulos de crédito pela legislação vigente.

É certo, porém, que os bancos realizam cobrança através dos boletos e, havendo recusa no seu pagamento, os encaminham a protesto por indicação.

Detendo-nos no exame da ilegalidade da prática de se encaminhar os boletos a cartório para apontamento a protesto, nota-se na utilização do boleto vários aspectos ilegais, fazendo com que tal prática seja combatida pela sociedade.

Assim é que os bancos recebem o boleto daqueles que se dizem credores ou, a partir de dados fornecidos por estes, o confeccionam, remetendo-o aos supostos devedores para pagamento na rede bancária. Todavia, com o silêncio dos devedores em efetuarem o pagamento da quantia co-

1. Ver, a propósito, Jean Carlos Fernandes, *Boleto Bancário de Cobrança* (no prelo).

2. Carta-Circular Bacen 002414, de 7 de outubro de 1993.

brada através do boleto, as instituições bancárias promovem o protesto por indicação a partir daquele e, posteriormente, chegam até ao ajuizamento de ação de execução e pedido de falência com base no protesto do boleto e nos comprovantes de entrega de mercadorias ou da prestação de serviços.

Ora, tais ações não passam despercebidas ao critério de legalidade, pois constranger determinada pessoa, seja física ou jurídica, mediante um protesto por indicação, ao pagamento de determinada quantia lançada em um *boleto de cobrança* constitui prática defesa pelas regras legais e até morais.

Primeiramente, porque tal conduta não pode ser classificada como legal, já que o boleto não se apresenta como documento hábil a autorizar o referido protesto. Como as instituições bancárias disso não se abstraem, torna-se constante o exercício de tal prática, impondo às pessoas o constrangimento de um protesto ilegalmente tirado.

Da mesma forma, não encontra justificativa a propositura de ações de execução ou pedidos de falência com base em meros boletos bancários de cobrança, quando as petições iniciais são instruídas com o protesto tirado por indicação e comprovantes de entrega de mercadorias ou de prestação de serviços.

Na verdade, tal procedimento encontra-se eivado de ilegalidade, sem olvidarmos que alguns supostos devedores realizam o pagamento da quantia apontada no boleto, acrescida de juros, correção monetária e honorários advocatícios, cedendo ao constrangimento maior da ação judicial.

É mais do que ilegal valerem-se as instituições bancárias ou os credores das vias judiciais para imporem às pessoas o pagamento de débitos lançados em boletos de cobrança, os quais não são títulos de crédito hábeis a embasar ação de execução ou pedido de falência.

A ilegalidade aqui se acentua ainda mais, pois, não sendo o boleto um título de crédito, assim reconhecido por lei, torna-se inviável o protesto, o aval e muito menos o endosso, razão porque o recebimento dos débitos cobrados através dele, mediante ação judicial, seja de falência ou execução, é totalmente ilegal.

Evidentemente, o boleto bancário não pode ser recebido para apontamento a protesto, principalmente para embasar ação de execução ou pedido de falência. Mas, em geral, os bancos, ao remeterem o boleto para ser protestado, se intitulam portadores das respectivas duplicatas reveladoras da compra e venda mercantil, solicitando o protesto por mera *indicação*, sendo atendidos pelos tabeliães de protestos.[3]

Portanto, permitir tal prática bancária é violar as regras legais, sendo ainda os seus precursores passíveis de sanção civil e criminal pelo ordenamento jurídico.

3. *Da impossibilidade de protesto do boleto bancário*

Na realidade, tem-se como manifestamente ilegal a prática de apontamento do boleto bancário a protesto, principalmente por indicação, como se uma duplicata o fosse.

Com a edição da Lei n. 5.474/1968, nas vendas mercantis a prazo adotou-se a prática obrigatória de emitir uma fatura para apresentação ao comprador, relacionado-se as mercadorias vendidas, discriminadas por sua natureza, quantidade e valor.

A partir de tal fatura, ou nota fiscal fatura (esta de efeitos comerciais e tributários) facultou-se ao vendedor extrair um título de crédito denominado duplicata, e somente este, para representar a compra e venda mercantil.

Desse modo, tem "a duplicata a natureza de um título de crédito impróprio, necessário para a cobrança das mercadorias vendidas a prazo, apesar de tornar a lei a sua emissão meramente facultativa".[4]

3. Ermínio Amarildo Darold, *Protesto Cambial — Duplicatas x Boletos*, p. 31.

4. Fran Martins, *Títulos de Crédito*, v. II, 11ª ed., 1998, p. 157.

Extraída a duplicata, o art. 6º da Lei n. 5.474/1968 determina o seu envio ao comprador (sacado) para que ele a assine (aceite), atestando a sua exatidão e a obrigação de pagá-la. O aceite em regra é ato obrigatório do sacado, somente podendo ser recusado nas hipóteses do art. 8º, da Lei de Duplicatas, ou seja: a) quando constatada avaria ou não recebimento das mercadorias, quando não forem elas expedidas ou entregues por conta e risco do comprador; b) vícios, defeitos ou diferenças na qualidade ou na quantidade das mercadorias; c) divergências no prazo ou no preços ajustados.

Afora tais situações, a recusa do aceite na duplicata é injustificável, ensejando o protesto do título por falta de aceite.

Pode ocorrer ainda que o comprador (sacado), ao receber a duplicata enviada pelo vendedor (sacador), retenha-a em seu poder, recusando-se a restituí-la, no prazo de 10 dias, contados do dia em que a duplicata lhe foi apresentada (não sendo pagamento à vista) ao vendedor, a correspondentes, procuradores, instituições financeiras ou representantes deste, dando ensejo ao protesto por indicações.

Em outras palavras, havendo a retenção injustificada da duplicada em mãos do sacado, o credor terá que tirar o protesto mediante simples indicações feitas ao tabelião de protestos, visto como não dispõe, o portador, de título para fazer presente àquele serventuário.

Assim, o protesto, ocorrendo a falta de devolução da duplicata, realizar-se-á por meio de simples indicações do protestante, à base das quais o tabelião de protestos irá praticar os atos de sua competência.[5]

Alerte-se, aqui, para o fato de que o protesto por indicação somente pode ser extraído quando, remetida a duplicata ao sacado para aceite, este a retém, deixando de devolvê-la ao vendedor ou a quem o represente, dentro do prazo legal.

5. Fran Martins, ob. cit., p. 176.

A propósito, comenta Pedro Luiz Pozza: "(...) é imprescindível que o sacado tenha recebido o título, para que ele possa ser substituído pelas indicações do portador ou seu mandatário, o que não ocorre na prática de emissão dos boletos de cobrança, onde o banco nem fica com a duplicata em seu poder, muito menos remete-a para o sacado, seja para aceite ou pagamento".[6]

Por sua vez, adverte o comercialista Wille Duarte Costa: "(...) o protesto por simples indicação só poderá ocorrer havendo comprovada retenção da duplicata que foi enviada ao comprador para aceite e não ocorreu a devolução. Por isso, o remetente tem de possuir o comprovante de entrega da duplicata, sem o que não há como falar em retenção. Se este prova (da remessa) não ocorrer, o protesto é irregular, não podendo produzir os efeitos pretendidos, podendo o tabelião responder por perdas e danos".[7]

Feitos os registros necessários, mormente acerca do protesto tirado por indicação do apresentante ao tabelião de protestos, deve-se, agora, especular sobre as seguintes situações: a) apresentação do boleto bancário a protesto; b) a inexistência de uma duplicata formalmente emitida e enviada ao comprador (sacado); c) a prática espúria de se extrair a triplicata a partir do boleto.

Na hipótese primeira, o campo de discussão centra-se na assertiva de que o boleto bancário não é título de crédito, sendo insuscetível de endosso, aval e principalmente protesto.

Todavia, a isso não se curvam as instituições financeiras ou credores, que, de forma ilegal, procedem ao protesto dos boletos por indicação, baseando-se na falsa declaração da existência de uma duplicata, a qual jamais restou enviada ao sacado e, muitas vezes, sequer emitida.

6. Pedro Luiz Pozza, "Considerações sobre o protesto por indicações", *Ajuris — Revista da Associação de Juízes do Rio Grande do Sul* 69/404, Porto Alegre, 1997.

7. Wille Duarte Costa, *Títulos de Crédito*, p. 193, (no prelo).

Nesse contexto, os bancos dizem-se portadores da duplicata, apontando ao tabelião de protestos os elementos do "pseudotítulo" com o propósito de tirarem o protesto mediante simples indicações.

Por sua vez, os tabeliães dos cartórios de protestos prescindem-se de exigir o comprovante de remessa da duplicata para se tirar o protesto por indicações e comprovação da retenção dos originais dos títulos pelos sacados.

Dessa forma, a concretização do protesto do boleto por indicação das instituições bancárias ou credores, sem sombra de dúvida, geram aos supostos devedores os nefastos efeitos de um constrangimento ilegal decorrente da lavratura de um protesto sem que fosse estribado em título hábil, assim reconhecido por lei.

Em outras palavras, os bancos encontram no protesto dos boletos bancários uma forma eficiente para recebimento dos valores neles exprimidos, tendo em vista os nefastos efeitos que a lavratura de um protesto pode causar às pessoas que se valem de relações creditícias para a aquisição de bens, serviços e fomento das atividades comerciais.

Já vimos que para a realização do protesto por indicações deve-se comprovar a remessa da duplicata e sua retenção por parte do sacado (devedor).

Os estabelecimentos bancários, ao solicitarem aos tabeliães dos cartórios de protesto a lavratura do ato cartorário por indicações, valem-se de afirmação falsa, ao dizerem ter emitido e enviado a duplicata ao sacado, quando, na realidade, enviaram apenas um boleto ou aviso de cobrança.

Inexiste, portanto, embasamento legal para o protesto do boleto bancário, principalmente pelo fato de que o protesto é lavrado como tratando-se de uma duplicata, que, remetida ao sacado, foi por ele retida.

Costa,[8] a quem tal prática não passou despercebida, destacou, com muita veemência, a impossibilidade de o protesto por indicação ser utilizado para legitimar situações fraudulentas, como a aqui noticiada:

"No nosso entender, o protesto por simples indicação do portador não pode ser fruto de fraudes, achaques e atos de inescrupulosos que, pela facilidade encontrada pela simples indicação permitida em lei, abusam em todos os sentidos, sacando duplicatas frias ou sem lastro, contra quem nada comprou e nada deve. Por isso, a emissão de duplicatas nas vendas a prazo é necessária, principalmente para a sua circulação. O título deve existir e não pode ser suprido por certidão de protesto algum, a não ser que, comprovadamente, fique demonstrado que a duplicata foi remetida e entregue ao comprador e por este não devolvida no prazo legal, além de ser comprovada a remessa e entrega da mercadoria vendida.

"Se não for assim, será permitir a fraude e o abuso de certas instituições, que não têm título algum endossado a elas, bem como mandato para cobrança simples e menos para execução própria."

Aliás, a freqüência com que o protesto vem sendo utilizado nas práticas comerciais, muitas vezes de forma abusiva, trouxe-lhe uma função intimidativa,[9] passando a servir como instrumento de coação do devedor.

Eunápio Borges[10] identifica tal praxe, inclusive destaca ter o oficial de protesto se convertido "num desses cobradores mal-encarados aos quais os negociantes do sertão costumam confiar as liquidações de seus créditos": "É, pois, lamentável que de simples meio de prova — oficial e solene — da apresentação da letra e recusa por parte do sacado, do aceite ou do pagamento, o protesto tenha convertido em meio violento de cobrança ou intimidação, levado a

8. Wille Duarte Costa, *Títulos de Crédito*, pp. 204-205.

9. Alfredo Palermo, *O Protesto Cambial*, p. 14.

10. João Eunápio Borges, *Do Aval*, pp. 213-214, 217.

efeito por intermédio do oficial do protesto. E os abusos, neste sentido, são tais, tantos e tão repetidos que já constituem praxe sobreposta à lei que poucos conhecem, muitos desprezam e ninguém cumpre".

Nas palavras de Mauro Grinberg,[11] "o protesto tem inegável função psicológica coativa dos devedores, havendo quem fale em constrangimento moral legítimo, sendo que hoje os interessados preocupam-se muito mais com os efeitos comerciais do que com os efeitos legais do protesto".

É nesse cenário que uma gama enorme de pessoas, sejam físicas ou jurídicas, são atingidas pelo descrédito oriundo de um protesto tirado com base em um simples boleto bancário de cobrança.

Particularmente, o Superior Tribunal de Justiça já se posicionou quanto à impossibilidade de protesto do boleto bancário, no julgamento do recurso especial 369.808-DF, 3ª Turma, sendo relator o Ministro Castro Filho, assim ementado:

> *Falência. Duplicata mercantil. Comprovação. Remessa para aceite. Protesto de boletos bancários. Impossibilidade. Extração de triplicatas fora das hipóteses legais.*
>
> I — Para amparar o pedido de falência, é inservível a apresentação de triplicatas imotivadamente emitidas, eis que não comprovados a perda, o extravio ou a retenção do título pelo sacado.
>
> II — A retenção da duplicata remetida para aceite é condição para o protesto por indicação, inadmissível o protesto de boletos bancários.
>
> Recurso não conhecido.

Excertos do voto do Exmo. Ministro Castro Filho bem esclarecem o tema ora examinado:

> Com efeito, a duplicata é título de aceite obrigatório, independente da vontade do comprador, e deve ser a ele remetida para tal fim, para tornar a obrigação líquida e certa, suscetível de fundamentar ação executiva e o pedido de falência.
>
> Ao receber o título para aceite, o comprador pode: a) assinar o título e devolvê-lo ao vendedor; b) devolver o título ao vendedor, sem assinatura; c) devolver o título ao vendedor acompanhado de declaração, por escrito, das razões que motivaram sua recusa em aceitá-lo; d) não devolver o título, mas comunicar ao vendedor o seu aceite; e) não devolver o título, simplesmente.
>
> A previsão para extração de triplicata está no art. 23 da Lei n. 5.474/1968 e somente deve ocorrer nos casos de perda ou extravio da duplicata, mas, conforme acentua Fábio Ulhoa e já admite alguma jurisprudência (cf. REsp 174.221-SP, relator Ministro Carlos Alberto Menezes Direito, *DJ* 27.3.2000), o comércio costuma emitir a triplicata também nos casos de retenção pelo comprador, o que, a rigor, não se enquadra na hipótese legal. No entanto, assevera o comercialista, se o procedimento não acarretar prejuízo para as partes, não haverá problema, embora não esteja autorizado por lei (cf. ob. cit., p. 275).
>
> No caso em exame, o recorrente, sem propriamente contestar a exegese emprestada pelo acórdão recorrido aos arts. 15, inciso II, e alíneas da Lei n. 5.474/1968 e 1º do Decreto-lei n. 7.661/1945, sustenta que "não pretende excluir o texto expresso da lei, mas sim, valer-se da interpretação lógico-sistemática da Lei da Duplicata e sua alteração, amoldando-a à praxe comercial hodierna, posto as práticas bancárias tradicionais não mais serem condizentes com a atual atividade comercial" (fl. 132).
>
> Verifica-se, não obstante as razões apresentadas, que o acórdão recorrido, em cotejo com a legislação que rege a matéria e doutrina abalizada, deu adequada solução jurídica à controvérsia e sequer se pode dizer que está eivado de positivismo extremado.
>
> O fato é que o recorrente não conseguiu reunir os elementos necessários para que vigorasse o princípio do suprimento

11. Mauro Grinberg, *Protesto Cambial*, pp. 16-17.

do aceite, porque, em relação ao primeiro requisito — protesto cambial — fê-lo sem o saque do título original, a duplicata. Ademais, não comprovou sua remessa para aceite, a retenção ou a necessidade de fazer o protesto por indicação, certamente porque foram expedidos apenas boletos bancários que, *data venia*, não podem substituir os títulos de crédito expressamente mencionados na legislação.

As irregularidades verificadas pelo Tribunal *a quo* e não confrontadas pelo recorrente são suficientes para impedir o acolhimento do pedido de falência, ainda que tenha sido juntado o comprovado de entrega das mercadorias, que, sozinho, como ensina a doutrina citada e a jurisprudência sobre a matéria, também não pode fazer as vezes do título executivo, eis que, *in casu*, não houve comprovação de sua emissão e remessa para aceite, nem qualquer das hipóteses previstas na legislação para a extração de triplicata (já considerando a possibilidade de fazê-lo, quando o sacado não devolver a duplicata, como têm admitido parte da jurisprudência e doutrina)

Forte em tais lineamentos, não conheço do recurso.

4. *Da emissão da triplicata*

Conforme se vislumbra pelo quadro já apresentado, a utilização do boleto de cobrança pelos bancos, causando constrangimentos injustificados aos supostos devedores com a tiragem de um protesto por indicação, constitui um procedimento amplamente fraudulento.

Desse modo, o apontamento a protesto dos boletos pelos bancos é prática ilegal. Isso porque os boletos não são títulos de crédito, vindo os bancos a fazerem menção no conteúdo destes de uma duplicata que jamais foi emitida.

No que concerne ao protesto dos boletos por indicação, isso se torna mais ilegal, haja visto que tal procedimento exige, como condição *sine qua non*, a existência de uma duplicata formalmente emitida, nos moldes do art. 2º da Lei n. 5.474/1968, devendo-se ainda demonstrar a relação jurídica que legitimou a sua emissão (cópia da fatura e dos comprovantes de entrega da mercadoria ou da prestação do serviço), além da prova da remessa da cártula ao sacado.

Limitam-se os bancos a exibirem aos oficiais do protesto apenas o boleto de cobrança, com a declaração falsa em seu conteúdo da existência do título (duplicata), o qual jamais foi emitido, muito menos enviado ao suposto devedor para aceite ou pagamento.

A propósito, jamais poderia se justificar um protesto por indicação nessas circunstâncias, quando sequer existe o título enviado ao sacado e por ele retido além do prazo legal.

Com efeito, os boletos bancários, não sendo títulos de crédito na clássica definição de Vivante, muito menos autênticos documentos representativos de dívida, de forma alguma podem ser admitidos a protesto como objetivo de constranger o cidadão ao pagamento, sob pena de concretizar-se a medida, de cunho altamente ilegal, prejudicial à ordem econômica, social e moral.

Contudo, na tentativa de sanar os inconvenientes instaurados na praxe com a utilização do boleto bancário de cobrança, desenvolve-se na doutrina[12] a sugestão de

12. Amador Paes de Almeida, detectando a prática de se extrair uma triplicata a partir do boleto bancário, tida por alguns como uma providência legítima para pôr fim aos inconvenientes gerados pela utilização daquele, cita a opinião de Mário Sérgio Tognollo, nos seguintes termos: "Mário Sérgio Tognollo, em excelente artigo inserido em *O Estado de S. Paulo*, preconiza as seguintes medidas: 'como sugestão, poderíamos imaginar a emissão da triplicata tendo em vista que ela nada mais representa do que uma cópia da duplicata extraviada. Como já referido, a prática bancária diverge em muito das disposições contidas na Lei de Duplicatas, eis que o dispositivo legal determina ao banco portador a remessa do título ao sacado para o aceite, ou a declaração do porquê assim não o fazer, devolvendo-o em seguida ao remetente. O dia-a-dia mostra que o cliente, por

se emitir uma triplicata a partir dos dados colhidos do boleto, legitimando, assim, o seu protesto e conseqüente propositura de ação de execução ou pedido de falência.

Tal alternativa, porém, não nos parece a mais acertada, uma vez que a emissão da triplicata a partir do boleto bancário vai antes engendrar mais a fraude do que dela nos livrar.

Não paira qualquer dúvida quanto às hipóteses que autorizam a emissão da triplicata, a qual é restrita somente aos casos de perda ou extravio da duplicata. A emissão de uma duplicata, portanto, e seu posterior extravio ou perda é exigência legal para que a triplicata possa ser extraída, o que, obviamente, não se atende quando se adota o boleto bancário, pois não se trata de uma duplicata.

A própria Lei de Duplicatas, em seu art. 23, prevê as hipóteses que autorizam a emissão da triplicata: a) no caso de extravio da duplicata; b) no caso de perda da duplicata. O texto legislativo é claro e específico, somente permitindo a emissão da triplicata em tais situações.

Percebe-se, facilmente, que a triplicata vem substituir a duplicata que se extraviou ou se perdeu, inexistindo a possibilidade de os dois exemplares circularem juntos.

Cunha Peixoto, em estudo sobre a Lei de Duplicatas, adverte quanto à possibilidade da ocorrência de fraude na emissão da triplicata: "A possibilidade de fraude é, pois, bem maior no instituto da triplicata, principalmente se se levar em consideração que, não constituindo crime, a emissão da triplicata, embora não tenha havido perda ou extravio da duplicata, será uma porta aberta para substituir a duplicata fria. O emitente da duplicata, pouco escrupuloso, pode descontar este título com um e a triplicata com outro, constituindo, assim, dois títulos diferentes representando uma mesma venda".[13]

Não obstante a emissão da triplicata restringir-se às hipóteses de extravio ou perda da duplicata, a prática comercial denuncia que a triplicata vem sendo emitida para substituir a duplicata na realização do protesto, quando esta é retida pelo sacado.

Já vimos que o mecanismo correto para a lavratura do protesto por falta de devolução da duplicata resume-se nas indicações do portador, e não na emissão de uma triplicata, uma vez que a duplicata existe e sabe-se que ela não se extraviou, muito menos se encontra perdida, mas, sim, está em mãos do sacado, retida por ele.[14]

Em suma, a triplicata somente poderá ser emitida quando houver o extravio ou a perda da duplicata. Tais hipóteses estão arroladas em *numerus clausus*, taxativamente, no art. 23 da Lei n. 5.474/1968, não comportando ampliação analógica ou qualquer outro método de exegese ampliativa.

Valer-se de uma triplicata extraída com base em um boleto bancário, para sujeitar o suposto devedor às conseqüências danosas da lavratura de um protesto ou de uma ação de execução ou pedido de falência, também é procedimento que depõe contra o ordenamento jurídico, os usos e costumes comerciais e o princípio da boa-fé.

É cediço que o princípio da boa-fé "serve para a determinação de deveres secundários de conduta, a serem satisfeitos ainda que não estipulados expressamente pelos contratantes; serve também para amordaçar pretensões que, embora contratualmente convencionadas e formalmente

desconhecimento, não devolve o título ao banco, obrigando-o, na hipótese de inadimplemento da obrigação, a efetuar o protesto por indicação, ou baixar o título, obrigando o vendedor a emitir uma triplicata. Na espécie, poderíamos comparar as situações, o que autorizaria a extração da triplicata'" (*Teoria e Prática dos Títulos de Crédito*, pp. 185-186).

13. Carlos Fulgêncio da Cunha Peixoto, *Comentários à Lei de Duplicatas*, p. 185.

14. Fábio Ulhoa Coelho diagnostica tal prática, afirmando que não se enquadra nas hipóteses legais de perda ou extravio que autorizam a emissão da triplicata, mas nela não vê problemas, "desde que não importe em qualquer prejuízo para as partes" (*Manual de Direito Comercial*, p. 273).

conformadas à lei, violam o dever de lealdade e caracterizam o uso abusivo do Direito. A conseqüência da ofensa é a invalidade da cláusula ou do próprio negócio".[15]

Concluindo, a utilização do boleto de cobrança pelos bancos, levando-o posteriormente a protesto, emitindo a partir dele uma triplicata e utilizando-o para embasar ação de execução ou pedido de falência, encontra-se totalmente contrária às regras legais, bem como alheia aos usos e costumes comerciais e ao comezinho princípio da boa-fé, como norma de conduta.

5. *Conclusão*

Sem sombra de dúvida, a emissão e a utilização dos boletos bancários de cobrança como vêm sendo procedidas pelas instituições financeiras afrontam o ordenamento jurídico, que tem na Lei das Duplicatas dispositivos elisivos de tal praxe.

É totalmente censurável admitir a efetivação do protesto por indicação com base em dados colhidos de meros boletos de cobranças apresentados aos tabeliães, principalmente quando se faz referência falsa à emissão e à remessa de duplicatas para os supostos sacados.

No mesmo passo, de forma alguma se encontra autorizada a extração de uma triplicata a partir dos boletos de cobrança. A Lei n. 5.474/1968 somente permite tal procedimento no caso de perda ou extravio da duplicata, a qual, na sistemática noticiada, jamais existiu, não sendo sequer formalmente emitida.

Na realidade, valer-se do protesto por indicação como forma de constranger os supostos devedores ao pagamento de boletos bancários não ultrapassa o crivo do julgamento legal, muito menos moral.

Os boletos de cobrança não constituem títulos de crédito, motivo bastante para desautorizar a tiragem do protesto, sendo certo que as indicações feitas pelo apresentante aos tabeliães somente poderiam ser procedidas quando, tendo sido remetida a duplicata ao sacado, para aceite ou pagamento, ele a reteve.

Em outras palavras, é mister que o sacado tenha recebido a duplicata para que ela possa ser substituída pelas indicações do portador ou seu mandatário. No caso dos boletos, não se justifica o protesto tirado por indicações, pois jamais existiu qualquer duplicata enviada ao sacado.

Os boletos bancários, portanto, não possuem qualquer característica de título de crédito ou documento representativo de dívida, não podendo, de forma alguma, serem admitidos a protesto, como vêm se concretizando na prática.

Por derradeiro, destaca-se que, "embora em algumas poucas comarcas tenha sido obstada, essa prática ilegal ainda campeia fortemente na maior parte do País, propiciando falsas declarações de venda, enriquecimento sem causa de empresas e inadmissível constrangimento de cidadãos através do uso indevido da atividade cartorial do Estado, rendendo ao seu titular as correspondentes 'custas', e lucro aos bancos pelos serviços prestados".[16]

6. *Referências bibliográficas*

AGUIAR JÚNIOR. Ruy Rosado de. *Aspectos do Código de Defesa do Consumidor*, *Ajuris*, p. 179.

ALMEIDA, Amador Paes de. *Teoria e Prática dos Títulos de Crédito*, 18ª ed., São Paulo, Saraiva, 1998.

BORGES, João Eunápio. *Títulos de Crédito*, 2ª ed., Rio de Janeiro, Forense, 1976.

______. *Do Aval*, 4ª ed., Rio de Janeiro, Forense, 1975.

COELHO, Fábio Ulhoa. *Manual de Direito Comercial*, 9ª ed. São Paulo, Saraiva, 1997.

15. Ruy Rosado de Aguiar Júnior, "Aspectos do Código de Defesa do Consumidor", *Ajuris*, p. 179.

16. Ermínio Amarildo Darold, *Protesto Cambial*, p. 32.

COSTA, Wille Duarte. *Títulos de Crédito* (no prelo).

______. *Algumas Notas sobre Títulos de Crédito*, Palestra proferida no I Seminário de Direito Comercial, Faculdade de Direito da Universidade de Uberlândia, Uberlândia, 1996.

______. "Atributos, princípios gerais e teorias dos títulos de crédito: o Direito que precisa ser repensado", *Revista da Faculdade de Direito Milton Campos*, v. 4, Belo Horizonte, inédita, 1997.

______. *Títulos de Crédito e o Novo Código Civil* (no prelo).

DAROLD, Ermínio Amarildo. *Protesto Cambial*, 1ª ed., Curitiba, Juruá, 1999.

FERNANDES, Jean Carlos. *Boleto Bancário de Cobrança*, Belo Horizonte (no prelo).

GRINBERG, Mauro. *Protesto Cambial*, São Paulo, Saraiva, 1983.

MARTINS, Fran. *Títulos de Crédito*, vs. I e II, 13ª ed., Rio de Janeiro, Forense, 1998.

PALERMO, Alfredo. *O Protesto Cambial. Sustação–Cancelamento*, São Paulo, Pró-Livro, 1976.

PEIXOTO, Carlos Fulgêncio da Cunha. *Comentários à Lei de Duplicatas*, 2ª ed., Rio de Janeiro, Forense, 1971.

POZZA, Pedro Luiz. "Considerações sobre o protesto por indicações", *Ajuris — Revista da Associação de Juízes do Rio Grande do Sul*, v. 69, Porto Alegre, 1997.

Atualidades

DA NECESSIDADE DE SE REPENSAR A PRAXE DA DUPLICATA MERCANTIL

BRUNO RESENDE RABELLO

1. Peculiaridades da duplicata. 2. A cobrança executiva do crédito na falta do aceite e até mesmo na falta da duplicata. 3. O desvirtuamento do instituto do protesto. 4. A finalidade específica de cada uma das modalidades de protesto cambiário. 5. Da necessidade de se comprovar a remessa da duplicata ao portador para que seja lavrado o protesto por indicações. 6. As causas da não observância da exigência legal de remessa do título ao sacado. 7. A não emissão das duplicatas e o protesto para cobrança dos valores devidos. 8. O papel das instituições financeiras e suas relações com os sacadores. A circulação das duplicatas. 9. O não envio do título ao sacado para aceite. Causas e conseqüências. 10. Da natureza da medida judicial que pode ser requerida pelo sacado. 11. Conclusões. 12. Bibliografia.

1. Peculiaridades da duplicata

Muito já se disse que a duplicata é um título de crédito de características bastante peculiares, até mesmo pelo fato de ser, ao contrário da letra de câmbio, do cheque e da nota promissória — os outros títulos de crédito mais conhecidos e estudados —, criação genuinamente brasileira, o que levou Tullio Ascarelli a apelidá-la de "título príncipe brasileiro".[1]

Um dos aspectos curiosos relacionados com a origem das duplicatas está na inusitada aliança entre as associações comerciais e o Fisco, unanimemente apontada pela doutrina como fator essencial da gênese do instituto.

O art. 219 do Código Comercial — que obrigava o vendedor a apresentar ao comprador, nas vendas em grosso ou por atacado entre comerciantes, no ato da entrega das mercadorias, por duplicado e com a assinatura de ambas as partes, a fatura ou conta dos gêneros vendidos — não era aplicado na prática, já que os vendedores nem sempre extraíam as faturas e, quando o faziam, os compradores raramente devolviam sua duplicata. Disso resultava que o vendedor ficava desamparado pela falta de um título hábil a compelir o comprador ao pagamento por meio de ação executiva, somente lhe restando a ação ordinária que, como se sabe, permite ampla discussão e, quase sempre, provoca uma excessiva demora em prejuízo do credor.

Por outro lado, o governo vinha enfrentando dificuldades para cobrança do imposto relativo às vendas mercantis, tendo, sem sucesso, baixado várias leis e decretos neste sentido.

1. Cf. Waldirio Bulgarelli, *Títulos de Crédito*, 12ª ed., p. 399.

Foi assim, num ambiente em que as vendas a prazo eram temerárias e o Poder Público não lograva êxito em arrecadar o tributo, que os comerciantes apresentaram ao governo um anteprojeto no qual se previa a criação de um título referente às vendas mercantis a prazo, no qual seria afixado um selo, pelo vendedor, devendo o comprador assinar tal documento e, posteriormente, devolvê-lo ao vendedor. Eram previstos neste anteprojeto, além de requisitos formais do título, regras sobre protesto — inclusive por falta de devolução — e suas conseqüências, entre as quais a sujeição do comprador à ação executiva. O governo acabou acatando tais sugestões e regulamentando, por meio do Decreto 16.041/1923, a cobrança do imposto de selo proporcional.

Com a alteração da competência para cobrar impostos sobre vendas mercantis da União para os Estados (Constituição da República de 1934), foi elaborada a Lei 187/1936, cujo projeto era de autoria do comercialista e deputado Waldemar Ferreira. Foi esse diploma legislativo que, tipificando como crime a expedição de duplicata que não correspondesse a uma venda de mercadoria, caracterizou a duplicata como um título eminentemente causal, de emissão obrigatória e, ainda, de natureza fiscal.

A atual configuração das duplicatas é dada pela Lei 5.474/1968, que mitigou suas características de instrumento a serviço do Fisco e consagrou a duplicata de prestação de serviços.[2] Conseqüência do fato de que a duplicata originou-se da aliança entre comércio e Fisco é que somente uma empresa regular, possuidora de registro no Cadastro Nacional de Pessoas Jurídicas, pode sacar duplicatas, pois é necessário que o título contenha dados da nota fiscal-fatura.[3]

2. As duplicatas de prestação de serviços já eram tratadas pelo Decreto-lei 265 mas, sem dúvida, elas foram melhor estruturadas pela Lei 5.474/1968.

3. Cf. Roberto Caldeira Barioni, "Aspectos atuais da duplicata", *RDM* 118/159.

Após constatar que alguns artigos da nova lei dificultavam a utilização dos títulos, o Poder Executivo alterou alguns de seus dispositivos pelo Decreto-lei 436/1969, mantendo na essência as principais características das duplicatas.

Apesar da Lei 5.474/1968 ter, na linha da legislação anterior, continuado a tipificar como conduta criminosa toda emissão de duplicata que não correspondesse a uma real venda de bens ou prestação de serviços, fato é que a emissão de duplicatas frias — assim chamadas as que não correspondam a nenhuma destas operações — vem se proliferando a cada dia, o que é agravado, ainda mais, pelo fato dos tribunais não terem chegado a um consenso com relação às soluções que devam ser adotadas pelo sacado e pelo endossatário de boa-fé.

Pretendemos, com o presente trabalho, demonstrar que a exata compreensão dos institutos do aceite, do protesto e do endosso — em todas as suas modalidades — não se compatibiliza com a jurisprudência que ameaça se consolidar a respeito da matéria.

2. *A cobrança executiva do crédito na falta do aceite e até mesmo na falta da duplicata*

Não existe nenhuma dúvida quanto ao cabimento da execução fundada em duplicata aceita, visto que pelo aceite o sacado nada mais faz do que assumir a qualidade de obrigado principal pelo pagamento do título. Logo, uma vez aceita a duplicata, não há necessidade de se promover o protesto do título para o manejo da ação executiva, conforme dispõe expressamente o art. 15, I, da Lei das Duplicatas.

A grande novidade apresentada pela Lei 5.474/1968 consistiu justamente na possibilidade de se promover a ação executiva contra *o comprador*, independentemente de seu aceite. Isto se tornou possível porque o mencionado diploma legal atribuiu eficácia de título executivo extrajudicial à duplicata não aceita, desde que, além de protestada, se faça acompanhar por documento que comprove a entrega da mercadoria (ou da prestação de serviços) e, ainda, o aceite não tenha sido recusado por um dos motivos previstos na lei (art. 15, II).

Mas não só a duplicata não aceita que preencha as condições expostas acima pode embasar o processo de execução, pois a lei avança ainda mais ao permitir a cobrança — via ação executiva — mesmo na ausência do título de crédito. É o que se dá quando a duplicata, enviada para aceite, não é devolvida pelo comprador, ficando o vendedor sem ter um título de crédito hábil para ajuizar a ação executiva.

Em breve síntese, é possível afirmar que a ação executiva pode ser movida com base em: a) duplicata aceita, independentemente de protesto; b) duplicata não aceita, protestada e acompanhada por comprovante de entrega da mercadoria ou da prestação de serviços; c) certidão de protesto da duplicata não devolvida, acompanhada por comprovante da entrega da mercadoria ou da prestação de serviços. Ressalte-se que, nestes dois últimos casos, faz-se necessário que o sacado não tenha recusado o aceite nas condições e pelos motivos previstos nos arts. 7º e 8º da Lei 5.474/1968 (como se depreende do art. 15, II, alínea *c*, c/c com o § 2º do mesmo artigo).

Conclui-se, com base no exposto acima, que somente a duplicata aceita é inteiramente independente, já que, na falta do aceite, ela dependerá, para servir de título hábil a possibilitar o manejo da execução, de documentos que comprovem a remessa e entrega da mercadoria e do instrumento de protesto por falta de aceite.[4]

Na hipótese de duplicata enviada ao sacado e por este retida o legítimo portador que, cumprindo o mandamento legal, remeteu o título ao sacado não fica desamparado. É que a despeito da ausência de título de crédito, a lei atribui eficácia de título executivo ao conjunto formado pelo documento comprobatório da entrega da mercadoria (ou da prestação de serviço), pela certidão de protesto do título por falta de devolução — protesto este tirado mediante indicações do credor — e, ainda, por documento comprobatório do envio da duplicata para aceite ao comprador.

É de se indagar, no entanto, qual das espécies de protesto deve ser promovido pelo portador que remeteu o título para aceite e este não foi devolvido e se a prática de se tirar, ao mesmo tempo, o protesto por falta de aceite, de devolução e de pagamento obedece às normas de regência.

Antes disso, faz-se necessário tecer algumas considerações a respeito do próprio instituto do protesto, sua finalidade e o uso desvirtuado que lhe tem sido dedicado.

3. *O desvirtuamento do instituto do protesto*

Em nosso ordenamento jurídico são identificados pelo menos três espécies de protesto, cada um deles com finalidade específica. Temos, inicialmente, o protesto judicial, ato pelo qual uma parte, por intermédio do juiz, faz manifestação dirigida a outra parte, com o fito de prevenir responsabilidades e ressalvar direitos (art. 867, CPC). Temos, ainda, o protesto para efeitos falimentares, previsto no art. 10 do Decreto-lei n. 7.661/1945, necessário para se instruir o requerimento de falência e, finalmente, o protesto cambiário, que é o que interessa para o tema aqui discutido.

O protesto cambiário é ato formal, praticado por oficial de registro público, destinado a comprovar a não realização de promessa constante do título ou de outro documento de crédito. Constitui prova *insubstituível* de que o título foi apresentado ao sacado, sendo todos os outros efeitos, meras conseqüências disto.[5]

O Professor João Baptista Villela, pouco tempo após a publicação da Lei 9.492/

4. No mesmo sentido, Barioni, ob. cit., p. 160.

5. Cf. Wille Duarte da Costa, *Títulos de Crédito*, ob. cit., p. 182.

1997, que além de regular o seu procedimento pretendeu definir o instituto do protesto, escreveu um pequeno mas contundente ensaio[6] criticando a atecnia da redação do seu art. 1º.[7] Com efeito, a concepção equivocada de que o protesto seria prova da *inadimplência* é a razão primordial pela qual este vem sendo desvirtuado e tratado como forma de intimidação, sendo considerado muito mais nocivo ao sacado, pelo abalo causado em seu crédito, do que o próprio ajuizamento, contra si, da ação executiva ou até mesmo do pedido judicial de falência. Vejam as palavras do Professor da UFMG a respeito da desvirtuação que sofreu o instituto do protesto:

"De documento solene e oficial da falta de aceite ou de pagamento, converteu-se em instrumento de lesão do crédito, quando não da honra, e passou, por isso, à condição de meio de execução forçada. (...)

"Vê-se, aí [na redação equivocada do artigo], o mau efeito contaminando o fim positivo do instituto. Na verdade, o legislador usou absolutamente fora de oportunidade as palavras *inadimplemento* e *descumprimento*. Na melhor tradição cambial, o que o protesto prova é a *falta de aceite* ou *de pagamento* do título. (...)

"Com sua linguagem imprópria e quase truculenta, o art. 1º da Lei só faz agravar uma iníqua deformação: a que fez do protesto cambial no Brasil cada vez menos um expediente de proteção do crédito e cada vez mais um instrumento de intimidação. Ou de chantagem."

O Professor Wille Duarte da Costa, outro crítico ferrenho da Lei de Protestos, confirma que tal ato prova somente que o título foi apresentado ao sacado, nada além disso. Oportuna a transcrição de suas palavras: "Não haverá, pois, prova absoluta e definitiva da inadimplência pelo ato oficial do protesto, muito menos solene. A prova absoluta é da apresentação e não da inadimplência, que é relativa. Quanto à falta do aceite, a prova absoluta e definitiva é da apresentação também, que obrigatoriamente deve ocorrer. Sem a prova da apresentação do título ao devedor, não adianta, por exemplo, levar o título a juízo sem a assinatura do sacado e sem a certidão do protesto para demonstrar a falta de aceite, de pagamento ou outro fato. É preciso, antes, provar que houve apresentação do título, o que se faz por via da certidão do protesto cambial".[8]

Apesar da clareza e juridicidade das lições expostas acima, a verdade é que além de se constituir em registro do não pagamento ou do não aceite do título, um outro efeito já havia sido, mesmo antes da Lei 9.492/1997, agregado pela prática ao instituto do protesto e este passou a ser utilizado como instrumento de execução forçada indireta, devido ao abalo no crédito da pessoa que figura como sacado no título. E, como não poderia deixar de ser, em se tratando de duplicata fraudulenta, os danos causados pelos efeitos desnaturados do protesto tendem a ter sua gravidade e nocividade ainda mais potencializadas.

Impossível, no entanto, fechar os olhos para o que ocorre na realidade: o protesto servindo a dois propósitos, um sadio e necessário e outro distorcido e perverso.[9]

4. A finalidade específica de cada uma das modalidades de protesto cambiário

O Jurista Pedro Vieira Mota, em obra dedicada ao tema da sustação do protesto, afirma que "o protesto cambial pressupõe o direito do protestante a uma prestação

6. João Baptista Villela, "Inadimplência e descumprimento? A propósito do art. 1º da Lei 9.492/1997", *Repertório IOB de Jurisprudência* 3/98, p. 68.

7. "Art. 1º. Protesto é o ato formal e solene pelo qual se prova a inadimplência e o descumprimento de obrigação originada em títulos e outros documentos de dívida."

8. "Protesto cambial", *Revista da Faculdade de Direito Milton Campos* 7/268.

9. Cf. Villela, ob. e loc. cits.

cambiária (a prestação será ou o aceite ou o pagamento do título) e a atuação jurídica do protestante no sentido de fazer valer o seu direito".[10] Disso se pode concluir que, cuidando-se de título *não aceito*, a única prestação cambiária que o portador poderia exigir do sacado seria o aceite e não o pagamento, motivo pelo qual o protesto que deve ser promovido pelo portador do título enviado e não devolvido é somente o protesto por falta de aceite ou de devolução, nunca o protesto por falta de pagamento. Explica o autor:

"O título sujeito a aceite (letra de câmbio e duplicata), quando não tiver sido aceito, não poderá ser protestado por falta de pagamento; se houver necessidade de ser protestado, o protesto será tão-somente por falta de aceite. É a aplicação da regra geral: *não se protesta título por falta de pagamento contra aquele que não assinou obrigando-se.* (...)

"Se porém o sacado retiver o título ou devolvê-lo sem assinatura, e se não pagá-lo no vencimento, ele será protestado, respectivamente, por falta de devolução ou por falta de assinatura, nunca por falta de pagamento, porquanto a lei não o autoriza expressamente, e seria absurdo protestar por falta de pagamento título cambiário não assinado pelo protestado" (grifos nossos).[11]

O protesto por falta de pagamento, no caso das duplicatas, só teria lugar quando o *aceitante* (logo, pressupõe-se aqui título aceito) não pagar o título na data do vencimento. Sem que o sacado tenha aceito o título e assumido a condição de obrigado principal, o direito de regresso do endossatário é perfeitamente garantido pelo protesto por falta de devolução (no caso de título enviado e não devolvido) ou por falta de aceite (no caso de título enviado e devolvido sem aceite). Um e outro bastam para a garantia do direito de regresso do endossatário, devendo ser considerada abusiva a prática cartorial de se promover, a um só tempo, o protesto pelos três motivos.

Atente-se para os ensinamentos de Celso Barbi Filho: "Embora o protesto possa ser tirado por falta de pagamento, aceite ou devolução que, como visto, são fundamentos distintos, com motivos e finalidades diferentes, alguns cartórios adotavam a praxe, tecnicamente incorreta, de efetivar o protesto sempre pelos três motivos ao mesmo tempo: pagamento, aceite e devolução, que já vêm inclusive impressos nas certidões emitidas. Esse procedimento, a princípio, simplifica as providências do credor leigo, que já obtém de uma vez todos os efeitos que poderia pretender com o protesto. Porém, cria outros problemas muito graves, em face da inadequação jurídica de um protesto fundamentado nos três motivos possíveis, quando ele só pode destinar-se a comprovar a obrigação cambial descumprida".[12]

Também Pedro Vieira Mota corrobora esta tese: "É absurda a usança de tirar o protesto, a um tempo, por falta de aceite e pagamento. Se não ocorreu o aceite, protesta-se pela falta deste: tal protesto bastará a ressalvar eventuais direitos de regresso e para cobrar o que se poderia cobrar, isto é, o aceite. Somar a esse protesto um outro por falta de pagamento, contra sacado não-aceitante, seria absurdo".[13]

Entendemos, com base nos fundamentos apresentados acima, que se o título não foi aceito — e este sempre será o caso das duplicatas simuladas — o protesto que deve ser tirado será somente o protesto por falta de aceite, que não deveria produzir abalo ao crédito do sacado, já que este não havia se comprometido a pagar o título. É juridicamente impossível tirar-se, ao mesmo tempo, o protesto por falta de pagamento e por falta de aceite, pois aquele só é viável no caso de duplicatas *aceitas* e não pagas.

10. *Sustação do Protesto Cambial*, 6ª ed., p. 36.

11. Mota, ob. cit., p. 44.

12. Celso Barbi Filho, "Protesto de duplicata simulada e procedimentos judiciais do sacado", *Revista de Direito Processual Civil* 8/224.

13. Ob. cit., nota 81, p. 44.

O protesto por falta de aceite — justamente pelo fato da falta de aceite significar que o sacado não assumiu a condição de obrigado principal — não deveria provocar abalo no seu crédito, até mesmo porque a própria lei (art. 8º) prevê hipóteses em que é lícito ao *comprador* deixar de aceitar o título. Ora, se o próprio comprador possui autorização legislativa para deixar de aceitar a duplicata nos casos contemplados, com muito mais razão poderá fazê-lo o sacado que não celebrou negócio jurídico com o emitente.

As pessoas que procuram os cartórios solicitando que estes procedam ao protesto do título devem especificar em qual das modalidades o protesto deve ser lavrado, ficando responsáveis pelos danos que o protesto indevido causou ao sacado. Se partiu do cartório a infeliz iniciativa de promover o protesto pelos três motivos a um só tempo e este veio a provocar danos ao sacado, é o próprio cartório que deverá sofrer os efeitos da responsabilização.

5. *Da necessidade de se comprovar a remessa da duplicata ao portador para que seja lavrado o protesto por indicações*

Por força da exigência legal de se enviar o título ao sacado para que este se manifeste a respeito do aceite e diante da possibilidade do sacado reter o título de forma indevida é que se concebeu o protesto por falta de devolução, promovido com base nas indicações feitas pelo portador/remetente. Visando garantir que o remetente não fique desamparado com a perda da posse do título, a Lei das Duplicatas considera título executivo extrajudicial o conjunto formado pelo documento comprobatório da entrega da mercadoria (ou da prestação de serviço), pela certidão de protesto do título por falta de devolução e pelo documento comprobatório do envio da duplicata para aceite ao comprador.

A doutrina e a jurisprudência não divergem a respeito dos dois primeiros elementos que irão formar o título executivo — comprovante de entrega da mercadoria e certidão de protesto — mas não se pode dizer o mesmo sobre a exigência de se comprovar o envio da duplicata para que o comprador possa dar o seu aceite.

Com efeito, a origem da divergência está no fato de que nem a Lei 5.474/1968 — Lei das Duplicatas — nem tampouco a Lei 9.492/1997 — lei que regulamenta o protesto de títulos — exigem, expressamente, que o credor comprove ter remetido o título ao sacado para aceite. A questão que se coloca é se a prova da remessa pode ser considerada, numa interpretação sistemática, como imprescindível para a efetivação dessa modalidade de protesto.

Mesmo sem a exigência expressa dessa comprovação, alguns doutrinadores mais atentos à questão e à sua repercussão prática não se furtaram em manifestar entendimento no sentido de que o protesto por indicações não poderia prescindir da prova de que o título foi realmente enviado ao sacado, sob pena de se ter o protesto lavrado por irregular, até mesmo com sujeição dos responsáveis à indenização por perdas e danos.

O Professor Wille Duarte da Costa é incisivo a este respeito:

"Estabelecendo o § 1º do art. 13 da Lei 5.474/1968 (Lei de Duplicatas) que o protesto da duplicata pode ser realizado '(...) por simples indicações, na falta de devolução do título', *tal protesto só pode ser exercido com a prova da efetiva entrega da duplicata ao devedor*. Sem esta prova não será possível o protesto da duplicata por simples indicação. Se realizado o protesto, este torna-se irregular e não autoriza a execução do título que até então inexiste.

"Por isto, *é preciso primeiro provar que a duplicata foi entregue e não foi devolvida*. Estabelecendo ainda a mesma lei que, com expressa concordância da instituição financeira cobradora, 'o sacado poderá reter a duplicata em seu poder até a data de seu vencimento, desde que comunique, por escrito, ao apresentante o aceite e a retenção', esta comunicação substituirá, quando necessário, no ato do protesto ou na execução judicial, a duplicata que se refere. Tudo isto serve para demonstrar a *necessidade de provar a existência da duplicata, ainda que em poder do devedor, prova esta que se fará pelo recibo de remessa e entrega do título para aceite e devolução*"[14] (grifos nossos).

No mesmo sentido é a opinião de Ermínio Amarildo Darold que, em monografia específica sobre o tema, destaca o caráter excepcional de que deve se revestir o protesto por indicações: "A lei somente autoriza o protesto por indicação de duplicata quando remetida ao sacado para aceite e este não a devolve. Logo, para que possa o requerente do ato moratório valer-se da hipótese excepcionalíssima do protesto por indicação, *tem de demonstrar que existe uma duplicata da qual é portador e que ela não se encontra em sua posse porque, remetida ao sacado para aceite, não obteve devolução. Sem a prova de tais requisitos, impossível o protesto por indicação*"[15] (grifos nossos).

Também Rubens Requião discorre sobre a necessidade de se oferecer prova documental para a lavratura do protesto por indicações, ao afirmar que tais indicações, "evidentemente, não podem ser oferecidas verbalmente, mas por escrito, fundadas em documento (protocolo de entrega) que prove o recebimento do título pelo sacado".[16]

Verdade que nem a Lei 5.474/1968 nem tampouco a Lei 9.492/1997, ao disporem sobre o protesto por indicações, fazem exigência expressa de que o sacador apresente recibo ou outro documento comprovando que a duplicata foi entregue ao sacado, mas a questão que se coloca é se tal documento pode ser dispensado ou, em outras palavras, se é possível que se efetive o protesto sem a apresentação do título ou de uma sua segunda via.

Segundo Ricardo Adriano Massara Brasileiro,[17] desde que o art. 13 da Lei 5.474/1968 foi alterada pelo Decreto-lei 436/1969, não mais persiste a exigência, para a lavratura do protesto, de documento comprovando o recebimento do título pelo sacado. Chega a essa conclusão pelo fato de que, em sua redação originária, a norma fazia menção expressa a este requisito e, tendo havido alteração legislativa, tal requisito deve ser considerado como dispensado.

Para dirimir essa dúvida, não se pode deixar de ter em mente a finalidade de cada uma das modalidades de protesto previstas na lei e os efeitos concretos e práticos que esse ato produz na esfera jurídica das pessoas que figuram no título.

Entendemos que a proliferação do número de duplicatas simuladas, se não pode ser diretamente relacionada à prática de não se exigir a prova da remessa da duplicata ao sacado para aceite, encontraria um obstáculo considerável caso tal prova fosse exigida. É o que tentaremos demonstrar a seguir.

6. As causas da não observância da exigência legal de remessa do título ao sacado

Costuma-se chamar de duplicatas simuladas ou duplicatas frias os títulos emitidos sem que correspondam a uma efetiva operação de compra e venda a prazo ou prestação de serviços, ou seja, em manifesta contrariedade aos arts. 2º e 20 da Lei 5.474/1968.

14. Wille Duarte Costa, *Títulos de Crédito*, p. 196.

15. Ermínio Amarildo Darold, *Protesto Cambial — Duplicatas x Boletos*, p. 54.

16. Rubens Requião, *Curso de Direito Comercial*, v. 2, 18ª ed., p. 454.

17. Ricardo Adriano Massara Brasileiro, "'Descartularização da duplicata': riscos da ilegalidade", *Revista da Faculdade de Direito Milton Campos* 5/196.

Como já observado anteriormente, a emissão de duplicatas nessas condições é considerada crime, mas é sabido que tal prática tende a se acentuar em momentos de crise, devido muitas vezes ao desespero dos sacadores em receber antecipadamente o valor (ou parte do valor, considerando-se o deságio) constante do título. Empresários em dificuldades financeiras, necessitando com urgência de recursos, criam os títulos e os oferecem a instituições financeiras (bancos ou empresas de *factoring*) que cuidam de adiantar-lhes (aos sacadores), parte da importância mencionada, sempre na expectativa de que receberão o valor total na data de vencimento.

Fácil constatar que quando uma determinada pessoa jurídica emite uma duplicata simulada, ela sempre o faz com a intenção de transferir o título de imediato, por meio do endosso — e, portanto, também obrigando-se frente aos portadores posteriores —, recebendo antecipadamente o valor mencionado, ou pelo menos uma parcela deste.

A lei (art. 6º) exige que o portador de duplicata sem aceite remeta o título ao sacado, no prazo de 30 dias contados da data de sua emissão e antes do vencimento, para que este aponha o seu aceite.

Cabe aqui uma observação sobre a prática sistemática das instituições financeiras de não remeter o título, mas tão-somente avisos ou borderôs de cobrança, certamente temerosos de que a retenção indevida por parte do sacado poderia dificultar ou impedir que o portador se voltasse contra os endossantes e/ou avalistas que, tendo assinado o título, obrigaram-se por seu pagamento.[18]

Constatando que era isso que na prática se observava, o Professor Celso Barbi Filho escreveu artigo intitulado "A supressão documental da duplicata",[19] em que muitos estudiosos entenderam ver uma defesa da prática de não se emitir duplicata.[20]

Devido à forte, enérgica e até certo ponto merecida reação da doutrina, o saudoso Professor viu-se compelido a se explicar em novo trabalho, no qual buscou esclarecer melhor que não defendia a prática ilegal, mas apenas constatava sua ocorrência e buscava precisar-lhe as causas: "Tal procedimento [*a não emissão das duplicatas*] tornou-se corrente no comércio e, em vista dele, cheguei a publicar um trabalho descrevendo sua ocorrência prática. Dito ensaio não foi bem aceito por alguns doutrinadores, que julgaram aquelas linhas uma defesa da prática de não se emitirem duplicatas. Na verdade, o que pretendi no referido estudo foi apenas constatar e demonstrar o fenômeno, apontando sua origem".[21]

Uma das causas apontadas pelo ilustre comercialista foi justamente a falta de argüição, por parte dos sacados intimados do protesto por indicações, da falta de recebimento do original do título. Realmente, pode-se observar que, ao serem intimados de que a duplicata sem causa está prestes a ter seu protesto lavrado, são raríssimos os sacados que tomam aquela providência; e esta omissão, sem a menor dúvida, contribui para a proliferação da prática indevida.

Com efeito, como o protesto por indicações do portador só tem lugar "quando o sacado retiver a duplicata enviada para aceite e não proceder à devolução dentro do prazo legal",[22] a manifestação do sacado no sentido de que não recebeu o título e a

18. Faz-se, aqui, eco ao magistério de Wille Duarte da Costa, que adverte para os riscos que o possuidor corre com a remessa da duplicata para o devedor, notadamente nos casos em que o título tiver circulado, nele figurando inúmeros garantidores (*Títulos de Crédito*, pp. 193-194). Não obstante concordamos com a existência de tais riscos, entendemos que a exigência legal não pode ser dispensada.

19. Publicado na *Revista Literária de Direito* 19/12.

20. Confira, a título exemplificativo, os artigos de Wille Duarte da Costa e Ricardo Adriano Massara Brasileiro, acima citados.

21. "Execução judicial de duplicatas sem os originais dos títulos", *RDM* 115/178.

22. Wille Duarte da Costa, *Títulos* ..., ob. cit., p. 195.

ausência de prova de que o mesmo lhe foi enviado funcionariam como um obstáculo inarredável à efetivação do protesto.

Acontece, porém, que na grande maioria das vezes os sacados desconhecem que a remessa do título é exigida em lei e deixam de argüir a irregularidade. Esta omissão acaba tornando-se um incentivo para a manutenção do hábito irregular.

Mas impõe-se notar que, a rigor, não deveria ser sequer necessário que o sacado tomasse a providência de alegar o não recebimento do título. É, com efeito, a omissão dos cartórios de protesto, que deixam de exigir a comprovação da remessa e entrega da duplicata ao sacado que desempenha o papel mais importante para a manutenção da prática ilegal e abusiva.

A conduta indevida dos cartórios, vale notar mais uma vez, é possibilitada pela complacência das corregedorias de justiça estaduais, que mesmo devendo fiscalizar a regularidade dos procedimentos adotados por aqueles, acabam aceitando que práticas irregulares como o protesto por indicações sem prova de remessa do título e o protesto simultâneo por falta de aceite, devolução e pagamento se perpetuem. Veja-se, novamente, a judiciosa lição do Professor Celso Barbi Filho:

"Contudo, poucas são as Corregedorias de Justiça estaduais que impõem aos cartórios de protestos a exigência obrigatória do comprovante de remessa da duplicata para se tirar o protesto por indicações. (...).

"Fossem tais procedimentos tomados pelos cartórios de protestos e pelos sacados, impedido estaria o manejo de execução judicial ou pedido de falências sem os originais das duplicatas não emitidas. Mas como não fazem isto, presume-se que houve a remessa e retenção dos títulos, que, portanto, ficam dispensados de instruírem a ação judicial."

Apesar da aceitação tácita da irregularidade por parte das corregedorias, insistimos que o protesto por indicações, sem a prova do recebimento do título pelo sacado, deve ser considerado abusivo, podendo, inclusive, gerar a responsabilização dos cartórios pelos danos causados a este.

7. *A não emissão das duplicatas e o protesto para cobrança dos valores devidos*

Observa-se na prática cotidiana que é comum a lavratura de protesto sem sequer ter havido emissão da duplicata. Isso acontece quando as empresas prestadoras de serviços ou que realizaram venda à prazo encarregam as instituições financeiras de cobrar dos sacados o valor devido, remunerando-as pelos serviços de cobrança.

Na maioria das vezes, as empresas sacadoras limitam-se a enviar para os bancos uma relação dos compradores com dados que permitam identificá-los. Costumam também essas próprias empresas emitir os boletos bancários em impressos fornecidos pelos bancos interessados.

Em um e em outro caso, os bancos enviam aos sacados avisos de cobrança (boletos bancários), mas nunca as próprias duplicatas, já que muitas vezes nem mesmo houve verdadeira emissão do título. Não pago o valor na data do vencimento, promovem o protesto por indicações, já que contam com a complacência dos cartórios competentes.

Quando tais operações decorrem de verdadeiro negócio jurídico havido entre sacador e sacado, costumam obter relativo sucesso, pois ou o sacado paga o valor cobrado ou não toma qualquer providência para evitar a efetivação do protesto, pois além de reconhecer que a dívida existe, não tem consciência da irregularidade de tal procedimento.

As coisas mudam de figura quando se trata de intimação de protesto iminente de título sem correspondência a qualquer contrato celebrado pelo sacado, já que nessa hipótese haverá necessidade e interesse do sacado em evitar a concretização do ato.

Fácil perceber que contrapõem-se, de um lado, o legítimo interesse do sacado em evitar o protesto de título destituído de causa e, do outro, a necessidade do endossatário em efetivar tal protesto, para garantir o direito de regresso contra o endossante que lhe transferiu o título e que, via de regra, já recebeu antecipadamente parcela considerável do seu valor nominal.

A fiel observância das normas de regência funcionaria como verdadeira garantia para os sacados que, antes de apor o seu aceite no título, não figuram no mesmo como obrigados. Aqui, mais do que em qualquer outro caso, a prática da não emissão de duplicatas aliada ao hábito de se promover protesto por indicações sem a real comprovação da emissão do título, é capaz de lesar direitos.

8. O papel das instituições financeiras e suas relações com os sacadores. A circulação das duplicatas

Importa, aqui, salientar as diversas formas pelas quais as empresas sacadoras se relacionam com as instituições financeiras e pelas quais estas passam a promover os protestos das duplicatas.

Nota-se que, mesmo nos casos em que os títulos são efetivamente emitidos pelas sacadoras e posteriormente transferidos para as instituições de crédito, muitas vezes estas continuam sem remetê-los ao sacado para o aceite.

O problema é menor quando essa transferência é feita simplesmente para que os bancos promovam a cobrança, sem que tenha havido transferência da propriedade do título. Trata-se de mera contratação da instituição para prestação de serviços de cobrança, que não implica alteração da titularidade dos direitos emergentes do título.

O fornecimento desse tipo de serviço pelos bancos apresenta inúmeras vantagens para as empresas, uma vez que as instituições financeiras são bem melhor organizadas para a cobrança do que o empresário comum. Soma-se a essa vantagem, o fato de que a existência de agências em diversas localidades, soluciona o problema da cobrança fora do domicílio do credor.

Para que os bancos se tornem legitimados à cobrança dos títulos que lhe foram entregues para este fim, é necessário que dos mesmos conste o endosso mandato ou procuração, nos termos do art. 18 da Lei Uniforme.[23] O banco é remunerado pelo serviço de recebimento ou de aceitação, fazendo jus a uma comissão acordada e ao reembolso das despesas tidas. Recebida a importância mencionada no título, deve remetê-la ao cliente ou creditá-la em sua conta. Compete-lhe, ainda, tomar as providências necessárias à conservação dos direitos, promovendo o protesto cambiário ou o interruptor da prescrição, mas agindo sempre em nome do endossante.[24]

Em se tratando de emissão de duplicatas simuladas, tudo muda de figura. O sacador que emite título sem correspondência a um negócio jurídico sempre age dessa maneira em busca de numerário e por isto não lhe interessa transferir a duplicata ao banco simplesmente para que ele preste serviços de cobrança, mas sim, promover o desconto do título e receber antecipadamente, na maior parte das vezes com deságio, o valor constante do título.

O desconto bancário, segundo a conceituação precisa do Código Civil italiano,[25] é o contrato pelo qual o banco, com

23. "Art. 18. Quando o endosso contém a menção 'valor a cobrar' (*valeur en recouvrement*), 'para cobrança' (*pour encaissement*), 'por procuração' (*par procuration*), ou qualquer outra menção que implique um simples mandato, o portador pode exercer todos os direitos emergentes da letra, mas só pode endossá-la na qualidade de procurador.

"Os coobrigados, neste caso, só podem invocar contra o portador as exceções que eram oponíveis ao endossante.

"O mandato que resulta de um endosso por procuração não se extingue por morte ou sobrevinda incapacidade legal do mandatário."

24. Nelson Abrão, *Direito Bancário*, 3ª ed., p. 156.

25. Art. 1.858.

prévia dedução do juro, antecipa ao cliente a importância de um crédito com terceiro, ainda não vencido, mediante a cessão do próprio crédito.

Para evitar o risco de que o devedor cedido deixe de honrar o débito no vencimento, os bancos limitam-se a descontar os créditos incorporados em um documento, cuja posse atribui, de maneira exclusiva, o direito. Além disso, a transferência do título ao banco é feita mediante endosso, de modo que o cliente/endossante não se exonera da responsabilidade sobre o pagamento.

Nelson Abrão chama a atenção para o duplo aspecto que o termo "desconto" adquire: a) de um lado designa a operação bancária, o contrato celebrado entre banco e cliente; b) de outro, a dedução feita sobre o valor constante do título no pagamento ao cliente.

Como no desconto o título é transferido pelo endosso pleno ou traslativo, o banco torna-se proprietário do mesmo e, portanto, legitimado para a prática dos atos necessários à conservação dos direitos que nele constam. Nesse caso, sendo necessária a efetivação do protesto para a garantia do direito de regresso contra o endossante, o banco promoverá o ato *em seu próprio nome*, e não em nome ou por ordem do endossante, como ocorre no endosso mandato.

Percebe-se que aqui, tendo o título efetivamente circulado, o banco possui enorme interesse em promover o protesto, pois só assim poderá preservar o direito de voltar-se, executivamente, contra o endossante que lhe transferiu o título. Mas para que esse protesto seja considerado legítimo, cumpre-lhe observar todos os requisitos constantes da lei, em especial a remessa do título para o sacado no momento oportuno. Vale repisar, remessa *do título* e não de mero aviso de cobrança ou boleto bancário.

9. O não envio do título ao sacado para aceite. Causas e conseqüências

A atribuição de eficácia executiva ao conjunto de documentos formado pela certidão de protesto e pelo comprovante de entrega da mercadoria ou da prestação de serviços e a hesitação a respeito da necessidade de se exigir prova do envio do título fazem com que as instituições financeiras, mesmo quando a duplicata é efetivamente emitida, deixem de enviá-la ao sacado.

Compreende-se, até certo ponto, a prática bancária de remeter apenas as boletas de cobrança, conservando o título (quando ele é emitido e lhe é endossado) em seu poder. Assim, cientes dos riscos que podem sofrer com a retenção indevida da duplicata, em especial a impossibilidade de se mover a execução contra os demais garantidores, os endossatários quase sempre limitam-se a enviar para os sacados avisos de cobrança desacompanhados do título.

Mas tal risco não pode servir como escusa para a inobservância da legislação, até porque não se pode dizer que o envio do título, sempre e em todos os casos, envolverá grande risco para o portador. É que a lei põe à disposição do endossatário/remetente, diante da recusa do sacado em devolver o título, alguns instrumentos eficazes.

Com efeito, o art. 885 do Código de Processo Civil, autorizando que o juiz ordene a apreensão do título não restituído ou sonegado pelo sacado e, provada a entrega do título e a recusa da devolução, até mesmo decrete a prisão de quem o recebeu, constitui medida enérgica que, certamente, desestimulará a retenção indevida do título.

Vale destacar que neste particular, para que a medida judicial seja decretada, existe dispositivo exigindo expressa e inequivocamente a prova de que o título foi entregue. Assim, o endossatário remetente que age com zelo nunca deve deixar de documentar o envio do título.

A recusa sistemática das instituições financeiras em enviar a duplicata aos sacados faz com que o procedimento judicial mencionado acima seja de utilização escassa. Mas evidentemente que se trata de medida enérgica, cuja conseqüência (a possibilidade de decretação da prisão) tem grande potencial para evitar a retenção indevida do título.

Não se pode esquecer, de outro lado, que a remessa do título é sempre importante para que o sacado, se for o caso, possa manifestar as razões pelas quais não aceita a duplicata. É intuitivo que, além das causas que permitem que o comprador recuse o aceite — expressamente previstas no art. 8º — o sacado que não celebrou nenhum contrato com o emitente também poderá recusar o aceite sob a alegação de inexistência de negócio jurídico subjacente, que justificasse a emissão do título.

Obviamente, o portador terá tão maior interesse ou necessidade em requerer a apreensão judicial da duplicata quanto maior for o número de pessoas — endossantes ou avalistas — que tiverem se obrigado no título, reforçando sua liquidez. Mas não se pode deixar de notar que, na grande maioria das vezes, existe um único endosso no título, feito pelo emitente em favor da instituição financeira.

É importante levar em consideração, outrossim, que é possível ao banco endossatário cercar-se de outras garantias perante o endossante sempre que o protesto for inviabilizado. Em outras palavras, pode-se dizer que o protesto é imprescindível para a conservação do direito de regresso que emerge do título contra o endossante, mas nenhum obstáculo existe para o banco — ciente do risco que poderá sofrer devido à obrigação legal de envio do título ao sacado — de cercar-se de outros instrumentos que lhe possibilitem a ação executiva contra a pessoa que lhe transferiu o título sem causa.

Assim, não merece ser acolhida a tese, muito usada pelos bancos para esquivar-se das ações judiciais que os sacados que figuram em duplicatas simuladas são obrigados a ajuizar, de que o protesto do título é a *única* forma do banco endossatário resguardar o seu direito de regresso contra o endossante. Realmente, não se trata do único recurso disponível, mas apenas de uma das formas que a lei põe à sua disposição para o resguardo do seu crédito. A escolha da medida que deverá ser tomada pela instituição financeira deve levar em conta as características do endossante e também do título adquirido.

Por isso é que se diz que, ao realizar as operações de desconto bancário, adquirindo títulos sem se preocupar com a idoneidade do emitente ou do endossante, as instituições financeiras deveriam cercar-se de outras garantias para evitar prejuízos aos sacados, vitimados pela fraude. Embora se admita, em tese, que também as instituições financeiras são envolvidas na fraude, não se pode deixar de valorizar o fato de que o estado de sujeição do sacado é muito maior, pois enquanto o banco teve escolha entre adquirir ou não o título, entre negociar ou não com o emitente/sacador e entre procurar ou não certificar-se da sua idoneidade, o sacado não teve qualquer opção.

A situação é agravada se lembrarmos que, na grande maioria das vezes, o sacado só toma ciência da emissão de título em que figura seu nome quando intimado do referido protesto. E como a Lei 9.492/1997 determina que o protesto deverá ser registrado no prazo de três dias contados da protocolização do título ou no primeiro dia útil subseqüente à intimação do sacado, não é difícil imaginar a angústia que acomete o sacado que se vê obrigado a, num prazo bastante exíguo, contratar advogado para tomar a medida de urgência.

Cumpre tecer um pequeno comentário sobre a prática, que vem merecendo acolhida da jurisprudência, de se admitir a emissão de triplicata para instruir a execução no caso de retenção do título. Apesar da crescente aceitação jurisprudencial, isto nos parece descabido e contrário ao art. 23 da Lei 5.474/1968, sendo oportuna a citação do escólio de Fábio Ulhôa Coelho: "(...) a retenção da duplicata pelo sacado (que, por evidente, não é hipótese de perda ou extravio do título) não poderia, em princípio, servir de causa à extração de triplicata. Diante da retenção caberia ao vendedor proceder ao protesto por indicações, conforme o previsto pelo art. 13, § 1º, *in fine*".[26]

10. Da natureza da medida judicial que pode ser requerida pelo sacado

Como já observado anteriormente, na grande maioria dos casos, as duplicatas emitidas sem causa são transferidas pela empresa sacadora para instituições financeiras ou empresas de *factoring* por meio de endosso. São essas empresas que, para possibilitar o exercício do direito de regresso e voltar-se contra os sacadores/endossantes, vêem-se obrigadas a promover o protesto do título.

Na iminência do título em que figura como sacado ser protestado e diante dos riscos de abalo em seu crédito que esse ato pode representar, o sacado não tem outra opção que não buscar socorro perante o Poder Judiciário, pleiteando uma medida de urgência que impeça que o protesto seja levado a cabo ou que o protesto lavrado possa produzir efeitos contra si.

A primeira questão que se coloca perante o sacado que se encontra em tal situação diz respeito ao caminho que deverá ser pleiteado, haja vista que existe forte controvérsia doutrinária a respeito da via adequada para a concessão da medida urgência: ação cautelar inominada ou antecipação de tutela em ação declaratória de inexistência de relação jurídica.

É que antes do surgimento, em nosso ordenamento jurídico, do instituto da antecipação de tutela, por meio da alteração do art. 273 do Código de Processo Civil, promovida pela Lei 8.952/1994, as medidas de urgência eram todas elas pleiteadas com base no art. 798 do mesmo código que, permitindo ao magistrado conceder a medida que julgasse adequada para evitar o dano grave a direito da parte que se mostrasse plausível, mesmo que tal medida não se encontrasse expressamente prevista em lei, consagrava o chamado poder geral de cautela.

Com a criação do novo instituto, a doutrina começou a questionar a real classificação da medida de urgência, posto que, para muitos, a sustação de protesto menos acautelava o resultado útil da futura ação declaratória a ser proposta pelo sacado do que antecipava os efeitos da futura e eventual sentença de procedência.[27]

A polêmica não teria maior importância caso os caminhos e requisitos previstos para cada uma das duas espécies de tutela de urgência não fossem bastante diferentes. Assim, enquanto a medida cautelar inominada depende da propositura de uma ação cautelar autônoma, que faça referência a uma outra ação, futura ou já existente, a antecipação de tutela é requerida incidentalmente no bojo da própria ação em que se pleiteará a declaração de inexistência de relação jurídica ou a desconstituição do título.

Além disso, a lei exige para a antecipação dos efeitos da sentença final que o autor apresente "prova inequívoca" de seu direito, para que o juiz se convença da verossimilhança da alegação (art. 273), ao passo que, para se obter a medida liminar na ação cautelar, basta que se demonstre a plausibilidade do direito deduzido em juízo.

O problema em se reconhecer, como nos parece o correto, que a medida judicial que determina a sustação do protesto (ou mesmo a que impede que o mesmo produza efeitos perante o sacado) possui natureza antecipatória está justamente na maior dificuldade que a lei parece estabelecer para a obtenção de tutela dessa espécie. A existência de prova inequívoca, muitas vezes

26. Fábio Ulhôa Coelho, *Código Comercial Anotado e Legislação Complementar em vigor*, p. 488.

27. Neste sentido, entre outros, cite-se Luiz Guilherme Marinoni, in "A tutela antecipatória nas ações declaratórias e constitutivas", *Revista de Direito Processual Civil* 4/74-83.

pode servir de obstáculo à concessão da medida, muito embora o requisito menos rigoroso do *fumus boni iuris* possa ser considerado atendido.

Não se pode admitir, no entanto, que uma inovação importante como a tutela antecipatória, que teve nítido objetivo de ampliar as possibilidades da tutela de urgência, em sintonia com a percepção da importância fundamental de um processo civil capaz de fornecer aos jurisdicionados resposta adequada e tempestiva, acabe funcionando como obstáculo a essa finalidade tão nobre. Acompanhamos a opinião de José Roberto dos Santos Bedaque, para quem "questões meramente formais não podem obstar à realização de valores constitucionalmente garantidos",[28] como é o caso do direito à tutela jurisdicional adequada.

O novo § 7º do art. 273,[29] permitindo que o juiz, ao constatar a presença dos seus pressupostos, defira incidentalmente a medida cautelar pleiteada a título de antecipação de tutela, veio justamente consagrar o princípio de que a tutela jurisdicional adequada não deve ser denegada com fundamento em formalidades. Partindo da premissa de que existe uma zona cinzenta, em que a identificação da real natureza — antecipatória ou cautelar — da medida nem sempre pode ser imune a críticas, a lei passa a admitir a fungibilidade dos pedidos, autorizando que o juiz defira a medida cautelar se o pedido foi de antecipação dos efeitos da tutela final.

11. Conclusões

A emissão de duplicatas sem causa, não obstante ser conduta tipificada como crime, está longe de poder ser considerada uma prática incomum, o que se pode comprovar pelo grande número de ações judiciais movidas por sacados vitimados por esse tipo de fraude.

Como em momentos de crise econômica esse tipo de expediente tende a aumentar, devido à necessidade dos sacadores de obter crédito, compete ao Poder Judiciário, sempre que chamado a decidir litígios que dizem respeito a esse tipo de recurso, confrontar os interesses e possibilidades dos envolvidos — especialmente os sacados e os endossatários — para a busca da solução mais adequada.

Acreditamos que o direito positivo fornece todos os meios para a busca deste tipo de resposta, bastando que as pessoas envolvidas passem a respeitar as normas de regência, especialmente no que diz respeito ao envio do título ao sacado para aceite, pondo fim à prática de se promover protesto por falta de aceite ou de devolução, sem a demonstração desse envio.

É inegável o aspecto salutar e didático que a mudança de comportamento dos cartórios — passando a exigir que o portador demonstre ter enviado o título ao sacado — poderia proporcionar ao comércio jurídico.

Ao ser chamado para dirimir conflitos desta natureza, o Poder Judiciário não pode ignorar essas variantes. Não se trata, ao que nos parece, de uma simples escolha clássica entre os dois valores que devem sempre ser protegidos pelos ordenamentos jurídicos: a segurança (no caso, a do tráfico negocial) e a justiça (consistente na incolumidade do patrimônio jurídico do sacado vítima da fraude).

Acreditamos que a adoção de um posicionamento firme por parte do Poder Judiciário, no sentido de não se admitir o protesto sem o comprovante de envio do título e de evitar que o mesmo produza efeitos *com relação ao sacado* sempre que este alegue não ter celebrado negócio jurídico com o emitente, longe de se constituir em

28. *Tutela Cautelar e Tutela Antecipada: Tutelas Sumárias e de Urgência*, p. 291.

29. A norma introduzida pela Lei 10.444/2002 possui a seguinte redação: "Se o autor, a título de antecipação de tutela, requerer providência de natureza cautelar, poderá o juiz, quando presentes os respectivos pressupostos, deferir a medida cautelar em caráter incidental do processo ajuizado".

um obstáculo ao comércio jurídico, representará um fator a mais para a sua segurança, justamente pelo seu potencial de se constituir em forte obstáculo à prática de emissão de duplicatas frias.

Fácil perceber que a escolha que ora se impõe é entre, de um lado, a fiel observância das normas legais pelos cartórios de protesto e pelos endossatários, permitindo que os sacados possam se manifestar a respeito dos motivos pelos quais recusam o aceite e, de outro, o descaso com essas mesmas normas sob o argumento de proteção à segurança ao tráfico negocial e ao endossatário de boa-fé, com chances de sacrifício do sacado vitimado pelo ato fraudulento.

Nada pode servir de maior garantia para a segurança do comércio jurídico do que exigir que a lei seja respeitada. Para que o endossatário mereça a proteção do ordenamento positivo, deve o mesmo observar o procedimento previsto na lei, remetendo em tempo hábil o título ao sacado.

Havendo recusa do sacado em apor o seu aceite, sob a alegação de que não celebrou qualquer negócio jurídico com o emitente da cártula, o protesto deve ser lavrado simplesmente por falta de aceite, devendo constar da certidão esta alegação. Se o endossatário dispuser de prova da entrega das mercadorias ou da prestação de serviços, poderá manejar a ação executiva contra o sacado. Do contrário, ainda poderá voltar-se contra o endossante, porque o protesto manteve intacto o seu direito de regresso.

As instituições financeiras, ao receberem as duplicatas por endosso traslativo, podem e devem acautelar-se com relação à idoneidade dos endossantes, sendo recomendável, inclusive, que verifiquem a existência do negócio jurídico subjacente à emissão da duplicata, título eminentemente causal. O princípio da autonomia das obrigações cambiais e da abstração, repelindo a oposição de exceções pessoais ao terceiro de boa-fé, permanece válido em relação às duplicatas, mas não isenta o endossatário da responsabilidade pelos danos que sua omissão pode causar ao sacado.

Assim, fazendo-se necessário que o sacado que figura em duplicata fria pleiteie medida judicial para evitar que o protesto do título lhe cause danos, ou para se ressarcir dos danos causados, a boa-fé do endossatário não o isenta da responsabilidade. Isto só poderá acontecer caso o endossatário demonstre que tomou todas as providências possíveis para verificar a idoneidade do título e da pessoa com quem negociou, que obedeceu todo o procedimento previsto em lei e que o protesto era imprescindível para a garantia do seu direito de regresso. Do contrário, deve ser repudiada a alegação de ilegitimidade *ad causam* nas ações movidas pelo sacado.

12. Bibliografia

ABRÃO, Nelson. *Direito Bancário*, 3ª ed., São Paulo, Ed. RT, 1996.

BARBI FILHO, Celso. "Protesto de duplicata simulada e procedimentos judiciais do sacado", *Revista de Direito Processual Civil*, v. 8, Curitiba, Gênesis, abr.-jun./1998.

______. "Execução judicial de duplicatas sem os originais dos títulos", *Revista de Direito Mercantil*, v. 115, São Paulo, Malheiros Editores, jul.-set./1999.

______. "Supressão documental da duplicata", *Revista Literária de Direito*, São Paulo, Lit. de Direito, n. 19, ano IV, set.-out./1997.

BARIONI. Roberto Caldeira, "Aspectos atuais da duplicata", *Revista de Direito Mercantil*, v. 118, São Paulo, Malheiros Editores, abr.-jun./2000.

BEDAQUE, José Roberto dos Santos. *Tutela Cautelar e Tutela Antecipada: Tutelas Sumárias e de Urgência*, São Paulo, Malheiros Editores, 1998.

BRASILEIRO, Ricardo Adriano Massara. "'Descartularização da duplicata': riscos da ilegalidade", *Revista da Faculdade de Direito Milton Campos*, v. 5, coord. Wille Duarte da Costa, Belo Horizonte, Del Rey, 1999.

BULGARELLI, Waldirio. *Títulos de Crédito*, 12ª ed., São Paulo, Atlas, 1996.

COELHO, Fábio Ulhoa. *Código Comercial Anotado e Legislação Complementar em vigor*, São Paulo, Saraiva, 1995.

COSTA, Wille Duarte da. *Títulos de Crédito*, Belo Horizonte, Faculdade de Direito da UFMG, 1998.

_____. "Protesto cambial", *Revista da Faculdade de Direito Milton Campos*, v. 7, Belo Horizonte, Del Rey, 2000.

DAROLD, Ermínio Amarildo. *Protesto Cambial — Duplicatas x Boletos*. Curitiba, Juruá, 1998.

MARINONI, Luiz Guilherme. "A tutela antecipatória nas ações declaratórias e constitutivas", *Revista de Direito Processual Civil*, v. 4, Curitiba, Gênesis, jan.-abr./1997.

MOTA, Pedro Vieira da. *Sustação do Protesto Cambial*, 6ª ed., São Paulo, Saraiva, 1984.

REQUIÃO, Rubens. *Curso de Direito Comercial*, v. 2, 18ª ed., São Paulo, Saraiva, 1992.

VILLELA, João Baptista. "Inadimplência e descumprimento? A propósito do art. 1º, da Lei 9.492/1997", *Repertório IOB de Jurisprudência* 3/98, caderno 3.

O SISTEMA DE DEFESA COMPOSTO NO PEDIDO DE FALÊNCIA — COMPREENSÃO DA OPOSIÇÃO FALIMENTAR

VINÍCIUS JOSE MARQUES GONTIJO

1. Introdução. 2. Oposição falimentar. 3. Oposição regulamentada pelo CPC e oposição falimentar. 4. Assistência e oposição falimentar. 5. Natureza jurídica da oposição falimentar. 6. A defesa composta. 7. Conclusões.

1. Introdução

A falência representa a confluência de variados ramos do Direito, o que conduz ao surgimento de um sem-número de indagações, muitas das quais ainda sem resposta e com sérias implicações para a vivência diuturna dos processos falimentares.

Com o transcorrer dos anos e o aprimoramento da técnica jurídica pela Ciência do Direito, surgiram vários vetores a informar o instituto falimentar. Contudo, diante da complexidade do instituto, ainda observamos perplexidades e confusões constantes dos operadores do direito quando se trata de examinar a falência.

Um destes temas que permanece mal compreendido por muitos operadores do direito é a oposição falimentar,[1] que está intimamente ligada ao sistema de defesa composto que caracteriza o processo de falência e que é o objeto deste nosso artigo.

2. Oposição falimentar

Estabelece o § 4º do art. 11 da Lei de Falências (Decreto-lei n. 7.661, de 21.6.1945), numa reedição do que constava em antigas legislações falimentares, que nas sociedades em nome coletivo, de capital e indústria, em comandita simples, ou nas sociedades por cotas de responsabilidade limitada é facultado a qualquer dos sócios *opor-se* à declaração da falência da sociedade na hipótese de revelia da mesma ou tratando-se de requerimento formulado por outro sócio.

No caso de o requerimento da falência ter sido provocado pela própria sociedade, o direito de oposição dos sócios que não assinaram o pedido de autofalência surge em face do que estabelece o art. 8º, § 1º, *in fine*, da Lei de Falências.

Examinando o texto legal e a doutrina[2] sobre o tema, pode-se afirmar que a oposição falimentar consiste na faculdade assegurada aos sócios de contestarem o pedido de falência formulado em face da sociedade (cujo tipo societário é expressamente previsto em lei) que integram, bem como interpor e contrarrazoar recursos pertinentes, exercendo todas as faculdades processuais e materiais pertinentes às partes no

1. Cf. Vinícius José Marques Gontijo, *Da Oposição Falimentar*, Dissertação de Mestrado, Belo Horizonte, UFMG, 1998.

2. *Verbi gratia*: José da Silva Pacheco, *Processo de Falência e Concordata*, 6ª ed., Rio de Janeiro, Forense, 1996, p. 213.

processo compreendidas no âmbito dos direitos e obrigações.

A legislação que trata da falência regula tanto o direito material quanto o direito processual atinente ao instituto. Assim é que cumpre ressaltar a impropriedade técnica do termo *oposição* na legislação falimentar, cujo significado processual é tecnicamente específico (arts. 56 e ss. do CPC). Não é adequada, portanto, a terminologia *oposição falimentar*, que necessita ser adjetivada, para evitar confusões.

3. *Oposição regulamentada pelo CPC e oposição falimentar*

A impropriedade técnica da nomenclatura *oposição* traz consigo, entretanto, um ponto positivo, na medida em que viabiliza a interpretação do instituto não apenas sob a ótica do manejamento da contestação, mas também dos recursos, meios de prova, em suma, de todos os direitos assegurados às partes no processo.

Com efeito, os momentos de interseção da oposição falimentar com a oposição prevista no Código de Processo Civil são raros e pouco relevantes, enquanto os pontos de diferenciação entre eles são freqüentes e determinantes. A partir da conceituação dos institutos, já se percebe o quanto eles são diversificados e antagônicos.

Humberto Theodoro Júnior informa acerca da oposição, *in verbis*: "Consiste a *oposição*, portanto, na 'ação de terceiro para excluir tanto o autor como o réu'. Com essa intervenção no processo alheio, o terceiro visa a defender o que é seu e está sendo disputado em juízo por outrem".[3]

Na mesma linha, aponta-se a lição do ilustre ex-Ministro Moacyr Amaral Santos: "Pode-se, pois, conceituar *oposição* como a ação intentada por terceiro que se julgar, total ou parcialmente, senhor do direito ou da coisa disputada entre as partes numa demanda pendente, formulando pretensão excludente, total ou parcialmente, das de ambas. Ou, ainda, o pedido de tutela jurisdicional, ou ação, que terceiro formula na demanda entre as partes, deduzindo pretensão própria excludente, total ou parcialmente, das dos demais litigantes".[4]

Na definição aqui apresentada afirmou-se que a oposição falimentar somente oferece espaço para a contestação do requerimento da falência, sendo certo que o sócio opoente tomará as medidas pertinentes para a *defesa* da sociedade-ré que integra. Ora, a oposição prevista na legislação processual civil, por sua vez, pressupõe certos elementos absolutamente inadmissíveis à oposição falimentar, surgindo, via de conseqüência, uma diferenciação dos institutos, com a interposição de um hiato que de todo inviabiliza a confusão entre eles.

De fato, na oposição prevista na legislação processual civil, o terceiro: "Nem pretende ser parte e ser tratado em igual pé; nem entende que o seu processo se conecta com o do outro, nem que se co-interessa na mesma questão de direito ou de fato, nem se litisconsorcia, nem intervém para ajudar, nem chama ou nomeia a outrem: *opõe-se às duas partes*".[5]

Pontes de Miranda ressalta que "a figura é de pessoa que não pode ser litisconsorciada com qualquer das outras, *nem ajudar a qualquer delas*, nem ser chamada ou nomeada por uma delas ou por todas. Exercita ação sua, com pretensão toda sua (...)".[6]

No entanto, é do escopo da oposição falimentar a assunção da defesa por um sócio, isso para todas as hipóteses de admissibilidade do instituto.

Aliás, essa foi a intenção do legislador falimentar quando prescreveu, nos arts.

3. Humberto Theodoro Júnior, *Curso de Direito Processual Civil*, v. 1, 8ª ed., Rio de Janeiro, Forense, 1992, p. 116.

4. Moacyr Amaral Santos, *Primeiras Linhas de Direito Processual Civil*, v. 2, 14ª ed., São Paulo, Saraiva, 1991, p. 43.

5. Pontes de Miranda, *Comentários ao Código de Processo Civil*, t. 2, 3ª ed., 3ª tir., Rio de Janeiro, Forense, 1995, p. 84. Grifo acrescido ao original.

6. Pontes de Miranda, ob. e loc. cits.

8º, § 1º, e 11, § 4º, da Lei de Quebras, a possibilidade de defesa pelo sócio, quando seria ela de competência da sociedade, estendendo-lhe o mesmo direito permitido à sociedade. Dessa forma, fica assegurado ao sócio o direito de *defender* a sociedade que integre e de nunca atuar contra ela no referido processo falimentar. Se o sócio entende que a sociedade está em estado falimentar, compete-lhe recorrer ao processo pertinente, dada a sua legitimidade, na forma estabelecida pelo art. 9º, II, do Decreto-lei n. 7.661/1945. Porém não poderá atuar no processo litispendente em prol do autor e/ou em seu exclusivo interesse pessoal em detrimento da sociedade que integra e contra a qual tramita o processo de bancarrota.

Destarte, a oposição e a oposição falimentar apresentam-se em opostos absolutos e intangíveis, na medida em que, na oposição, o opoente se apresenta como autor de um processo que terá como réus exatamente as partes (autor e réu) do processo primitivo, uma vez que "a oposição nunca é somente contra o autor ou o réu, e sim, *sempre*, contra ambos".[7]

"Elucidativo, nesse particular, o ministério de Lopes da Costa: 'Na relação processual que a oposição estabelece, as partes da ação originária surgem assim como litisconsortes. É, sem dúvida, um litisconsórcio *sui generis*'. Os litisconsortes têm um interesse comum que os harmoniza, 'juntando-os na posição de autores ou de réus. Não litigam entre si, mas reunidos contra o adversário. Aqui, eles, ao mesmo tempo em que se hostilizam, juntam esforços contra o inimigo comum'."[8]

Na oposição falimentar ocorre exatamente o inverso, uma vez que o opoente se opõe à pretensão do autor (requerente da falência), assumindo o caráter nítido de contestante do pedido de falência. A sociedade requerida nunca terá, *in casu*, a posição de litisconsorte do autor, sendo certo que tanto o autor quanto a sociedade mantêm opostos interesses.[9] Desse modo, o opoente busca defender os interesses de uma parte no processo, que é, por óbvio, a ré–sociedade a que pertence.

Verifica-se, ainda, que na oposição prevista no Código de Processo Civil o opoente formula uma pretensão incompatível com a das partes figurantes do processo primitivo, visando resguardar coisa ou direito que entende ser *exclusivamente* seu. "Como pretende para si o direito, com exclusividade, é o único legitimado para a ação".[10] Isso não se aplica à oposição falimentar, pois no atual sistema legislativo brasileiro todas as sociedades têm de ter, no mínimo, dois sócios. Assim, se teria também, no mínimo duas pessoas legitimadas a exercerem a oposição falimentar.[11]

Resguardar direito entendido de exclusividade do opoente, definitivamente, não é a pretensão do sócio opoente no processo falimentar, pois ele vai ao processo para defender interesse direto de terceiro, que é

7. Pontes de Miranda, *Comentários...*, cit., p. 87. Não é outro o entendimento da jurisprudência colacionada por Theotonio Negrão: "A oposição é dirigida contra autor e réu, ao mesmo tempo, e não contra um deles apenas (*RTJ* 111/1.351, *RTFR* 134/55, *RT* 605/134, *Bol. AASP* 1.529/80)" (Theotonio Negrão, *Código de Processo Civil*, 27ª ed., São Paulo, Saraiva, 1996, p. 117).

8. Hermann Homem de Carvalho Roenick, *Intervenção de Terceiros: a Oposição*, Rio de Janeiro, Aide, 1995, p. 33.

9. Salvo, naturalmente, na hipótese de pedido de autofalência, mas, ainda assim, o sócio opoente estará buscando a manutenção da pessoa jurídica; ou seja, o sócio, em última análise, estará defendendo a sociedade.

10. Maria Berenice Dias, *O Terceiro no Processo*, Rio de Janeiro, Aide, 1993, p. 112, rodapé n. 295.

11. Poder-se-ia argüir a hipótese de requerimento de falência formulado por um sócio quando a sociedade possuísse apenas dois sócios. Assim, somente um sócio seria legitimado a *opor-se* à falência. Contudo, isto, ainda assim, não se adequaria, na medida em que a legitimidade exclusiva da oposição surge do fato de que o direito ou a coisa *sub judice* é que se apresenta como de exclusividade do opoente. No processo de falência, o objeto da ação não é de exclusividade do sócio opoente, mas primariamente da sociedade. Ao sócio é assegurado o direito de defesa.

a sociedade, que com o sócio não se confunde.[12] Em face do que estatui o art. 20 do Código Civil,[13] *universitas distat a singulis*, e, considerando que os bens dos sócios não respondem, *a priori*, pelos débitos da sociedade (art. 596, do CPC), não há que se falar em terceiro (sócio) defendendo coisa ou direito seu, mas sim da sociedade, que com ele não se confunde.

"No momento em que se opera o assento do contrato ou do estatuto no Registro competente, a pessoa jurídica começa a existir, passando a ter aptidão para ser sujeito de direitos e obrigações, a ter capacidade patrimonial, constituindo seu patrimônio, que não tem nenhuma relação com os dos sócios, adquirindo vida própria e autônoma, não se confundindo com os seus membros, por ser uma nova unidade orgânica."[14]

Na oposição falimentar, o sócio vai ao processo de falência opor-se à pretensão de terceiro, sem que tenha, com isso, ganho direto, pois se lograr êxito na demanda, obtendo a extinção do processo (com ou sem julgamento do mérito), os benefícios serão da sociedade, e não do sócio, reitere-se. Isso, na medida em que são pessoas distintas e com patrimônios distintos.

Ainda extremando os institutos, constata-se que na oposição surge "uma nova e verdadeira *ação*, com pretensão e partes diferentes da que inicialmente se ajuizou entre os opostos".[15] Destarte, é imposta ao opoente não apenas a redação da inicial da oposição, com a observância dos requisitos legais (arts. 282 e 283 do CPC), mas também a distribuição da ação.

A oposição falimentar apresenta-se em diâmetro oposto, na medida em que não é ação própria, mas mera contestação do pedido de falência. Por isso, não se prende aos requisitos legais da exordial, bem como não surge uma nova ação com partes, objeto e/ou objetivos distintos. A oposição falimentar se constitui e se desenvolve no processo de falência, sem que haja a emergência de um novo processo.

Soma-se a isso o fato de que no processo de oposição é obrigatória a citação dos opostos: "Admitida, por despacho, a opção, os *opostos* — autor e réu da causa pendente — serão *citados na pessoa dos seus respectivos advogados* e terão, para *contestar* o pedido, o *prazo comum de quinze dias* (Cód. cit., art. 57). Entretanto, se o processo principal correr *à revelia do réu*, este será citado na forma dos arts. 213 e 233 do mesmo Código (Cód. cit., art. 57, parágrafo único)".[16]

No caso da oposição falimentar, não se verifica a necessidade da citação, pois, uma vez oferecida a petição pelo sócio (obviamente, representado por advogado), o procedimento a ser adotado é o previsto em lei, como se a contestação tivesse sido apresentada pela sociedade requerida.

Contudo, seria de bom alvitre que o juiz da causa mandasse intimar a sociedade, por órgão oficial, para cientificá-la da contestação apresentada pelo opoente.

Em meio a essa enorme extremação, vislumbra-se um ponto de contato entre a oposição e a oposição falimentar, na medida em que em ambas os efeitos da sentença, *a priori*, limitam-se às partes envolvidas. Outrossim, tais procedimentos não se apresentam como obrigatórios.

O caráter facultativo da oposição falimentar decorre da própria literalidade do

12. "Dotadas de capacidade, as pessoas jurídicas agem, emitem declarações de vontade, adquirem direitos e contraem obrigações" (Caio Mário da Silva Pereira, *Instituições de Direito Civil*, 1, 12ª ed., Rio de Janeiro, Forense, 1990, p. 217).

13. O novo Código Civil, como não poderia deixar de ser, reconhece a existência legal das sociedades (art. 45, NCC), assim como a personalidade jurídica dessas entidades (Subtítulo II do Título II do Livro II do novo Código Civil).

14. Maria Helena Diniz, *Código Civil Anotado*, São Paulo, Saraiva, 1995, p. 36.

15. Humberto Theodoro Júnior, ob. cit., p. 117.

16. Moacyr Amaral Santos, ob. cit., p. 46. O Código a que se refere o autor é o Código de Processo Civil.

diploma legislativo que a cria e regula. Tanto no art. 11, § 4º, quanto no art. 8º, § 1º, faz-se uso do verbo *poder*, demonstrando a não-obrigatoriedade, senão a mera faculdade.[17]

Da mesma forma, o Código de Processo Civil, no art. 56, também estabelece a possibilidade, quando emprega o termo *poderá*, até porque a sentença não extrapolará os limites subjetivos da causa — *aliis nec prodest, nec nocet*. Assim, "a propositura da oposição é facultativa, depende da vontade do opoente".[18]

Tal instituto processual civil procura tanto dar guarita à economia processual quanto evitar os inconvenientes fáticos que surgem para o opoente quando este não atua no processo para resguardar seus direitos.

Efetivamente, esta *oposição falimentar* deve ser compreendida como o direito de um terceiro (sócio) oferecer defesa (compreendida como contestação, provas, recursos e todos os demais atos processuais assegurados à parte) ao pedido de falência e, não como o direito que lhe é assegurado de defender o que é seu e está sendo disputado em juízo pelas partes.

4. Assistência e oposição falimentar

É interessante observar que, diversamente do que se verifica na oposição civil, a assistência encontra vários momentos de contato com a oposição falimentar. Inicialmente, constata-se que, assim como na oposição falimentar, a assistência é uma intervenção de terceiro, voluntária. Em outras palavras, caracteriza-se como uma faculdade, e não como uma obrigação. O assistente não é parte no processo,[19] mas apenas intervém para assistir uma das partes.[20] Em verdade, "a função do assistente não é a de ser parte, mas apenas de assistir (*ad sistere*)".[21]

A atuação do assistente é sempre em benefício do assistido, visando a uma sentença favorável a ele.[22] Não é outro o objetivo perseguido pelo opoente em relação à sociedade que integra, pois ele se opõe ao pedido de falência para obter sentença favorável à sociedade que integra,[23] evitando, dessa forma, a declaração da bancarrota.

"Qualquer sócio das sociedades em nome coletivo, de capital e indústria, em comandita simples ou por quotas de responsabilidade limitada pode oferecer *defesa* no pedido de falência da sociedade."[24]

Destarte, nem o assistente nem o opoente defendem direito próprio, mas, respectivamente, do assistido[25] e da sociedade comercial requerida.

Ainda no mesmo caminho seguido pela assistência, a oposição se processa nos próprios autos. Entretanto, no instituto pro-

17. Obviamente, o legislador não andaria bem impondo a terceiro (sócio) ônus da defesa, que é da parte (sociedade).

18. Celso Agrícola Barbi, *Comentários ao Código de Processo Civil*, v. 1, 4ª ed., Rio de Janeiro, Forense, 1986, p. 308.

19. Celso Agrícola Barbi, ob. cit., p. 114. Entretanto, segundo ainda o referido autor, em virtude de o Código de Processo Civil englobar a assistência no Título relativo às partes, pelo menos legalmente o assistente é considerado parte.

20. Cf. José Raimundo Gomes da Cruz, *Pluralidade de Partes e Intervenção de Terceiros*, São Paulo, Ed. RT, 1991, pp. 167 e ss.

21. Pontes de Miranda, ob. cit., p. 64.

22. Nesta linha é a lição importada por Moacyr Amaral Santos: "Consiste a assistência simples na intervenção de terceiro no processo entre as partes visando a sustentar *as razões de uma delas contra a outra*. É a conceituação que lhe dá o Código de Processo Civil italiano" (*Primeiras Linhas*..., cit., p. 51).

23. J. X. Carvalho de Mendonça, sob a égide da antiga legislação, já apontava, *in verbis*: "Tratando-se de sociedade em nome coletivo ou em comandita simples, qualquer sócio pode opor-se à declaração da falência, alegando relevante matéria de defesa no prazo legal de 24 horas e requerendo o tríduo para a prova: 1º. se a sociedade, por seu representante, não comparece para se defender; ou, 2º. se a falência é requerida por outro sócio" (*Tratado de Direito Comercial Brasileiro*, v. 7, Rio de Janeiro, Freitas Bastos, 1946, p. 317).

24. José da Silva Pacheco, *Processo de Falência e Concordata*, 6ª ed., Rio de Janeiro, Forense, 1996, p. 214.

25. Assim é que, "na assistência simples, a legitimação é outorgada a um terceiro que entretém uma relação jurídica com uma das partes, que será influenciada negativamente pela sentença, se desfavorável a quem assiste" (Maria Berenice Dias, *O Terceiro no Processo*, cit., p. 100).

cessual é assegurado às partes (aí incluído o assistido) o direito de impugnar a assistência, conforme ressalta a doutrina brasileira, pautada no direito positivo.

"A assistência deve ser requerida, por petição do terceiro interessado, dentro dos autos em curso. Ambas as partes serão ouvidas e qualquer delas poderá impugnar o pedido, em cinco dias, contados da intimação (art. 51 [*CPC*])."[26]

Neste momento, vislumbra-se um flagrante ponto de divergência entre os institutos: na oposição falimentar, comprovado o opoente a qualidade de legitimado, este possui o direito potestativo de intervir no processo, buscando a defesa da sociedade comercial.

Este direito não poderá ser impugnado pela sociedade comercial, que deverá se sujeitar à disposição legal que estabelece o direito ao sócio de se opor no processo de falência.

Dessa forma, tem-se que, enquanto na assistência, ao assistente é vedado: "recorrer, quando o assistido haja desistido do recurso ou a ele renunciado, impugnar perito aceito pelo assistido ou testemunha por este apresentada etc. Por outro lado, subordinado que se acha à atitude do assistido, terá o assistente que se conformar com os atos de disposição praticados por este, que é livre para reconhecer a procedência do pedido, confessar, desistir da ação ou transigir sobre direitos controvertidos: (*omissis*)".[27]

Verifica-se que, na oposição falimentar, tais atos não podem ser vedados ao opoente de boa-fé, sob pena de se frustrar o escopo perseguido pelo instituto.

Na oposição falimentar, o sócio busca defender a sociedade por ele integrada e que tem contra si um processo de falência. Para o exercício desse direito de defesa são assegurados amplos poderes de diligência, podendo opor-se aos atos de disposição de direitos praticados pela sociedade, bem como praticar todos os atos que entenda convenientes.

Assim, neste particular, a oposição falimentar se distancia dos elementos caracterizadores da assistência simples para se aproximar da assistência litisconsorcial.

"No caso de assistência *litisconsorcial* (art. 54 [*CPC*]), assumindo o assistente a qualidade de *litisconsorte*, ser-lhe-á lícito prosseguir na defesa de seu direito, ainda que a parte originária haja desistido da ação, haja reconhecido a procedência do pedido ou haja transacionado com o outro litigante."[28]

É necessário ressaltar, também, que a oposição não se confunde com a assistência litisconsorcial, uma vez que o direito em defesa não é do sócio opoente, mas da sociedade comercial requerida.

Finalmente, ainda extremando os institutos, constata-se que "a assistência pode ser requerida em qualquer grau de jurisdição, inclusive no recurso extraordinário",[29] em outros termos, a qualquer tempo, no processo. No entanto, o opoente falimentar se sujeita a prazo preclusivo de seu direito.

É de todo evidente que a assistência traz luzes à oposição falimentar, fornecendo elementos para uma leitura crítica do instituto comercial que viabilizam a sua maturação e compreensão. No entanto, esses institutos não têm a mesma natureza jurídica, cada qual guarda a sua independência.

Na oposição falimentar, cuja natureza jurídica é de defesa, o opoente mantém maior espaço de atuação, mas, reitere-se, visando a obtenção da vitória, no processo, pela sociedade comercial requerida e da qual ele é sócio.

5. *Natureza jurídica da oposição falimentar*

A oposição falimentar é exercida sob a forma especial e distinta de intervenção

26. Humberto Theodoro Júnior, ob. cit., p. 142.
27. Moacyr Amaral Santos, ob. cit., p. 55.
28. Humberto Theodoro Júnior, ob. cit., p. 143.
29. Ernane Fidélis dos Santos, *Manual de Direito Processual Civil*, v. 1, 3ª ed., São Paulo, Saraiva, 1994, p. 77.

de terceiro, que não se confunde com as demais regulamentadas pelo Código de Processo Civil, mas sem que com isso tenha natureza jurídica preponderante de intervenção de terceiro.

A análise desenvolvida neste item permite concluir que a oposição falimentar se processa como meio de intervenção de terceiro. Contudo, a sua natureza jurídica não é de intervenção. Percebe-se, então, que a oposição falimentar apresenta natureza jurídica de defesa e, como tal vai implicar diretamente o contraditório, com sua íntima ligação com o *due process of law*.[30]

Conforme demonstraremos ao longo deste artigo, a defesa no processo de bancarrota, sendo cabível a oposição falimentar, apresenta-se de modo distinto do que na hipótese de inadmissibilidade do referido instituto.

Até mesmo a confissão ficta[31] somente se materializará após a possibilidade de defesa composta.[32]

Com efeito, não há como deixar de vislumbrar na oposição falimentar a sua natureza de defesa. A oposição falimentar é o mecanismo jurídico posto à disposição dos sócios de determinados tipos societários para que possam defender a sociedade que integram.

O sócio intervém no processo de falência, em que se pugna pela abertura do concurso de credores contra a sociedade por ele integrada, visando defender a pessoa jurídica. Para tanto, ele se utiliza de um mecanismo de intervenção de terceiro, uma vez que, obviamente, não como deixar de se reconhecer no sócio a qualidade de terceiro em relação ao processo.

Destarte, a oposição falimentar tem natureza de defesa da sociedade, a ser exercida por terceiro, que é o sócio.

6. *A defesa composta*

Para a perfeita compreensão do tema abordado é de se questionar, neste momento, sobre a obrigatoriedade, ou não, de se citar todos os sócios que integram uma determinada sociedade[33] para que, querendo, apresentem oposição falimentar no processo de quebra requerido em face desta.[34] Efetivamente, não há regulamentação legal no Decreto Falimentar acerca da citação dos sócios para o exercício do direito de oposição.

Há autores, dentre os quais Rubens Requião, que entendem desnecessária a *notificação* do sócio. O eminente Professor paranaense expressa esse raciocínio na seguinte passagem: "(...) convém esclarecer que, confessada a falência, pelo sócio-gerente, não deve o juiz mandar ouvir, por intimação, os demais sócios. Estes, naturalmente atentos aos negócios sociais, devem estar cientes e aptos a combater o pedido de falência que não condizer com seus interesses".[35]

Divergindo de Rubens Requião, pode-se dizer que a argumentação factual por ele trazida de que "naturalmente atentos aos negócios sociais" o sócio não precisaria ser comunicado não o condão de inviabilizar a obrigatoriedade de que este seja realizado

30. Cf. Enrico Tullio Liebman, *Manual de Direito Processual Civil*, v. 1, Rio de Janeiro, Forense, 1984, p. 147 e José Frederico Marques, *Manual de Direito Processual Civil*, v. 1, 4ª ed., São Paulo, Saraiva, 1976, p. 167.

31. Cf. Giuseppe Chiovenda, *Instituições de Direito Processual Civil*, v. 2, São Paulo, Saraiva, 1943, p. 493.

32. O termo *defesa composta* é por nós utilizado para nomear o sistema de defesa no processo de quebra quando verificada a admissibilidade do exercício, por qualquer sócio, da oposição falimentar.

33. É despiciendo ressaltar que se o pedido de falência houver sido apresentado por sócio não há que se falar na citação dele, bem como se o sócio houver assinado o pedido de autofalência.

34. Na forma do princípio geral, aqueles sócios que souberem do processo de falência poderão exercer o direito de oposição falimentar até mesmo antes da citação, desde que presentes os requisitos legais de admissibilidade.

35. Rubens Requião, *Curso de Direito Falimentar*, v. 1, 14ª ed., São Paulo, Saraiva, 1991, p. 90.

oficialmente, provando-se nos autos. A forma, nesse caso, é da essência do ato, pois não há como presumir que todos os sócios tenham ciência da existência de um processo falimentar. Assim é que, por outro lado, Waldemar Ferreira, examinando ainda a oposição falimentar no processo de autofalência, ressalta que a citação "dos sócios que não firmaram a petição inicial"[36] é substancial, ou seja, obrigatória.

O ilustre Professor paulista assim se expressa: "Como, porém, a lei assegura aos sócios, que não hajam assinado o pedido [de autofalência], o direito de oporem-se-lhe, de molde a requererem o que a bem deles reputem; e como a todo direito corresponde ação, por que a exercite — *cumpre ao Juiz, verificando, pelo contrato social, existirem sócios não signatários, determinar sejam eles citados para contestarem-no, querendo*".[37]

Esse também é o entendimento de Wilson Batalha e Sílvia Batalha, conforme se depreende da seguinte passagem: "Para viabilizar-se tal possibilidade [oposição falimentar], deve o Juiz, a quem for apresentado o pedido de autofalência, determinar a publicação de editais para conhecimento dos interessados, bem como a citação dos sócios que não assinaram o pedido".[38]

Efetivamente, deve ser obrigatória a citação dos sócios,[39] para que eles possam exercer o direito à oposição falimentar não apenas no caso de processo de autofalência, mas também em todos os casos em que se verificar hipoteticamente a possibilidade de que eles a apresentem.

36. Waldemar Ferreira, *Tratado de Direito Comercial*, v. 14, São Paulo, Saraiva, 1965, p. 213.

37. Waldemar Ferreira, ob. cit., p. 211. Grifo acrescido ao original.

38. Wilson de Souza Campos Batalha e Sílvia Marina Labate Batalha, *Falências e Concordatas*, 2ª ed., São Paulo, LTr, 1996, p. 191. Os autores voltam a reiterar a sua posição na mesma obra, na p. 218.

39. Desse entendimento diverge: Osmar Brina Corrêa-Lima, *Direito Falimentar*, <www.obcl.com.br>, em 1.5.2001, pp. 49 e 79.

Primeiramente, a decisão proferida nos autos da falência, indubitavelmente, trará reflexos diretos na situação jurídica dos sócios. Tal se evidencia pelo só fato de o legislador falimentar, estando ciente disso, estabelecer o direito à oposição, que é compreensível não só pelo interesse na manutenção da pessoa jurídica, mas também pela séria implicação jurídica que trará a falência à pessoa do sócio de uma sociedade falida.

Ora, a legislação criou o mecanismo para a proteção da sociedade, mas também, indiretamente,[40] beneficia o sócio. O sócio, buscando defender diretamente a sociedade, defende-se indiretamente. Deste modo, a lei assegura ao sócio o direito substantivo de exercer a oposição falimentar. Para tanto, o sócio tem de estar, objetivamente, ciente do processo, o que se verifica via citação.

A ausência de citação frustra, ainda, o contraditório e redunda no cerceamento de defesa,[41] na medida em que, reitere-se, não

40. Indiretamente, porque ao sócio não é possível, por via da oposição falimentar, argüir exclusivo interesse particular.

41. Interpretação afastando a obrigatoriedade da citação dos sócios seria inconstitucional, em face do que estabelece o art. 5º, LV, da Constituição Federal de 5.10.1988, não se adaptando ao modelo constitucional do processo civil brasileiro, na medida em que subtrai o contraditório daquele que não sabe, objetivamente, da existência do processo.

"Nella nuova prospettiva post-costituzionale, quindi, il problema del processo non riguarda soltanto il suo essere (idest: la sua concreta organizzazione secondo le leggi ordinarie vigenti), mas anche il suo dover essere (idest: la conformità del suo assetto positivo alla normativa costituzionale sull'exercizio della'attività giurisdizionale).

"Il problema della giurisdizione, a sua volta, non è più uma mera questione di tipo (essenzialmente) definitorio interessante soprattutto la teoria generale del diritto e dello Stato, costituendo invece un tema dalle implicazioni pratiche assai marcate, poichè soltanto della funzione giurisdizionale occorre controllare se lo stesso effettivamente è como dovrebbe (secondo la Costituzione) essere" (Ítalo Andolina, *Il Modello Costituzionale del Processo Civile Italiano*, Turim, G. Giappichelli, 1990, p. 11). Poder-se-ia traduzir o texto desta forma: "Na nova perspectiva pós-constitucional, por isso, o problema do há como presumir que todos os sócios saibam da existência de processo em que se requer a falência da sociedade que integram.

Esta citação, se não efetivada, macula de modo indefectível o processo de falência,[42] pois a revelia, com seu efeito de confissão quanto aos fatos alegados, somente tem lugar após a ausência de defesa por parte da sociedade e de oposição falimentar por parte de seus sócios.

De fato, no processo falimentar, em que pese a ausência de defesa da sociedade, não ocorre, *ipso facto*, a confissão dos fatos alegados na inicial, posto que, por via da oposição falimentar, o sócio poderá impugná-los, conforme se depreende do art. 11, § 4º, da Lei de Falências.

Desta forma, não há como se considerar a sociedade revel, uma vez que ainda existe a possibilidade de defesa da pessoa jurídica, mas, agora, a ser exercida pelo próprio sócio, que, se não for citado, não tem contra ele correndo prazo. Assim é que a obrigação da citação decorre não apenas da questão material, mas também da formal.

Sabendo-se que a oposição falimentar é um direito do sócio e não da sociedade, a ele compete ser dado, objetivamente, a ciência da existência do processo.

Registre-se, por oportuno, que a defesa da sociedade-ré no processo de falência é composta de dois momentos e que somente após a ocorrência das duas oportunidades é que se tem a revelia, com seus efeitos.

O primeiro momento da defesa ocorre quando se dá à sociedade a oportunidade de fazê-lo;[43] a segunda é por via da oposição falimentar.[44]

Assim, não há como deixar de concluir que a citação dos sócios, para que eles possam exercer o direito de oposição falimentar, é requisito obrigatório, sob pena de nulidade absoluta do processo de falência, não se tratando de mero formalismo, mas de questão sumamente importante, na medida em que é por via da citação que se toma conhecimento da existência de um processo.

Somando-se aos argumentos declinados, constata-se ainda que a jurisprudência caminha firme no sentido de que na ação de dissolução de sociedade comercial a citação dos sócios é obrigatória.[45]

processo não leva em consideração apenas o seu ser (isto é: a sua organização concreta segundo as leis ordinárias vigentes), mas também o seu dever-ser (isto é: a conformidade de sua ordem positiva à normativa constitucional sobre o exercício da atividade jurisdicional).

"O problema da jurisdição, por sua vez, não é mais uma mera questão de tipo (essencialmente) definitório interessante, sobretudo, a teoria geral do direito e do Estado, constituindo, ao contrário, um tema de implicações práticas bastante marcadas, uma vez que somente diante de um procedimento (positivo) instrumental para o exercício da função jurisdicional ocorre controlar se ele efetivamente é como deveria (segundo a Constituição) ser."

42. J. X. Carvalho de Mendonça assim se manifesta acerca do tema: "Desde que esses sócios podem opor-se à declaração da falência é essencial a sua audiência, antes da sentença declaratória da falência". Em nota de rodapé, registra: "O Tribunal de Justiça de São Paulo, no acórdão de 7 de fevereiro de 1907, revogou a abertura de falência de uma sociedade, decretada pelo juiz de 1ª instância, por ter corrido o processo inicial sem audiência do sócio, que não assinou o requerimento" (J. X. Carvalho de Mendonça, ob. cit., pp. 307 e 308.)

43. Na hipótese da oposição falimentar que tem como pré-requisito a ausência de defesa, a referida oposição somente terá lugar se o requisito for atendido. Assim, se a sociedade, por seus representantes, apresenta defesa, frustra-se a possibilidade de o sócio exercer a oposição falimentar.

44. De fato, José da Silva Pacheco assim doutrina: "Se o requerimento foi feito por um sócio, qualquer sócio pode oferecer defesa; o mesmo ocorrendo no caso da sociedade não se defender por seus representantes legais. *Neste último caso, há uma exceção aberta à regra da peremptoriedade do prazo para a defesa*. Mesmo decorrido o prazo de 24 horas ou de três dias, se a citação se fez por edital, se não houve defesa da sociedade por seus representantes legais, pode qualquer sócio opor-se à declaração, pedindo ao juiz o prazo de cinco dias para provar a sua defesa" (José da Silva Pacheco, ob. cit., p. 213, grifo acrescido ao original).

45. Esta obrigatoriedade da citação dos sócios em ação de dissolução de sociedade já foi definida, inclusive, pelo egrégio Superior Tribunal de Justiça (STJ, REsp 6.473-SP, 3ª T., j. 6.8.1991, v.u., rel. Min.

Ora, analogicamente e considerando que a falência é modalidade de dissolução regular de sociedade (art. 206, II, *c*, da Lei n. 6.404/1976 e art. 335, n. 2, do Código Comercial), se na dissolução societária é obrigatória a citação dos sócios, que, juridicamente, é muito menos gravosa para eles, naturalmente na ação de falência (em que há expressa disposição legal possibilitando a participação do sócio no processo, mediante oposição) também hão de ser citados os sócios.

Poder-se-ia apresentar objeções a esse entendimento acerca das dificuldades práticas para a citação de sociedades com elevado número de sócios; entretanto, esse argumento não prospera, pois, tomando-se em conta o entendimento esposado pelo próprio egrégio Supremo Tribunal Federal, em caso em que havia impraticabilidade da citação por mandado, a citação deverá ser efetuada por edital, conforme se depreende da ementa:

> Citação. Impraticabilidade por mandado. Número de citações. Citação por edital.
>
> Impraticabilidade da citação por mandado, de mais de 400 litisconsortes, de endereço ignorado a maioria e os outros espalhados por quase todas as Unidades da Federação. As normas processuais não podem ser interpretadas no sentido de impossibilitar o andamento da causa. Recurso extraordinário conhecido e provido para restaurar a decisão de primeiro grau que determina fosse feita a citação por edital.[46]

Naturalmente, o direito material das pessoas (ao devido processo legal e ao contraditório, assegurados constitucionalmente, respectivamente pelo art. 5º, LIV e LV, CF/1988) não pode ser subtraído sob alegações de cunho meramente pragmáticas. O argumento relativo ao número de sócios não encontra sustentação legal, existindo, se for o caso, em lei, mecanismos a viabilizar o cumprimento do direito a eles assegurado.

Destarte, conclui-se que, constatada a possibilidade teórica no caso concreto de oposição falimentar, devem os sócios ser citados para, querendo, exercê-la, uma vez que a defesa no processo de falência é composta, e não se consumam os efeitos da revelia senão após exaurirem as duas oportunidades legalmente previstas: a sociedade se defender e a oposição falimentar que poderá ser exercida pelo sócio.

7. *Conclusões*

Ante tudo o quanto foi exposto, tem-se por corolário:

A oposição falimentar pode ser definida como sendo a faculdade assegurada aos sócios de defenderem a sociedade que integram e contra a qual foi requerida falência, sendo que o exercício desse direito se faz por intervenção de terceiro no processo.

Na defesa da sociedade, o sócio contestará o pedido de quebra, produzirá e impugnará provas, interporá e responderá recursos. Em suma, exercerá todos os direitos e assumirá as obrigações processuais e/ou materiais pertinentes às partes no processo.

Constatamos a impropriedade técnica da terminologia *oposição*, posto que não se confunde com a oposição processual civil, mas reconhecemos que a taxonomia traz consigo algo de louvável, na medida em que viabiliza a compreensão do instituto não apenas como defesa, mas como impugnação ao pedido de quebra, admitido de modo amplo.

A modalidade de intervenção de terceiro, assistência é que mais se aproxima da oposição falimentar, mas, mesmo assim,

Eduardo Ribeiro, *RT* 677/220) e pelos tribunais inferiores (cf. *verbi gratia*, TAMG, ap. cív. 204.196-1, 2ª CC, v.u., j. 5.12.1995, rel. Juiz Edivaldo George, *RJTAMG* 61/209), sem embargo das opiniões em contrário (cf. TJRJ, ap. cív. 7.480, 2ª CC, v.u., j. 5.12.1978, rel. Des. Amaro Martins de Almeida, *JB* 64/217).

46. STF, RE 87.001-RJ, 1ª T., j. 6.12.1977, v.u., rel. Min. Soares Munhoz, *RTJ* 84/1.042.

existem entre ambas pontos de divergência que de todo inviabilizam a confusão entre elas.

A natureza jurídica da oposição falimentar é a de defesa, que é exercida por terceiro: sócio.

No processo de falência, a defesa é composta, uma vez que a ausência de defesa da sociedade não implica revelia, com o efeito de confissão quanto à matéria de fato, que somente ocorre após a expiração da possibilidade de oposição falimentar.

Atualidades

UMA ANÁLISE JURÍDICA DO ESTUDO E GERENCIAMENTO DOS RISCOS ENVOLVIDOS NA ATIVIDADE FINANCEIRA E SEU TRATAMENTO ATUAL NO BRASIL

ALMIR ROGÉRIO GONÇALVES

Introdução. 1. A importância da mensuração e controle do risco: 1.1 O que são riscos; 1.2 Casos de insucesso: 1.2.1 Banco Barings, 1995, Inglaterra; 1.2.2 Condado de Orange, 1994, EUA; 1.2.3 Banco Daiwa, 1995, Japão; 1.2.4 O caso Enron. 2. O Comitê da Basiléia: 2.1 Origem do comitê de supervisão bancária; 2.2 Acordo da Basiléia; 2.3 Proposta de abril de 1993; 2.4 1997, os 25 Princípios; 2.5 1998, os 13 Princípios. 3. Legislação envolvendo risco: 3.1 Resoluções do Conselho Monetário Nacional; 3.2 Circulares do Banco Central do Brasil; 3.3 Carta-circulares do Banco Central do Brasil; 3.4 Comunicados do Banco Central do Brasil. 4. Tipos de riscos: 4.1 Risco de mercado; 4.2 Risco operacional; 4.3 Risco de crédito; 4.4 Risco de liquidez; 4.5 Risco legal; 4.6 Risco de imagem; 4.7 Outros riscos. 5. Ferramentas de mensuração: 5.1 CAPM; 5.2 "Value at risk" (valor em risco); 5.3 Simulação de Monte Carlo; 5.4 Teste de "stress"; 5.5 Marcação a mercado; 5.6 Métodos de auto-avaliação (CSA). 6. Risco global. 7. Conclusão. Glossário. Bibliografia.

Introdução

Temos assistido, nos últimos anos, sobretudo na área financeira, o avanço dos estudos e do gerenciamento dos mais diversos riscos. Isto se deve sobretudo aos fenômenos das grandes quebras de instituições, financeiras ou não, até então consideradas sólidas e que geraram prejuízos incalculáveis aos seus acionais e em alguns casos a toda a sociedade.

O Brasil não ficou distante destes movimentos, da mesma forma que não escapamos ao desmonte de algumas instituições tradicionais, sobretudo no ambiente financeiro. Nesse cenário a análise de riscos se torna uma proteção a mais para os investidores, cobrindo as falhas não passíveis de controle pelas auditorias, pelos conselhos estatutários ou até mesmo pelos controles internos e contábeis.

Quando se fala em risco, logo vem a mente as classificações de risco de agencias internacionais, notadamente conhecidos como Risco País, ou, no nosso caso, como "Risco Brasil". No entanto, apesar de algumas de suas metodologias de avaliação serem coincidentes, e de as mesmas instituições realizaram a mesma abordagem de risco em países e empresas, alertamos que o risco que pretendemos aqui tratar não é o risco de uma economia de determinado país, mas sim os riscos envolvidos na atividade econômica e especialmente na atividade financeira.

Trataremos aqui daquela análise de riscos que visa abordar a probabilidade de continuidade, saúde financeira e lucratividade que se espera dos investimentos realizados em determinada instituição, seja por parte dos acionistas, seja por parte dos credores, sendo que os primeiros podem esperar, em razão dos maiores riscos de perdas em que estão envolvidos, uma rentabilidade maior sobre o seu investimento.

Outro ponto de extrema importância a se observar é a relevância da atividade jurídica, sobretudo preventiva, na eliminação de riscos e na preservação das atividades de uma empresa. No entanto, não obstante todo o movimento recentemente assistido no setor financeiro para o estudo e gerenciamento de riscos e a infinidade de recursos despendidos nesta atividade, a atuação e os estudos jurídicos nesta área são reduzidos.

Não são relevantes hoje os movimentos por parte de advogados no sentido de ingressar nesta área de estudos tão afeita aos princípios da atividade jurídica empresarial. Talvez este distanciamento se dê em razão da dificuldade de comunicação existente entre a área financeira e a jurídica, havendo dificuldades mútuas de compreensão da importância e funcionamento de ambas as atividades. Realmente, ao advogado é penoso o entendimento de todas as fórmulas e questões matemáticas envolvidas na atividade financeira. Da mesma forma o gestor financeiro não é capaz de compreender a infinidade de regras e regulamentos necessárias à segurança e bom funcionamento dos aspectos legais envolvidos nas atividades econômicas.

Esperamos com este trabalho, não somente incitar o estudo jurídico da análise de riscos e conseqüentemente da atividade financeira, como disponibilizar ao leitor acesso a alguns conceitos fundamentais sob os aspectos econômico-financeiro da atividade bancária e do funcionamento do mercado financeiro. Trazemos, portanto, alguns conceitos matemáticos e administrativos fundamentais para a correta compreensão de toda a abrangência e todos os desafios envolvidos na aventura que é controlar riscos, seja nas instituições financeiras, seja nas empresas em geral.

1. A importância da mensuração e controle do risco

1.1 O que são riscos

Em nosso dia-a-dia estamos constantemente nos deparando com atividades que envolvem riscos e, correntemente, nos esforçamos para gerenciá-los, ainda que de forma não sistemática ou até inconscientemente. Atualmente, os negócios praticados pelas empresas estão intimamente ligados à administração de riscos.

Dessa forma, algumas empresas buscam gerenciar seus riscos mais agressivamente ou conservadoramente, expondo-se ao risco de maneira estratégica e esforçando-se, assim, por obter diferenciação no seu mercado de atuação e vantagem competitiva.

Na atividade bancária, estes controles são ainda mais importantes, uma vez que o negócio bancário gira em torno dos conceitos de risco e retorno. Assim, o gerenciamento de risco em uma instituição financeira pode levá-la a incrementar seus resultados ou evitar que a instituição seja atingida por perdas não suportáveis pela instituição.

Apesar da importância atribuída ao gerenciamento dos riscos, o seu controle sistemático dentro das instituições financeiras somente passou a ser corriqueiro após as experiências de quebras representadas por casos como o Barings, do Condado de Orange e Daiwa, por exemplo.

Mais recentemente as instituições financeiras têm se deparado com vasta regulamentação que trata de regras impositivas de controle e mensuração de riscos, no âmbito internacional, através do Bank for International Settlements (BIS), e com reflexo no âmbito nacional, através das Resoluções do Conselho Monetário Nacional

(CMN) e das circulares do Banco Central do Brasil (BACEN).

A globalização da economia e o desenvolvimento tecnológico acelerado têm proporcionado novas dimensões à análise de riscos, tais como o advento dos derivativos. Assim, a postura das instituições financeiras tem sido muito mais preditiva do que reativa e esta visão tende a se alastrar para todas as atividades de uma empresa, inclusive a jurídica.

Desta forma, o gerenciamento de riscos torna-se uma importante ferramenta capaz de detectar, medir e controlar as incertezas, trazendo-as para uma perspectiva atual, atribuindo valor para estas incertezas e, por fim, encontrando modos de otimizar os controles e diminuir suas possibilidades de incidência.

No campo jurídico, é tarefa do advogado envolvido com empresas e instituições imersas no controle de risco conhecer a vasta regulamentação vigente sobre o assunto e criar mecanismos de gerenciamento dos riscos envolvidos nas atividades jurídicas das empresas, o que chamamos de *risco legal*.

No setor bancário e no mercado financeiro, todo o esforço de gerenciamento de riscos está intimamente ligado à garantia da continuidade das instituições financeiras, bem como da saúde de todo o sistema financeiro, garantindo aos investidores e à sociedade, a segurança necessária para suas operações com o setor bancário.

Mas enfim, após a realização de todas estas considerações surge a questão: o que é risco? Philippe Jorion, reconhecido estudioso dos riscos financeiros, define risco como "a volatilidade de resultados inesperados" (*Value At Risk*, p. 3). Tomando por base esta definição, devemos observar que a completa eliminação de todos os riscos nos levaria, em verdade, à inação, pois esta é a única forma de se exterminar o inesperado. A idéia de risco, e sua conseqüente administração, está vinculada à existência de incertezas, às possíveis reações e efeitos derivados destas incertezas e como estas incertezas podem ser controladas, modificadas ou reduzidas.

Os riscos presentes nas empresas, sobretudo instituições financeiras, podem ser basicamente de três ordens:

1) *Riscos intrínsecos ao negócio*: são aqueles assumidos voluntariamente pela instituição, com o objetivo de delinear sua forma e princípios de atuação.

2) *Riscos externos*: resultam de mudanças no cenário econômico ou político.

3) *Riscos financeiros*: estão relacionados a perdas no mercado financeiro.

Como os fatores acima estão em constante alteração e são fontes de profundas incertezas para os investidores e principalmente para as instituições financeiras, as empresas vêm buscando, com a administração de risco, controlar e reduzir estas incertezas, de forma a estarem protegidas contra todos os tipos de riscos a que estão expostas.

1.2 Casos de insucesso

Conforme comentamos acima, alguns eventos foram determinantes para que o mercado financeiro e principalmente os órgão de regulação voltassem suas atenções para a questão do gerenciamento de riscos. Procuramos abaixo comentar alguns deles, escolhidos principalmente em razão dos prejuízos que causaram e da repercussão que tiveram. No entanto, estamos certos de que não daremos uma visão completa dos prejuízos e crises que este tipo de acontecimento provoca.

Todos os casos apresentados representaram prejuízos superiores a US$ 1 bilhão. E, em todos eles, um sistema eficiente de controle e administração de risco poderiam ter evitado o desastre e transformado o prejuízo em pequenos resultados negativos de um balanço anual. Daí a importância fundamental dos sistemas de administração de riscos para qualquer empresa e para as instituições financeiras sobretudo.

1.2.1 Banco Barings, 1995, Inglaterra

O resultado de posições tomadas na Singapore International Monetary Exchange (SIMEX) e na Osaka Securities Exchange (OSE) levou à falência do Barings, um banco de 233 anos, no dia 26 de fevereiro de 1995, sendo tal derrocada proporcionada por um único operador, Nicholas Leeson, de 28 anos, do mercado de índices futuros. Com isto, desapareceu todo o capital acionário do banco.

Nicholas atingiu o valor de US$ 7 bilhões em posições nas Bolsas de Singapura e Osaka sendo que no início de fevereiro daquele ano tinha arriscado na SIMEX 40% da sua base de capital e na OSE 73% da sua base.

A importância do Caso Barings se deu sobretudo pelo fato de este ser o banco da Rainha da Inglaterra, além de ser considerado um banco conservador. O que é importante tirar deste caso é que a quebra foi proporcionada inicialmente por um risco operacional, pois Nicholas controlava a mesa de operações e a retaguarda (*back office*). O desastre demonstrou a falta de controle sobre a instituição. As Bolsas de Cingapura e Osaka também demonstraram total falta de controle sobre as posições assumidas em seus mercados.

Como resultado do ocorrido, hoje, a maioria dos bancos procuram separar suas funções de operações, retaguarda e controle de riscos e *compliance*, de forma que os operadores possam ser supervisionados adequadamente, sobretudo no que tange aos limites de posições assumidas.

Após esses incidentes, as autoridades envolvidas procuraram punir os responsáveis. Como resultado disso, Leeson foi sentenciado, em Cingapura, a seis anos e meio de prisão.

1.2.2 Condado de Orange, 1994, EUA

O Condado de Orange possuía um fundo municipal da ordem de US$ 7,5 bilhões, sendo que o seu administrador, Bob Citron, Secretário Municipal de Fazenda, na tentativa de aumentar o valor do fundo, tomou emprestado cerca de US$ 12,5 bilhões que foram investidos em títulos patrocinados pelo governo (*agency notes*), com vencimento médio de aproximadamente de 4 (quatro) anos, sendo os rendimentos proporcionados por estes títulos de quatro anos superiores ao custo do empréstimo de curto prazo.

Em 1994, com o aumento das taxas de juros, houve um aumento no custo do empréstimo fazendo com que houvesse uma deterioração na margem da operação, o aumento da taxa de juros também levou a chamadas de margem pelas perdas não realizadas através das corretoras que haviam disponibilizados os empréstimos de curto prazo. Quando as perdas começaram a ser de domínio público houve uma forte demanda por saques dos quotistas do fundo, fazendo com que o fundo fosse liquidado, resultando em um prejuízo realizado de US$ 1,64 bilhão.

Podemos identificar neste caso um risco de mercado que não foi controlado e também uma falta de mecanismos que mostrassem a carteira pelo valor de mercado e não pelo valor contábil, pois caso fosse usado um instrumento que levasse em consideração o valor a mercado, como o VAR, a perda de US$ 1,7 bilhão poderia ser muito menor, pois haveria por parte dos investidores uma total ciência da exposição ao risco que estava tendo o fundo.

1.2.3 Banco Daiwa, 1995, Japão

O caso do Banco Daiwa tem várias similaridades com o Caso Barings, pois o banco japonês também deixou que uma pessoa, Toshihide Igushi, tivesse o controle tanto das atividades de operações, como também do *back office*, fazendo com que perdas iniciadas em 1984 com títulos do tesouro americano fossem encobertas nas mais de 30.000 operações em 11 anos, acarretando uma perda estimada em US$ 1,1 bilhão, magnitude próxima ao prejuízo que levou a bancarrota o Banco Barings, mas no caso do banco japonês tal prejuízo foi absorvido por um sétimo do seu capital, na época o décimo segundo maior banco japonês.

1.2.4 O caso Enron

Para citarmos um caso externo ao setor bancário, e ao mesmo tempo citar um exemplo mais recente, podemos comentar as notícias que temos atinentes à falência da empresa de eletricidade norte-americana Enron.

A Enron, uma das maiores empresas dos EUA, pediu concordata apesar de vir exibindo lucros exuberantes e sólida estrutura contábil. Um operador do Allied Irish Banks, aparentemente sozinho, vem sendo responsabilizado por um prejuízo de US$ 750 milhões à empresa.

A revelação das irregularidades nos balanços foi o começo do fim da empresa. Em outubro de 2001, a Enron informou que havia exagerado em quase US$ 600 milhões os lucros apresentados nos balanços dos cinco anos anteriores. Depois, começaram a surgir dúvidas quanto à capacidade da empresa de honrar seus compromissos. Agências de classificação de riscos rebaixaram a nota da Enron, o que fechou de vez as portas do mercado para a empresa. Suas ações despencaram na Bolsa de Nova Iorque e a Enron entrou com pedido de falência no início de dezembro.

Conforme podemos apurar pela imprensa, a Enron escondeu de seus balanços milhões em empréstimos. Usando-se de brechas na legislação contábil, a empresa se utilizou de operações de *hedge* financeiro para maquiar os seus balanços. Tecnicamente, as operações procedidas foram um simples *swap*, ou seja, mecanismos de proteção financeira. Mas devido aos adiantamentos realizados pelas contrapartes, as operações se tornavam verdadeiros empréstimos. Os registros possuídos pela Arthur Andersen, auditores independentes da Enron e pessoas envolvidas com os negócios, demonstram que a Enron recebeu US$ 3,9 bilhões relativamente a referidos empréstimos entre 1992 e 2001. Estes empréstimos não estavam incluídos entre os valores de empréstimos de longo e curto prazo presentes nos balanços da companhia, que variavam entre US$ 8 bilhões e US$ 10 bilhões nos últimos três anos.

Caso a Enron tivesse demonstrado estes empréstimos, os investidores, analistas e agências de risco poderiam ter tido uma melhor avaliação dos riscos que estavam envolvidos nos investimentos realizados naquela empresa.

É necessário avaliar ainda que o caso Enron pode levar a mudanças importantes nas práticas contábeis das empresas. Alguns analistas não conseguem explicar como as empresas de auditoria não apontaram estes riscos aos acionistas da empresa. Ao mesmo tempo, passa-se a questionar como empresas podem ao mesmo tempo ser auditores independentes e consultores. A Andersen tinha os dois papéis na Enron e ganhou mais dinheiro propondo soluções contábeis do que com a fiscalização de suas operações.

Por fim, lembramos que um correto controle de riscos de liquidez e operacionais nesta empresa poderiam ter evitado a falência de uma das maiores companhias de energia elétrica do mundo e evitando ainda que prejuízos imensos incidissem sobre as carteiras de grandes e pequenos investidores, cujas ações saíram do patamar US$ 80,00 para valerem US$ 0,01 em janeiro de 2002.

2. O Comitê da Basiléia

2.1 Origem do Comitê de Supervisão Bancária

Em 1974, o Herstatt Bank faliu após ter recebido pagamentos de várias contrapartes, ficou inadimplente antes que as outras pontas das transações terem sido pagas, potencialmente desestabilizando o sistema bancário global; esse risco é concreto em operações cambiais, nas quais os pagamentos poderiam ser feitos na Europa, no período da manhã, contra recebimento na América, no período da tarde.

A falência do Herstatt Bank serviu para que houvesse a criação do Comitê da Basiléia, o qual, após quase vinte anos, promulgou as exigências de adequação de capital dos Bancos Comerciais.

O Bank for International Settlements — BIS — é uma instituição internacional, com sede na Basiléia, na Suíça, que procura promover a cooperação dos bancos centrais e das agências financeiras. O BIS serve como um fórum de discussão e de coordenação de políticas monetárias e financeiras. É formado pela Bélgica, Canadá, França, Alemanha, Itália, Japão, Luxemburgo, Holanda, Suécia, Suíça, Reino Unido e Estados Unidos.

O Comitê de Supervisão Bancária da Basiléia possui representantes dos bancos centrais dos países que compõem o BIS. Geralmente os seus encontros acontecem na sede do BIS, onde o seu secretariado permanente é localizado.

2.2 Acordo da Basiléia

Em 15 de julho de 1988 foi firmado o Acordo da Basiléia, com o objetivo de proporcionar condições equilibradas aos bancos comerciais, estabelecendo um padrão mínimo de capital aplicável a todos os países-membros.

O Acordo da Basiléia definiu uma medida comum de solvência denominada de razão de Cooke, nome este em homenagem ao Sr. Peter Cooke, presidente do Comitê da Basiléia e, na época, titular de supervisão bancária do Bank of England, que cobre apenas riscos de crédito, tratando unicamente da identidade dos devedores dos bancos. Em 1993 a razão de Cooke estava totalmente implementada em todos os bancos segurados dos países signatários.

O Acordo exige que o capital seja igual a pelo menos 8% dos ativos do banco, ponderados pelo risco. A interpretação do capital é mais ampla do que a definição usual de valor patrimonial, visto que o seu objetivo é proteger depósitos.

O Acordo da Basiléia também estabelece limites sobre "tomada excessiva de risco", ou seja, restrições para grandes riscos, definidos como posições que excedem 10% do capital de um banco, devendo ser reportadas às autoridades reguladoras. Há também vedação a posições que ultrapassem 25% do capital de uma instituição.

2.3 Proposta de abril de 1993

A defasagem entre o valor contábil e o valor de mercado fez com que o Comitê da Basiléia adotasse o valor no risco para mensurar o risco de mercado. Como o Acordo de 1988 atuava principalmente no risco de crédito, foi elaborado uma série de propostas sobre o risco de mercado.

Em abril de 1993 houve uma proposta para medir os hiatos de exposição a riscos de taxa de juros dos bancos. A proposta envolvia um modelo comum (juntamente com exigências de capital), a ser utilizado para medir os hiatos de exposição dos bancos em todas as principais economias. A exigência de 8% de capital seria suplantada com esta proposta.

O VAR, *value at risk*, valor ao risco, é primeiramente calculado para carteiras expostas ao risco de taxa de juros, de taxa de câmbio, de ações e de *commodities*, utilizando diretrizes específicas. Para o risco cambial e de ações, o encargo de capital de risco de mercado é essencialmente 8% da posição líquida, e para *commodities* é de 15%.

2.4 1997, os 25 Princípios

Em setembro de 1997 foi publicado pelo Comitê os "25 Princípios para uma Supervisão Bancária Eficaz", que visam, de uma maneira abrangente, garantir um eficiente sistema de supervisão bancária, com responsabilidades e objetivos bem definidos, de modo a assegurar que as instituições:

1. estabeleçam e cumpram políticas, práticas e procedimentos adequados à avaliação da qualidade de seus ativos, bem como quanto à formação de reservas e provisões para devedores duvidosos;

2. possuam sistemas de informação gerencial que permitam identificar eventual concentração de risco em suas carteiras, devendo também estabelecer limites quanto ao total das responsabilidades junto a um mesmo tomador ou grupo de empresas ligadas;

3. implementem políticas e procedimentos adequados para identificar, monitorar e controlar riscos soberanos e de transferência em seus empréstimos e investimentos internacionais, riscos de mercado e quaisquer outros;

4. adotem regras rígidas para identificação dos clientes de forma a prevenir que a instituição seja usada, mesmo que não intencionalmente, para atividades criminosas.

Além disso, o mesmo documento preconiza que os órgãos de supervisão bancária devem efetuar uma supervisão bancária consolidada, monitorando e aplicando adequadamente as normas prudenciais a todos os negócios conduzidos pelas instituições bancárias multinacionais, inclusive agências e subsidiárias no exterior, como também que as operações dos bancos estrangeiros sejam feitas seguindo os mesmos padrões estabelecidos para as instituições domésticas.

O Conselho Monetário Nacional (CMN) estabelece a importância dos controles internos através da Resolução 2.554, 24.9.1998, que dispõe sobre a implantação e implementação de sistema de controles internos.

2.5 1998, os 13 Princípios

Os controles internos têm sido um mecanismo para a redução das possibilidades de fraude, apropriação indébita e erros. O reconhecimento de sua importância pode ser aquilatado pelo fato de vários países, cuja cultura jurídica baseia-se no direito consuetudinário, estarem adotando normas específicas sobre o assunto. Reconhece-se, agora, que um processo de controles internos seguro é fundamental para a habilitação da instituição para atingir seus objetivos, mantendo, assim, sua viabilidade financeira.

Os controles internos consistem de cinco elementos inter-relacionados:

1. a visão gerencial e a cultura de controle;

2. o reconhecimento e a avaliação de risco;

3. as atividades de controle e a segregação de responsabilidades;

4. a informação e a comunicação;

5. as atividades de monitoração e correção de deficiências.

Os problemas de falências e perdas financeiras observados recentemente no Brasil e no mundo podem ser atribuídos a falhas associadas a alguns desses elementos, que são, como já dito, fundamentais para a instituição financeira e para a segurança do sistema como um todo.

O desenvolvimento dos estudos e as discussões empreendidas com vários organismos reguladores, bem como as sugestões apresentadas pelas instituições financeiras, levaram o Comitê da Basiléia, em 1998, a estabelecer 13 (treze) princípios vinculados aos cinco elementos mencionados.

3. Legislação envolvendo risco

Alem das normas emitidas pela Basiléia, das quais o Brasil é signatário, também as normas internas vêm procurando tratar e regulamentar este tipo de atividade. Assim, vimos nos últimos anos surgir uma série de outros normativos que tratam dos mais diversos riscos e da forma de tratá-los e controlá-los.

Devido a dificuldade que geralmente se encontra na identificação e estudo de todos estes normativos, procuramos abaixo relacionar aqueles que julgamos mais pertinentes à área bancária e financeira, expedidos pelo Banco Central do Brasil e pelo Conselho Monetário Nacional. Lembramos, no entanto, que esta normatização não deve se restringir ao setor bancário, razão pela qual a CVM e o próprio Poder Executivo vem se preocupando com o tema, conforme demonstra o Projeto de Lei 3.741, atualmente tramitando no Senado Federal.

Acrescentamos, ainda, outras iniciativas legislativas que são afins ao estudo dos riscos presentes no setor bancário, como o Sistema Brasileiro de Pagamentos, a Lei 10.214, de 27.3.2001, que dispõe sobre a atuação das câmaras e dos prestadores de serviços de compensação e de liquidação e o Código de Defesa do Consumidor Bancário.

3.1 Resoluções do Conselho Monetário Nacional

2.042, 13.1.1994 — Autoriza a realização, no mercado de balcão, de operações de *swap* referenciadas em ouro, taxas de câmbio, taxas de juros e índices de preços por parte das instituições que especifica.

2.099, 17.8.1994 — Aprova regulamentos que dispõem sobre as condições relativamente ao acesso ao Sistema Financeiro Nacional, aos valores mínimos de capital e patrimônio líquido ajustado, a instalação de dependências e a obrigatoriedade da manutenção de patrimônio líquido ajustado em valor compatível com o grau de risco das operações ativas das instituições financeiras e demais instituições autorizadas a funcionar pelo Banco Central.

2.138, 29.12.1994 — Autoriza a realização, no mercado de balcão, de operações de *swap* e de opções sobre *swap*, referenciadas em ouro, taxas de câmbio, taxas de juros e índices de preços por parte das instituições que especifica. Fica revogada a Resolução 2.042, de 13.1.1994, passando a base regulamentar para a edição das Circulares 2.402, de 13.1.1994, e 2.405, de 3.2.1994, a ser esta Resolução.

2.139, 29.12.1994 — Altera a fórmula de cálculo do patrimônio líquido de que trata o Regulamento Anexo IV a Resolução 2.099, de 17.8.1994.

2.212, 16.11.1995 — Altera dispositivos das Resoluções 2.099, de 17.8.1994 e 2.122, de 30.11.1994.

2.262, 28.3.1996 — Altera a fórmula de cálculo do patrimônio líquido de que trata o Regulamento Anexo IV a Resolução 2.099, de 17.8.1994.

2.302, 25.7.1996 — Estabelece normas e procedimentos para a instalação de dependências e para a participação societária, direta ou indireta, no exterior, de instituições financeiras e demais instituições autorizadas a funcionar pelo Banco Central do Brasil.

2.399, 25.6.1997 — Altera a fórmula de cálculo do patrimônio líquido de que trata o Regulamento Anexo IV a Resolução 2.099, de 17.8.1994.

2.405, 25.6.1997 — Dispõe sobre a aplicação de recursos por parte das instituições financeiras, demais instituições autorizadas a funcionar pelo Banco Central do Brasil, entidades de previdência privada, sociedades seguradoras, sociedades de capitalização e fundos de investimento financeiro na aquisição de certificados representativos de contratos mercantis de compra e venda a termo de energia elétrica.

2.474, 26.3.1998 — Dispõe sobre limites de diversificação de risco por cliente.

2.554, 24.9.1998 — Dispõe sobre a implantação e implementação de sistema de controles internos.

2.606, 27.5.1999 — Estabelece limite para o total de exposição em ouro e em ativos e passivos referenciados em variação cambial, em bases consolidadas, para as instituições financeiras, demais instituições autorizadas a funcionar pelo Banco Central do Brasil e suas controladas diretas e indiretas.

2.682, 21.12.1999 — Dispõe sobre critérios de classificação das operações de crédito e regras para constituição de provisão para créditos de liquidação duvidosa.

2.692, 24.2.2000 — Estabelece critério para apuração do Patrimônio Líquido Exigido (PLE) para cobertura do risco decorrente da exposição das operações registradas nos demonstrativos contábeis a variação das taxas de juros praticadas no mercado, para as instituições referidas no Regulamento Anexo IV a Resolução 2.099, de 1994.

2.697, 24.2.2000 — Dispõe sobre critérios de classificação das operações de crédito e divulgação de informações em nota explicativa as demonstrações financeiras.

2.724, 31.5.2000 — Dispõe sobre a prestação de informações para o Sistema Central de Risco de Crédito.

2.791, 30.11.2000 — Dispõe sobre a suspensão da vigência da Resolução 2.720, de 2000, relativa a aplicação dos recursos das entidades fechadas de previdência privada.

2.802, 21.12.2000 — Define o patrimônio de referência das instituições financeiras e demais instituições autorizadas a funcionar pelo Banco Central do Brasil.

2.804, 21.12.2000 — Dispõe sobre controles do risco de liquidez.

2.815, 24.1.2001 — Altera o art. 2º da Resolução 2.099, de 1994, que dispõe sobre a observância dos padrões de capital e/ou patrimônio líquido de que tratam os Anexos II e IV da referida Resolução e revoga o art. 17 do Regulamento Anexo III, permitindo às instituições financeiras sob controle direto ou indireto de capital estrangeiro, a abertura de agências.

2.819, 22.2.2001 — Altera dispositivo do Regulamento anexo à Resolução 2.690, de 2000, que disciplina a constituição, a organização e o funcionamento das Bolsas de Valores.

2.827, 29.3.2001 — Consolida e redefine as regras para o contingenciamento do crédito ao setor publico.

2.829, 29.3.2001 — Aprova regulamento estabelecendo as diretrizes pertinentes a aplicação dos recursos das entidades fechadas de previdência privada.

2.836, 30.5.2001 — Altera e consolida normas sobre cessão de créditos.

2.837, 30.5.2001 — Define o patrimônio de referência das instituições financeiras e demais instituições autorizadas a funcionar pelo Banco Central do Brasil.

2.878, 26.7.2001 — Dispõe sobre procedimentos a serem observados pelas instituições financeiras e demais instituições autorizadas a funcionar pelo Banco Central do Brasil na contratação de operações e na prestação de serviços aos clientes e ao público em geral.

2.882, 30.8.2001 — Dispõe sobre o sistema de pagamentos e as câmaras e os prestadores de serviços de compensação e de liquidação que o integram.

2.891, 26.9.2001 — Altera o critério para apuração do Patrimônio Líquido Exigido (PLE) para cobertura do risco decorrente da exposição de operações praticadas no mercado financeiro.

2.931, 14.2.2002 — Dispõe sobre o critério de avaliação dos ativos integrantes da carteira dos fundos de investimento financeiro e dos fundos de aplicação em quotas de fundos de investimento.

3.2 Circulares do Banco Central do Brasil

2.402, 13.1.1994 — Dispõe sobre o registro e os limites operacionais das operações de *swap*.

2.405, 2.2.1994 — Dispõe sobre o alcance da vedação de que trata o art. 3º da Resolução 2.042, de 13.1.1994.

2.568, 3.5.1995 — Altera a classificação de fatores de risco de operações ativas, bem como os procedimentos para contabilização de operações de cessão de crédito e de receitas e despesas a apropriar.

2.768, 16.7.1997 — Estabelece procedimentos para a remessa mensal de informações relativas a clientes, com vistas à implementação do Sistema Central de Risco de Crédito.

2.770, 30.7.1997 — Dispõe sobre o registro contábil das operações de *swap*.

2.771, 30.7.1997 — Divulga os fatores de risco dos referenciais objeto de operações de *swap* e respectivos coeficientes de correlação, para efeito de determinação dos riscos de crédito.

2.779, 29.10.1997 — Esclarece a respeito da apuração dos riscos de derivativos (RCD) e da avaliação das operações a valor de mercado.

2.784, 27.11.1997 — Divulga novos fatores de risco dos referenciais objeto de operações de *swap* e respectivos coeficientes de correlação para fins de determinação dos riscos de derivativos (RCD) e altera os fatores *F* e *F'*.

2.894, 27.5.1999 — Estabelece procedimentos para o cálculo do limite de exposição em ouro e em ativos e passivos referenciados em variação cambial, em bases consolidadas, de que trata a Resolução 2.606, de 1999.

2.907, 30.6.1999 — Estabelece limite para dispensa de cumprimento da exigibilidade de recolhimento do compulsório/encaixe obrigatório em títulos públicos federais vinculados no Sistema Especial de Liquidação e de Custodia (SELIC).

2.954, 2.12.1999 — Altera procedimentos para elaboração e remessa das informações relativas ao acompanhamento e ao controle da exposição em ouro e em ativos e passivos referenciados em variação cambial, de que trata a Resolução 2.606, de 1999.

2.972, 23.3.2000 — Estabelece critérios e condições para a apuração da parcela do Patrimônio Líquido Exigido (PLE) para cobertura do risco decorrente da exposição das operações denominadas em Real e remuneradas com base em taxas prefixadas de juros a variação das taxas praticadas no mercado, de que trata a Resolução 2.692, de 2000.

2.976, 30.3.2000 — Altera o fator *F* aplicável às operações com ouro e com ativos e passivos referenciados em variação cambial, constante da fórmula do PLE de que trata o Regulamento Anexo IV da Resolução 2.099, de 1994, com a redação dada pela Resolução 2.692, de 2000.

2.995, 26.7.2000 — Altera critério de apropriação contábil de receitas e despesas decorrentes de operações ativas e passivas, do COSIF.

2.999, 24.8.2000 — Altera o valor mínimo para identificação de clientes no Sistema Central de Risco de Crédito.

3.025, 24.1.2001 — Estabelece critérios aplicáveis às operações de arrendamento mercantil externo (*leasing*) Resolução 1.969, de 1992.

3.031, 10.5.2001 — Altera fator de ponderação de risco constante da Tabela de Classificação dos Ativos do Regulamento Anexo IV da Resolução 2.099, de 1994, alterada pela Circular 2.568, de 1995, e alterações posteriores.

3.038, 6.6.2001 — Estabelece procedimentos para o Redesconto do Banco Central e de funcionamento do Sistema Especial de Liquidação e de Custodia (SELIC).

3.057, 31.8.2001 — Aprova regulamento que disciplina o funcionamento dos sistemas operados pelas câmaras e pelos prestadores de serviços de compensação e de liquidação que integram o sistema de pagamentos.

3.059, 20.9.2001 — Estabelece prazos e procedimentos relativos à liquidação de ativos e a sistemática de emissão e de resgates de cotas de fundos de investimento (regras de transição para o novo SPB).

3.060, 20.9.2001 — Estabelece regras de funcionamento da conta Reservas Bancárias, titulada por instituições financeiras no BC (cronograma de implementação do novo SPB).

3.064, 27.9.2001 — Dispõe sobre a apuração e a remessa de informações relativas ao limite de exposição em ouro e em ativos e passivos referenciados em variação cambial, de que tratam a Resolução 2.606 e a Circular 2.894, ambas de 1999.

3.068, 8.11.2001 — Estabelece critérios para registro e avaliação contábil de títulos e valores mobiliários.

3.076, 7.1.2002 — Estabelece disposições complementares à Resolução 2.874/2001, relativas a autorização para funcionamento, transferência de controle, reorganização societária e auditoria independente de sociedade de crédito ao microempreendedor e instalação de posto de atendimento ao microempreendedor.

3.085, 18.2.2002 — Dispõe sobre procedimentos a serem observados pelas administradoras de consórcio na contratação de operações e na prestação de serviços aos consorciados.

3.086, 18.2.2002 — Estabelece critérios para registro e avaliação contábil de títulos e valores mobiliários e de instrumentos financeiros derivativos pelos fundos de investimento financeiro, fundos de aplicação em quotas de fundos de investimento, fundos de aposentadoria programada individual e fundos de investimento no exterior.

3.3 Carta-circulares do Banco Central do Brasil

2.752, 21.7.1997 — Estabelece procedimentos para a remessa de informações relativas a clientes, com vistas à implementação do Sistema Central de Risco de Crédito.

2.858, 30.6.1999 — Esclarece relativamente ao envio de relatórios gerenciais diários para o cumprimento do estabelecido na Circular 2.894, de 1999.

2.866, 13.8.1999 — Divulga instruções relativas ao acompanhamento e ao controle da exposição em ouro e em ativos e passivos referenciados em variação cambial, em bases consolidadas, de que trata a Circular 2.894, de 1999.

2.874, 1.10.1999 — Esclarece sobre a remessa das informações relativas à Circular 2.894, de 27 de maio de 1999, e Carta-circular 2.866, de 13 de agosto de 1999 — acompanhamento e controle da exposição em ouro e em ativos e passivos referenciados em variação cambial.

2.875, 15.10.1999 — Esclarece sobre a remessa das informações relativas à Circular 2.894, de 27 de maio de 1999, e Carta-Circular 2.866, de 13 de agosto de 1999 — acompanhamento da exposição em ouro e em ativos e passivos referenciados em variação cambial — Anexo II.

2.908, 4.4.2000 — Esclarece acerca do cálculo da parcela do Patrimônio Líquido Exigido (PLE) para cobertura do risco decorrente da exposição das operações denominadas em Real e remuneradas com base em taxas de juros prefixadas a variação das taxas de juros praticadas no mercado, de que trata a Circular 2.972, de 2000.

2.909, 26.4.2000 — Esclarece acerca dos procedimentos a serem observados para a remessa mensal de informações relativas à clientes, no âmbito do Sistema Central de Risco de Crédito.

2.914, 29.5.2000 — Esclarece sobre a divulgação dos parâmetros calculados pelo Banco Central do Brasil, conforme disposto na Circular 2.972, de 2000, e na Resolução 2.692, de 2000.

2.918, 15.6.2000 — Divulga a estrutura do Consolidado Econômico Financeiro — CONEF.

2.952, 24.1.2001 — Altera o demonstrativo "SFH — contratos com cobertura do FCVS", instituído pela Circular 2.649, de 27.12.1995, destinado a avaliar e acompanhar a dívida vencida e vincenda do fundo de compensação de variações salariais.

2.961, 12.4.2001 — Efetua ajustes nos anexos a Carta-circular 2.959, de 2001.

2.962, 23.5.2001 — Cria títulos no COSIF para o registro dos valores de ativos de responsabilidade ou garantia de outras instituições financeiras e outras instituições autorizadas a funcionar pelo Banco Central do Brasil e altera o CONEF.

2.972, 27.8.2001 — Esclarece sobre a remessa de informações relativas à Circular 3.046/2001.

2.982, 3.10.2001 — Efetua ajustes nos anexos à Carta-circular 2.972/2001, e esclarece sobre os documentos 2.310 e 2.320 e sobre a remessa das informações relativas à Circular 3.046/2001, que trata do acompanhamento e controle da exposição das operações denominadas em Real e remuneradas com base em taxas de juros prefixadas.

2.990, 12.12.2001 — Cria títulos e subtítulos contábeis no Cosif para registro de operações compromissadas, alterando a Tabela de Classificação dos Ativos e o Documento Conef.

2.991, 12.12.2001 — Efetua ajustes nos anexos da Carta-circular 2.972, de 2001, modificada pela Carta-circular 2.982, de 2001, sobre a remessa das informações relativas à Circular 3.046, de 2001, e dá outros esclarecimentos.

3.4 Comunicados do Banco Central do Brasil

7.684, 11.7.2000 — Comunica a adoção de padrão para a expressão de taxas de juros.

7.818, 31.8.2000 — Divulga os critérios adotados para a expressão da taxa de rentabilidade associada ao preço ou a cotação de títulos federais registrados no Sistema Especial de Liquidação e de Custodia (SELIC).

8.102, 26.12.2000 — Esclarece acerca da indicação de diretor responsável pela observância das diretrizes estabelecidas para a implementação do Projeto de Reestruturação do SPB.

8.216, 16.2.2001 — Comunica decisões do BC, relativas à implementação da reestruturação do SPB (depósitos e resgates no novo SPB).

8.260, 9.3.2001 — Comunica decisões do BC, relativas à implementação da reestruturação do SPB (reservas bancárias e redesconto).

8.326, 30. 3.2001 — Informa os procedimentos para contratação de operação de crédito nos termos da Resolução 2.827, de 30.3.2001.

8.333, 2.4.2001 — Trata da indicação de representante técnico para acompanhar a implantação da rede SPB.

8.455, 18.5.2001 — Comunica decisões do Banco Central do Brasil, relativas à implementação da reestruturação do Sistema de Pagamentos Brasileiro.

8.454, 18.5.2001 — Comunica decisões do BC, relativas à implementação da reestruturação do SPB (topologia n x 2).

8.691, 30.7.2001 — Comunica decisões do BC relativas à implementação da reestruturação do SPB (inclui ativos não registrados e altera prazo para informações sobre fundos).

4. *Tipos de riscos*

Cabe aqui que nós levemos a cabo a definição dos principais riscos identificados na literatura que trata sobre o assunto. O conjunto de definições de riscos é fundamental na tarefa de implementar o gerenciamento dos riscos relacionados a uma organização. A lista de definições presentes no glossário deste trabalho cobre, de forma mais abrangente e objetiva, os diferentes tipos de riscos que possam estar presentes na rotina de uma instituição financeira.

4.1 Risco de mercado

Risco de mercado é o risco a que está sujeita uma instituição financeira resultante da variação de valor de uma carteira de ativos e passivos em função de oscilações nas taxas e preços de mercado, como as taxa de juros, de câmbio e os preços de ações e de *commodities*.

Risco de mercado depende do comportamento do preço do ativo diante das oscilações de mercado. Para entender e controlar tais oscilações é importante identificar e quantificar o mais corretamente possível as volatilidades e correlações que impactam no preço do ativo.

O risco de mercado se divide em quatro grandes áreas, que são os riscos dos mercados acionário, de câmbio, de juros e de *commodities*. Os riscos de mercado acionário dizem respeito a investimentos em fatores de mercados e podem ser aproximados por índices como o IBOVESPA. Por outro lado, alguns investimentos podem ser descasados em razão de oscilações de taxas de câmbio, como vimos recentemente no Brasil.

Ao desempenharem suas funções de transformação de ativos, as instituições financeiras descasam os prazos de vencimento de seus ativos e passivos e, ao fazê-lo, expõem-se a risco de variação da taxa de juros, daí a razão de tratarmos aqui do risco de mercado de juros. E, por fim, temos os riscos incorridos em investimentos ou aquisição de *commodities*, que, como os demais, pode ser fonte de graves riscos para as instituições.

4.2 Risco operacional

É o risco de perdas inesperadas surgidas de deficiências no gerenciamento de informações e nos sistemas e procedimentos de suporte e controle.

O *risco operacional* surge de ineficiência de sistemas ou controles, erros humanos, falhas de gerenciamento, perdas de patrimônio etc. O risco operacional pode surgir de problemas com empregados desmotivados ou desqualificados, riscos de sistemas, ineficiência da organização e da administração, falta de acesso a informações internas ou de mercado.

Estes riscos ainda podem relacionar-se com problemas puramente tecnológicos ou mesmo de ausência de conformidade com normas internas ou externas.

4.3 Risco de crédito

Risco de crédito se relaciona a riscos de perdas financeiras sofridas quando uma contraparte em um contrato de crédito não cumpre com seus compromissos. As perdas serão computadas em razão de compromissos não recebidos, sejam estes compromissos assumidos com particulares, empresas ou mesmo com o setor público.

Outro risco presente na teoria sobre risco de crédito diz respeito a concentração de crédito em um único devedor que, na hipótese de algum imprevisto, pode levar a instituição à insolvência.

4.4 Risco de liquidez

O *risco de liquidez* de maneira simples e direta é o risco envolvido no descasamento do fluxo de pagamentos e recebimentos da instituição financeira, logo, o risco de liquidez está estritamente ligado ao fluxo de caixa gerado pela organização.

No passivo este risco é cristalizado quando os titulares de passivos de uma instituição financeira, como depositantes ou investidores, tomam a iniciativa de converter seus direitos financeiros em dinheiro imediatamente. Quando os titulares de passivos exigem dinheiro retirando seus depósitos, a instituição financeira vê-se obrigada a captar fundos adicionais ou liquidar ativos para cobrir as retiradas.

O ativo mais líquido de todos é o caixa; as instituições financeiras usam este ativo para pagar diretamente os titulares de direitos que desejam fazer retiradas. Como tais ativos não rendem juros, há sempre uma minimização dos seus saldos. Outros ativos, ao serem vendidos apressadamente, podem concretizar valores muito inferiores ao que seria obtido se houvesse um prazo mais longo para negociar a venda, isto leva a um preço mais baixo de liquidação, ameaçando, assim, a solvência da instituição financeira; também há a alternativa, ao invés de liquidar os ativos, a opção de empréstimos via interbancária ou linha de redesconto do Banco Central.

No ativo a possibilidade de risco de liquidez existe quando há saques em compromissos de empréstimos assumidos pela instituição perante seus clientes, isto gera uma demanda de liquidez, tendo a instituição que diminuir os seus saldos de caixa, vender ativos líquidos ou obter empréstimos adicionais.

Para disciplinar o assunto o Banco Central expediu a Resolução 2.804/2001, que determinou uma estrutura básica de acompanhamento dos fundos de caixa, devendo cada instituição apresentar seu próprio projeto prático de controle deste risco.

Ainda no âmbito do risco de liquidez, é forçoso lembrar que a implantação do Sistema de Pagamentos Brasileiro irá em breve tornar mais segura a liquidez das instituições, uma vez que as operações serão processadas e debitadas instantaneamente, impedindo descasamentos ao final do dia, como ocorre hoje. Isto será importante também na contenção do risco sistêmico.

4.5 Risco legal

A literatura existente sobre *risco legal* diz respeito, na maior parte das vezes, à experiência estrangeira sobre o assunto, por essa razão acreditamos que o gerenciador nacional de riscos deverá partir da experiência pátria para o estabelecimento de novos conceitos envolvendo os riscos legais, gerenciando as necessidades observadas a partir da realidade local e da realidade de cada uma das organizações.

As definições que encontramos no país, derivadas da literatura estrangeira, tratam o risco legal como a impossibilidade de efetivação de um contrato ou direito. Alguns precursores do assunto relativo ao risco legal o definem como o risco relacionado aos contratos que não possam ser legalmente amparados por falta de representatividade por parte de um negociador, por documentação insuficiente, insolvência ou ilegalidade.

O risco legal pode estar associado a perdas oriundas de falta de definição técnica legal ou organização jurídica nas operações da empresa, bem como de perdas advindas de possíveis alterações legislativas externas à empresa.

O risco legal, por si só, não é passível de se tornar uma atividade operacional dentro das instituições financeiras, visto ser um conceito vago e não associado a uma realidade efetiva. Assim, dividimos o risco legal em cinco atividades particulares que representam efetivamente riscos reais e passíveis de controle: risco contratual, risco contencioso, risco tributário, risco de regulamentação e o risco de conformidade.

1. *Risco contratual* — risco de perdas decorrentes de contratos não operacionais omissos, mal redigidos ou sem o devido amparo legal. Diz respeito também à ausência de técnica jurídica na elaboração de contratos, expondo a organização excessivamente a uma contraparte ou levando ao fechamento de contratos sem garantias suficientes de execução de eventuais prejuízos causados. Pode estar relacionado ainda à inexistência de verificação sobre a legitimidade de contrapartes ou autenticidade de documentos apresentados.

Aqui, vale lembrar, que o risco contratual incide somente sobre os contratos não operacionais. A atividade bancária se resume basicamente à venda de contratos aos seus clientes, sejam contratos de empréstimos, de seguros, de previdência privada etc. Lembramos que falhas nestes contratos são falhas eminentemente operacionais e não dizem respeito ao risco contratual, como definido aqui. Isso não exclui a necessidade de análise jurídica sobre referidos contratos operacionais.

O risco contratual está relacionado basicamente aos contratos de suprimento da instituição, bem como as negociações extraordinárias ou de grande volume que ocorram em decorrência das atividades, operacionais ou não, da empresa.

2. *Risco contencioso* — não é comumente trabalhado pelas áreas gestoras de risco das instituições financeiras, mas é controlado pelos departamentos jurídicos destas instituições. O *risco contencioso* diz respeito a perdas decorrentes de insucesso em processos judiciais, ou mesmo, ausência de defesa jurídica de interesses legitimamente adquiridos pela instituição. A implantação de sistemas confiáveis de mensuração do risco contencioso é tarefa relativamente simples, dados os controles existentes nos departamentos jurídicos e podem representar economias significativas para a empresa.

3. *Risco de regulamentação* — este pode ser definido como o risco de perdas decorrentes de sanções por órgão reguladores e indenizações por danos a terceiros, conseqüência de violação da legislação vigente. É válido não confundir este risco com o risco de conformidade que diz respeito ao risco de não atuar em acordo com a legislação vigente. O *risco de regulamentação* diz respeito ainda à possibilidade de surgimento de novas leis ou regulamentos que afetem profundamente o funcionamento, lucratividade ou organização das instituições financeiras.

O risco de regulamentação não representa perdas significativas para as empresas e pode ser facilmente controlado, através do acompanhamento dos trâmites legislativos relativos à atividade bancária.

4. *Risco de conformidade* — conforme mencionado acima, diz respeito ao risco de não atuar em acordo com a legisla-

ção vigente e as perdas oriundas desta inobservância, que podem ser não só financeiras como imateriais.

O controle deste risco será tanto mais difícil quanto mais complexa for a organização e os produtos oferecidos por esta. Seu controle se dá basicamente pela observação atenta dos normativos internos e externos e pela averiguação da conformidade da atuação do corpo funcional interno com estas normas.

Assim, o caminho mais simples será o acompanhamento das normas externas à organização, para então unir à estas normas as normas definidas internamente, em um eficiente e bem divulgado manual normativo interno. A partir daí, basta a implementação de mecanismos seguros de acompanhamento e observância deste manual normativo. Isto geralmente ocorre através da implementação de agentes de conformidade responsáveis pelo acompanhamento de cada unidade gerencial.

5. *Risco tributário* — pode ser definido como o risco de perdas devido a criação ou nova interpretação da incidência de tributos. Pode, portanto, em alguns aspectos, se confundir com o risco de regulamentação. O gerenciamento da incidência de tributos sobre as atividades operacionais e comerciais da empresa pode ser útil como forma de gerar economias à empresa e pode se vincular ainda ao planejamento tributário da instituição.

A versão de 2000 do Acordo da Basiléia indica, em uma nota presente em seu texto, que a mensuração do risco legal deverá ocorrer na mesma plataforma de mensuração do risco operacional, razão pela qual acreditamos que o trabalho de controle deste risco deve ser concluído nos mesmos prazos previstos para a implantação do risco legal.

A estruturação do acompanhamento de riscos jurídicos em empresas públicas ou de economia mista sofre algumas dificuldades, quando comparadas aos seus concorrentes privados, em razão sobretudo à impossibilidade de acesso constante à consultores jurídicos especializados nos mais diversos aspectos contratuais e em razão das exigências da Lei 8.666/1993.

Em decorrência disto seria aconselhável que tais instituições fossem mais rígidas em seus controles e relatórios de perdas por razões legais, tais como as derivadas de julgamentos desfavoráveis, contratos mal redigidos, perdas de prazos, revelia, inconsistência e não padronização de argumentações.

Tais controles e relatórios poderiam ser facilmente obtidos através da implantação de um efetivo controle de riscos destas áreas. Ademais, é urgente que as instituições financeiras identifiquem as grandes perdas oriundas de contratos que participam e que possam representar perigos à continuidade da empresa.

Muito poucas instituições no Brasil dão a devida atenção ao risco legal. Seja pela falta de visualização do tamanho das perdas a que estão expostas, seja pela falta de profissionais habilitados a estruturar um projeto de implementação de controles deste risco. A disciplina do risco legal é totalmente insipiente no Brasil e, acreditamos, urgente a estruturação de estudos nesta área, por parte, sobretudo, dos advogados envolvidos com o direito bancário e empresarial, para que o risco legal possa assumir sua real estatura destro das instituições financeiras nacionais.

4.6 Risco de imagem

Risco de imagem está relacionado a perdas decorrentes de causas imateriais, sobretudo no que diz respeito a reputação da empresa. Logo, poderíamos definir como o risco de redução do valor atribuído a imagem da empresa. Ocasionalmente, esta queda de valor pode ocorrer em razão de ações localizadas ilegais ou irresponsáveis.

4.7 Outros riscos

Acreditamos que citamos os riscos mais importantes a serem considerados no que tange ao controle de risco no Brasil. No entanto, uma completa análise de riscos ensejaria, ainda, o tratamento de infinitos riscos relacionados às mais diversas atividades dentro da instituição.

Dentro destes demais riscos poderíamos citar o risco estratégico, que diz respeito às falhas de posicionamento estratégico da instituição dentro do mercado, ou mesmo ao risco de cenário, dentro do que poderíamos citar os riscos relacionados aos fatores de solvência do país (*risco país*), do sistema financeiro (*risco sistêmico*), de cenário político favorável (*risco político*) ou até mesmo os riscos relacionados à situação do controlador.

Os exemplos são os mais diversos possíveis, mas gostaríamos de citar, por fim, os riscos relacionados à evasão de capital intelectual da empresa, principalmente no que diz respeito à transferência de empregados em situação estratégica ou privilegiada para empresas concorrentes. Uma lista mais extensiva pode ser encontrada no glossário deste trabalho.

5. Ferramentas de mensuração

Com o intuito de situar o leitor sobre as principais ferramentas de mensuração de riscos, encaminhamos nessa seção algumas considerações sobre as principais metodologias que são utilizadas pelos operadores de risco. Apesar de ser forçoso reconhecer que o estudo de metodologias matemáticas não está entre os temas preferidos dos estudiosos das ciências jurídicas, este estudo é de fundamental importância para o entendimento das ciências dos riscos.

5.1 CAPM

Refere-se ao modelo de precificação de ativos financeiros (*capital asset pricing model*). Relaciona o retorno esperado acima da taxa de juros livre de risco de um ativo ao excesso de retorno também sobre a taxa de juros livre de risco de uma carteira representativa dos principais ativos negociados no mercado, chamada carteira de mercado. O índice que mede essa relação é chamado de *Beta* do ativo e a carteira de mercado é freqüentemente tomada como *benchmark* para avaliação dos retornos e do risco de cada um dos ativos.

5.2 "Value at risk" (valor em risco)

O *value at risk* ou VaR é o valor monetário da maior perda que uma determinada carteira pode sofrer como resultado de um movimento adverso nos preços de mercado dos ativos que a compõem num dado intervalo de tempo, com determinado grau de confiança. Por exemplo, um VaR diário de R$ 1 milhão, com 95% de confiança diz que a maior perda observada no horizonte de um dia em 95% dos dias foi de R$ 1 milhão. Analogamente, em um a cada vinte dias uma perda maior que R$ 1 milhão deve ser observada.

5.3 Simulação de Monte Carlo

Método de solução de um problema baseado na geração de um grande número de cenários definidos pela realização de alguma variável aleatória com distribuição de probabilidade dada. Muito útil para a precificação de opções.

5.4 Teste de "stress"

Teste de *stress* é o procedimento segundo o qual busca-se descobrir sob quais cenários os valores de uma carteira de investimentos seriam fortemente afetados provocando as maiores perdas possíveis. Trata-se de avaliar o valor da carteira em situações atípicas.

5.5 Marcação a mercado

Método de contabilização que avalia um ativo pelo seu preço de mercado. No processo de cálculo de risco de uma carteira, deve-se marcá-la a mercado para se descobrir a sua evolução ao longo do tempo como resposta às variações de preços dos ativos que a compõem.

5.6 *Métodos de auto-avaliação (CSA)*

Checklists ou outros instrumentos de controles de auto-avaliação (CSA) são técnicas qualitativas para transferir boas práticas operacionais de um lugar para outro. Eles também podem ser utilizados para avaliar o estado atual de práticas operacionais com uma organização e sugerir ações corretivas. *Checklists* fornecem aos gerentes com uma série de questões dirigidas para descobrir o que pode estar errado, onde pode ocorrer, sua importância, e o que pode ser feito sobre isto.

A mensuração de riscos usando *checklists* é puramente uma avaliação subjetiva feita por entrevistadores. Muitos destes *checklists* operacionais focam nas limitações das disponibilidades de sistemas de controles.

Esta ferramenta pode ser especialmente útil na mensuração, detecção e controle dos riscos operacionais e jurídicos, razão pela qual devemos dar especial atenção a ela.

6. Risco global

Como resultado de todo o estudo dos mais diversos riscos, vem ganhando relevância o estudo do risco global, que é nada mais do que o estudo das formas de integração dos controles dos mais diversos riscos presentes em uma instituição. Esta integração possibilita um controle mais próximo de cada risco e evita a alocação de esforços e recursos duplicados no acompanhamento de riscos semelhantes ou coincidentes.

O gerenciamento do risco global é uma disciplina que está rapidamente ganhando terreno dentro das instituições financeiras e outras empresas não financeiras. Há uma crescente tendência nos mercados atuais de tratar os inter-relacionamentos entre os riscos de mercado, crédito, operacional e demais e gerenciar esses riscos de uma maneira consistente, balanceada e integrada. Essa abordagem do gerenciamento de risco permite a uma empresa maximizar o retorno ajustado pelo risco por meio da atuação em atividades tomadoras de risco mais produtivas, e da tomada de decisões gerenciais baseadas em melhores informações com respeito à direção do negócio e à alocação de capital.

Acima de tudo, o gerenciamento do risco global assumido de uma maneira cuidadosa e pró-ativa pode permitir que uma instituição melhore o seu valor para o acionista. Isso pode ser realizado por meio da instituição de uma estrutura de gerenciamento de risco e política de risco comuns, desenvolvimento de uma forte cultura orientada ao gerenciamento de risco global, definição e implementação de consistentes medidas de risco, alocação de capital e metodologias de mensuração de desempenho ajustado pelo risco e compreender melhor os inter-relacionamentos entre os riscos e tratar de uma maneira pró-ativa a exposição aos riscos potenciais e previstos.

7. Conclusão

Uma efetiva estrutura do gerenciamento de risco é construída baseada na premissa de que o objetivo principal de qualquer empresa deve ser otimizar o retorno do acionista. Esse objetivo reflete um tratamento anterior, mais estabelecido e um ponto de vista comum de que o gerenciamento de risco consiste em procedimentos de conformidade, controles gerenciais e técnicas de imunização que previnam a empresa contra perdas. As instituições estão começando a perceber que criar valor para o acionista no longo prazo requer tanto a avaliação do risco — compreendendo as potenciais vantagens e desvantagens das decisões inerentes à atividade — como também o gerenciamento do risco — aumentando as chances de sucesso, e reduzindo as probabilidades de falhas, e limitando a incerteza do desempenho global.

A evolução do gerenciamento de risco resultou na combinação de sua postura historicamente defensiva com uma nova, a orientação estratégica direcionada de forma objetiva a otimizar explicitamente a relação risco/retorno inerente ao conjunto das atividades tomadoras de risco da empresa. Sob essa abordagem, todos os elementos do gerenciamento de risco tradicional continuam importantes e necessários. Entretanto, o gerenciamento estratégico do risco pega esses elementos e os desenvolve de modo que se tenha uma base estratégica para a tomada de decisão. Para isso é necessário que se relacione as ferramentas de medidas analíticas de risco à estratégia, estrutura dos ativos, conjunto de limites, controles operacionais e de custos e medidas de desempenho e compensação.

O gerenciamento do risco, quando assumido de uma forma plena, séria e próativa, permite que uma instituição maximize o seu retorno ajustado pelo risco por meio da maior produtividade e da tomada de decisão baseada em informações estratégicas a respeito da direção dos negócios e da alocação de capital. Isso tem uma influência direta sobre os fatores determinantes de valor para o acionista, como o retorno (ganhos), crescimento, continuidade e riscos (volatilidade, qualidade e sustentabilidade de ganhos).

Glossário

Evento — fato interno ou externo cuja ocorrência pode causar impacto na instituição.

Falha — funcionamento anormal de um processo, indivíduo, mecanismo ou sistema cuja ocorrência seja incerta. Surge sem a participação consciente de alguém.

Fraude — ação deliberada de alguém — indivíduo(s) ou empresa(s) — tomada em detrimento de outrem. Essa ação, obrigatoriamente, está em desacordo com as regras do negócio, normas do BACEN, normas internas, leis etc.

Modelo — representação simplificada e representativa de um fenômeno.

Modelo de mensuração — modelo construído com o objetivo de medir um aspecto do fenômeno representado.

"*Rating*" — classificação em acordo com determinados critérios.

Risco de ações — risco de perdas devido a mudanças no valor de mercado de carteiras de ações.

Risco de catástrofe — risco de perdas devido a catástrofes (naturais ou não).

Risco de "commodities" — risco de perdas devido a mudanças no valor de mercado de carteiras de *commodities*.

Risco de concentração de crédito — risco de perdas em decorrência da não diversificação de risco de crédito de investimentos.

Risco de concentração em mercado — risco de perdas devido à não diversificação do risco de mercado de carteiras investimentos.

Risco de concentração operacional — risco de perdas por depender de poucos produtos, clientes e/ou mercados.

Risco de conformidade — risco de perdas em decorrência de alterações, impropriedades ou inexistência de normas para controles internos ou externos.

Risco de contrato — risco de perdas decorrentes de julgamentos desfavoráveis por contratos omissos, mal redigidos ou sem o devido amparo legal.

Risco de crédito — medida numérica da incerteza relacionada ao recebimento de um valor contratado/compromissado, a ser pago por um tomador de um empréstimo, contraparte de um contrato ou emissor de um título, descontadas as expectativas de recuperação e realização de garantias.

Risco de degradação das garantias — risco de perdas pela degradação da qualidade das garantias oferecidas por um tomador de um empréstimo, contraparte de uma transação ou emissor de um título.

Risco de degradação de crédito — risco de perdas pela degradação da qualidade creditícia do tomador de um empréstimo, contraparte de uma transação ou emissor de um título, levando a uma diminuição no valor de suas obrigações.

Risco de derivativos — risco de perdas devido ao uso de derivativos.

Risco de equipamento — risco de perdas por falhas nos equipamentos elétricos, de processamento e transmissão de dados, telefônicos, de segurança etc.

Risco de erro não intencional — risco de perdas em decorrência de equívoco, omissão, distração ou negligência de empregados.

Risco de financiador — risco de perdas por inadimplência do financiador de uma transação, potencializada quando o contrato não contempla acordo de liquidação por compensação de direitos e obrigações.

Risco de fraudes — risco de perdas em decorrência de comportamentos fraudulentos.

Risco de "hedge" — risco de perdas devido ao uso inapropriado de instrumentos para imunização (*hedge*).

Risco de imagem — risco de perdas em decorrência de alterações da reputação junto a clientes, concorrentes, órgãos governamentais etc.

Risco de inadimplência — risco de perda pela incapacidade de pagamento do tomador de um empréstimo, contraparte de um contrato ou emissor de um título.

Risco de liquidação financeira — risco de perdas em decorrência de falhas nos procedimentos e controles de finalização das transações.

Risco de liquidez — risco de perdas devido à incapacidade de se desfazer rapidamente uma posição, ou obter *funding*, devido às condições de mercado.

Risco de mercado — medida numérica da incerteza relacionada aos retornos esperados de um investimento, em decorrência de variações em fatores como taxas de juros, taxas de câmbio, preços de ações e *commodities*.

Risco de modelagem — risco de perdas pelo desenvolvimento, utilização ou interpretação incorreta dos resultados fornecidos por modelos, incluindo a utilização de dados incorretos.

Risco de obsolescência — risco de perdas pela não substituição freqüente dos equipamentos e *softwares* antigos.

Risco de "overload" — risco de perdas por sobrecargas nos sistemas elétrico, telefônico, de processamento de dados etc.

Risco de presteza e confiabilidade — risco de perdas pelo fato de informações não poderem ser recebidas, processadas, armazenadas e transmitidas em tempo hábil e de forma confiável.

Risco de produtos & serviços — risco de perdas em decorrência da venda de produtos ou prestação de serviços ocorrer de forma indevida ou sem atender às necessidades e demandas de clientes.

Risco de qualificação — risco de perdas pelo fato de empregados desempenharem tarefas sem qualificação profissional apropriada à função.

Risco de regulamentação — risco de perdas decorrentes de sanções por reguladores e indenizações por danos a terceiros por violação da legislação vigente.

Risco de taxas de câmbio — risco de perdas devido a mudanças adversas nas taxas de câmbio.

Risco de taxas de juros — risco de perda no valor econômico de uma carteira decorrente dos efeitos de mudanças adversas das taxas de juros.

Risco legal — medida numérica da incerteza dos retornos de uma instituição caso seus contratos não possam ser legalmente amparados por falta de representatividade por parte de um negociador, por documentação insuficiente, insolvência, imperícia legal ou ilegalidade.

Risco operacional — medida numérica da incerteza dos retornos de uma instituição caso seus sistemas, práticas e medidas de controle não sejam capazes de resistir a falhas humanas, danos à infra-estrutura de suporte, utilização indevida de modelos matemáticos ou produtos, alterações no ambiente dos negócios, ou a situações adversas de mercado.

Risco sistêmico — risco de perdas devido a alterações no ambiente operacional.

Risco soberano — risco de perdas pela incapacidade de um tomador de um empréstimo, contraparte de uma transação ou emissor de um título, em honrar seus compromissos em função de restrições impostas por seu país sede.

Risco tributário — risco de perdas devido a criação ou nova interpretação da incidência de tributos.

Bibliografia

ALVES, Denisard e VASCONCELLOS, Marco Antônio Sandoval de (eds.). *Manual de Econometria*, São Paulo, Atlas, 2000.

BEST, Philip. *Implementing Value at Risk*, Nova Iorque, Jonh Wiley & Sons, 1998.

BORODOVSKY, Lev e GORE, Marc. *GARP — The Professional Handbook of Financial Risk Management*, Oxford, Butterworth Heineman, 2000.

CAOUETTE, John; ALTMAN, Edward; NARAYANAN, Paul. *Gestão do Risco de Crédito — O Próximo Grande Desafio Financeiro*, Ed. Qualitymark, 2000.

CARCANO, Nicola e FORESI, Silvério. "Hedging against interest rate risk: reconsidering volatility — Adjusted immunization", *Elsevier Science B. V. — Journal of Banking and Science*, Nova Iorque, 1997.

FOCARDI, Sergio e JONES, Carolina. *Risk Management: Framework, Methods and Pratice*, New Hope, Frank J. Fabozzi Associates, 1998.

FROST, Chris; ALLEN, David; PORTE, James; BOODWORTH, Phillip. *Operational Risk and Resilience. Understanding and Minimizing Operational Risk to Secure Shareholder Value*, Butterworth Heineman — Price Water House Coopers (Atlas), 2001.

JORION, Philippe. *Value At Risk*, São Paulo, BM&F, 1998.

KENNEDY, Allan. *The End of Shareholder Value. The Real Effects of the Shareholder Value Phenomenon and The Crisis It is Bringing to Business*, Orion Business Books, 2000.

SAUNDERS, Anthony. *Financial Institutions Management: a Modern Perspective*, 2ª ed., Nova Iorque, The McGraw-Hill, 1997.

SECURATO, José Roberto. *Decisões Financeiras em Condições de Risco*, 3ª ed., São Paulo, Atlas, 1996.

WILEY, John. *Risk Management and Analysis, Measuring and Modeling Financial Risks*, Ed. Carol Alexander, 1998.

WRIGHT, Peter; PARNELL, John; KROLL, Mark. *Strategic Management: Concepts and Cases*, Ed. Prentice Hall, 1998.

Atualidades

O NOME EMPRESARIAL NO NOVO CÓDIGO CIVIL

JOÃO MARCOS SILVEIRA

I — Introdução. II — Da natureza jurídica do nome das pessoas naturais ou jurídicas. III — Do nome comercial ou empresarial: III — 1. Da firma; III — 2. Da denominação social. IV — Dos nomes das sociedades civis. V — Do nome das sociedades de advogados. VI — Da exclusividade e proteção do nome comercial ou empresarial. VII — Da regulamentação do nome empresarial no novo Código Civil. Sugestões para a revisão do Capítulo II do Título IV do Livro II do novo Código Civil, que cuida do nome empresarial.

I — Introdução

O presente estudo abordará a natureza e a tutela jurídica do nome das pessoas naturais e das pessoas jurídicas de direito privado, em especial do *nome empresarial*, assim entendido o nome designativo dos empresários individuais e das sociedades empresárias, iniciando-se pela exposição da questão sob a legislação aplicável ora vigente e concluindo-se pela análise e crítica das normas introduzidas pela Lei 10.406/2002.

O novo Código Civil[1] adota o termo *empresário* para designar a pessoa física que exerça profissionalmente atividade econômica organizada para a produção ou a circulação de bens ou de serviços, excluindo dessa definição quem se dedique a profissão intelectual, de natureza científica, literária ou artística, ainda que com o concurso de auxiliares ou colaboradores, salvo se o exercício da profissão constituir elemento de empresa (Lei 10.406/2002, art. 966, *caput* e parágrafo único).

Nos termos do art. 16 do Código Civil, são pessoas jurídicas de direito privado:

I — as sociedades civis, religiosas, pias, morais, científicas ou literárias, as associações de utilidade pública e as fundações;

II — as sociedades mercantis;

III — os partidos políticos.

O dispositivo correspondente no novo Código Civil, art. 44, prevê três espécies de pessoas jurídicas de direito privado: as *associações*, as *sociedades* e as *fundações*.

O novo Código (art. 982) define como *sociedades empresárias* as que tenham por objeto o exercício da empresa, assim considerada a "atividade econômica organizada para a produção ou a circulação de bens ou de serviços", sendo *sociedades simples* as demais. Independentemente de seu objeto, serão consideradas empresárias as sociedades por ações e simples as cooperativas.

1. Ao longo deste trabalho, chamaremos de "Código Civil" a Lei 3.071, de 1º de janeiro de 1916, conforme atualmente em vigor, e de "novo Código Civil" a Lei 10.406, de 1º de janeiro de 2002, a vigorar a partir de janeiro de 2003.

II — Da natureza jurídica do nome das pessoas naturais ou jurídicas

As relações jurídicas se estabelecem entre pessoas ou entre pessoas e objetos. As pessoas, naturais ou jurídicas, são, assim, sujeitos ativos e passivos de direitos e obrigações.

Para tanto, faz-se necessário identificar os diversos sujeitos, função essa que é desempenhada pelo *nome*, sem o qual a individualidade do sujeito não se projeta, não se destaca.

O uso do nome consiste tanto em um *dever*, quando considerado o interesse público e social de que as pessoas sejam identificáveis para que seja possível impor-lhes obrigações e exigir-se-lhes o cumprimento, quanto em um *direito*, na medida em que as pessoas possuem igualmente o interesse de serem identificadas para o fim de exercerem prerrogativas e direitos de que sejam titulares ou beneficiárias.

Esse *direito-dever* ao nome é, ao mesmo tempo, pressuposto e corolário da personalidade, assim entendida como a aptidão genérica para adquirir direitos e contrair obrigações.

Pela relevância da função que desempenha, a origem, a composição, a adoção e a utilização do nome são objeto de regulamentação jurídica.

No caso das pessoas naturais, compõe-se o nome do nome de batismo ou *prenome*, livremente escolhido, e do nome de família ou *patronímico*, que deve ser necessariamente o mesmo do pai e/ou da mãe, conforme o caso, adquirido por força de lei em decorrência do nascimento e de seu registro. Trata-se do *nome civil*, cuja formação vem regulada pela Lei 6.015, de 31 de dezembro de 1973, arts. 54 e ss.

O nome das pessoas jurídicas também decorre do seu "nascimento". Nos termos do art. 18 do Código Civil,[2] a existência legal das pessoas jurídicas de direito privado começa "com a inscrição dos seus contratos, atos constitutivos, estatutos ou compromissos no seu registro peculiar (...)". Não somente decorre o nome da constituição da pessoa jurídica, como sua indicação é, conforme estabelece o art. 19 do mesmo Código, requisito para o registro e, portanto, para a aquisição da personalidade jurídica.

As regras que se aplicam à constituição e à utilização dos nomes das pessoas jurídicas serão explicitadas e discutidas mais adiante.

O que releva desde logo consignar, neste ponto, é que o nome, antes de mais nada, como sinal identificador da pessoa, seja natural ou jurídica, consiste em um direito inato e intrinsecamente relacionado à personalidade. E, como todo direito decorrente da personalidade, o direito ao nome das pessoas naturais ou jurídicas é absoluto, imprescritível, irrenunciável, inalienável e de valor inestimável.

Na medida, contudo, em que a pessoa natural passe a ser especialmente reconhecida pelo nome no desempenho de certa atividade profissional, bem como na medida em que o nome da pessoa jurídica adquira reconhecimento especificamente relacionado com o exercício de determinada atividade econômica, o nome passa a desempenhar uma segunda função, que, embora ainda de identificação, deixa de ligar-se tanto à personalidade para representar uma mais-valia de caráter econômico ou concorrencial. Num caso o nome consiste na exteriorização do sujeito nas suas relações com o público em geral, com a sociedade, com o Estado, ao passo que, no outro, o nome exterioriza o sujeito no exercício de suas atividades profissionais ou empresariais.

Nas precisas palavras de Karin Grau-Kuntz,[3] "na primeira hipótese o sinal exerce função de 'sinal de identidade', e o con-

2. Correspondente ao art. 45 no novo Código.

3. In *Do Nome das Pessoas Jurídicas*, São Paulo, Malheiros Editores, 1998, p. 22.

teúdo que representa, a identidade, é um direito decorrente da concessão de personalidade à pessoa jurídica, cujas regras de formação e proteção encontram-se nas normas de direito comercial. Na segunda hipótese o sinal exerce função de 'sinal de trabalho', cujo conteúdo protegido é o trabalho como instrumento dotado de valor econômico, cuja proteção é tema de direito concorrencial".

Assim, "enquanto a pessoa natural ou jurídica *deve* e *pode* adotar um nome que exprima sua identidade, a pessoa natural ou jurídica que exerce atividade concorrencial *pode* valer-se deste mesmo sinal ou adotar um outro sinal qualquer para designar-se no exercício da empresa. Enquanto o sinal que se refere ao conteúdo identidade é um 'sinal de identidade', um *dever-direito*, o sinal que se refere ao exercício da empresa é um 'sinal de trabalho', um *direito*".[4]

Esse mesmo entendimento é assim expresso por Philomeno J. da Costa: "Registra-se então que o nome civil é um direito da personalidade do cidadão e que o nome comercial é igualmente um direito da personalidade do (...) empresário (chamado ainda, com algum atraso no tempo, de comerciante). Têm-se então os dois campos de proteção em matéria de nomes. Um é de sujeitos dentro da generalidade. Outro é de sujeitos dentro das atividades econômicas".[5]

Igualmente digna de transcrição a lição de Fran Martins: "o nome comercial, seja firma ou denominação, tem um dúplice significado em relação ao comerciante. Em primeiro lugar, é o nome com que o mesmo assina no exercício de suas atividades, servindo, assim, para identifica-lo. Visto sob esse prisma, o nome comercial equivale ao nome civil da pessoa física e constitui um direito personalíssimo do comerciante (...). Visto sob outro aspecto, o nome comercial, firma ou denominação, pode qualificar também a empresa comercial. Nesse caso, adquire um valor patrimonial, maior ou menor, segundo o conceito em que é tida a empresa. Deixa de ser simples identidade para se converter em um bem incorpóreo, que se agrega ao acervo patrimonial do comerciante como parte da universalidade de coisas que constitui o seu fundo de comércio".[6]

Gama Cerqueira também assim se posiciona:

"A adoção de firma ou denominação impõe-se pela necessidade de saber com quem se trata e contrata e a quem competem as responsabilidades assumidas e, no caso das sociedades, quais as pessoas que por elas também se obrigam. Sob esse aspecto, o nome do comerciante individual, as firmas e denominações ligam-se estreitamente à pessoa do comerciante, como o nome civil à personalidade de quem o usa. No mundo dos negócios e nas relações com terceiros exercem, precipuamente, a função de designar o *sujeito* de direito. É a função *subjetiva* do nome.

"Sob outro aspecto, porém, as firmas sociais e as denominações das sociedades anônimas, a firma ou a denominação das sociedades por quotas, como a firma do comerciante singular, exercem função *objetiva*, que caracteriza, individualiza e distingue a atividade do comerciante ou industrial, pessoa física ou jurídica, no campo da competência comercial. Nessa função, mais importante sob o nosso ponto de vista, as firmas e denominações entram no domínio da propriedade industrial e ficam sujeitas a regime especial e a princípios diversos, gozando, ao mesmo tempo, da extensa proteção das leis e princípios que disciplinam a concorrência comercial. Já aqui a adoção de uma firma ou denominação aparece como um *direito* e não como uma imposição legal. A firma ou denominação converte-se num bem jurídico de valor patrimonial, cuja defesa constitui também um direito.

4. Karin Grau-Kuntz, ob. cit., p. 27.
5. *Apud* Karin Grau-Kuntz, ob. cit., p. 33.
6. Idem.

"Dupla função, portanto, *subjetiva* e *objetiva*, exercem as firmas e denominações, como simples designação da pessoa física ou jurídica, como sujeito de direitos e termo de obrigações comerciais, e como projeção da individualidade do comerciante singular ou da universalidade do estabelecimento comercial no campo da concorrência."[7]

Destarte, resta claro que o nome da pessoa jurídica, em seu aspecto *subjetivo*, ou na sua acepção de "*sinal de identidade*", é *direito decorrente da personalidade*, e se atrela à reputação e ao crédito do empresário ou da sociedade empresária. E, em seu aspecto *objetivo*, isto é, quando exerce função de "*sinal de trabalho*", representa *bem incorpóreo que se integra ao aviamento*, relacionando-se, assim, com os produtos ou serviços ofertados ao mercado pelo empresário ou pela sociedade empresária. No primeiro caso o nome se vincula ao conceito da pessoa, no outro ao conceito de seus produtos ou serviços.

Não encontra arrimo, assim, o entendimento esposado por alguns doutrinadores e julgados pátrios de que o nome da pessoa jurídica seria objeto de direito de *propriedade*, posto que dele não se pode dispor, uma das prerrogativas essenciais do domínio.

III — Do nome comercial ou empresarial

O *nome comercial* é o gênero de que são espécies a firma individual, a firma ou razão social e a denominação social.

Cuidaremos, a seguir, das normas que regem a formação e utilização de cada espécie.

III — 1. Da firma

O nosso ordenamento jurídico contempla duas categorias de firmas: a *firma individual*, que corresponde ao nome da pessoa natural que exerça a empresa individualmente, isto é, o comerciante ou empresário individual, e a *firma ou razão social*, que consistem no nome que podem ou devem adotar certas sociedades em decorrência das responsabilidades, funções, relevância ou qualidades pessoais dos sócios.

Nos termos do art. 2º do Decreto 916, de 24 de outubro de 1890, "firma ou razão comercial é o nome sob o qual o comerciante ou sociedade exerce o comércio e assina-se nos atos a ele referentes", ou, nas palavras de Carvalho de Mendonça, é o nome sob o qual "o negociante exerce a sua profissão, entra em relações com o público, assina-se nos atos relativos ao seu negócio, especifica, determina e responsabiliza o seu patrimônio, comparece, ativa e passivamente, nos tribunais".[8]

Por aplicar-se aos comerciantes ou empresários individuais e às sociedades em que há sócios de responsabilidade ilimitada, o Direito brasileiro exige que as firmas individuais e as firmas ou razões sociais reflitam a fiel expressão da verdade, indicando as pessoas que sob elas exercem a empresa ou as que respondem *ultra vires societatis*, de modo que o nome do comerciante ou empresário individual deve corresponder ao seu nome civil e os nomes das sociedades que adotem firma ou razão social devem compor-se do nome de ao menos um de seus sócios. Trata-se do chamado *princípio da veracidade*.

Em vista disso, o Decreto 916, de 1890, estabelece as seguintes regras para a composição das firmas ou razões sociais:

No caso de *comerciante ou empresário individual* ou daquele que tiver sócio não ostensivo ou sem contrato devidamente arquivado, a firma deverá corresponder ao seu nome civil, completo ou abreviado, que pode ser aditado de designação mais precisa de sua pessoa ou gênero de negócio (art. 3º, *caput*).

7. *Tratado da Propriedade Industrial*, v. 1, Rio de Janeiro, Forense, 1946, 188, pp. 471-472.

8. *Tratado de Direito Comercial Brasileiro*, v. II, 2ª ed., 176, Rio de Janeiro, Ed. Freitas Bastos, 1933.

A firma ou razão da *sociedade em nome coletivo*, cujos sócios possuem responsabilidade solidária e ilimitada, deve ser composta do nome completo ou abreviado de todos os sócios ou de pelo menos um deles seguido da expressão "*e companhia*", por extenso ou abreviada, não podendo integrá-la nome de pessoa não comerciante (art. 3º, § 1º).

A *sociedade em comandita simples ou por ações* deve ser designada pelo nome ou firma de um ou mais sócios pessoal e solidariamente responsáveis com o aditamento por extenso ou abreviado "*e companhia*", sem incluir o nome completo ou abreviado de nenhum sócio comanditário, podendo a que tiver o capital dividido em ações qualificar-se por denominação especial ou pela designação de seu objeto seguida das palavras "*sociedade em comandita por ações*" e da firma (art. 3º, § 2º).

A *sociedade de capital e indústria* não pode conter em sua firma ou razão social o nome por extenso ou abreviado do sócio de indústria, devendo nela figurar, portanto, o nome de pelo menos um dos sócios capitalistas (art. 3º, § 3º).

A *sociedade em conta de participação* não poderá ter firma que indicie a existência de sociedade (art. 3º, § 4º), posto tratar-se de sociedade não personificada.

O Decreto veda a adoção de firma ou razão social por *sociedades anônimas* (art. 4º).

O art. 3º do Decreto 3.708, de 10 de janeiro de 1919, permite às *sociedades por quotas de responsabilidade limitada* adotarem firma ou denominação. Caso adotem firma, esta deverá, quando não individualizar todos os sócios, conter o nome ou firma de ao menos um deles, acrescendo-se sempre a expressão "limitada", por extenso ou abreviada, à omissão da qual têm-se como solidária e ilimitadamente responsáveis os sócios-gerentes e os que fizerem uso da firma social (art. 3º, §§ 1º e 2º).

O art. 6º do Decreto 916, de 1890, determina que toda firma nova deverá distinguir-se de outra já existente — ainda que não coincidam os ramos de atividade, pois o Decreto não distingue a esse respeito —, impondo ao comerciante que tiver nome idêntico ao de outro anteriormente inscrito o dever de acrescentar designação que o distinga.

A Instrução Normativa 53, de 6 de março de 1996, do Departamento Nacional de Registro do Comércio — DNRC, estabelece, adicionalmente, em relação às firmas ou razões, que:

a) o nome do titular e dos sócios poderá figurar de forma completa ou abreviada, admitida a supressão de prenomes;

b) havendo mais de um patronímico, um deles não poderá ser abreviado ou suprimido;

c) o aditivo "& Cia." poderá ser substituído por expressão equivalente, tal como "e filhos" ou "e irmãos", dentre outras.

III — 2. Da denominação social

A *denominação social* é a princípio desvinculada do nome civil dos sócios que compõem a sociedade (embora em alguns casos possa conte-los, como se verá adiante), formando-se no mais das vezes por palavras de uso comum ou vulgar no vernáculo ou em idioma estrangeiro e/ou nomes ou expressões de fantasia, facultando-se a indicação do gênero de atividades a que se destina a sociedade.

A denominação social é de utilização obrigatória pelas *sociedades anônimas*[9] e *cooperativas* e, como já acima consignado, em caráter opcional pelas *sociedades por quotas de responsabilidade limitada* e pelas *sociedades em comandita por ações*.

A Lei 6.404, de 15 de dezembro de 1976, estabelece, em seu art. 3º, que a *sociedade anônima* será designada por denominação acompanhada das expressões "companhia" ou "sociedade anônima", expres-

9. Lei 6.404/1976, art. 3º.

sas por extenso ou abreviadamente, mas vedada a utilização da primeira ao final. O § 1º desse mesmo artigo permite que figure na denominação o nome do fundador, de acionista ou de pessoa que, por qualquer modo, tenha concorrido para o êxito da empresa.

O § 2º do art. 3º da Lei 6.404/1976 assegura à companhia preexistente o direito de requerer a modificação, por via administrativa ou judicial, de denominação idêntica ou semelhante à sua que venha a ser adotada por terceiros, bem como de demandar as perdas e danos resultantes.

Note-se que aqui também a lei não distingue nem faz nenhuma ressalva quanto à coincidência de ramos de atividade, de modo que, ainda que diversos os objetos sociais, veda-se a coexistência de companhias com denominações idênticas ou semelhantes. Como bem ressalta Miranda Valverde, a lei visa "não só impedir a concorrência desleal, como também evitar que as conseqüências desastrosas de uma companhia possam abalar o crédito de outra, por motivo de identidade ou semelhança de nomes".[10]

No caso das *sociedades por quotas de responsabilidade limitada*, a denominação deverá, quando possível, dar a conhecer o objetivo da sociedade, sendo acrescida da expressão "limitada", por extenso ou abreviada, à omissão da qual, como já mencionado, serão havidos como solidária e ilimitadamente responsáveis os sócios-gerentes e os que fizerem uso da firma social (art. 3º, §§ 1º e 2º do Decreto 3.708, de 1919). Salientamos que a exigência de indicação do objeto da sociedade na denominação foi flexibilizada pela Lei 8.934/1994, que dispõe sobre o Registro Público de Empresas Mercantis e Atividades Afins, que tornou tal indicação *facultativa* na composição do nome empresarial (art. 35, inciso III).

O art. 18 do Decreto 3.708/1919 prevê a aplicação subsidiária às sociedades por quotas das disposições da Lei das Sociedades Anônimas, dentre as quais a norma acima referida do art. 3º, § 2º, da Lei 6.404/1976, para os casos de conflitos entre denominações sociais.

IV — Dos nomes das sociedades civis

O Código Civil e a legislação que o complementa não prescrevem regras para a formação ou composição do nome das sociedades civis, excetuando-se os casos em que estas se revistam das formas estabelecidas nas leis comerciais, quando deverão obedecer os respectivos preceitos (art. 1.364 do Código Civil).

Assim, deverá adotar *firma ou razão social* a sociedade civil que revista a forma de sociedade em nome coletivo, de sociedade em comandita simples ou de sociedade de capital e indústria.

Adotarão *firma ou denominação*, por opção, as sociedades civis que revistam a forma de sociedade por quotas de responsabilidade limitada.

Às sociedades civis é vedada a adoção da forma de sociedade por ações, posto que esta é sempre comercial, ainda que civil o seu objeto (Lei 6.404/1976, art. 2º, § 1º).

V — Do nome das sociedades de advogados

Tende a haver uma certa confusão no tocante à natureza do nome das sociedades de advogados em virtude da má redação do art. 16 do Estatuto da Ordem dos Advogados do Brasil — Lei 8.906/1994 —, que emprega, indevidamente, a expressão "razão social", quando o correto, pelas razões acima expostas, seria "denominação", por tratar-se de sociedades civis de prestação de serviços.

A confusão aumenta quando o § 1º do citado art. 16 determina que da "razão social" (quando deveria ser "denominação") deve constar o nome de pelo menos um

10. In *Sociedades por Ações*, v. 1, p. 53, *apud* Gama Cerqueira, ob. cit., p. 500.

advogado responsável pela sociedade (o que é característica das firmas ou razões sociais), podendo permanecer o de sócio falecido (o que é característica das denominações).

Como já visto mais acima, a firma (ou razão) social se aplica exclusivamente a sociedades comerciais e, mais especificamente, a sociedades comerciais de pessoas, quando os sócios são solidariamente responsáveis. O conceito de firma é próprio do Direito Comercial e nele teve sua origem, não sendo tecnicamente correto falarse em firma ou razão social de sociedades civis, que operam sempre sob *denominação*, mesmo que esta inclua o nome de um ou mais sócios, como é o caso das sociedades de advogados (a firma é sempre composta do nome de um ou mais sócios solidariamente responsáveis, mas o nome de sociedade que seja composto do nome de um ou mais sócios não será necessariamente por isso uma firma ou razão social).

E, justamente por destinar-se a indicar um ou mais dos sócios que respondem pela sociedade, é que a firma ou razão social sujeita-se ao princípio da veracidade, sendo vedado que nela figure o nome de quem não tenha tal qualidade bem como de sócio que tenha se retirado da sociedade ou falecido (art. 8º do Decreto 916).

Já em se tratando de denominação o tratamento é outro, sendo admissível a manutenção dos nomes de fundadores, exacionistas e até de não-sócios que tenham contribuído para o êxito da empresa nas denominações das sociedades anônimas (Lei 6.404/1976, art. 3º, § 1º), o mesmo se aplicando com relação ao nome de sócios falecidos nos nomes das sociedades de advogados, desde que com sua concordância manifestada ainda em vida (art. 16, § 1º, do Estatuto).

O que se pode concluir, numa tentativa de contornar a imprecisão técnica do art. 16 do Estatuto da OAB, é que as sociedades de advogados se acham sujeitas a um tratamento *sui generis*, sendo designadas, certamente, por denominação, mas por denominação que, particularmente, não pode ser de fantasia e deve conter o nome de pelo menos um dos sócios responsáveis pela sociedade, admitida a manutenção do nome de sócio falecido se manifestada sua concordância em vida. Não se trata, contudo, de firma ou razão social.

VI — Da exclusividade e proteção do nome comercial ou empresarial

A compreensão da dupla função que exercem os nomes comerciais ou empresariais, a que nos referimos no item II deste ensaio, é essencial para delinearmos os limites (ou a ausência destes) da tutela legal e o alcance da exclusividade de que gozam referidos sinais.

Por sua natureza de direito decorrente da personalidade, o *nome comercial ou empresarial* ***subjetivo*** (assim como o nome das sociedades civis estritas, associações e fundações), como "*sinal de identidade*", goza de exclusividade absoluta, não limitada ao ramo de atividade ou ao âmbito territorial de registro ou de atuação.

Essa proteção, como vimos, decorre direta e imediatamente da inscrição do comerciante ou empresário individual ou da simples constituição da pessoa jurídica, pelo arquivamento dos atos constitutivos da sociedade no registro peculiar (art. 18 do Código Civil, 45 do novo Código), que lhes asseguram a existência legal e o exercício das prerrogativas da personalidade sem limitação ao local do registro, portanto, em todo o território nacional.

Acresça-se que o art. 8º da Convenção da União de Paris para a Proteção da Propriedade Industrial[11] estabelece que o nome comercial é protegido em todos os países da União independentemente de qualquer formalidade de depósito ou registro, de modo que sua tutela, além de não

11. Cuja última revisão a que aderiu o Brasil, de Estocolmo, foi ratificada pelo Decreto 1.263, de 10 de outubro de 1994.

encontrar limitação local ou regional dentro do território nacional, pode estender-se internacionalmente.

Isso significa que, na medida em que esteja em jogo a função de identificação subjetiva do nome comercial ou empresarial que diga respeito à personalidade do empresário ou da sociedade, gozam estes de direitos exclusivos absolutos e ilimitados, trate-se de firma ou denominação.

E, como todo direito personalíssimo, o direito ao nome comercial subjetivo é também inalienável (ao menos de forma destacada do estabelecimento ou da pessoa que designa), irrenunciável e imprescritível.

Contra quem adote nome posterior idêntico ou similar, apto a ensejar confusão de identidade, não somente junto à clientela, mas também junto a distribuidores, fornecedores, instituições de crédito e quaisquer outros agentes do mercado ou mesmo ao público em geral, possui seu titular ação para obter a alteração ou a abstenção do uso do nome conflitante, bem como, se for o caso, a reparação de danos patrimoniais (danos emergentes e lucros cessantes) e/ou morais decorrentes da confusão ou do risco de confusão. E isso, repita-se, independentemente de haver ou não coincidência de ramos de atividade, local de registro ou âmbito de atuação, posto serem inadmissíveis quaisquer limitações ao direito sobre o nome como expressão da identidade do empresário ou da sociedade.

A violação, neste caso, caracteriza uma usurpação da identidade do empresário ou da pessoa jurídica.

Consigne-se, contudo, que, embora a proteção ao nome comercial ou empresarial subjetivo não pressuponha a existência de relação concorrencial, esta pode, se presente, influir para agravar a possibilidade ou risco de confusão.

Já a tutela do *nome comercial ou empresarial **objetivo***, isto é, considerado em sua função de "*sinal de trabalho*", deve levar em consideração fatores de ordem concorrencial, em especial as regras de repressão à concorrência desleal, aí sim entrando em jogo elementos como o ramo de atividades e âmbito de atuação (mas não o "local de registro", que nenhuma pertinência guarda com a análise a ser levada a cabo).

Nesse sentido, o titular de nome comercial ou empresarial cujos direitos sejam violados pela adoção, por terceiro, de nome idêntico ou similar, apto a ensejar confusão na esfera concorrencial, dispõe de ação para obter a alteração ou a abstenção do uso do nome conflitante, bem como, se for o caso, para pleitear a reparação de danos patrimoniais (danos emergentes e lucros cessantes) e/ou morais decorrentes da confusão ou do risco de confusão em referido contexto. Neste caso, a análise deverá envolver fatores como a coincidência ou afinidade de ramos de atividade, âmbito geográfico de atuação, o elemento intencional e outros que relevem ao alcance da relação de concorrência.

Essa discussão acaba sempre por passar pela disposição do art. 33 da Lei 8.934/1994, pela questão do veto de seus §§ 1º e 2º, pela disposição de seu art. 35, inciso V, e pela norma do art. 61 do Decreto 1.800, de 30 de novembro de 1996, que regulamentou aquela lei, de que nos ocuparemos brevemente.

O art. 35, inciso V, da Lei 8.934/1994, veda, sem ressalvas, "o arquivamento dos atos de empresas mercantis com nome idêntico ou semelhante a outro já existente".

Segundo o art. 33 da mesma lei, "a proteção do nome empresarial decorre automaticamente do arquivamento dos atos constitutivos de firma individual e de sociedades, ou de suas alterações".

Seus parágrafos, que foram vetados, vinham assim redigidos: "§ 1º. A proteção abrange todo o território nacional. § 2º. A extensão da proteção à jurisdição das demais Juntas Comerciais será feita através de comunicação expedida pela Junta originária, de ofício".

As razões do veto do então Presidente Itamar Franco, publicadas no *DOU* de 21 de novembro de 1994, foram as seguintes:

"Estabelece o *caput* deste artigo que a proteção do nome empresarial decorre automaticamente do arquivamento dos atos constitutivos de firma individual e de sociedades, ou de suas alterações.

"Diz o § 1º que a proteção abrange todo o território nacional, enquanto o § 2º explicita que a extensão da proteção à jurisdição das demais Juntas Comerciais será feita através de comunicação expedida pela Junta originária, de ofício.

"Na verdade, a pretendida proteção de âmbito nacional ao nome empresarial já existe hoje; só que, em vez de generalizada a todos os registros, cinge-se aos casos em que ela é requerida e que são poucos.

"Realmente, a proteção ao nome empresarial está assegurada no art. 5º, inciso XXIX da Constituição Federal, princípio esse reiterado no *caput* do art. 33 do examinado projeto de lei. Os limites dessa proteção, contudo, devem ser mantidos na área de jurisdição de cada Junta Comercial, conforme está hoje regulado, podendo a proteção ser estendida à jurisdição das demais Juntas a requerimento do interessado, mas nunca *ex officio*.

"De fato, a implantação de um novo procedimento não representaria nenhum avanço, principalmente se considerarmos que a grande maioria das empresas registradas é de firmas individuais (cerca de 50% do movimento das Juntas Comerciais) e de sociedades limitadas familiares (em torno de 49%), cujo interesse, no que diz respeito à proteção ao nome empresarial, é circunscrito aos limites da própria Cidade, ou, no máximo, aos do Estado, restando apenas um número insignificante de grandes empresas cujo interesse potencial se amplia e as quais já são atendidas, mediante requerimentos, para extensão daquela proteção a outros Estados.

"Por outro lado, o que se afigura grave, é que a proteção ampliada ao âmbito nacional, generalizadamente, criaria uma enorme dificuldade na instituição de nomes diferentes, uma vez que é da ordem de 550 mil, em média, o número de novas empresas registradas por ano no Brasil.

"Para que se tenha uma idéia do caos que se estabeleceria, basta citar o exemplo das firmas individuais, cujo nome comercial é formado pelo nome civil do comerciante, abreviado ou por extenso, com a adição, se desejada ou necessária, de expressão diferenciadora. Com a proteção de âmbito estadual hoje existente, já é grande o número de colidências, fato que seria multiplicado algumas vezes se ela fosse ao Brasil inteiro, automática e generalizadamente.

"Os parágrafos citados contrariam o interesse público."

O que se depreende, portanto, é que a justificativa não traz oposição à proteção de âmbito nacional ao nome empresarial, já que mesmo admite a extensão para a jurisdição de todas as Juntas Comerciais, mediante requerimento. O que se considerou contrário ao interesse público foi, meramente, o mecanismo de extensão automática e generalizada *ex officio*.

Seguiu-se daí a edição do Decreto regulamentador 1.800/1996, cujo art. 61 veio a estabelecer o seguinte:

"Art. 61. A proteção ao nome empresarial, a cargo das Juntas Comerciais, decorre, automaticamente, do arquivamento da declaração de firma mercantil individual, do ato constitutivo de sociedade mercantil ou de alterações desses atos que impliquem mudança de nome.

"§ 1º. *A proteção ao nome empresarial circunscreve-se à unidade federativa de jurisdição da Junta Comercial que procedeu ao arquivamento de que trata o 'caput' deste artigo.*

"§ 2º. A proteção ao nome empresarial poderá ser estendida a outras unidades da Federação, a requerimento da empresa interessada, observada Instrução Normativa do Departamento Nacional de Registro do Comércio."

Some-se a isso o disposto no art. 7º da já citada Instrução Normativa 53/1996, do

DNRC, segundo o qual "observado o princípio da novidade, não poderão coexistir, *na mesma unidade federativa*, dois nomes empresariais idênticos ou semelhantes".

Não havendo a restrição na lei, obviamente extrapolou o Decreto (e também a IN) sua função regulamentar, afigurando-se-nos extremamente pertinente a conclusão a que chegou o Professor Newton Silveira, em palestra proferida no Instituto dos Advogados de São Paulo, em 1999, no sentido de que "as normas do Decreto 1.800 e da Instrução Normativa 53 não passam de normas procedimentais para as Juntas Comerciais, não elidindo a proteção ampla aos nomes de empresas em termos territoriais ou de ramos de atividade conforme reiterada jurisprudência de nossos tribunais", cumprindo acrescer ainda que, do contrário, essas normas estariam a afrontar o disposto no art. 8º da Convenção de Paris, a que há pouco nos referimos.

O alcance da exclusividade sobre o nome empresarial deve ser determinado, assim, tendo em vista os limites da tutela jurídica que lhe é assegurada pelo Direito brasileiro aos seus aspectos subjetivos e objetivos, isto é, enquanto "*sinal de identidade*" e "*sinal de trabalho*".

VII — Da regulamentação do nome empresarial no novo Código Civil

O novo Código Civil é resultado do PL 634, de 1975, apresentado à Câmara dos Deputados em 11.6.1975 (PLC 118/84 no Senado), tendo sua tramitação no Congresso Nacional se arrastado por quase trinta anos. Apesar de datado de 1975, sabe-se que os trabalhos de preparação do projeto tiveram início ainda na década de 60, o que explica o fato de que, embora represente inegáveis avanços e tenha aperfeiçoado um sem número de aspectos em diversas áreas do direito civil, já tenha nascido desatualizado com relação a muitas questões que, durante sua longa tramitação, sofreram avanços nas esferas doutrinária, jurisprudencial e legislativa.

Uma das áreas em que a desatualização ou até mesmo certo retrocesso são evidentes é justamente a do direito empresarial e, dentro desta, em especial no tratamento dispensado ao nome empresarial.

Isso posto, transcrevemos a seguir e passaremos a examinar e comentar os dispositivos do Capítulo II do Título IV do Livro II do novo Código Civil, arts. 1.155 a 1.168, que cuidam do nome empresarial.

> Art. 1.155. Considera-se nome empresarial a firma ou a denominação adotada, de conformidade com este Capítulo, para o exercício de empresa.
>
> Parágrafo único. Equipara-se ao nome empresarial, para os efeitos da proteção da lei, a denominação das sociedades simples, associações e fundações.

A definição do *caput* deste artigo não merece reparos e se acha conforme a mais moderna doutrina, cabendo recordar, como mencionado ao início deste ensaio, que o art. 966 do novo Código Civil conceitua empresa como a "atividade econômica organizada para a produção ou a circulação de bens ou de serviços".

Isso sinaliza, a nosso ver, que o legislador teria optado por adotar a expressão *nome empresarial* para designar aquilo a que anteriormente nos referimos como sendo o "*sinal de trabalho*" ou *nome comercial objetivo*, cuja proteção, quanto a esse aspecto, se subsume às normas e princípios concorrenciais.

Em sendo assim, mostra-se inadequada a disposição do parágrafo único do art. 1.155, que equipara ao nome empresarial, para fins de proteção legal, a denominação das sociedades simples, associações e fundações. Isso porque, por não se dedicarem a atividades econômicas com finalidade lucrativa, não merecem as sociedades simples, as associações e as fundações tutela de seus nomes como "*sinal de trabalho*", isto é, em seu aspecto objetivo — o que não significa que não gozem de direitos exclusivos sobre seus nomes, haja visto que, considerados em sua função de "*sinal de identidade*", em seu aspecto subjetivo, tais direitos decorrem, *ipso iure*, da simples constituição de sua personalidade jurídica, já tendo sido reconhecidos em diversas instâncias por nossas cortes.

Essa mesma equiparação já fora feita no passado pelo parágrafo único do art. 104 do já revogado Decreto-lei 7.903/1945, tendo merecido semelhante crítica no excelente ensaio de Karin Grau-Kuntz: "Se a intenção do legislador foi louvável, no sentido de conceder proteção explícita ao nome das associações e fundações, pecou-se pelo desnecessário ao buscar fazê-lo valendo-se da legislação de caráter concorrencial. Como já demonstramos, as fundações e associações têm seus nomes protegidos em caráter exclusivo pelo simples fato destes sinais reportarem a suas identidades. Não exercendo atividade empresarial as associações e fundações não gozarão de proteção concorrencial".[12]

Outra incongruência está no fato de determinar-se a equiparação ao nome empresarial da denominação das sociedades simples, associações e fundações sem que igual equiparação seja feita para os nomes das pessoas físicas que se dediquem "a profissão intelectual, de natureza científica, literária ou artística, ainda que com o concurso de auxiliares ou colaboradores" (a que se refere o parágrafo único do art. 966 do novo Código). Ou faz-se a equiparação tanto para as pessoas físicas quanto para as pessoas jurídicas não empresárias, ou não se faz para nenhuma delas, solução esta que nos parece a mais correta tecnicamente, pelos motivos acima expendidos.

O parágrafo único do art. 1.155 do novo Código Civil deve, assim, ser simplesmente suprimido.

Art. 1.156. O empresário opera sob firma constituída por seu nome, completo ou abreviado, aditando-lhe, se quiser, designação mais precisa da sua pessoa ou do gênero de atividade.

12. Ob. cit., p. 55.

Art. 1.157. A sociedade em que houver sócios de responsabilidade ilimitada operará sob firma, na qual somente os nomes daqueles poderão figurar, bastando para formá-la aditar ao nome de um deles a expressão "e companhia" ou sua abreviatura.

Parágrafo único. Ficam solidária e ilimitadamente responsáveis pelas obrigações contraídas sob a firma social aqueles que, por seus nomes, figurarem na firma da sociedade de que trata este artigo.

Esses dispositivos não destoam das normas atualmente aplicáveis à composição e utilização das firmas individuais e das firmas ou razões sociais, conforme explicitadas no item específico acima.

Art. 1.158. Pode a sociedade limitada adotar firma ou denominação, integradas pela palavra final "limitada" ou a sua abreviatura.

§ 1º. A firma será composta com o nome de um ou mais sócios, desde que pessoas físicas, de modo indicativo da relação social.

§ 2º. A denominação deve designar o objeto da sociedade, sendo permitido nela figurar o nome de um ou mais sócios.

§ 3º. A omissão da palavra "limitada" determina a responsabilidade solidária e ilimitada dos administradores que assim empregarem a firma ou a denominação da sociedade.

Vemos aqui um problema na norma do § 2º do art. 1.158, que exige que a denominação designe o objeto da sociedade.

Como já mencionamos acima, essa exigência, que era imposta às sociedades por quotas de responsabilidade limitada pela norma do art. 3º, § 1º, do Decreto 3.708/1919, havia sido flexibilizada pela Lei de Registro Público de Empresas Mercantis, que tornou tal indicação facultativa na composição do nome empresarial (Lei 8.934/1994, art. 35, inciso III).

A reintrodução dessa exigência, além de representar um retrocesso injustificável, por aplicar-se apenas às denominações, resultará na existência concomitante de empresários e sociedades empresárias *com* e *sem* a indicação, em seus nomes, do gênero de atividades a que se dedicam, conforme adotem firma ou denominação e conforme tenham-se constituído antes ou após a entrada em vigor do novo Código Civil.

Tomando-se por exemplo apenas o caso das limitadas, conviverão (i) aquelas designadas por firma (que não precisam mas podem também indicar no nome o gênero de negócios), (ii) aquelas designadas por denominação *com* indicação do objeto social (as constituídas antes da entrada em vigor da Lei 8.934/1994 e que não tenham no meio tempo alterado suas denominações para excluir tal indicação e as que venham a se constituir após a entrada em vigor do novo Código Civil) e (iii) aquelas designadas por denominação *sem* a indicação do objeto social (as constituídas no período entre a entrada em vigor da Lei 8.934/1994 e a entrada em vigor do novo Código Civil). Que benefício trará, então, a repristinação da exigência, se nenhuma uniformidade será obtida?

Destaque-se que pode ser absurdo ou mesmo impossível incluir-se na denominação o objeto de certas sociedades que se dediquem a atividades amplamente diversificadas. Ademais, essa regra, aliada ao princípio da veracidade a que se sujeitam os nomes empresariais, poderá implicar a necessidade de alteração das denominações a cada alteração do objeto social que inclua ou suprima determinado gênero de negócios, o que, além de burocrático e na contramão da harmonização que seria a tendência natural no processo de globalização (sem falar nos custos que serão impostos às sociedades), resultará numa instabilidade e enfraquecimento da capacidade identificadora do nome (em seu aspecto subjetivo), caso a sociedade veja-se forçada a alterá-lo com freqüência.

Em nossa opinião, assim, essa exigência deve ser abolida.

Art. 1.159. A sociedade cooperativa funciona sob denominação integrada pelo vocábulo "cooperativa".

Art. 1.160. A sociedade anônima opera sob denominação designativa do objeto social, integrada pelas expressões "sociedade anônima" ou "companhia", por extenso ou abreviadamente.

Assim como no caso da norma do § 2º do art. 1.158, referente às sociedades por quotas, o art. 1.160 acima transcrito impõe também às sociedades anônimas a obrigatoriedade de que a denominação designe o objeto social.

Trata-se aqui, igualmente, de lamentável retrocesso, haja visto que essa exigência, que existia no art. 250 do Código Comercial de 1850, havia sido abolida para as sociedades por ações pelo Decreto 916, de 1890, cujo art. 4º, que delas cuida, prevê a sua designação "por uma denominação particular *ou* pela indicação de seu objeto (...)", indicação que não exige a Lei 6.404/1976 (art. 3º) e que, também pela Lei 8.934/1994, é facultativa na composição do nome empresarial (art. 35, inciso III).

Aplicam-se a tal dispositivo, assim, os mesmos comentários feitos acima com relação à norma do § 2º do art. 1.158.

Parágrafo único. Pode constar da denominação o nome do fundador, acionista, ou pessoa que haja concorrido para o bom êxito da formação da empresa.

Essa norma corresponde ao que já estabelece o § 1º do art. 3º da Lei 6.404/1976.

Art. 1.161. A sociedade em comandita por ações pode, em lugar de firma, adotar denominação designativa do objeto social, aditada da expressão "comandita por ações".

Repete-se também para a sociedade em comandita por ações o retrocesso consistente na exigência de que ao adotar denominação esta dê a conhecer o objeto social.

Como visto acima, esse tipo de sociedade, pelo art. 3º, § 2º, do Decreto 916, de 1890, pode ser designado por firma ou razão social "por denominação especial *ou* pela indicação de seu objeto (...)", indicação essa que, também por força do art. 35, inciso III, da Lei 8.934/1994, é facultativa.

Aplicam-se igualmente ao dispositivo em apreço, assim, os mesmos comentários feitos acima com relação às normas dos arts. 1.158, § 2º, e 1.160.

Art. 1.162. A sociedade em conta de participação não pode ter firma ou denominação.

Tratando-se a sociedade em conta de participação de sociedade não personificada (art. 991 do novo Código Civil), identifica-se pela firma individual do sócio ostensivo, que é o único a responder perante terceiros. Correto, portanto, o tratamento dispensado por este dispositivo, que se coaduna com as normas atuais.

Art. 1.163. O nome de empresário deve distinguir-se de qualquer outro já inscrito no mesmo registro.

Parágrafo único. Se o empresário tiver nome idêntico ao de outros já inscritos, deverá acrescentar designação que o distinga.

Já mencionamos que o art. 6º do Decreto 916, de 1890, determina que toda firma nova deverá distinguir-se de outra já existente, impondo ao comerciante que tiver nome idêntico ao de outro anteriormente inscrito no registro do lugar o dever de acrescentar designação que o distinga.

Essa é justamente a regra que aqui se prevê, mas com nova terminologia: à firma individual chama-se *nome de empresário*, que, segundo o art. 967, é de inscrição obrigatória no Registro Público de Empresas Mercantis da respectiva sede, antes de iniciarem-se as atividades.[13]

Art. 1.164. O nome empresarial não pode ser objeto de alienação.

Parágrafo único. O adquirente de estabelecimento, por ato entre vivos, pode, se o contrato o permitir, usar o nome do alienante, precedido do seu próprio, com a qualificação de sucessor.

Este dispositivo repete, com nova redação, e ampliando-lhe a abrangência, a norma do art. 7º do Decreto 916, de 1890, que veda a aquisição de firma sem a do estabelecimento a que estiver ligada, e cujo parágrafo único autoriza a continuidade do uso da firma, antecedendo-a da que usar com a declaração "*sucessor de* ...", pelo adquirente por ato *inter vivos* ou *mortis causa*.

Art. 1.165. O nome de sócio que vier a falecer, for excluído ou se retirar, não pode ser conservado na firma social.

É o que igualmente estipula o art. 8º do Decreto 916, de 1890: "modificada uma sociedade pela retirada ou morte de sócio, a firma não poderá conservar o nome do sócio que se retirou ou faleceu".

Trata-se aqui de decorrência da aplicação do princípio da veracidade (Lei 8.934/1994, art. 34) às firmas das sociedades por quotas de responsabilidade limitada, que devem ser compostas com o nome de um ou mais sócios, desde que pessoas físicas (art. 1.158, § 1º), das sociedades em comandita por ações (art. 1.161) e das sociedades em que houver sócios de responsabilidade ilimitada, nas quais apenas os nomes destes poderão figurar (art. 1.157).

Note-se que embora o princípio da veracidade deva ser obedecido por todo nome empresarial, conforme sem ressalvas prescreve o citado art. 34 da Lei 8.934/1994, a manutenção dos nomes de fundadores, exacionistas e até de não-sócios que tenham contribuído para o êxito da empresa é permitida nas denominações das sociedades anônimas (Lei 6.404/1976, art. 3º, § 1º e art. 1.160 do novo Código Civil), sendo igualmente permitida a manutenção do nome de sócio falecido nas denominações das sociedades de advogados, desde que com sua concordância manifestada ainda em vida (art. 16, § 1º, do Estatuto da Ordem dos Advogados do Brasil — Lei 8.906/1994), requisito este que, a nosso ver, de-

13. É o que determina também a Lei 8.934/1994, cujo art. 2º estabelece que os atos das firmas mercantis individuais serão arquivados no Registro Público de Empresas Mercantis e Atividades Afins, independentemente de seu objeto, salvo as exceções previstas em lei.

veria ser igualmente imposto para as demais sociedades.

> Art. 1.166. A inscrição do empresário, ou dos atos constitutivos das pessoas jurídicas, ou as respectivas averbações, no registro próprio, asseguram o uso exclusivo do nome nos limites do respectivo Estado.
>
> Parágrafo único. O uso previsto neste artigo estender-se-á a todo o território nacional, se registrado na forma da lei especial.

Este é um dos dispositivos mais polêmicos do capítulo, por limitar a proteção ao nome empresarial aos limites do Estado em que se acha registrado o empresário ou a sociedade e por prever a instituição de um registro especial para que a proteção possa ser estendida a todo o território nacional.

Parece-nos, de todos, o mais grave e lamentável retrocesso, e não é por outro motivo que este dispositivo tem sido o principal alvo das críticas dos especialistas na matéria.

No que nos diz respeito, reiteramos nosso entendimento de que a proteção do nome empresarial subjetivo, por tratar-se de direito decorrente da personalidade, é absoluta e não admite a limitação territorial aqui estabelecida.

Essa tese ganha substancial reforço e respaldo no novo Código Civil com a norma de seu art. 52, que prevê explicitamente a aplicação às pessoas jurídicas da proteção dos direitos da personalidade.

E, mesmo que consideremos que o legislador tenha optado por adotar a expressão *nome empresarial* para designar o "*sinal de trabalho*" ou *nome comercial objetivo*, conforme nossos comentários supra ao art. 1.155, afigura-se totalmente equivocada a norma do art. 1.166, uma vez que o limite representado pelo território do Estado do registro do empresário ou sociedade não guarda necessariamente pertinência com a extensão da proteção que deva ser assegurada ao nome sob o aspecto concorrencial.

No que diz respeito ao parágrafo único, além de inadequada a sua redação (o ***uso*** ... estender-se-á a todo o território nacional ???), a instituição de um registro especial, além de absolutamente desnecessária, inconveniente e de a nada aproveitar, contraria frontalmente o art. 8º da Convenção de Paris, que, conforme já mencionado, estabelece que o nome comercial deve ser protegido em todos os países da União *independentemente de registro.*

> Art. 1.167. Cabe ao prejudicado, a qualquer tempo, ação para anular a inscrição do nome empresarial feita com violação da lei ou do contrato.

Este dispositivo é igualmente infeliz. Primeiro, pois não há "inscrição" do nome empresarial: quem se inscreve é o empresário, ou são registrados ou arquivados os atos constitutivos da sociedade, disso decorrendo a proteção ao nome adotado.

Em segundo lugar, se não há inscrição do nome, não pode haver ação para anulá-la. E, o que é pior, mesmo que houvesse tal inscrição, de sua anulação resultaria um empresário ou sociedade sem nome, o que não se pode conceber.

Em terceiro lugar, de indagar-se, também, se inscrição houvesse, quando um nome seria inscrito "*com violação do contrato*"...

Por fim, a questão também extremamente polêmica de que uma tal ação possa ser intentada *a qualquer tempo*, sem prescrição, do que resultará total insegurança jurídica, de todo indesejável.

Além disso, a imprecisão terminológica permite que se interprete que apenas a ação que tenha por objeto a *anulação* da "inscrição" do nome empresarial será imprescritível, aplicando-se às demais ações cabíveis (como as ações de obrigação de não-fazer — abstenção, de obrigação de fazer — alteração e de reparação de danos) as regras gerais dos arts. 205 e 206 do novo Código Civil, do que resultaria uma situação das mais curiosas e incongruentes.

Art. 1.168. A inscrição do nome empresarial será cancelada, a requerimento de qualquer interessado, quando cessar o exercício da atividade para que foi adotado, ou quando ultimar-se a liquidação da sociedade que o inscreveu.

Aqui mais uma vez se fala impropriamente em "inscrição" do nome empresarial, o que não existe, e prevê-se uma espécie de "caducidade" do nome empresarial ante a cessação do exercício da atividade para que foi adotado (???). Isso significa que qualquer sociedade que passar por um período de inatividade, mesmo que breve, poderá ter seu nome empresarial "cancelado", embora permaneça em regular existência legal e dotada de personalidade jurídica!

Cogita-se, também, de um "cancelamento" do nome com a liquidação da sociedade, o que é outro absurdo completo, uma vez que o nome, como atributo da personalidade jurídica, se nasce automaticamente com a sua constituição, igualmente se extingue com a extinção da sociedade (ver art. 1.109). De indagar-se, portanto, como se caracterizaria o *interesse* do requerente do cancelamento em tal hipótese, isto é, quando o nome deixará de existir, de qualquer modo e automaticamente, em decorrência da ultimação da liquidação da sociedade.

Ante todas as considerações acima, urge que este importante capítulo seja amplamente revisto antes da entrada em vigor do novo Código Civil.

A título de contribuição, apresentamos a seguir sugestões de alterações que entendemos pertinentes e aptas a solucionar os problemas apontados.

São Paulo, junho de 2002.

Sugestões para a revisão do Capítulo II do Título IV do Livro II do novo Código Civil, que cuida do nome empresarial

1. Suprimir o parágrafo único do art. 1.155.
2. Adotar a seguinte redação para o § 2º do art. 1.158:

"§ 2º. A denominação poderá designar o objeto da sociedade, sendo permitido nela figurar o nome de um ou mais sócios."

3. Adotar a seguinte redação para o *caput* do art. 1.160:

"Art. 1.160. A sociedade anônima opera sob denominação, que poderá designar o objeto social, integrada pelas expressões 'sociedade anônima' ou 'companhia', por extenso ou abreviadamente."

4. Adotar a seguinte redação para o art. 1.161:

"Art. 1.161. A sociedade em comandita por ações pode, em lugar de firma, adotar denominação, que poderá ser designativa do objeto social, aditada da expressão 'comandita por ações'."

5. Adotar a seguinte redação para o art. 1.163:

"Art. 1.163. Não poderá ser adotado nome empresarial idêntico ou semelhante a outro já existente, apto a ensejar confusão.

"Parágrafo único. Se o empresário tiver nome idêntico ao de outro já inscrito, deverá acrescentar designação que o distinga."

6. Adotar a seguinte redação para o *caput* e parágrafo único do art. 1.166:

"Art. 1.166. A inscrição do empresário, ou dos atos constitutivos das pessoas jurídicas, ou as respectivas averbações, no registro próprio, asseguram o uso exclusivo do nome empresarial.

"Parágrafo único. Nenhuma outra formalidade ou registro além do estipulado no *caput* deste artigo será exigível para fins de proteção ao nome empresarial."

7. Adotar a seguinte redação para o art. 1.167:

"Art. 1.167. Prescreve em dez anos a ação que tenha por objeto a modificação ou abstenção de uso de nome empresarial, salvo nos casos de má-fé, quando a ação poderá ser ajuizada a qualquer tempo."

8. Adotar a seguinte redação para o art. 1.168:

"Art. 1.168. O direito ao nome empresarial extingue-se automaticamente com o cancelamento da inscrição do empresário ou com a extinção da sociedade empresária, sendo vedada a adoção de nome empresarial idêntico por um período de três anos contados da data do cancelamento ou extinção, exceto na hipótese de nova inscrição do mesmo empresário."

A TEORIA DA DESCONSIDERAÇÃO DA PESSOA JURÍDICA NO NOVO CÓDIGO CIVIL

José Tadeu Neves Xavier

1. Introdução. 2. A proposta de inserção da teoria da desconsideração no texto do novo Código Civil. 3. Análise crítica sobre o art. 50 do novo Código Civil: 3.1 A confusão patrimonial; 3.2 A subcapitalização societária. 4. Considerações finais.

1. A teoria da desconsideração da personalidade jurídica dos entes coletivos consolidou-se, entre os operadores do direito, como mecanismo de extrema utilidade na busca de soluções justas para as questões do tráfico negocial. Embora carente de base normativa na legislação civil e comercial, essa teoria acabou por inserir-se definitivamente no contexto no nosso sistema jurídico, em especial na seara societária, por meio dos estudos doutrinários e aplicação jurisprudencial.[1]

No Direito brasileiro, o primeiro texto legislativo a trazer expressa previsão sobre a teoria da desconsideração da personalidade jurídica dos entes coletivos foi a Lei 8.078/1990, batizada como Código de Proteção e Defesa do Consumidor.[2] Após, duas outras leis repetiram a ousadia

1. Atualmente nota-se nos julgados de nossos Tribunais uma utilização extremamente ampla da teoria da desconsideração, nos mais variados assuntos e das mais diversas ordens. Não se verifica a busca do patrimônio pessoal dos sócios apenas na discussão judicial das dívidas assumidas pela pessoa jurídica societária em benefício exclusivo de seus membros. É comum encontrar-se a sua utilização para resolver questões que extrapolam os limites do Direito Comercial tradicional, como no dever geral de indenização, em discussões relativas às relações de consumo e até mesmo em temas de Direito de Família. Sobre este último enfoque aponta Rolf Madaleno que "É larga e producente sua aplicação no processo familiar, principalmente frente à constatação nas disputas matrimoniais, do cônjuge empresário esconder-se sob as vestes da sociedade, para a qual faz despejar, se não todo, o rol mais significativo de seus bens (...) quando o marido transfere para sua empresa o rol mais significativo de bens matrimoniais, sentença final de cunho declaratório haverá de desconsiderar esse negócio específico, flagrada a fraude ou abuso, havendo, em conseqüência, como matrimoniais esses bens, para ordenar sua partilha no ventre da separação judicial, na fase destinada a sua divisão, já considerados comuns e comunicáveis" (*Direito de Família: Aspectos Polêmicos*, Livraria do Advogado, 1998, p. 27).

2. Os termos da previsão do instituto no CDC são os seguintes: "Art. 28. O juiz poderá desconsiderar a personalidade jurídica da sociedade quando, em detrimento do consumidor, houver abuso de direito, excesso de poder, infração da lei, fato ou ato ilícito ou violação dos estatutos ou contrato social. A desconsideração também será efetivada quando houver falência, estado de insolvência, encerramento ou inatividade da pessoa jurídica provocados por má administração. § 1º. (*vetado*); § 2º. As sociedades integrantes dos grupos societários e as sociedades controladas são subsidiariamente responsáveis pelas obrigações decorrentes deste Código; § 3º. As sociedades consorciadas são solidariamente responsáveis pelas obrigações decorrentes deste Código; § 4º. As sociedades coligadas só responderão por culpa; § 5º. Também poderá ser desconsiderada a pessoa jurídica sempre que sua personalidade for, de alguma forma, obstáculo ao ressarcimento de prejuízos causados aos consumidores".

do diploma consumerista: a Lei 8.884/1994, que dispõe sobre a prevenção e a repressão às infrações contra a ordem econômica[3] e a Lei 9.605/1998 que disciplina a responsabilidade por lesões ao meio ambiente.[4] Entretanto, trata-se de normas de aplicação específica a determinadas matérias e que, portanto, não serviram como cláusula geral de aplicação da teoria da desconsideração. Entre estes textos, o primeiro foi o que causou maior eco na doutrina, sendo alvo de rígidas críticas.[5]

Recentemente criou-se a expectativa de aprovação do texto definitivo do novo Código Civil, que, entre as várias inovações, traz, em seu art. 50, a previsão normativa genérica da teoria da desconsideração.

2. O Projeto do novo Código Civil que tramitou por longo período em nosso Congresso Nacional, foi elaborado inicialmente na década de 70, sob a presidência de Miguel Reale. Das diversas novidades apresentadas no novo texto, desperta a atenção a normatização genérica da teoria da desconsideração da personalidade jurídica dos entes coletivos.

A redação inicialmente apresentada foi a seguinte: "a pessoa jurídica não pode ser desviada dos fins que determinaram a sua constituição para servir de instrumento ou cobertura à prática de atos ilícitos, ou abusivos, caso em que caberá ao juiz, a reque rimento do lesado, ou do Ministério Público, decretar-lhe a dissolução", acrescida de parágrafo, dispondo que "neste caso, sem prejuízo das sanções cabíveis, responderão conjuntamente com os da pessoa jurídica, os bens pessoais do administrador ou representante que dela se tiver utilizado de maneira fraudulenta ou abusiva, salvo se norma especial determinar a responsabilidade solidária de todos os membros da administração".[6]

3. O art. 18 dessa lei repete a redação do *caput* do art. 28 do Código Consumerista.

4. O art. 4º dessa lei estatui que "poderá ser desconsiderada a pessoa jurídica sempre que sua personalidade for obstáculo ao ressarcimento dos prejuízos causados à qualidade do meio ambiente".

5. Fábio Ulhoa Coelho, ao comentar esta inovação legislativa apontou que "contudo, tais são os desacertos do dispositivo em questão que pouca correspondência se pode identificar entre ele e a elaboração doutrinária da teoria" (*Curso de Direito Comercial*, 2º v., Saraiva, 1999, p. 49). Leandro Zanitelli se manifestou dizendo que "(...) afora isso, resta observar a total inutilidade deste dispositivo e, até mesmo, o seu aspecto pernicioso. Não era preciso determinar, em expresso dispositivo de lei, que o abuso da pessoa jurídica deve ser sancionado com a desconsideração, simplesmente porque esse já era o entendimento consagrado na época, entendimento que encontra justificativa na própria relatividade dos direitos e demais situações subjetivas. Perniciosa, a intervenção legislativa, porque realizada no âmbito de um microssistema, dando assim, vazão o argumento de que, em outros setores do Direito Privado, não pertencentes ao restrito universo do Direito do Consumidor, a desconsideração, mesmo em face do abuso, não seria permitida" ("Abuso da pessoa jurídica e desconsideração", *Revista da Faculdade de Direito Ritter dos Reis*, v. III, mar.-jul./2000, pp. 198-199). Mais enfática ainda são as críticas desenvolvidas por Rachel Sztajn: "Claramente o texto do art. 28 da Lei 8.078/1990 não segue a filosofia que informa aplicação da teoria nos sistemas de origem. O texto mistura defeitos dos atos para os quais o sistema já prevê remédios próprios. Ou o legislador não entendeu a função da teoria da desconsideração ou, ao que parece, desejou banalizar, vulgarizar a técnica, para torná-la panacéia nacional na defesa do consumidor" ("Desconsideração da personalidade jurídica", *Revista Direito do Consumidor*, v. II, p. 71). Entendemos que tais observações críticas são exageradas, pois apesar da inequívoca falta de aprimoramento do texto consumerista nesta questão, o tema deve ser analisado de forma a se extrair dele o entendimento mais consentâneo com o sentido finalístico da norma tuitiva. Não é momento para críticas destrutivas que só viriam a debilitar a legitimidade do texto consumerista. É preciso que se proporcione uma análise construtiva, buscando luzes que venham a tornar mais nítida a utilidade e a devida aplicação do art. 28 do CDC. Essa é a tarefa da doutrina, ou seja, a construção para otimizar os textos normativos desprovidos de clareza.

6. Rubens Requião havia, na época, proferido conferência sobre o tema, cujo texto foi encaminhado para a Comissão Revisora do Código Civil, inspirando a tentativa inicial de incorporação da teoria da desconsideração à legislação nacional. Na exposição de motivos, foi feita a seguinte referência justificativa do dispositivo em questão proposto: "visando a preencher sentidas lacunas da legislação vigente, disciplinou-se o processo de exclusão dos associados e sócios. Pela mesma razão, acolhendo-se

Esta proposta de normatização da teoria da desconsideração, como não poderia deixar de ser, foi alvo de várias e severas críticas por parte de nossos doutrinadores, mormente por vincular a figura da desconsideração com a dissolução da sociedade.

As críticas mais ardorosas vieram da doutrina comercialista, embora os civilistas também tenham registrado suas ressalvas.[7]

Miguel Reale, atendendo a tais ponderações, modificou a redação inicial do dispositivo em apreço, que passou a ser a seguinte: "A pessoa jurídica não pode ser desvirtuada dos fins estabelecidos no ato constitutivo, para servir de instrumento ou cobertura à prática de atos ilícitos ou abusivos, caso em que poderá o juiz, a requerimento de qualquer dos sócios ou do Ministério Público, decretar a exclusão do sócio responsável, ou, tais sejam as circunstâncias, a dissolução da entidade".[8]

O novo texto inovou em relação ao anterior, deslocando a legitimidade do pedido de desconsideração da personalidade jurídica para os sócios, afastando, assim, a legitimidade do lesado e possibilitando a dissolução da entidade como sanção alternativa excepcional: "*tais sejam as circunstâncias*".

Entretanto, como refere Fábio Ulhoa Coelho, novamente a teoria da desconsideração da pessoa jurídica não foi devidamente traduzida no texto projetado que introduziu a sanção de exclusão do sócio responsável — diversa da sanção decorrente do desconhecimento da autonomia da pessoa jurídica, que é a ineficácia episódica de seu ato constitutivo — tornando alternativa a sanção da dissolução da sociedade.[9]

O jurista Rubens Requião manifestou-se em sentido contrário a esta proposição, argumentando que "o anteprojeto havia dado solução diferente, determinando a dissolução da sociedade. Mas isso, como contraditamos na ocasião, importava em punir os demais sócios atingidos. Não seria justo. A comissão, porém, embora melhorando o texto, não acolheu a doutrina em toda a sua pureza".[10]

sugestão do Prof. Rubens Requião, cuidou-se de prevenir e repelir os abusos perpetrados à sombra da personalidade jurídica".

7. José Lamartine Corrêa de Oliveira, em análise ao texto proposto para a Parte Geral do Projeto de Código Civil, anotou, na época, as seguintes observações ao artigo em questão: "O art. 49, na esteira da experiência fornecida pelo Direito Comparado, procurou coibir a chamada 'fraude por meio da pessoa jurídica' ou 'abuso da personalidade jurídica'. Bem teria andado se tivesse a Comissão se limitado à norma do parágrafo único, que, sem prejuízo de outras sanções cabíveis, manda responder em tais casos, pelas dívidas 'conjuntamente com os da pessoa jurídica, os bens pessoais do administrador ou representante que dela se houver utilizado de maneira fraudulenta ou abusiva, salvo se norma especial determinar a responsabilidade solidária de todos os membros da administração'. Até aí tudo muito bem. O que não se concebe, porém, é que, para se sanar a lesão de que a pessoa jurídica foi vítima, pois seu nome foi utilizado, em proveito próprio, por sócios ou administradores desonestos, seja a pessoa jurídica dissolvida. E é isso, nada mais, nada menos, que é autorizado pelo 'caput' do mencionado art. 49, que permite a dissolução da pessoa jurídica de que se abusou, a requerimento do lesado ou do Ministério Público, e por decisão judicial. Cura-se a doença cortando-se a cabeça do doente. Acode-se ao lesado tirando-se-lhe a vida. Urge retirar ao Anteprojeto o perigoso radicalismo dessa sanção de dissolução" ("A Parte Geral no Anteprojeto de Código Civil", *RT* 466/276, 1974).

8. Jonas Keiti Kondo, na época, em estudo dedicado ao tema, apresentou a seguinte proposta de redação, que não chegou a ser considerada pela doutrina: "Quando sob a camuflagem da pessoa jurídica, o sócio praticar atos ilícitos ou abusivos, de modo a fugir às regras da responsabilidade ou causar prejuízos a alguém, o juiz, a pedido do prejudicado, poderá desconsiderar a personalidade jurídica da entidade, naquele período em que foi praticado o ato lesivo, para alcançar aqueles bens do devedor que encontravam-se ocultados sob a personificação da sociedade e a ela incorporados" ("Natureza da pessoa jurídica: desconsideração da pessoa jurídica", *Jurisprudência Brasileira* 102/31).

9. In *Desconsideração da Pessoa Jurídica*, Ed. RT, 1989, p. 51.

10. In "Projeto de Código Civil — Apreciações críticas sobre a Parte Geral e o Livro I (Das Obrigações)", *RT* 477/20, 1975. Resumem-se em dois tópicos as principais críticas apresentadas pelo autor ao texto em análise: (a) não se deve conferir legi-

Inconformado com o rumo que estava sendo seguido para a normatização da teoria da desconsideração, Rubens Requião apresentou a seguinte proposta de redação para o art. 48 do Projeto de Código Civil: "A pessoa jurídica não pode ser desviada dos fins que determinaram a sua constituição, para servir de instrumento ou cobertura à pratica de atos ilícitos ou abusivos de sócio. Neste caso, o juiz, desconsiderando a existência da personalidade jurídica, a pedido do credor do sócio, poderá permitir a efetivação de sua responsabilidade sobre os bens incorporados na sociedade para a sua participação no capital social".

O substitutivo apresentado por esse renomado jurista não foi bem acolhido pela nossa doutrina, pois restringiu a teoria da desconsideração aos casos em que ela servia para atender às pretensões dos credores particulares dos sócios. Nessas situações, os nossos tribunais já encontravam a solução através da penhora de cotas e ações da sociedade por dívidas pessoais dos sócios.[11]

O Projeto de Código Civil, em que pesem todas as críticas, foi aprovado pela Câmara dos Deputados em 1984, mantendo-se, na questão relativa à normatização da teoria da desconsideração, a redação anterior à proposta por Rubens Requião.

Finalmente, o relator Josaphat Marinho apresentou a seguinte redação ao art. 50 do Projeto: "Em caso de abuso da personalidade jurídica, caracterizado pelo desvio de finalidade, ou pela confusão patrimonial, pode o juiz decidir, a requerimento da parte ou do Ministério Público, quando lhe couber intervir no processo, que os efeitos de certas e determinadas relações sejam estendidos aos bens particulares dos administradores ou sócios da pessoa jurídica".[12]

timidade nem ao Ministério Público — o problema é todo de interesse privado — nem aos sócios, que são terceiros na pendenga creditícia, mas sim aos credores insatisfeitos, despidos das garantias que o patrimônio do devedor confere; (b) a doutrina da desconsideração deve ser acolhida em sua pureza, não se trata de dissolver a sociedade, mas de deixar de levar em conta, no caso concreto, a sua autonomia.

11. Ao elaborar a sua proposta o autor ressaltou expressamente que: "a verdade original da doutrina é que ao penetrar na personalidade jurídica, desestimando-a, o juiz não anula a sociedade, que continua normalmente as suas atividades, apenas desfalcada dos bens do sócio fraudulentamente nela incorporados" ("Abuso de direito e fraude da personalidade jurídica", *RT* 410/20). O texto apresentado não representa a original teoria da desconsideração da personalidade jurídica, mas sim aproxima-se da chamada "teoria da desconsideração inversa", muitas vezes utilizada em questões relativas ao Direito de Família, quando são buscados na pessoa jurídica bens desviados do patrimônio pessoal de um dos cônjuges (sócio ou não), no intuito de fraudar a meação ou a pretensão a alimentos.

12. O Relator assim justificou a emenda: "O art. 50 do Projeto vai além da desconsideração da personalidade jurídica, pois admite, 'tais sejam as circunstâncias, a dissolução da entidade'. Mas o art. 51 trata dos 'casos de dissolução da pessoa jurídica' ou da cassação da autorização para seu funcionamento. Convém, portanto, caracterizar a 'desconsideração' em artigo substitutivo. A evolução do direito e a preocupação do legislador de preservar critérios éticos no conjunto das relações associadas recomendam essa caracterização num Código Civil novo. Os doutrinadores que julgam essa providência admissível no direito brasileiro salientam, geralmente, que ela não envolve 'a anulação da personalidade jurídica em toda a sua extensão, mas apenas a declaração de sua ineficácia para determinado efeito em caso concreto' (Rubens Requião, "Abuso de direito e fraude através da personalidade jurídica", *RT* 410/12, cit., p. 17, dez./1969). Vale dizer: cumpre distinguir entre despersonalização da desconsideração da personalidade jurídica. Nesta, 'subsiste o princípio da autonomia subjetiva da pessoa coletiva, distinta da pessoa de seus sócios ou componentes, mas esta distinção é afastada, provisoriamente e tão-só no caso concreto' (Fábio Konder Comparato, *O Poder de Controle na Sociedade Anônima*, 3ª ed., Forense, 1983, p. 283). Ademais, não basta que haja suspeita de desvio de função, para que se aplique o grave princípio. Conforme advertiu o Professor Lamartine Correa de Oliveira, 'não podem ser entendidos como verdadeiros casos de desconsideração todos aqueles casos de mera imputação de ato': 'é necessário fazer com que a imputação se faça com predomínio da realidade sobre a aparência' (*A Dupla Crise da Pessoa Jurídica*, Saraiva, 1979, pp. 610 e 613). Dentro desses pressupostos, e considerando a sugestão do acadêmico Marcelo Gazzi Tadei, orientado pelo Professor Luiz Antônio Soares Hentz, buscamos o delineamento seguro da 'desconsideração', para situá-la no Projeto. Consultamos um estudioso da matéria, com trabalho já publicado, Professor Fábio Konder Com-

O novo texto chamou à ordem o tratamento normativo proposto para a teoria da desconsideração da personalidade jurídica, até então, como demonstrado anteriormente, confuso e contraditório. Com a sanção do projeto de Código Civil, o art. 50 será a futura base normativa da teoria da desconsideração no direito privado brasileiro.

3. Por ser relativamente recente, a nova redação ainda não foi detalhadamente analisada pela doutrina. Alexandre Couto Silva, no entanto, aponta a falta de indicação da *fraude* em seu sentido amplo (de acordo com a noção do Direito norte-americano) e da *busca do ideal de justiça.*[13] Entendemos que a idéia de fraude está inserta de forma implícita na redação do art. 50 do novo *codex*, quando faz referência ao *abuso da personalidade jurídica* e ao *desvio de finalidade*. Da mesma forma, a *busca do ideal de justiça* está presente em toda a atuação do Direito, não sendo necessário pontuar este aspecto.

Numa ligeira análise, ainda que sem maiores aprofundamentos, percebe-se que essa normatização da teoria da desconsideração da personalidade jurídica é, em muito, superior às propostas que a antecederam, caracterizando-se pela adequação e precisão no tratamento dispensado à matéria. Cabe anotar ainda que a previsão não é limitativa, permitindo a utilização do instituto nos diversos ramos do Direito.

O texto mantém-se apegado à utilização excepcional da teoria, submetendo-a ao prudente critério do Judiciário. O fenômeno da desconsideração é inserido no plano da eficácia, seguindo o entendimento da melhor doutrina sobre a questão, e há extensão da responsabilidade não somente aos sócios, mas também aos administradores da sociedade.

3.1 O novo Código inova ao arrolar, como motivo suficiente para justificar a aplicação da teoria da desconsideração, as situações de confusão patrimonial, seguindo na esteira da doutrina estrangeira e atendendo a anseios de doutrinadores pátrios, o que certamente irá gerar influências nas decisões jurisprudenciais de nossos tribunais.[14]

parato, submetendo-lhe esboço do dispositivo. Assinalando também a necessidade de diferenciar despersonalização e desconsideração, o ilustre Professor concorreu, valiosamente, para a configuração tentada. Acentuou, mesmo, que 'a causa da desconsideração da personalidade jurídica não é, apenas, o desvio dos fins estabelecidos no contrato social ou nos atos constitutivos. O abuso pode também consistir na confusão entre o patrimônio social e o dos sócios ou administradores, ainda que mantida a mesma atividade prevista, estatutária ou contratualmente'. Justificou a menção, no texto, ao Ministério Público, visto que 'ele também pode intervir no processo sem ser parte'. Buscando contornos claros, ressaltou: 'É preciso deixar bem caracterizado o fato de que os efeitos da desconsideração da personalidade jurídica são meramente patrimoniais e sempre relativos a obrigações determinadas, pois a pessoa jurídica não entra em liquidação'. A menção genérica a 'relações de obrigação justifica-se pelo fato de que o direito do demandante pode ser fundado em um delito civil e não em contrato'. Em conclusão, observou: 'Finalmente, a fórmula sugerida — extensão dos efeitos obrigacionais aos bens particulares dos administradores ou sócios da pessoa jurídica — visa a superar a discussão sobre se esta responde ou não, conjuntamente com os sócios ou administradores. Na prática, como é óbvio, recorre-se à superação da personalidade porque os bens da pessoa jurídica não bastam para satisfazer a obrigação'. Daí o artigo substitutivo proposto corresponder ao texto elaborado pelo douto Professor, apenas empregado o vocábulo processo e não 'feito', dada a proximidade da palavra 'efeitos'" (Flávia Lefèvre Guimarães, *Desconsideração da Personalidade Jurídica no Código do Consumidor — Aspectos Processuais*, Max Limonad, 1998, pp. 43-44).

13. In *Aplicação da Desconsideração da Personalidade Jurídica no Direito Brasileiro*, LTr, 1999, p. 90.

14. Fábio Konder Comparato levantou reclamações expressas quanto às redações anteriores do Projeto de Código Civil sobre o tema da teoria da desconsideração, pela falta de previsão da confusão patrimonial como motivo para aplicação desta teoria. Diz o autor: "o dispositivo é criticável a mais de um título. Em primeiro lugar, porque põe, como *conditio iuris* de sua aplicação, um pressuposto que não corresponde, exatamente, ao problema aqui focado. A confusão patrimonial não representa, propriamente falando, um 'desvio dos fins estabelecidos no ato constitutivo'. Não se trata da proibição da prática de atos *ultra vires* não previstos no objeto social, pois os patrimônios da sociedade e do sócio podem confundir-se, praticamente, no desempenho da ativida-

De acordo com Menezes Cordeiro, a confusão de esferas jurídicas verifica-se quando, por inobservância das regras societárias, ou mesmo, por qualquer decorrência objetiva, não fique clara, na prática, a separação entre o patrimônio social e o do sócio ou os dos sócios.[15]

O direito positivado estabelece uma separação específica entre o patrimônio societário e o patrimônio pessoal de cada um de seus sócios. Tal limitação é estabelecida, inequivocamente, em benefício dos sócios, aos quais cabe concretizar essa separação formal, tornando-a e mantendo-a efetiva.

Ocorre que, em muitas situações, os sócios não dão importância à separação patrimonial estabelecida formalmente pela legislação, originando uma confusão entre os seus bens pessoais e os pertencentes ao patrimônio social.[16]

Neste contexto, devem ser distinguidas duas situações, ou seja, a mistura de sujeitos de responsabilidade e a mistura de massas patrimoniais.

Nos grupos econômicos, a mistura de sujeitos de responsabilidade é verificada quando houver a identidade dos membros da administração ou gerência de duas ou mais sociedades,[17] quando houver desrespeito às formalidades societárias ou, ainda, pela utilização de uma única sede para a atuação de várias sociedades de responsabilidade, com firmas e ramos de atuação assemelhados, o que pode vir em prejuízo dos credores sociais.[18]

Karsten Schmidt explica que aquele que desejar assegurar a autonomia patrimonial dos sujeitos e a conseqüente limitação de responsabilidade, não deve utilizar-se apenas de adequado complemento à denominação social, mas também manter a possibilidade de distinção de identidade dos sujeitos de responsabilidade.[19]

Na mistura de patrimônios, as fronteiras da autonomia patrimonial da sociedade e de seus sócios torna-se fluida, ensejando a perda da responsabilidade limitada de quem lhe dá causa. Tal situação pode apre-

de empresarial, prevista nos estatutos ou atos constitutivos" (*O Poder de Controle na Sociedade Anônima*, Ed. RT, 1976, p. 368).

15. In *Responsabilidade Civil dos Administradores*, Almedina, 1997, p. 324.

16. O TJRS, ao decidir a ap. civ. 597013036, aplicou a teoria da desconsideração com fulcro na confusão de patrimônios, em acórdão assim ementado: "*Embargos. Penhora de patrimônio de sociedade. Alegação de que nada tem com a execução. Desconsideração da pessoa jurídica.* Cabível a constrição de acervo pertencente a uma empresa, de que faz parte a sociedade executada, e que pertence a um conglomerado familiar em que as titularidades e patrimônios se interpolam e se substituem" (3ª C.Civ., rel. Des. José Carlos Teixeira Giorgis). Decisão interessante foi proferida pela 7ª C.Civ. do TJRS, ao utilizar o fundamento da confusão entre sócio e sociedade a fim de aplicar a teoria da desconsideração para resolver questão processual: "*Ação de ressarcimento de danos. Desconsideração da pessoa jurídica.* Se a empresa se confundia com a pessoa de seu sócio-proprietário, afasta-se a revelia da firma, acolhendo-se a contestação ofertada por este último. Anula-se o processo para que o feito seja instruído" (ap. civ. 597093848, rel. Des. Eliseu Gomes Torres).

17. No julgamento da ap. civ. 196208243, o TJRS aplicou a teoria da desconsideração em acórdão assim ementado: "*Arresto. Teoria da desconsideração da pessoa jurídica.* Empresas que têm sede no mesmo local, sendo também os mesmos sócios, marido e mulher. Aplica-se a teoria da desconsideração da pessoa jurídica, podendo ser arrestados bens de uma, na hipótese da obrigação ter sido firmada pela outra" (3ª C.Civ., rel. Des. Gaspar Marques Batista). Nas razões do voto, são apresentados os seguintes argumentos: "inexiste qualquer pejo na aplicação da teoria da desconsideração da pessoa jurídica, neste caso, pois segundo o autor, as duas empresas tem o mesmo endereço, o que não foi contestado pelo réu. Tudo indica que, em concreto, seus bens e objetivos se confundem. Fica difícil de entender, outro motivo que não o de fraudar, quando se transfere o uso e gozo gratuito do único imóvel disponível, para outra pessoa jurídica, formada pelos mesmos sócios, com a agravante de serem marido e mulher. Nessas circunstâncias, a pessoa jurídica criada posteriormente, passa a ser uma simples réplica da primeira, com ela se confundindo. A conquista das empresas é a capacidade de gerar riquezas, e não a possibilidade de fraudar a confiança daqueles que com elas se relacionam".

18. Conforme Pedro Cordeiro, *A Desconsideração da Personalidade Jurídica das Sociedades Comerciais*, Associação Acadêmica da Faculdade de Direito de Lisboa, 1994, p. 102.

19. *Apud* Pedro Cordeiro, in ob. cit., p. 103.

sentar-se em várias configurações, desde a inexistência de separação patrimonial adequada na escrituração social até a situação em que, na prática, os patrimônios de ambos não forem suficientemente diferenciados.[20] Nessas situações, os membros da sociedade não poderão invocar, perante os credores sociais a sua propriedade sobre objetos que eles próprios classificam alternadamente como seus ou da sociedade.[21]

O jurista argentino Daniel E. Moeremans, ao indicar a confusão patrimonial como um dos casos de aplicação da teoria da desconsideração pondera: "los miembros de una persona jurídica sólo pueden alegar la limitación de responsabilidad que tiene su base en el principio de división de patrimonios, cuando los mismos respectan dicha división".[22]

20. Uma das inevitáveis situações de confusão patrimonial ocorre nas *sociedades unipessoais*, ou seja, onde o controle societário é centralizado em um dos sócios, sendo que os demais apenas *emprestam* o seu nome para a obtenção do requisito formal subjetivo mínimo para a criação da pessoa jurídica. O TJSP proferiu a seguinte decisão, aplicando a teoria da desconsideração com base na confusão patrimonial: "*Sociedade anônima. Desconsideração da personalidade jurídica. Admissibilidade. Empresa constituída por apenas um acionista, vez que os demais dela se retiraram. Hipótese em que a pessoa jurídica e a pessoa física se misturam em seus negócios que dificultam a sobrevivência individual de cada uma*. Incumbe ao juiz o dever de indagar, examinar, perquirir as atividades empresariais, a forma e o modo pelo qual estão atuando as empresas, se o fazem para cumprir efetivamente o objetivo social ou se de baixo da capa da personalidade jurídica procedem em detrimento da lei. A *disregard doctrine* não visa anular a personalidade jurídica, mas somente objetiva desconsiderar, no caso concreto, dentro de seus limites, a pessoa jurídica em relação às pessoas ou bens que atrás delas se escondem. Na hipótese a pessoa jurídica e a pessoa física de seu único acionista e administrador, já que os demais se retiraram da empresa, misturam-se em negócios que dificultam a sobrevivência individual de cada uma" (ap. civ. 201.018-1/1, 4ª C.Civ., rel. Des. Barbosa Pereira). Neste caso, entretanto, entendemos que a melhor atitude não seria a aplicação da teoria da desconsideração da personalidade jurídica societária e sim o fim desta, eis que não mais existe o seu requisito essencial, que é a presença de, no mínimo, dois membros. Assim, seria caso de dissolução da companhia, nos termos do disposto no art. 206, I, *d*, da Lei 6.404/1976.

21. Luiz Roldão de Freitas Gomes, ao tratar das hipóteses em que o princípio da limitação de responsabilidade dos sócios deve ser mitigado, contempla argumentos referentes a desconsideração da personalidade jurídica em casos de confusão patrimonial, mencionando que na "determinação de casos não se há, necessariamente, de inferir que não incorra em responsabilidade em situações outras, posto que não expressamente contempladas na lei, máxime quando venha a auferir proveito dos atos praticados pela sociedade, cuja atuação é moldada a este fim, guiada pela sua vontade, *usando-a para a consecução de objetivos individuais, com ela se identificando, de tal a ser por ele nominada, confundindo-se os patrimônios, promíscuos os negócios sociais e dele, o sócio*. Em situações tais, se se revela insuficiente o patrimônio da sociedade a responder por obrigações contraídas no evidente interesse do sócio que a controla e dirige soberanamente, de tal sorte que, inadimplidas, impliquem injusto e intolerado prejuízo a credores, que levaram em conta, de boa-fé, ao vincularem-se, a pessoa e bens do sócio que surgia como o senhor, beneficiário e garante do negócio, hão aqueles de poder dirigir-se contra os bens do sócio, *ut singuli*, independente da forma societária e, nas sociedades de quotas de responsabilidade limitada, a despeito da integralização da respectiva participação social" (*Desconsideração da Personalidade Jurídica, O Direito*, v. 1, 1990, p. 8 — grifamos).

22. In "Extensión de la responsabilidad de los socios en las sociedades de capital en virtud del *disregard of the legal entity*", *Revista del Derecho Comercial y de las Obrigaciones*, p. 720. O autor refere que "cuando el patrimonio de los socios no puede ser distinguido del patrimonio de la sociedad, se habla de una confusión de patrimonios (*Vermögensvermengung*). Cuando, en cambio, la división de la persona juridica y de sus miembros no se puede distinguir exteriormente, se habla de confusión de esfera (*Sphärenvermischung*). Este último caso se presenta cuando, por ej., el nombre, la organización (libros, cuenta bancária y bienes patrimoniales), la imputación patrimonial o las formalidades societarias no son cumpridas, y, por lo tanto, no se puede reconocer si se está en presencia de un acto societario o de los socios. En tal caso, no pueden alegar los socios que ellos son proprietarios de los bienes que aparecen como sociales, o afirmar este carater cuando aparecen como bienes privados". Entendemos despicienda esta diferenciação apresentada pelo autor, pois, em ambas as situações identificadas — confusão de patrimônios e confusão de esferas — poderá haver a aplicação da teoria da desconsideração da personalidade jurídica do ente societário e não poderão os sócios valer-se da oposição do dogma da separação patrimonial entre os bens da pessoa jurídica e os de seus membros. Em situação semelhante, decidiu o TARS: "In-

Em decisão proferida na apelação 9.247 pelo Tribunal de Alçada Civil de São Paulo, relatada pelo Desembargador Edgard de Moura Bittencourt, a ocorrência de confusão patrimonial foi o motivo ensejador da responsabilidade pessoal do sócio, afastando-se o princípio de que a pessoa da sociedade não se confunde com o de seus membros. O caso trata de questão envolvendo um hospital que assumiu a forma de sociedade anônima, e o seu patrimônio confundiu-se com o patrimônio pessoal de um de seus sócios que adquiria bens para seu uso em nome da sociedade. Assim, foram encontrados, na residência desse sócio, bens que não seriam apropriados para um hospital, como televisor e geladeira doméstica, adquiridos em nome da sociedade anônima.[23]

A aplicação da teoria da desconsideração da personalidade jurídica tem sido aplicada também quando ocorre a chamada condução externa, ou seja, situações em que a empresa é controlada por outra. Fábio Konder Comparato aponta a confusão patrimonial entre controlador e sociedade controlada como critério fundamental para aplicação da teoria da desconsideração da personalidade jurídica que ele chama de *externa corporis*, explicando que, sendo a pessoa jurídica nada mais do que uma técnica de separação patrimonial, se o controlador, que é o maior interessado na manutenção deste princípio, descumpre-o na prática, não se vê bem por que os juízes teriam que respeitá-lo, transformando-o numa regra puramente unilateral.[24]

Cabe anotar que a ocorrência de uma certa confusão patrimonial entre as empresas do mesmo grupo econômico é praticamente inevitável e irá ocorrer em maior ou

controvertida a qualidade de controladora da agravante e a impossibilidade da controlada cumprir com a condenação judicial, correta a desconsideração da pessoa jurídica da controladora e sua inclusão no processo, como efetiva responsável pelo pagamento das dívidas da empresa que domina a controla, modo absoluto" (ag. inst. 195081294, 8ª C.Civ., rel. Juiz Alcindo Gomes Bittencourt).

23. A ementa deste acórdão sintetiza a idéia nos seguintes termos: "como ficção útil da lei, a personalidade coletiva não pode isolar-se da personalidade dos sócios que a compõem, sob pena de fugir-se à realidade, mormente na época que atravessamos, em que raras são as empresas comerciais ou industriais em nome individual". No corpo do acórdão, o relator argumenta que: "Há, no caso, completa confusão do patrimônio da pessoa física do executado com o do embargante, o que resultou evidente prejuízo para quem contratou com aquele. Trata-se de bens encontrados no apartamento do executado, que não representa justificativa aceitável; são bens que não podiam ter sido adquiridos para um hospital, como a embargante (televisão, vitrola e geladeira doméstica). A embargante se organizou em sociedade anônima, cujo patrimônio se confunde com o do executado, que não quis provar nem dizer quantas ações tem e quem é o maior acionista. Hoje em dia, a atividade comercial gira quase sempre em firmas coletivas. Há pessoas físicas que têm todo o seu patrimônio envolvido em diversas firmas. Individualmente nada possuem. Em obrigações assumidas em nome individual, estariam os credores em inferioridade patente se se isolassem da garantia das obrigações assumidas, quer os bens quer as atividades do devedor associado a firmas. (...) A assertiva de que a pessoa da sociedade não se confunde com a pessoa dos sócios — é um princípio jurídico, mas não pode ser um tabu, a entravar a própria ação do Estado na realização de perfeita e boa justiça, que outra não é a atitude do juiz procurando esclarecer os fatos para ajustá-los ao direito" (*RT* 238/394). Cabe ressaltar que essa decisão data de 11.4.1955 e nenhuma referência expressa faz à até então desconhecida entre nós, teoria da desconsideração da personalidade jurídica do ente societário.

24. In ob. cit., p. 362. Este autor informa que um outro critério utilizado na Europa e nos Estados Unidos, para desconsiderar a autonomia da pessoa jurídica de sociedades componentes de um grupo econômico, é o da confusão aparente de personalidades. O autor explica que "não apenas a confusão interna — isto é, quando os administradores são comuns, as assembléias gerais reúnem-se no mesmo local e, praticamente, no mesmo horário; as empresas possuem departamento unificados e os empregados recebem ordens, indistintamente, de várias administrações, não sabendo ao certo para quem trabalham — mas também a confusão externa, ou seja, a sua apresentação perante terceiros". O autor cita como exemplo uma decisão da Corte de Cassação Francesa, de 11.929, em que foi reconhecida a confusão patrimonial, com a conseqüente extensão da responsabilidade pelos débitos de uma sociedade a outra, considerando o fato de as duas sociedades possuírem razões sociais praticamente idênticas, a mesma sede social, mesmas sucursais, mesmo número de telefone e mesma assinatura em sua correspondência (pp. 373-374).

menor grau, pois está ínsita no próprio sentido da atuação econômica conjunta.[25] Assim, existirá permanentemente uma tensão que caracterizará esta questão no sentido de que estimular ou não a aplicação da teoria da desconsideração da personalidade jurídica no grupo econômico, que terá que ser solucionada, em cada caso concreto, pelo julgador. No sistema brasileiro, as empresas componentes do mesmo grupo não possuem, como regra geral, responsabilidade solidária pelos débitos assumidos pelas demais empresas do grupo,[26] de forma que essa tensão se torna ainda mais latente.

3.2 Entretanto entendemos que o texto do art. 50 do novo Código Civil pecou ao omitir-se em relação a um ponto tormentoso na questão da limitação de responsabilidade dos sócios em nosso sistema, que é a ocorrência da subcapitalização como motivos para o reconhecimento da desconsideração.

O nosso sistema jurídico, na esteira da legislação de vários outros países, não estabelece regra genérica sobre a exigência de capital mínimo para a constituição e funcionamento das sociedades comerciais.[27] Neste contexto normativo cabe questionar se a inexistência de determinação de valor do capital mínimo proporcionaria a ampla liberdade na fixação deste pelos fundadores das sociedades.

A resposta a essa questão deve ser buscada na análise sistemática do nosso direito societário, em que existe ampla liberdade na escolha do objeto social e da estrutura societária a ser adotada. Assim, as leis e princípios societários brasileiros terão incidência tanto no caso de constituição de uma pequena sociedade de âmbito familiar para a exploração de atividade mercantil de reduzida monta e de visão despretensiosa quanto no caso de união de gigantesco capital para a exploração de atividade econômica de alta complexidade, como sói ocorrer na atividade industrial.

Com base nessa realidade, qualquer tentativa normativa de fixar um valor mínimo a ser observado na formação do capital social não se mostra uma prática adequada.

Embora não existindo e nem sendo adequada uma fixação genérica de capital social mínimo, podemos identificar especialmente um princípio a ser observado em cada situação concreta, ou seja, a regra de que o capital societário deve ser adequado

25. Fábio Konder Comparato explica que "o interesse individual de uma sociedade é sempre subordinado ao interesse geral do complexo de empresas agrupadas. Com isso, são praticamente inevitáveis as transferências de um ativo de uma sociedade à outra, ou uma distribuição proporcional de custos e prejuízos entre todas elas. O dilema do direito tradicional é, pois, muito claro: ou se aplicam, rigidamente, as normas editadas para o funcionamento de uma sociedade isolada, tornando ilegal ou abusiva essa confusão patrimonial, e condenando, portanto, o grupo econômico a uma vida à margem da norma jurídica; ou, ao contrário, suspende-se, completamente, a aplicação dessas normas, e, em conseqüência, os interesses, tanto dos não controladores quanto dos terceiros credores, ficam ao desamparo" (in ob. cit., p. 376).

26. O art. 266 da Lei 6.404/1976 estabelece que "As relações entre as sociedades, a estrutura administrativa do grupo e a coordenação ou subordinação dos administradores das sociedades filiadas serão estabelecidas na convenção do grupo, mas cada sociedade conservará personalidade jurídica e patrimônios distintos". Clóvis do Couto e Silva, ao analisar o tema dos Grupos de Sociedades, frisa que "A Lei 6.404, como tantas outras, não se inseriu, ainda, em sua totalidade, na praxe judicial, de modo que sobrevivem muitos modelos jurídicos da anterior Lei de Sociedades Anônimas (DL 2.627/1940) especialmente certos modelos teóricos e formas de raciocínio, como, por exemplo, a concepção tradicional de pessoa jurídica. Essa sobrevivência de conceitos é, na verdade, tão importante que dificulta ou até mesmo impede se considerem as sociedades controladas ou os credores como figurantes de uma relação fiduciária e, pois, dela não se extrai nenhuma conseqüência jurídica superadora do conceito tradicional de sociedade anônima" ("Grupo de sociedades", *RT* 647/21). Com o mesmo tom de crítica, em relação ao tratamento dispensado aos grupos de sociedades pela legislação espanhola, manifesta-se Cristobal Molina Navarrete, *Persona Jurídica y Disciplina de los Grupos de Sociedades*, Ed. Publicaciones del Real Colégio de España, 1995, em especial nas pp. 145 e ss.

27. Apenas para a exploração de algumas atividades específicas, como seguradoras e instituições financeiras, entre outros casos, existe a determinação, em nosso sistema, de capital social mínimo.

a que a sociedade desenvolva a sua atividade sem gerar riscos exagerados no mercado. Trata-se de observância do princípio da adequação do capital social.

A inadequação do capital aos recursos necessários para o desempenho seguro da atividade social e para suportar os riscos de sua atividade ficou conhecida como subcapitalização, conforme ressaltado anteriormente, estimulando o surgimento entre nós do questionamento no sentido de identificar se, no direito brasileiro, existe a responsabilidade pessoal dos sócios pela subcapitalização da sociedade.

Trata-se de discussão que grande parte da doutrina parece evitar, mas que encontramos, em especial, na produção doutrinária de Fábio Ulhoa Coelho, Calixto Salomão Filho e Fábio Konder Comparato.

O jurista Fábio Ulhoa Coelho manifesta-se expressamente sobre esta polêmica, entendendo que o acionista não responde pela subcapitalização da companhia, uma vez que, de acordo, com a sistemática da Lei das Sociedades Anônimas, a responsabilidade dos sócios dessas sociedades é limitada ao preço das ações subscritas ou adquiridas, não podendo as situações de capitalização social inadequada excepcionar esta regra.[28]

Na mesma orientação, o autor segue analisando a possibilidade de responsabilização dos sócios nos casos em que, em vez de aumentarem o capital social subscrevendo novas ações, os sócios optam por aportar recursos a título de financiamento, adquirindo debêntures ou outros valores mobiliários emitidos pela sociedade. Mesmo aqui, o autor entende que não há responsabilidade dos acionistas, pois a lei societária não veda a estes a subscrição desses títulos, ao contrário, estimula-a quando confere direito de preferência nos casos de existência de cláusula de conversibilidade. Idêntico raciocínio é aplicado pelo autor aos contratos de mútuo quando a sociedade é mutuária e os sócios os mutuantes.[29]

Finalizando a sua análise da questão, Fábio Ulhoa Coelho é enfático: "o acionista não tem, em outros termos, dever de capitalizar a sociedade anônima, nem mesmo na hipótese de patrimônio social insuficiente ao atendimento das indenizações por atos ilícitos".[30]

Calixto Salomão Filho, analisando a doutrina no Direito alemão, destaca que, em relação à subcapitalização, é necessário distinguir entre os casos de subcapitalização simples e qualificada. Esta última representa as situações em que o capital social é claramente insuficiente para o cumprimento dos objetivos e o desenvolvimento da atividade social, de forma que os perigos criados pelos sócios no exercício do comércio são insuficientes para concretizar a responsabilidade. Nos casos de subcapitalização simples, esta não se mostra evidente, sendo necessário demonstrar o elemento subjetivo — culpa ou dolo dos sócios em não prover o capital suficiente para a atividade social.[31]

Este autor posiciona-se expressamente de forma contrária à responsabilização pessoal dos sócios em casos de inadequação do capital social, ponderando que: "sancionar a subcapitalização nestas hipóteses parece um rigor excessivo, pois o legislador não impõe obrigação de capital mínimo, sendo difícil exigir do sócio que faça a previsão correta no momento de constituição da sociedade".[32]

Mas, diferentemente de Fábio Ulhoa Coelho, Calixto Salomão Filho aceita a pos-

28. In *Curso de Direito Comercial*, v. II, p. 173.

29. In *Curso de Direito Comercial*, v. II, pp. 173-174.

30. In *Curso de Direito Comercial*, v. II, p. 174.

31. In *O Novo Direito Societário*, Malheiros Editores, 1995, pp. 90-91. O próprio autor reconhece, neste último caso, que a evidente dificuldade de produção de prova da subcapitalização simples faz com que, na maioria dos casos em que esta espécie é discutida, a desconsideração da personalidade jurídica da sociedade venha a ser negada.

32. In ob. cit., p. 91.

sibilidade de responsabilização pessoal dos sócios nos casos de subcapitalização qualificada.[33] Este autor propõe, também, uma solução peculiar para os casos em que, frente à insuficiência do capital os sócios, em vez de aportarem valores para reforçar o capital social, realizam empréstimos à sociedade. Para estas situações, o autor propõe, com a intenção de ser um remédio mais eficaz contra a subcapitalização, que seja adotada uma visão mais realista e ampla do capital societário, considerando como tal todos os empréstimos feitos pelos sócios à sociedade em situação de crise.[34]

Fábio Konder Comparato, por sua vez, apresenta um entendimento diferenciado em relação aos casos de subcapitalização, aceitando a responsabilização pessoal dos sócios neste caso, em especial em relação ao sócio controlador. Nas palavras do autor: "um dos deveres do controlador, em relação aos credores sociais, é o de prover adequadamente a companhia de capital, tendo em vista o fato de que este representa a principal garantia do passivo social. Nessas condições, se a sociedade necessita de um incremento de recursos próprios, para continuar a exercer, satisfatoriamente, a sua atividade empresarial, não compete ao controlador fazer-lhe empréstimos, mas subscrever e integralizar aumentos de capital. Ao colocar-se na posição de credor mutuante, e não de subscritor de novas ações, ele quis, sem dúvida, furtar-se ao risco do investimento. Mas este constitui uma das regras essenciais do jogo. A lei não pode coonestar a sua supressão".[35]

Identificados os principais posicionamentos teóricos sobre a subcapitalização e suas conseqüências no sistema jurídico societário brasileiro,[36] ousamos apresentar, em nível de contribuição para eventual reflexão as ponderações que seguem.

Na esteira do jurista alemão Herbert Wiedemann, entendemos que a limitação de responsabilidade não é uma manifestação de Direito Natural, nem algo que possa aproximar-se da noção de liberdade ou garantia constitucional e sim um privilégio concedido pela ordem jurídica e que, como tal não pode fazer surgir perigos para os credores.[37] Assim, esse privilégio da limitação de responsabilidade somente poderá ser efetivado se forem observadas as situações exigidas pelo ordenamento, em especial, a exigência de um capital social adequado, ou seja, a presença no ativo societário de bens que comportem responder pelos débitos da sociedade.

33. Este autor refere que "o mais correto parece ser considerar a fixação do montante do capital como componente da *business judgement rule* do sócio e admitir a desconsideração somente nos casos em que a subcapitalização for extremamente evidente (qualificada)" (ob. cit., pp. 90-91).

34. In ob. cit., p. 91.

35. In ob. cit., p. 370.

36. Rachel Sztajn também faz referência à aplicação da teoria da desconsideração para atender a casos em que se percebe a insuficiente capitalização da sociedade comercial, vinculando-a à idéia de boa-fé. Diz a autora "as regras desenvolvidas para a limitação de responsabilidade patrimonial dessas pessoas são as observâncias dos requisitos e das formalidades legais necessárias a regular capitalização, de forma a não elidir obrigações existentes. Em outras palavras, o agir de boa-fé na constituição da pessoa jurídica, e não apenas observar as formalidades, é requisito básico, infralegal para que os sócios das sociedades aproveitem a limitação da responsabilidade patrimonial que decorre da personificação da organização" (ob. cit., v. 2, p. 69).

37. *Apud* Lamartine de Oliveira, *A Dupla Crise da Pessoa Jurídica*, Saraiva, 1979, p. 404. Georg Winter, também na doutrina alemã, embora deixando de considerar a limitação de responsabilidade um privilégio, desenvolve raciocínio que chega a conclusão similar. Diz este autor que "a limitação de responsabilidade é princípio com que todos temos que conviver, pois só ele torna viável a existência da empresa de médio porte. Longe de ser um 'privilégio', é um princípio da mais alta importância que também deverá dominar as regras jurídicas que venham a compor o futuro Direito Empresarial geral. Mas é evidente que só a existência de regras jurídicas que assegurem a existência de um patrimônio social mínimo (sobre o qual incidirão as pretensões dos credores) torna este princípio adequado ao tráfico jurídico e econômico. O fenômeno da subcapitalização é, por isso mesmo, da mais alta gravidade, já que põe em risco a própria justificação do instituto da responsabilidade limitada" (ob. cit., p. 409).

Ao constituírem a sociedade, com a adoção de forma societária à qual o ordenamento reserve esse privilégio da limitação de responsabilidade, os sócios assumem o dever de assegurar a existência de um capital adequado para garantir a atividade da empresa. Trata-se de condição implícita que, se não cumprida, não autorizará o surgimento da limitação de responsabilidade.

O Direito não pode tolerar a atuação de sociedades temerárias, dotadas de pequena porção patrimonial totalmente insuficiente para atender aos encargos contratuais assumidos e aos riscos oriundos do desenvolvimento da sua atividade, gerando instabilidade no tráfico negocial. Dotar sociedades, que se encontram nesta situação, de limitação de responsabilidade é preterir os valores sociais em função de benefícios injustificáveis para os membros da pessoa jurídica.[38]

Uma situação que constantemente vem ensejando a aplicação da teoria da desconsideração da personalidade jurídica pelos nossos tribunais, com fulcro na insuficiência patrimonial, é a dissolução irregular da sociedade, pois, nestes casos, os credores se vêem desprovidos de sua *garantia* — o patrimônio da sociedade — sem que sejam observadas as formalidades legais para o encerramento da atividade da sociedade.[39]

4. Analisando o art. 50 do novo Código Civil, verifica-se uma visível evolução em relação às redações que a antecederam, com a adoção de conceitos indeterminados — *abuso da personalidade jurídica* e o *desvio de finalidade* — que não encerram a questão e permitem ao julgador, no caso concreto, criar o melhor direito.

A previsão da confusão patrimonial como motivo determinante da desconsideração já vinha ocorrendo, embora ainda de forma bastante tímida, pela jurisprudência de nossos tribunais, de forma que o art. 50 do novo *codex* servirá como estímulo para o desenvolvimento dos debates sobre o tema.

Como aspecto negativo frente à redação proposta, parece ser apenas o esquecimento de inclusão da questão da subcapitalização como motivo autorizador da aplicação da teoria da desconsideração. Trata-se, entretanto, de questão complexa, que ainda não foi devidamente enfrentada pela doutrina brasileira, mas que merece ser objeto de reflexões.

38. O autor alemão Herbert Wiedemann propôs que no Direito germânico fosse adotada solução legislativa ciando uma limitação temporal de responsabilidade frente à subcapitalização, para combater a "*mortalidade infantil*" das sociedades comerciais. Na visão do autor, deveria haver um prazo de cinco anos, no qual o ente coletivo ficaria em observação: "se a sociedade conseguiu sobreviver durante cinco anos, e sobreveio a falência posteriormente, quando já superado este período crítico inicial, não se deveria supor, em caso de dúvida, tivesse nascido subcapitalizado" (*apud* Lamartine de Oliveira, *A Dupla Crise da Pessoa Jurídica*, p. 405).

39. Vejam-se as seguintes ementas: "*Sociedade comercial. Paralisação. Falta de bens. Inexistência de distrato. Penhora de bens de sócio. Cabimento. Embargos de terceiro rejeitados.* Admite-se a execução contra um sócio, se a sociedade não mais exerce atividade, sem que tenha sido distratada, e não se encontrem bens de sua propriedade" (ap. civ. 10.470, 3ª C.Civ., TJSC, rel. Des. Reynaldo Alves); "*Sociedade comercial. Responsabilidade limitada. Dissolução irregular. Responsabilidade dos sócios por dívidas da empresa. Admissibilidade de incidência de penhora sobre seus bens pessoais. Inteligência dos arts. 596 do CPC e 2º da Lei 3.708/1919.* A determinação legal de que os sócios não respondem pelas dívidas sociais (art. 596 do CPC) diz respeito a regular extinção da empresa e à regularidade das obrigações sociais. A irregularidade da atuação, constatada pelo desaparecimento da empresa sem a regular quitação de seus débitos, impõe outro entendimento, ou seja, o de que o art. 2º da Lei 3.708/1919 autoriza o alcance dos bens pessoais dos sócios para completar o capital social que foi diluído pela má gestão dos negócios da sociedade" (*RT* 635/225-226); "*Sociedade comercial. Execução. Penhora de bens particulares dos sócios. Admissibilidade. Empresa em situação irregular, cujos bens desapareceram. Aplicação da teoria da desconsideração da personalidade jurídica. Declarações de voto vencedor e vencido.* Estando a sociedade comercial em situação irregular, cujos bens desapareceram, mas aquela continua a existir, é justo que sejam penhorados bens de seus sócios, que bastem para o pagamento da dívida assumida pela empresa, aplicando-se no caso, a teoria da desconsideração da personalidade jurídica" (*RT* 713/95-98).

A RESPONSABILIDADE DOS ADMINISTRADORES E AS ALTERAÇÕES PROMOVIDAS NO ÂMBITO DA RESPONSABILIDADE CIVIL NO NOVO CÓDIGO CIVIL, DE UMA FORMA GERAL

RUI BELFORD DIAS

I — Condições precedentes. II — Artigos específicos sobre a responsabilidade da pessoa jurídica, da empresa ou dos administradores. III — Artigos do Código Civil que abordam a questão das perdas e danos, indenização ou responsabilidade. IV — O que o projeto poderia ter abordado ou adequado.

I — Condições precedentes

Para que se chegue à apreciação da responsabilidade dos administradores, torna-se necessário lembrar algumas premissas, ou condições precedentes, que ora estão na legislação especial, especialmente na Lei das Sociedades Anônimas, ora estão no próprio Código Civil, sendo que, no antigo, de forma genérica e, no novo Código, de forma objetiva.

Para tanto, é conveniente acolher a distinção feita por Nelson Eizirik a propósito das sociedades fechadas e das sociedades abertas, quando afirma que nas primeiras prevalece o aspecto contratual, enquanto nas últimas prevalece o aspecto institucional, dado que elas se acham, na feliz expressão de Comparato, "em estado de oferta permanente de seus títulos ou valores mobiliários no mercado de capitais", marcado por dispositivos de ordem pública, inderrogáveis pela vontade dos acionistas porque destinados à proteção dos investidores.

Justifica-se, portanto, no que diz respeito às companhias abertas, a existência de normas específicas quanto à responsabilidade civil dos seus administradores.

Outro elemento importante para preparar o campo da responsabilidade civil é o da superação da visão contratualista, pela qual o administrador era visualizado como um simples mandatário da sociedade, pela visão organicista. Hoje: a Diretoria Executiva e o Conselho de Administração são órgãos de gestão.

Acrescente-se que as obrigações e deveres dos administradores passaram a decorrer basicamente da lei, não mais do contrato e que a gestão empresarial se tornou mais complexa, mais especializada, o que levou Eizirik a propor que, a partir daí, a responsabilidade dos administradores fosse analisada tendo em vista as funções por eles exercidas na gestão dos negócios da companhia.

Modesto Carvalhosa, nesse sentido, elaborou uma interessante lista para estabelecer a diferença de responsabilidade dos membros do Conselho de Administração e a dos membros da Diretoria Executiva:

a) os diretores, por integrarem um órgão não coletivo de administração, manifestando individualmente sua vontade, de maneira plenamente eficaz, desde que dentro de suas atribuições legais e estatutárias, respondem também individualmente pelo uso inadequado de seus poderes e pelas infrações à lei ou ao estatuto;

b) os membros do Conselho de Administração, cuja vontade somente pode ser manifestada de forma coletiva, para que seja eficaz, têm uma responsabilidade colegiada;

c) daí decorre que, salvo conluio ou negligência, nenhum diretor é responsável pelos atos de outro diretor, ao passo que, nas decisões do Conselho de Administração, a responsabilidade será sempre de todos os membros, salvo se os discordantes, nos termos do art. 158, § 1º, da Lei das S/A, fizerem consignar sua divergência;

d) do caráter coletivo da responsabilidade dos membros do Conselho de Administração, bem como da natureza de suas funções, que não compreendem a representação e a gestão dos negócios da companhia, decorre a irresponsabilidade dos conselheiros pelos atos praticados por diretores e que não chegam a seu conhecimento, de tal sorte que eles não são responsáveis por tais atos, salvo se com eles foram coniventes, se negligenciarem em descobri-los ou se, deles tendo conhecimento, deixarem de agir para impedir sua prática;

e) por outro lado, os membros do Conselho de Administração são responsáveis pela eleição do diretor cuja inidoneidade poderia ter sido apurada a tempo de sua eleição, bem como pela manutenção no cargo de diretor manifestamente inidôneo ou incompetente;

f) serão igualmente responsáveis solidariamente os membros do Conselho de Administração por *culpa in vigilando*, caso não fiscalizem a gestão dos diretores, nos limites das suas atribuições de controle de legitimidade dos atos da diretoria; por outro lado, não se lhes pode ser imputada a responsabilidade por atos dos diretores que não sejam de seu conhecimento, ou que apresentem difícil constatação.

Na verdade, e já entrando em nosso tema principal, vamos constatar que o novo Código Civil inovou muito pouco em matéria de responsabilidade civil dos administradores, já que as regras agora trazidas para o seu bojo tem inspiração, quando não mera reprodução, nas regras da Lei 6.404/76, mais precisamente, nos artigos:

a) *158, § 2º*, que estabelece a responsabilidade solidária do administrador pelos prejuízos causados em virtude do não cumprimento dos deveres legais para assegurar o funcionamento normal da companhia, mesmo que, nos termos do estatuto, tais deveres não caibam a todos os administradores, com a reserva de que cada administrador responde apenas pelos prejuízos decorrentes de sua própria culpa.

Em outras palavras, por força do princípio da especialização, o administrador não é responsável pelos atos regulares de gestão, que são aqueles atos ordinários de administração, ou seja, praticados nos limites das atribuições dos administradores e sem violação da lei ou do estatuto.

Essa responsabilidade é aquiliana, ou seja, não é contratual.

b) *158, I*, que estabelece a responsabilidade do administrador que, embora atuando dentro de suas atribuições, age com culpa ou dolo, portanto, uma responsabilidade subjetiva, dependente da prova da ilicitude de seu comportamento.

c) *158, II*, que para alguns estabelece uma responsabilidade objetiva, já que aqui se cuida de violação da lei ou do estatuto, e para outros uma simples inversão do ônus da prova, de maneira a reduzir o ônus da vítima, sem contudo trazer para o administrador ônus excessivo, permitindo-lhe, até, provar que o seu ato constituiu a única alternativa viável para favorecer a companhia diante de uma situação de impasse.

Até aqui falamos da responsabilidade dos administradores. E a responsabilidade da companhia? Responde ela pelos atos normais de gestão dos administradores que causem danos a terceiros. Quando esses mesmos administradores causam danos a terceiros porque extrapolaram de seus poderes, tem a doutrina entendido que a companhia não é responsável, quando esses terceiros podiam ter verificado a extensão dos poderes conferidos aos administradores.

Adverte Waldirio Bulgarelli que "com apoio na teoria da aparência, passou-se a reconhecer a responsabilidade da companhia, pela impossibilidade prática de terceiros conhecerem com exatidão as dimensões dos poderes dos administradores" e que "hoje, firmou-se o entendimento aceito pela Jurisprudência de que a companhia responde: 1) quando houver tirado proveito; 2) quando houver ratificado o ato; 3) quando o ato atinja terceiro de boa-fé".

II — Artigos específicos sobre a responsabilidade da pessoa jurídica, da empresa ou dos administradores

Art. 47, que trata da responsabilidade da pessoa jurídica pelos atos dos administradores, praticados nos limites de seus poderes definidos no ato constitutivo. A sua correspondência não está no Código Civil anterior, mas na lei específica, ou seja, no art. 158 da Lei das Sociedades Anônimas.

O objetivo é claro: isentar de responsabilidade a pessoa jurídica pelos atos praticados *ultra vires*, ou seja, além dos limites da representação (ou presentação, segundo Pontes de Miranda).

Essa disposição deve ser entendida com boa dose de racionalidade, pois o ato ilícito praticado por aquele administrador que se vale da negligência da pessoa jurídica certamente induz a responsabilidade desta, que terá, então, ação regressiva contra o seu administrador.

Situação curiosa foi relatada na jurisprudência francesa: o administrador de um banco praticou atos lesivos a um cliente do banco, acarretando uma ação da vítima contra a pessoa jurídica. Agindo em regresso, após ter satisfeito a indenização a que foi condenada a pagar à vítima, o banco viu-se surpreendido por uma decisão que só lhe reconheceu o direito de receber do administrador faltoso parte do que havia pago, sob o especioso argumento de que também ele, banco, se havia comportado com culpa no episódio, pois era de seu conhecimento anterior o comportamento duvidoso do administrador, a quem punira mais de uma vez com a pena de advertência. Essa decisão, é claro, foi reformada, pois, como dizia o acórdão, impedir que o banco recobrasse por inteiro o que havia pago à vítima equivaleria premiar o autor do ilícito com metade do produto de sua escroqueria.

Art. 50, que trata da famosa e nem sempre bem compreendida figura da "desconsideração da personalidade jurídica", que o novo Código Civil denominou agora de "abuso da personalidade jurídica", caracterizado, diz o texto, "pelo desvio de finalidade, ou pela confusão patrimonial".

Em relação a esse artigo, o Professor Sylvio Capanema fez observações importantes, a seguir reproduzidas, em resumo apertado:

a) o artigo aplica-se a todas as sociedades;

b) haverá abuso quando houver desvio de finalidade (intuito de prejudicar terceiros) ou confusão patrimonial, ou seja, quando os sócios transferirem bens da pessoa jurídica para si. Confusão patrimonial como artifício contábil;

c) o artigo diz "o juiz pode", logo, trata-se de livre arbítrio do juiz;

d) terá de haver requerimento, não podendo ser dada de ofício.

Art. 931, que trata da responsabilidade objetiva dos empresários e das empresas em geral pelos produtos postos em circulação, em relação ao qual são desnecessários novos comentários, já que regulada a matéria inteiramente pelo Código de Defesa do Consumidor.

Art. 932, III, que trata da antiga responsabilidade do empregador ou comitente por atos de seus empregados, serviçais e prepostos. Esse artigo deve ser analisado em conjunto com o art. 933, que dá à responsabilidade do artigo anterior natureza objetiva, inovando enormemente no que diz respeito ao Código antigo, que só estabelecia presunção de culpa, portanto, a inversão do ônus da prova.

Art. 941, que desnecessária e de forma atécnica fala que as penas previstas nos arts. 939 (que trata da cobrança de dívida não vencida) e 940 (que trata da cobrança de dívida já paga) não se aplicarão se o autor desistir da ação antes de contestada a lide, "salvo ao réu o direito de haver indenização por algum prejuízo que houver sofrido". Ora, se ainda não houver contestação, não haverá lide (pretensão resistida) e, nesse caso, a ressalva é despicienda, pois certamente o direito de haver indenização não poderá ser exercido nesse mesmo processo, mas em outro; além disso, sempre caberá uma discussão sobre esse pretenso direito à indenização, pois a iniciativa do autor, ainda que provoque dano, estará amparada no exercício regular do direito, pelo que terá o réu que comprovar não apenas o prejuízo, mas também o exercício abusivo do direito do autor ao propor a ação.

Art. 989, que cuida da responsabilidade pelos *atos de gestão* praticados por qualquer dos sócios, na sociedade em comum (não personificada, ou seja, aquela que não promoveu a inscrição de seus atos constitutivos), estipulando que os bens sociais é que respondem por esses atos; não ocorre a responsabilização se o terceiro atingido pelo ato conhecia ou devia conhecer pacto expresso limitativo de poderes do administrador.

Art. 990, que impõe, ainda nas sociedades não personificadas, a responsabilidade solidária e ilimitada aos sócios pelas *obrigações sociais* (os comercialistas todos observam que, na verdade, essa responsabilidade dos sócios é subsidiária à da sociedade, uma vez que os bens sociais é que garantem as obrigações sociais, e só na sua insuficiência ou falta é que são chamados os bens dos sócios).

Art. 1.003, parágrafo único, que estabelece a responsabilidade solidária entre o cedente e o cessionário, perante a sociedade e terceiros, pelas obrigações sociais, até dois anos depois de averbada a modificação do contrato. Essa é uma disposição revolucionária, pois, nos termos do art. 339 do Código Comercial, dois elementos ficavam bem mais claros: primeiro, a responsabilidade era pelas dívidas sociais até o momento da despedida do sócio; segundo, não havia prazo fixo para que o sócio retirante respondesse por essas dívidas, o que nos levava a considerar os prazos prescricionais normais para cobrança das dívidas. A fonte de inspiração dessa nova norma deve ter sido o art. 51, parágrafo único c/c o art. 5º parágrafo único, ambos da Lei de Falências.

Art. 1.009, que estabelece a responsabilidade solidária dos administradores que realizarem e dos sócios que receberem distribuição de lucros ilícitos ou fictícios. Não haverá a solidariedade — o que se extrai do texto — se os sócios que receberem tais lucros provarem que não conheciam ou não deviam conhecer a ilicitude.

Art. 1.010, § 3º, que estabelece que responderá por perdas e danos o sócio que participar de deliberação relativa a operação em que tenha interesse contrário ao da sociedade, se ela for aprovada graças ao seu voto.

Art. 1.012, que impõe ao administrador da sociedade a responsabilidade pessoal e solidária com a sociedade pelos atos praticados antes da averbação de sua nomeação como administrador, por instrumento em separado. Como sabemos, hoje existem diversos tipos de administradores: sócio-administrador nomeado no estatuto; administrador não-sócio e sócio-administrador nomeado por instrumento em separado. O artigo se refere especificamente tanto à figura do sócio-administrador quanto à do administrador estranho à sociedade, quando nomeados por instrumento em separado.

Art. 1.013, § 2º, que trata da responsabilidade por perdas e danos do administrador que realizar operações, sabendo ou devendo saber que estava agindo em desacordo com a maioria.

Art. 1.015, que resolve uma questão antiga, que era a de se saber se os bens imóveis da sociedade podiam ser alienados, quando não constituíssem objeto social, e quem teria poderes para fazê-lo. O Código agora diz que, nessa hipótese de não constituir a oneração ou alienação parte do objeto social, os bens só podem ser alienados ou gravados (onerados) por decisão da maioria dos sócios.

Arts. 1.016/1.017, que tratam da responsabilidade solidária dos administradores, por culpa no desempenho de suas funções e do administrador que, sem consentimento dos sócios, aplicar os bens sociais em proveito próprio ou de terceiros.

III — Artigos do Código Civil que abordam a questão das perdas e danos, indenização ou responsabilidade

Arts. 12 e 20, onde são protegidos os direitos da personalidade, abrangendo o direito ao nome, ao pseudônimo, aos escritos, à transmissão da palavra, à exposição ou utilização da imagem de uma pessoa; importantíssimo, no caso, é o acréscimo feito a uma condição que, embora denunciadora da utilização ilícita da imagem, encontrava certa resistência na jurisprudência: antes só se censurava a utilização que atingisse a honra, a boa fama ou a respeitabilidade; agora, pune-se, correta e expressamente, a utilização (não consentida, é óbvio) que se destine à fins comerciais.

Art. 21, que garante a proteção da vida privada, e que também gera o direito à indenização, na hipótese de sua violação; a disposição está separada da proteção genérica do art. 20, porque da mesma forma tratou a Constituição da República os dois institutos: da imagem e da vida privada, considerando, como nos ensina José Afonso da Silva, que a inviolabilidade da imagem consiste na tutela do aspecto físico, enquanto que a tutela da vida privada visa proteger as pessoas de dois atentados particulares: (a) ao segredo da vida privada; e (b) à liberdade da vida privada. Dessa forma, ficariam à margem de eventual violação os eventos relevantes da vida pessoal e familiar, a conservação de documentos, etc.

Art. 43 (ver art. 37, § 6º da CF), que trata da responsabilidade civil das pessoas jurídicas de direito público interno. Comentário que nos assalta, de imediato, é o de que a norma em questão é menos abrangente do que a norma constitucional inserta no art. 37, § 6º, que estende a responsabilidade da administração às pessoas jurídicas de direito privado que prestem serviços públicos. Como o Código Civil define quais são as pessoas jurídicas de direito público no art. 44 e só em relação a elas estipula "a responsabilidade por atos de seus agentes que nesta qualidade causarem danos a terceiros", fica a impressão que não mais estariam sujeitas à responsabilidade objetiva as pessoas jurídicas de direito privado prestadoras de serviço público. É claro que a essa conclusão absurda não se haverá de chegar nos julgamentos pelos tribunais. A maior crítica, entretanto, é a de que o artigo em questão traz de volta uma discussão antiga e aparentemente superada na doutrina e na jurisprudência, a saber, a de que a responsabilidade das pessoas jurídicas de direito público é matéria de direito constitucional e administrativo, jamais de direito privado. O Código de 1916, de resto, deixava bem claro que ele regulava "os direitos e obrigações de ordem privada concernentes às pessoas, aos bens e às suas relações" (art. 1º), disposição que o Código novo não reproduz, infelizmente.

Penso que, entretanto, perdeu-se uma excelente oportunidade de resolver um problema que atormenta os juízes e os estudiosos dessa norma, a saber: a responsabilidade objetiva é apenas pelos atos comissivos ou abrangeria também os atos omissivos? A doutrina dividiu-se, sustentando parte dela que a responsabilidade compreenderia ambas as situações, não havendo que se distinguir, no texto, entre atos omissivos e comissivos, já que o importante é o estabelecimento da relação de causalidade entre a atuação ou inação do Estado e o dano sofrido pela vítima; a outra parte, capitaneada por Oswaldo Bandeira de Mello e Celso Antônio Bandeira de Mello, sustenta que "quando o dano foi possível em decorrência de uma omissão do Estado (o serviço não funcionou, funcionou tardia ou ineficientemente) é de aplicar-se a teoria da responsabilidade subjetiva", devendo perquirir-se a culpa por negligência, imprudência ou imperícia no serviço, ensejadoras do dano.

Art. 186, que define o ato ilícito e traz como novidade a inclusão do dano moral. A propósito, nunca é demais lembrar da belíssima lição de Pessina, segundo a qual "O homem não pode, por certo, obrigar os outros a reconhecerem com atos positivos o seu valor moral concreto, porque ninguém pode dominar a opinião livre por sua natureza, no modo de pronunciar-se (...). Mas tem, sem dúvida, o direito de exigir que todos se abstenham de lhe negar merecimento moral, e, outrossim, de praticar atos dirigidos a reduzir o seu valor moral na consciência dos outros".

Art. 187, que trata do abuso de direito, a nosso ver erroneamente classificado como "ato ilícito", embora tenha recebido o aplauso do meu querido amigo o desembargador Sylvio Capanema, que talvez tenha aplaudido mais o fim de uma discussão infindável do que a solução propriamente dita. Lamentamos a opção do legislador e deixamos consignada, apenas para conhecimento dos que se interessarem, a opinião de Aguiar Dias a respeito do assunto:

"Para o extremarmos, pois, do sistema do ato ilícito temos de aceitar a sua caracterização com base no critério finalista: abuso de direito existe sempre que se exerça em desvio de sua finalidade, apreciada, prevalentemente, do ponto de vista social. De forma que ainda quando se não possa tachar indiscutivelmente de ilegítimo o procedimento do agente, ele abusa do direito que então invoca, quando o direito com o qual colide merece, à luz do interesse social, mais ampla proteção, precisamente porque o fim para que lhe é deferido aquele direito não abrange o direito de lesar esse outro. Para incluir-se entre os fatos produtores de responsabilidade, pois, não precisam os atos de intenção maliciosa, caracterizadamente ilegítimos, como o exercício temerário, o emprego do meio mais oneroso, o intuito emulativo, de amparar-se à sombra do abuso de direito, pois são pura e simplesmente atos ilícitos. A intenção maliciosa é suficiente, por si, para incluir qualquer ato na ampla esfera do dolo. Nem a negligência e a imprudência podem exigir-se especificamente, nessa caracterização, porque constituem o agente em culpa, fundamento da responsabilidade civil mesmo perante os autores mais exigentes.

"E se quiséssemos aceder a uma solução de compromisso com a teoria da culpa diríamos, então, que a inutilidade do ato se considera prova de sua má intenção, porque o exercício do direito só se justifica pelo interesse legítimo (Ripert, *Règle Morale*, p. 186)."

Como diz Alvino Lima — que os autores do novo Código desconhecem ou desconsideram — "O maior prejuízo social constitui, pois, o critério fixador do ato abusivo de um direito. Daí se pode concluir que a culpa não reside, no caso do abuso de direito, causando dano a terceiros, num erro de conduta imputável moralmente ao agente, mas no exercício de um direito causador de um dano socialmente mais apreciável. A responsabilidade surge, justamente, porque a proteção do exercício deste direito é menos útil socialmente do que a reparação do dano causado pelo titular deste mesmo direito". Por exemplo: Não se pode dizer que o direito de concorrência seja absoluto; o direito de informar é conseqüência de direito constitucionalmente assegurado, mas é possível pedir-se reparação em função do exercício desse direito, se o direito lesado revela-se mais relevante, como o da proteção à intimidade.

O tema ainda suscita interesse na Europa, principalmente na França, de onde nos vem manifestação da Professora Juliana Karila de Van, *Maître de Conférences à l'Université Panthéon-Sorbonne* (Paris I). Diz ela, em tradução livre:

"Nas situações em que o reconhecimento do direito de prejudicar é necessário ao exercício de um direito, o conflito se produz no ponto de encontro dos direitos e liberdades do autor dos danos (liberdade de agir, de comerciar, de publicar ou de exprimir seu pensamento) e daqueles da vítima (direito à reputação, direito de exprimir seu pensamento); em suma, tudo finda em saber se uns devem suplantar os outros ou inversamente. (...).

"É a escolha do legislador que explica a desigualdade dos direitos em oposição. É a lei que confere ao titular do direito um verdadeiro direito de prejudicar alguém; a prerrogativa que ele tira de seu direito consiste justamente na possibilidade de causar um dano de uma certa natureza. (...).

"O direito de prejudicar é bem evidentemente um direito suscetível de abuso (...). Este abuso se caracteriza seja pela intenção de prejudicar (...) seja pelo seu uso anormal, isto é, na ausência de um poder legítimo de prejudicar ou do desvio de sua função social. Nesta hipótese, considera-se que o direito de prejudicar não foi concedido pelo legislador ao titular do direito senão na medida em que a função social desse direito pareceria ao legislador digna de ser protegida, ou encorajada" (*RTJ*, jul.-set./1995).

Art. 188, que exclui alguns atos danosos da ilicitude, incluindo o caso de lesão à pessoa, a fim de remover perigo iminente. Artigo que não clama por maiores considerações, tal como redigido, mas permite uma provocação, pois a matéria da responsabilidade por atos lícitos está sendo cada vez mais apreciada, existindo um número considerável de decisões judiciais a reconhecendo em situações antes não aceitas, como na hipótese de responsabilização por atos legislativos (desde que, é claro, presentes os requisitos da excepcionalidade do dano e da singularidade do ato danoso).

Art. 402, que trata das perdas e danos. Há aqui uma novidade embaraçosa: antes se dizia que, salvo as exceções *previstas no Código Civil*, as perdas e danos devidos ao credor abrangeriam o que ele efetivamente perdeu e o que razoavelmente deixou de lucrar; agora, tais *exceções deverão constar expressamente em lei*; dessa forma, por um lado, abre-se a possibilidade de alargar a proteção ao credor, pois só por lei se lhe retiraria o direito às perdas e danos, mas, por outro lado, abre-se também a possibilidade de promulgação de leis extravagantes, que venham retirar esse direito, secularmente reconhecido.

Art. 404, que cuida ainda das perdas e danos e que traz como novidade a inclusão de honorários de advogado no pagamento das obrigações em dinheiro, que, além disso, passam a sofrer correção monetária. A maior novidade, porém, fica por conta do parágrafo único que, a nosso ver, desnatura completamente a escorreita solução do Código anterior. Parece-nos que houve o desconhecimento ou mesmo incompreensão da solução aventada por Giorgio Giorgi, que admitia, sim, uma complementação da indenização representada pelos juros, mas na hipótese de prova da ocorrência de danos excepcionais, o que não é refletido na redação adotada.

Art. 413, que trata da redução da pena convencional em caso de mora ou inadimplemento no cumprimento da obrigação. Pelo Código antigo (art. 924), tal redução era uma faculdade do juiz (poderá), quando o devedor tivesse cumprido em parte a obrigação; pelo Código atual, o juiz é obrigado (deve) a reduzir a pena convencional, quando não cumprida integralmente a obrigação principal, "ou se o montante da penalidade for manifestamente excessivo, tendo-se em vista a natureza e a finalidade do negócio".

Art.416, parágrafo único, que veda a possibilidade da cobrança de indenização suplementar à pena convencional, exceto se assim for convencionado; mesmo assim o credor deverá provar o prejuízo excedente.

Art. 419, que trata de indenização suplementar às arras, se se provar maior prejuízo.

Art. 420, que define o caráter indenizatório das arras penitenciais (em caso de arrependimento de qualquer das partes).

Art. 439, que isenta de responsabilidade a promessa de fato de terceiro, quando for esse cônjuge o terceiro, "e desde que, pelo regime do casamento, a indenização, de algum modo, venha a recair sobre os seus bens". Tal artigo "é um espanto", pois deixa sem nenhum sentido o regramento da promessa de fato de terceiro, que independe totalmente da concordância desse terceiro, pouco importa se for ele ou não o próprio cônjuge. Tivemos oportunidade de ajuizar um caso em que ocorreu exatamente essa circunstância que o Código novo agora quer vedar, caso esse que mereceu uma sentença de procedência do então juiz Hamilton Lima Barros, confirmada em segunda instância. Cuidava-se da venda de um imóvel, anunciada pelo jornal, que atraiu comprador e justificou a entrega de sinal, não tendo sido possível a transmissão porque a mulher do vendedor se recusou a assinar a escritura, alegando que não havia concordado com a venda. A sentença entendeu que o caso não era de substituição da vontade da mulher, mas de promessa de fato de terceiro, como havia sido posto na inicial, e condenou o marido a devolver o sinal mais as perdas e danos da oportunidade perdida.

Art. 455, que traz como novidade a estipulação de indenização quando parcial e não considerável a evicção.

Art. 465, que trata do contrato preliminar e estipula que se o estipulante não der execução ao contrato preliminar, poderá a outra parte considerá-lo desfeito e pedir perdas e danos. O importante, na consideração desse artigo, é o conceito que prevaleceu para caracterização do contrato preliminar, definido no art. 462 como sendo aquele que deve conter "todos os requisitos essenciais do contrato a ser celebrado". Sem dúvida, nesse artigo aparece o dedo do Ministro Moreira Alves, relator de acórdão considerado paradigma na matéria, proferido no RE 88.716-RJ, de 11.9.1979, publicado na *Revista de Direito Mercantil* 39/136, com comentários de Mauro Rodrigues Penteado. Deve-se ressaltar que a expressão "todos os requisitos essenciais do negócio" compreende tanto os *elementos essenciais* do negócio como os *elementos acidentais*, ambos objetivamente considerados.

Infelizmente, o novo Código não trata das chamadas "negociações preparatórias" e da "responsabilidade pré-contratual", que continuarão a gerar uma série de incertezas. Melhor monografia sobre o assunto se encontra, em minha opinião, no livro *Responsabilidade Civil pela Ruptura das Negociações Preparatórias de um Contrato*, de Mário Júlio de Almeida Costa, Coimbra Editora, 1984.

Art. 475, em que se acrescentou, desnecessariamente a alternativa, a benefício do credor, de resolver o contrato, "*se não preferir exigir-lhe o cumprimento*", com direito ao recebimento de indenização, em qualquer um dos casos. Ora, se antes estava dito que a parte lesada pelo inadimplemento poderia (*sic*) requerer a rescisão, já era óbvio que também poderia não requerê-la, optando, em conseqüência, pelo prosseguimento do contrato. Na verdade, o que importa é que agora ficou claro que a parte lesada pode pedir indenização também na hipótese de preferir continuar com o contrato. Digo que ficou claro, porque tenho para mim que essa possibilidade sempre existiu, pois a toda lesão há de corresponder o direito à indenização.

Art. 622, que trata da empreitada, limitando a responsabilidade do projetista, se a execução da obra for confiada a terceiros, aos danos resultantes de defeitos previstos no art. 618, ou seja, os danos provenientes da falta de garantia de solidez e segurança do trabalho, o que nos parece, a um primeiro exame, absurdo, pois essa responsabilidade é do empreiteiro e não do projetista. Para responsabilidade do projetista, seria necessário provar a sua culpa na elaboração do projeto.

Art. 623, que reza que a suspensão voluntária da construção pelo dono da obra acarreta para esse o pagamento das despesas e lucros dos serviços já feitos e mais indenização razoável, em função do que teria o empreiteiro ganho, se concluída a obra; esse artigo será uma fonte de infindável discussão, pois só na hipótese de existência de uma "Planilha de Preços" detalhada, acompanhada de um "Demonstrativo de Formação de Preços", como exige a Petrobrás, é que se poderá apurar com maior segurança o que se deve entender por "indenização razoável".

Art. 624, que impõe o pagamento das perdas e danos ao empreiteiro que suspende a obra sem justa causa.

Art. 640, parágrafo único, que estipula a responsabilidade do depositário, devidamente autorizado a confiar a coisa em depósito a terceiro, se agiu com culpa na escolha deste.

Art. 650, que estabelece não serem responsáveis os hospedeiros pelos danos causados por seus empregados ou por pessoas admitidas em seus estabelecimentos, se provarem que os atos prejudiciais não podiam ter sido evitados. Pode-se prever uma boa discussão com esse artigo, pois o anterior (art. 1.285) citava expressamente a escalada, a invasão da casa, o roubo a mão armada ou violências semelhantes como justificativas para a irresponsabilidade dos hospedeiros. Agora o Código se contenta com a inevitabilidade dos fatos prejudiciais. Para nós, é um avanço, mas não sabemos como irá se comportar a jurisprudência, que já vacilava ao reconhecer em alguns casos a responsabilidade dos hotéis nos casos de roubo a mão armada.

Art. 723, que trata do dever de esclarecimentos (seria melhor dizer dever de informação) na corretagem; o corretor, de fato, não tem como atribuição apenas a de aproximar as partes; tem, também, o dever de aconselhamento e de informação, apontando o bem que melhor atenda às expectativas do cliente e, ainda, informando-lhe sobre os riscos do negócio.

Art. 736, que cuida do transporte gratuito, feito por amizade ou cortesia. Aqui o legislador foi extremamente reacionário, pois negou o caráter contratual desse transporte, impondo à vítima a prova da culpa do motorista, recuando vários anos em termos de doutrina nacional e internacional.

Art. 750, que veio resolver um problema interessante, que era o de saber quando exatamente tinha início o contrato de transporte de coisas; agora está claro: esse início se dá com o recebimento da coisa a ser transportada, o que significa dizer que o contrato de transporte começa quando a coisa ainda está no balcão do transportador, desde que ali não tenha sido entregue para depósito ou guarda, quando então seguirá ela a sorte do contrato de depósito (art. 751).

Art. 756, que estipula que no caso de transporte coletivo, todos os transportadores respondem solidariamente pelo dano causado perante o remetente; esse é outro dispositivo que irá gerar problema, pois cuida da fase interna da solidariedade passiva desnecessariamente, levando o aplicador do direito à confusão, já que fica parecendo que o ressarcimento será suportado apenas por aquele em cujo percurso houver ocorrido o dano, o que, novamente, só se aplica na fase interna da solidariedade, jamais contra o credor da obrigação.

Art. 800, que trata da impossibilidade de sub-rogação, pelo segurador, nos seguros de pessoas, contra o causador do sinistro.

Art. 927, que trata da obrigação de indenizar e traz no parágrafo único o que talvez venha a ser o artigo mais polêmico de todo o Código.

Eu leio esse parágrafo único do artigo 927 de uma forma diferente da que vem sendo lida: vejo aqui uma hipótese em que o risco de dano é *inerente à natureza da atividade, ou seja, é intrínseco a essa atividade*, como, por exemplo, no caso das atividades industriais mediante o emprego do amianto ou qualquer outro produto, substância ou equipamento que, *por si só*, acarrete dano.

Não me parece, pois, que se possa falar com tanta tranqüilidade que basta apontar uma atividade econômica qualquer, ainda que potencialmente danosa, e extrair daí a responsabilidade objetiva de seus exploradores.

Penso que é necessário algo mais: um elemento diferenciador, sob pena de criarmos situações bizarras, como a de considerar que a nossa própria atividade, de advogados e doutrinadores (potencialmente danosa), possa ser equiparada à atividade do sujeito que passa anos a fio manejando um martelo pneumático e acaba ensurdecendo em razão da natureza da atividade que desempenha.

O ilustre Professor Caio Mário da Silva Pereira chegou a comentar o problema, no seguinte trecho do seu já famoso *Responsabilidade Civil*:

"O fulcro do problema estará na conceituação do que seja uma 'atividade perigosa', inclinando-se o autor (Carlos Alberto Bittar) pela definição daquela 'que contenha em si uma grave probabilidade, uma notável potencialidade danosa, em relação ao critério da normalidade média'.

"Não existindo um critério objetivo para caracterizar a periculosidade de uma certa atividade, pois que a vida moderna e os progressos técnico-científicos normalmente aumentam os riscos a que as pessoas estão sujeitas, não resta ao juiz senão, em cada caso, e com seu *arbitrium boni viri*, avaliar as circunstâncias para estabelecer o nexo causal da atividade com o dano, e determinar a reparação."

Em interessante trabalho publicado na *Revista Forense* 296/127-133, o Professor Ronaldo Bretas Carvalho Dias, da Faculdade de Direito Milton Campos, de Belo Horizonte, sustenta que no projeto de lei o texto do artigo que viria a se transformar no atual art. 927 permitia que o autor do dano se exonere da responsabilidade, "se comprovar que adotou todas as medidas idôneas ou preventivas e tecnicamente adequadas para evitá-lo, ou que o resultado decorreu do caso fortuito".

Em seu favor, invoca ele o Código Civil italiano e o atual Código Civil português de 1966. Ocorre que essa exoneração é expressa nos artigos daqueles Códigos, enquanto que o art. 927 não contém a exceção, pelo que só a força maior exonerará o autor do dano, porque ela quebra o laço de causalidade necessário ao estabelecimento da obrigação de reparar.

Resta lamentar que o novo Código não tenha seguido a sua fonte inspiradora, que foi o Código Civil português, porque neste último está expressa uma ressalva fundamental, *in verbis*: "Art. 493, alínea 2 — Quem causar dano a outrem no exercício de uma atividade, perigosa por sua própria natureza ou pela natureza dos meios utilizados, é obrigado a repará-lo, *exceto se mostrar que empregou todas as providências exigidas pelas circunstâncias com o fim de os prevenir*".

Sem essa ressalva, o nosso Código estabelece uma responsabilidade excessivamente onerosa para a indústria, desestimulando novos investimentos.

Discordo, também e veementemente, da afirmação, que vai-se espalhando, no sentido de que a responsabilidade subjetiva tenha passado a ser exceção, passando a ser regra a responsabilidade objetiva. E nisso penso que estou bem acompanhado, pois comungam da mesma idéia o Ministro Ruy Rosado de Aguiar, do STJ, o Desembargador Carlos Roberto Gonçalves, o Professor Sílvio de Salvo Venosa, e se extrai das seguintes manifestações, *in verbis*:

"Esta, também, a orientação seguida na elaboração do Projeto de Lei 634-B/75, sob a supervisão de Miguel Reale, e que se transformou no atual Código Civil, confirme suas palavras:

"'Responsabilidade subjetiva, ou responsabilidade objetiva? Não há que fazer essa alternativa. Na realidade, as duas formas de responsabilidade se conjugam e se dinamizam. Deve ser reconhecida, penso eu, a responsabilidade subjetiva como norma, pois o indivíduo deve ser responsabilizado, em princípio, por sua ação ou omissão, culposa ou dolosa. Mas isto não exclui que, atendendo à estrutura dos negócios, se leve em conta a responsabilidade objetiva. Este é um ponto fundamental'.

"Na seqüência, arremata Miguel Reale: 'Pois bem, quando a estrutura ou natureza de um negócio jurídico — como o de transporte, ou de trabalho, só para lembrar os exemplos mais conhecidos — implica a existência de riscos inerentes à atividade desenvolvida, impõe-se a responsabilidade objetiva de quem dela tira proveito, haja ou não culpa. Ao reconhecê-lo, todavia, leva-se em conta a participação culposa da vítima, a natureza gratuita ou não de sua participação no evento, bem como o fato de terem sido tomadas as necessárias cautelas, fundadas em critérios de ordem técnica. Eis aí como o problema é posto, com a devida cautela, o que quer dizer, com a preocupação de considerar a totalidade dos fatores operantes, numa visão integral e orgânica, num balanceamento prudente de motivos e valores'" (Carlos Roberto Gonçalves, *Responsabilidade Civil*, p. 24).

É essa, também, a opinião do Professor Sílvio Venosa:

"(...) o novo Código apresenta, portanto, uma norma aberta para a responsabilidade objetiva no parágrafo único do art. 927. Esse dispositivo da lei nova transfere para a jurisprudência a conceituação de atividade de risco no caso concreto, o que talvez signifique perigoso alargamento da responsabilidade sem culpa. É discutível a conveniência de uma norma genérica nesse sentido. Melhor seria que se mantivesse nas rédeas do legislador a definição de situações de aplicação da teoria do risco. Reiteramos, contudo, que o princípio gravitador da responsabilidade extracontratual no novo Código Civil é o da responsabilidade subjetiva, ou seja, a responsabilidade com culpa, pois esta também é a rega geral traduzida no *caput* do art. 927.

"Não nos parece, como apregoam alguns, que o novo estatuto fará desaparecer a responsabilidade com culpa em nosso sistema. A responsabilidade objetiva, ou responsabilidade sem culpa, somente pode ser aplicada quando existe lei expressa que autorize. Portanto, na ausência de lei expressa, a responsabilidade pelo ato ilícito será subjetiva, pois esta é a regra geral no direito brasileiro. Em casos excepcionais, levando em conta os aspectos da nova lei, o juiz poderá concluir pela responsabilidade objetiva no caso que examina. No entanto, advirta-se, o dispositivo questionado explicita que somente pode ser definida como objetiva a responsabilidade do causador do danos quando este decorrer de 'atividade normalmente desenvolvida' por ele. O juiz deve avaliar, no caso concreto, a atividade costumeira do ofensor e não uma atividade esporádica ou eventual, qual seja, aquela que, por um momento ou por uma circunstância possa ser considerada um ato de risco. Não sendo levado em conta esse aspecto, poder-se-á transformar em regra o que o legislador colocou como exceção" (artigo do Professor Sílvio Venosa, "A responsabilidade objetiva no novo Código Civil", terça-feira, 26.2.2002).

Por último, também assim pensa o ilustre Ministro Ruy Rosado:

"Não gostaria de encerrar essas observações sem breve referência à responsabilidade civil:

"Permanece o princípio geral da responsabilidade com culpa (teoria subjetiva — responsabilidade objetiva), mas o parágrafo único do art. 926 (*sic*) atribui a responsabilidade independentemente de culpa nos casos de lei (responsabilidade objetiva por força de lei — da Administração Pública, por acidente de trabalho etc.) e também — aí a novidade — (...) quando a atividade normalmente desenvolvida pelo autor implicar, por sua natureza, riscos para o direito de outrem. A regra atinge o empresário e o profissional liberal e, nesse ponto, contraria a regra do Código de Defesa do Consumidor, que exige, para a responsabilidade profissional liberal, a demonstração da culpa" (Ministro Ruy Rosado de Aguiar, "As obrigações e os contratos", palestra proferida no Congresso Internacional sobre o Projeto do novo Código Civil brasileiro, em 30.4.1999, em Porto Alegre/RS).

IV — O que o projeto poderia ter abordado ou adequado

1. presunção de prejuízo em caso de concorrência desleal;

2. reparação das vítimas em situação de ilicitude (passageiro sem bilhete que é ferido durante o transporte; prostituta lesionada ao se submeter à atividade ilícita do incentivo ao aborto). A regra deve ser: acolher sempre as ações de pessoas em situação ilícita quando manifestamente não exista nenhuma ligação entre a ilicitude e o dano;

3. a questão da indenização decorrente de acidente do trabalho (na França, a indenização de direito comum é complementar da acidentária e não cumulativa como é aqui);

4. a questão da força maior, principalmente no que se refere à correta importância da irresistibilidade (inevitabilidade dos efeitos), e a quase nenhuma importância da previsibilidade.

Doutrina:

"O caso fortuito (*casus fortuitus, vis divina, fatu fatalis*) tem seu conceito específico no art. 1.058, parágrafo único: o caso fortuito, ou de força maior, verifica-se no fato necessário, cujos efeitos não era possível evitar, ou impedir".

"Fato necessário, diz a lei, e isto significa o sucesso, que parece determinado pelo fado ou Providência, para o qual não concorra de nenhum modo o devedor, a este inteiramente estranho, que vem de fora.

"Cujos efeitos", continua o texto, "não era possível evitar, ou impedir", e isto significa que este sucesso é uma *via cui resisti non potest*, contra o qual se lavrará em vão e, invencível, os seus efeitos se hão de realizar fatalmente, não se os pode impedir nem tampouco evitar, e, portanto, escapa a toda humana previdência.

"Inevitabilidade e inimpeditibilidade são, pois, no sistema do Código, conceitos fundamentais para a noção do caso, não também a imprevisibilidade superfluamente declarada na conceituação de outras legislações, porque naquelas naturalmente e *a fortiori* compreendida" (Tito Fulgêncio, *Do Direito das Obrigações*, p. 61).

"A meu ver, a imprevisibilidade não é requisito necessário, porque muitas vezes o evento, ainda que previsível, dispara com força indomável e irresistível" (Caio Mário da Silva Pereira, *Responsabilidade Civil*, p. 302).

"(...) l'imprevisibilité n'est pas toujours exigée pour qualifier la force majeure. Un fort courant jurisprudenciel ne la requiert que lorsque l'événement irrésistible pouvait être empêché ou surmonté, ou au moins lorsque ses effets pouvaient être évités en prenant les précautions que sa prévisibilité permettait. Si, au contraire, le défendeur ne pouvait rien faire pour éviter l'événement ou ses conséquences dommageables, l'irresistibilité suffit à caracteriser la force majeure (...). C'est donc finalement l'inévitabilité qui est requise, aux côté de l'irresistibilité: inévitabilité qui résulte soit de l'imprévisibilité de l'événement, soit de l'impossibilité d'empêcher l'événement ou ses effets dommageables par les précautions que commandaient sa prévision" (Patrice Jourdain, *RTD Civil*, abr.-jun./2001, p. 375).

Em outro comentário, volta Patrice Jourdain ao assunto, dizendo:

"(...) la condition d'imprévisibilité disparaît lorsque la prévision de l'événement ne saurait permettre d'empêcher les effets alors même que toutes les précautions auraient été prises pour éviter qu'il ne se réalise ou produise des conséquences dommageables – de sorte que – l'irrésistibilité est, dans ces cas, à elle seule constitutive de force majeure. Lorsque toutes les précautions ont été prises pour éviter un événement prévisible ou ses conséquences dommageables et, à plus forte raison, si l'on ne peut rien faire pour empêcher l'événement ou éluder ses effets, l'irresistibilité devrait suffire car le dommage devient *inévitable*" (*RTD Civil*, out.-dez./2000, pp. 848-849).

5. a questão dos danos decorrentes de ruína dos prédios, que a doutrina sempre considerou extensível aos usuários do prédio (na qualidade de guardião da coisa) e não apenas ao proprietário. A esse respeito, as lições de Aguiar Dias continuam a ser reforçadas por decisões recentes da jurisprudência francesa;

6. a questão da irresponsabilidade pessoal do preposto que não excede os limites de sua missão (como diz a jurisprudência francesa, "a imunidade não aproveitará senão aqueles prepostos que tenham agido de acordo com a *finalidade* de suas atribuições *e* tenham ficado dentro do quadro de suas funções, assim como àqueles cuja atividade ou ato tenha sido autorizado pelo comitente") — exposição didática: • o preposto agiu "*sem autorização, com fins estranhos à suas atribuições e se colocou fora de suas funções*" (é o abuso de função); não resta nenhuma dúvida que ele deve suportar a inteira responsabilidade de seus atos, pelos quais, aliás, não responderá o comitente; • o ato do preposto é *estranho à finalidade de suas atribuições* (por exemplo, ele agiu no interesse pessoal); ele deverá ser considerado como excedendo os limites da missão; • o ato do preposto o coloca *fora do ambiente de suas funções* (quer dizer, fora do lugar e do horário de trabalho, com os meios proporcionados pelas funções); a menos que autorizado pelo comitente, ele deverá igualmente ser considerado como ultrapassando os limites da missão. Nos dois últimos casos, a responsabilidade do preposto será engajada com aquela do comitente;

7. a questão da responsabilidade pessoal dos dirigentes das empresas, que pela jurisprudência atual só se justifica quando configurada uma falta pessoal destacada e independente de suas funções. Há um caso relatado na jurisprudência francesa que dá a exata dimensão do que estamos querendo dizer: o dirigente de uma editora foi penalmente condenado, juntamente com o autor do livro *O Grande Segredo*, sobre a vida de François Mitterrand, por violação de segredo profissional. Por essa razão, o casal Mitterrand ajuizou uma ação civil, solicitando indenização por perdas e danos, contra o autor do livro, a editora e o seu presidente, pessoalmente. A responsabilidade pessoal do presidente da editora foi afastada, sob o fundamento de que a sua atuação, não exterior ao contrato de edição concluído, não era destacável de suas funções sociais e não constituiria, portanto, uma falta distinta daquela que foi imputada à sociedade editora.

Em comentário em tudo e por tudo percuciente, Patrice Jourdain comenta que "sem dúvida a falta penal é sempre constitutiva de uma falta civil; mas se a responsabilidade civil é subordinada a uma falta qualificada ou apresenta certas características, a só constatação de uma falta penal não será suficiente para estabelecer a responsabilidade civil (...). Bem entendido, as vítimas poderão utilmente se prevalecer das apreciações do juiz penal relativas à falta realçada contra o réu, e algumas dentre elas serão verdadeiramente úteis para estabelecer a falta pessoal do dirigente, necessária ao estabelecimento de sua responsabilidade civil. Mas não percamos de vista que é somente a título de prova que essas enunciações e apreciações do juiz penal poderão ser invocadas pelos autores; nenhuma autoridade de coisa julgada aí comparece, à falta de identidade de coisa a julgar no civil" (*RTD Civil*, abr.-jun./2000, p. 344).

8. A questão da indenização do *pretium doloris* (preço da dor) — assim entendida a dor física, destacada da dor moral, que a doutrina estrangeira de há muito considera, para que a indenização devida à vítima seja integral. Veja-se, a propósito, algumas passagens ilustrativas desses ensinamentos:

"Sofrimentos suportados (a indenização dos sofrimentos era, até presentemente, chamada de *pretium doloris* e os médicos tinham por hábito avaliar a gravidade desta dor dizendo que o *pretium doloris* é 'leve', 'moderado', 'importante'...):

"143. Quando os ferimentos corporais suportados por um acidentado são acompanhados de sofrimentos físicos, indaga-se se a vítima pode pleitear a reparação do prejuízo sofrido nessa qualidade.

"As jurisdições judiciárias e administrativas tiveram sobre o assunto jurisprudências diferentes.

"Para os tribunais administrativos, o sofrimento não é, em princípio, de natureza a facultar o direito à reparação, exceto se 'ele apresenta um caráter de gravidade excepcional' (Conselho de Estado, 22.12.1954).

"As jurisdições judiciárias não fazem, de sua parte, nenhuma distinção e concedem uma indenização mesmo quando os sofrimentos tenham sido leves.

"Essas divergências foram atenuada e a jurisprudência do Conselho de Estado tende a unir-se à dos tribunais de ordem judiciária. (...).

"145. (...)

"Com os drs. Thiery e Nicourt, pensamos que é necessário levar em consideração, especialmente:

"• a natureza das lesões iniciais, porque sabemos que esta ou aquela lesão é de início particularmente dolorosa ou, ao contrário, menos dolorosa;

"• o número e a natureza das intervenções cirúrgicas, sua complementação e cuidados, particularmente de certos curativos, sem anestesia, por vezes dolorosos;

"• as mudanças de gesso, os transportes e deslocamentos dolorosos, às vezes necessários à execução de radiografias;

"• nos incidentes da imobilização, as pequenas placas, ulcerações ou escaras, por vezes extremamente dolorosas;

"• o número e a duração da hospitalização, por vezes mal suportadas e, eventualmente, o tempo passado num serviço de reanimação;

"• a natureza das investigações médicas complementares, sendo que algumas podem ser dolorosas;

"• a natureza e a duração da reeducação (...)" (Max le Roy, *L'Évaluation du Préjudice Corporel*, 11ª ed., Ed. Itec, 1989).

"45. Em direito inglês, o demandante pode obter uma indenização por sua dor e sofrimento, passadas e futuras, devidas ao comportamento faltoso. Esta inclui o choque nervoso e os diversos sintomas psiquiátricos, exceto a tristeza e a mágoa. (...).

"46. Na França, os tribunais se mostram favoráveis à indenização de todas as formas de sofrimento, físico ou moral, sem nenhuma exclusão. (...).

"(...) os tribunais franceses habituaram-se a conceder, para compensar a 'dor física', passada e futura, uma indenização especial designada pelo nome de *pretium doloris*, que não abrange os sofrimentos morais" (Geneviève Viney e Basil Markesinis, *La Réparation du Dommage Corporel*, Ed. Econômica, 1985).

A RECUPERAÇÃO DA EMPRESA EM CRISE DIANTE DO DECRETO-LEI 7.661/1945

RICARDO TEPEDINO

1. O panorama atual. 2. A moderna interpretação da Lei de Falências. 3. O prazo da concordata e a forma de pagamento do passivo. 4. A criação de subsidiária. 5. Conclusão.

1. O panorama atual

Nada tem de original afirmar que a vigente Lei de Falências, editada em 1945, se encontra ultrapassada, e que sua integral reforma é matéria que deveria merecer do legislador a mais urgente atenção. Para empregar uma contundente imagem de Clóvis Beviláqua a respeito do direito civil anterior à codificação, verifica-se que a nossa velha e revelha Lei de Falências se acha "em frangalhos, mordida pelas traças vorazes da decadência".[1] Já em 1974, Rubens Requião, em célebre conferência que proferiu no IAB, denunciava a ineficácia da legislação vigente, e pugnava pela reforma que, decorridos mais de cinco lustros, ainda se faz esperar.[2]

Como reconhece toda a doutrina, um estatuto falimentar sofre rápida obsolescência, principalmente por força da contínua metamorfose da economia. Assim, a data de nascimento do Decreto-lei 7.661, de 21.6.1945, já lhe atesta a senilidade. Mas não só. A Lei de Falências, como sucede, por vezes, com pessoas, nasceu velha.[3] Mesmo considerado o acanhamento da economia da época, já vicejavam no Brasil empreendimentos de porte. Por isso mesmo, é indesculpável que o legislador de 1945 tenha centrado o foco no comerciante individual, dispondo até sobre as despesas do seu funeral, e posto a sociedade mercantil no secundário plano das exceções. A lei voltou sua atenção, como bem lembrou Nelson Abrão, ao *boutiquier*. Ao vendeiro.[4]

Neste mais de meio século, o mundo mudou radicalmente e, por isso mesmo, transformou-se o direito comercial, talvez o mais ágil dos ramos jurídicos — ou, melhor dizendo, o menos letárgico. Até meados do século XX, ainda predominava o entendimento de que uma lei de falências se destinava exclusivamente a normatizar a relação entre o devedor insolvente e seus

1. *Apud* José Carlos Moreira Alves, in "O Projeto de Código Civil de Clóvis Bevilaqua", *Revista do Advogado* 61/28.

2. "A crise no Direito Falimentar brasileiro", *RDM* 14/23.

3. Paulo Campos Salles de Toledo abre sua dissertação de mestrado com uma imagem muito feliz: "a Lei de Falências é uma senhora que, na maturidade, mostra sinais inescondíveis de velhice, causados por uma profunda inadequação à realidade, mal de que padece desde o nascimento" (*A Empresa em Crise no Direito Francês e Americano*, São Paulo, 1987, p. 1).

4. *Nova Disciplina Jurídica da Crise Econômica da Empresa*, São Paulo, 1984, p. 162.

credores, ora protegendo aquele, ora privilegiando este. A empresa constituía apenas um patrimônio para a satisfação das dívidas. Os outros interesses que gravitavam em seu derredor não mereciam qualquer consideração do legislador — tanto assim que a delinqüência do empresário na condução dos negócios também recaía sobre ela, que deveria perecer como modo de puni-lo.

O instituto da concordata, transformada pela lei de 1945, num favor legal que se concede à vista do preenchimento de meras formalidades, sem qualquer preocupação com a probabilidade de recuperação do impetrante, está longe de propiciar a execução de um plano de reestruturação da empresa em crise. Igualmente concebida para o pequeno comerciante individual, pressupunha suficiente a dilação de prazos, de modo a permitir a venda de estoques e a desmobilização de ativos fixos para honrar compromissos.

Ora, como dirá qualquer pessoa com mínimo conhecimento do mercado financeiro, uma empresa com problemas para solver suas exigibilidades no vencimento, mas com fôlego para, a partir da sua geração de caixa, liquidar o endividamento em dois anos, com juros e correção, não precisa de concordata. A despeito das dificuldades de fluxo, essa sociedade empresária tem plenas condições de superá-las sem o concurso do Poder Judiciário.

De igual modo, não constitui instrumento eficaz para a recuperação da empresa falida a continuação de negócios, seja pela deficiência das regras do art. 74 do Decreto-lei 7.661 (que exige, por exemplo, que as "compras e vendas serão a dinheiro de contado", para encerrar a crítica ao dispositivo nessa bisonha regra), seja pela dificuldade em se alienar o estabelecimento comercial, por força dos riscos de sucessão criados por uma legislação fiscal graniticamente estúpida, que, de resto, ao criar superprivilégios para a Fazenda, numa reminiscência fascista, como acentuou Rubens Requião,[5] também dificulta sobremaneira a reorganização corporativa, o que, como todos sabem, acaba por prejudicar o próprio Fisco.

Todavia, enquanto não se faz uma imprescindível reforma legislativa — o imperfeito projeto que cuida do assunto se arrasta há oito anos no Congresso, e somente agora o Governo parece ter se interessado pela matéria — deve-se buscar uma interpretação da cinqüentenária norma que permita conferir fôlego a empresas que estão atravessando problemas conjunturais para que os superem, proporcionando o benefício de todos: credores, empregados, Fisco — da própria sociedade, enfim.

2. A moderna interpretação da Lei de Falências

No direito comercial moderno, ninguém mais desconhece que a sobrevivência da empresa, por todos os aspectos sociais e econômicos envolvidos, transcende os interesses privados dos seus acionistas e credores. A doutrina comercialista, de forma uníssona, aponta para que todos os esforços sejam desenvolvidos em favor da preservação da empresa, e, com isso, dos empregos diretos e indiretos que ela gera, dos tributos que recolhe e da circulação de riquezas que propicia. Afinal, como lembra Giuseppe Ragusa Maggiore, a empresa constitui o ponto de encontro de vários interesses, "que a falência destrói na maior parte dos casos".[6]

Note-se que não se cuida de orientação recente: Vivante, há quase um século, já acentuava a necessidade de conservação das empresas como centros coletivos de atividade econômica, em benefício não apenas de seus sócios, mas também dos credores, observando, também, que a implantação de um novo estabelecimento comercial

5. Ob. cit., p. 24.

6. *Istituzioni di Diritto Falimentare*, 2ª ed., Milão, Cedam, 1994, p. 611.

era muito mais custosa do que a preservação daquele já existente.[7]

Naturalmente, só se devem resguardar as empresas viáveis — as inviáveis devem ser liquidadas, do modo mais expedito e eficiente possível. Ademais, a aplicação desse princípio não pode se converter num sistema legal que, dando oportunidade à chicana de devedores inescrupulosos, ocasione a retração do crédito, com conseqüências funestas para a economia. Esse, aliás, o maior pecado do projeto de reforma em tramitação na Câmara dos Deputados.

De todo modo, o primado da preservação da empresa viável é, induvidosamente, a tônica do direito positivo da maioria dos países. Como bem observou Requião na célebre Conferência de 1974, a empresa, como unidade econômica organizada, "constitui um cadinho onde efervescem múltiplos interesses", não podendo ser "considerada sob as luzes dos interesses imediatistas do coletor de impostos ou da impaciência do cobrador de dívidas, nos momentos críticos ou dramáticos de sua evolução".[8] Afinal, como acentuou Jorge Lobo em sua atualizada obra *O Direito Concursal*, hoje, mais do que nunca — especialmente quando sabemos que o mundo e o Brasil atravessam uma crise econômica —, a conservação das empresas viáveis passou a ser de grande interesse para o Estado.[9]

Diante do quadro patológico da empresa em crise, o juiz, como homem de seu tempo, não deve procurar simplesmente compor a disfunção do crédito, encarando o problema exclusivamente pela ótica da relação jurídica privada. Não pode desconhecer os relevantíssimos interesses públicos e sociais envolvidos. Impossível esquecer-se de que a Constituição Federal eleva a função social da propriedade e a busca do pleno emprego à condição de princípios da atividade econômica (art. 170, III e VIII),[10] assim como de que art. 5º da Lei de Introdução manda aplicar a lei no sentido de atender aos fins sociais a que ela se dirige e às exigências do bem comum. E não será destruindo centros de produção que essas normas serão observadas.

Somente alguém desconectado do mundo que o cerca e profundamente cego à evolução do direito poderia advogar a aplicação do Decreto 7.661/1945 com máximo rigor e na sua interpretação literal — literalíssima, se se permite esse superlativo. Não se pode enxergar o fenômeno jurídico através de um *pince-nez* oitocentista, fazendo uma exegese da norma que não condiz com a evolução do mundo e da ciência jurídica.

Com efeito, supor que a interpretação da lei é algo que pode fossilizar significa deixar de entender o fenômeno jurídico. Implica ignorar toda a evolução do direito ocorrida, não a partir de ontem, mas há mais de um século, pois, como lembrou Karl Larenz, invocando a clássica lição de Julius Binder, para se esclarecer o conteúdo de uma norma o intérprete não deve exumar a finalidade que o legislador tinha em mente ao editar o preceito, pois "a missão da interpretação é aprender a norma jurídica em conjugação com a realidade viva, com as circunstâncias empíricas e com as idéias sobre os fins da actualidade imediata".[11]

Sobre esse ponto, extremamente judiciosa a observação de Silva Pacheco, que concita todos os operadores do direito — juízes, membros do Ministério Público e advogados — a deixar o plano retórico das invectivas contra a lei vigente e dos reclamos pela reforma legislativa, adotando uma atitude consentânea com a realidade, para, numa conduta prática, dar ao vetusto diplo-

7. *Tratado de Derecho Mercantil*, v. II, espanhola, Madri, Reus, 1932, n. 724, p. 478.

8. Ob. e loc. cits.

9. 2ª ed., Rio, Forense, 1998, p. 6.

10. Sobre a interpretação da Lei de Falências à luz da Constituição Federal há um interessante artigo de Carlos Alberto Farracha de Castro publicado na *RDM* 118/196.

11. *Metodologia da Ciência do Direito*, 3ª ed., Lisboa, Fundação Calouste Gulbenkian, 1997, p. 144.

ma de 1945 "a interpretação condizente com as necessidades do presente, a fim de resolver a crise empresarial com manutenção da empresa, do emprego, e da produção competitiva", pois, como bem arremata o autor, o hermeneuta deve estar vinculado ao "legislador de cada momento", e não ao legislador da época da edição da norma.[12]

Há, pois, que se abandonar interpretações literais de antanho, para se procurar inserir o texto legal na conjuntura da atualidade, e não simplesmente realejar interpretações literais antiquadas, com os olhos fixos numa realidade que há muito já passou. A lei, definitivamente, não é um fenômeno estático — muito ao revés, ela deve renovar-se através da hermenêutica. Exatamente por isso, a Constituição dos Estados Unidos, elaborada há mais de dois séculos, por prodigiosos cavalheiros que, de punhos de renda e cabeleiras empoadas, se reuniram na Filadélfia, serviu a uma sociedade agrária e escravocrata tão bem como hoje serve à maior democracia e potência industrial do mundo.

Fiel ao primado da preservação da empresa viável, a jurisprudência, por exemplo, não obriga a confissão de falência pelo simples fato de o comerciante deixar de pagar obrigação líquida após 30 dias do respectivo vencimento (arts. 8º e 140, II), admitindo a impetração de concordata preventiva a despeito da existência de protestos (art. 158, IV) e deferindo prazo razoável para a exibição de documentos que deveriam instruir a sua inicial (art. 159, § 1º), assim como já se pacificou no sentido de que o sócio dissidente minoritário não pode requerer a liquidação da sociedade por quotas apenas em função de sua vontade, mas apenas a apuração de seus haveres — no que se denominou dissolução parcial — malgrado a expressa disposição em contrário do art. 335, V, do Código Comercial, que, assim, recebeu interpretação compatível com o princípio da conservação da empresa.

Esses salutares exemplos, e outros adiante mencionados, por mais que horrorizem aqueles que querem se aferrar a um positivismo empedernido, imolando o fim social a que a lei deve atender no altar pagão de um formalismo obscurantista, faz lembrar a advertência de Inocêncio Galvão Teles, para quem todos os que têm alguma experiência dessa vida sabem bem que em muitos casos é preciso sacrificar a letra da norma para respeitar o espírito, e que só assim se cumpre verdadeiramente a lei, pois, como arremata o eminente Catedrático de Lisboa, para o hermeneuta, o elemento decisivo é o espiritual, o *voluntas legis*.[13] E essa vontade — permita-se a insistência — é a de hoje, não a do legislador de 1945.

Àqueles que desconhecem a verdadeira missão do Judiciário, vale invocar a sabedoria do Evangelho, em feliz paráfrase que tomo emprestada: assim como o Cristo respondeu a uma provocação lembrando que o sábado foi feito para o homem e não o homem para o sábado, eles deveriam saber que a lei foi feita para o homem, e não o contrário.

3. O prazo da concordata e a forma de pagamento do passivo

Renovada a exegese da decrépita Lei de Falências à luz do princípio da conservação da empresa, várias soluções se apresentam, em cada caso concreto, para que, em sendo plausível a recuperação do devedor, não se destampe a caixa de Pandora da falência, que a rigorosamente ninguém interessa, como mostra a experiência. E elas, apartando-se ou se pondo em paralelo com o rígido texto legal, são diversas, como demonstra o fato de que, dentre as concordatas bem sucedidas, raras são as que são julgadas cumpridas e se prendem ao esque-

12. *Processo de Falência e Concordata*, 9ª ed., Rio, Forense, 1999, p. 7.

13. *Introdução ao Estudo do Direito*, v. I, 9ª ed., Lisboa, 1997, p. 166.

ma traçado em 1945. Este trabalho debruça-se sobre apenas algumas delas, deixando de lado, por exemplo, as conhecidas cessões de crédito, tão freqüentes em todo país, sobre as quais não é necessário — talvez seja até desaconselhável... — efetuar qualquer análise jurídica.

A prorrogação do prazo de vencimento das parcelas da concordata, tácita ou expressamente, constitui uma das mais usuais, ao contrário do que podem pensar alguns. É, de fato, muito freqüente na vida forense a dilação dos prazos da moratória (certas vezes com exageros, não se nega) podendo mesmo se afirmar que ela ocorre na maioria dos casos, ainda que dissimulada por detrás do biombo de certas manobras processuais de que as concordatárias se vêem na contingência de adotar.

Essa tolerância, desde que se vislumbre real perspectiva de uma solução alvissareira, deve ser requerida e concedida sem a necessidade de subterfúgios que tresandem à chicana. O Tribunal de Santa Catarina, em corajoso e admirável julgado, da lavra do Desembargador Pedro Manuel de Abreu, admitiu a prorrogação do prazo dos depósitos, aplicando, como esclarecido em sua ementa, "Hermenêutica mais flexível das regras da concordata, em vista da crise econômica que atravessa o país, considerados os reflexos ruinosos da falência".[14]

Assim, sempre que se descortinar uma luz no fim do túnel (e só nesse caso, pois não se pode dar mais tempo a quem não mostra que poderá fazer bom uso dele), deve se propiciar à empresa em crise a chance de se reabilitar. Recentemente, o Tribunal de Justiça de São Paulo, em acórdão de que foi Relator o Desembargador Egas Galbiatti, após invocar a regra do art. 5º da Lei de Introdução, proclamou que se "os credores estão procurando realizar acordos com a concordatária para recebimento de seus créditos, não se deve levar ao extremo rigor a legislação falimentar para convolar-se concordata preventiva em falência, por este ou aquele detalhe comum na vida de qualquer comerciante ou industrial".[15]

A simples dilação do prazo de depósito das parcelas, de inegável serventia, pode, no entanto, não solucionar o problema, valendo notar que o indefinido prolongamento da concordata, ao deixar a empresa sob o fio da navalha, costuma deteriorar ainda mais os seus negócios. Imperioso, portanto, buscar uma verdadeira reestruturação empresarial, que propicie à sociedade uma adequada estrutura de capital e o retorno à lucratividade.

Todas as soluções largamente utilizadas no direito comparado — a capitalização dos créditos (i.e., a transmutação da dívida em fração do capital social), a alienação do estabelecimento comercial, o alongamento do perfil do passivo (com, por exemplo, a sua substituição por títulos como as debêntures) — esbarram no impossível requisito da concordância da unanimidade dos credores, exigido pela lei.

De fato, desconheço precedente em que se obteve a unanimidade dos credores numa reestruturação de vulto. Sempre haverá aqueles que recusam qualquer proposta, seja por obstinação, seja por astúcia — afinal, a concordância do intransigente passa a valer muito, num sistema em que qualquer composição se sujeite ao assentimento de todos.

Portanto, para se escapar à terrível situação em que a minoria dita as regras, deve ser superiormente prestigiada a posição adotada pela maioria dos credores, quando ela se fixa contrariamente à falência. Verdade que o Decreto-lei 7.661 apartou-se do regime da lei que lhe precedeu — e do direito comparado, aliás — retirando da massa credora o papel que antes ela exercia.[16]

14. Apelação cível 98.007196-8, j. 4.3.1999.

15. Agravo de instrumento 92.262.4/7, j. 26.4.2000. Adiante, o judicioso aresto assinala ser "preciso dar-se credibilidade à vontade do devedor de solver suas obrigações, que a concordata lhe faculta, sem a decretação da quebra".

16. Não sem críticas. Waldemar Ferreira, dirigiu acerbas censuras à novidade do legislador de

Contudo, decretar-se a quebra por imposição da minoria e obediência servil às regras da Lei de Falências constituiria suma iniqüidade e também uma ironia amarga, uma vez que esse diploma desconheceu a tutela de qualquer outro interesse que não fosse o do comerciante (que, naturalmente, não quer a sua bancarrota) e o de seus credores.

Há quase trinta anos, o Tribunal de Justiça do Paraná compeliu um credor dissidente, titular de 15% do passivo quirografário, a aceitar em pagamento bens do concordatário, solução à qual aderiram os outros 85% dos credores. Como bem acentuou o relator, Desembargador Marino Braga, "Não se haveria, assim, de se negar a dação em pagamento, levando-se a concordatária à falência, somente porque um dentre todos os credores a isso se opôs".[17]

O acórdão refere-se à dação em pagamento necessária, instituída em meados do século VI, numa das *Novellae* de Justiniano. Como ensina Enneccerus, *a datio in solutum necesaria* obrigava o credor a aceitar, à sua escolha, bens do devedor sem meios de satisfazer a dívida em pecúnia,[18] constituindo uma exceção em benefício do devedor sem culpa,[19] o que lhe valeu severas críticas de Rubens Requião.[20] Com todas as vênias devidas ao mestre, não há como lhe aplaudir a opinião, especialmente quando se percebe que a *ratio decidendi* fundamental do julgado não foi a obrigatoriedade de aceitar uma dação, mas sim o absurdo que significa um credor que representa menos de um sexto do passivo precipitar uma sociedade nos abismos da falência quando todos os demais aquiescem ao requerimento do concordatário.

Anote-se que o acórdão pioneiro foi confirmado pelo Supremo Tribunal Federal, que, conquanto não conhecendo do recurso extraordinário, pois deu por não violados dispositivos do Código Civil atinentes à dação em pagamento, acabou por examinar o mérito. Muito feliz essa passagem do parecer da Procuradoria da República, incorporado ao aresto: "Nem se poderia falar em falta de concordância, pois, em se tratando de um concurso de interessados, a maioria corresponde à vontade de todos. De outra forma não se encontraria jamais uma equação capaz de pôr fim ao problema".[21]

Realmente, fica difícil imaginar qual o sentido de se decretar a quebra de uma sociedade economicamente viável se expressiva maioria dos credores aceitam solução diversa da liquidação falimentar. E essa solução pode ser buscada numa assembléia de credores, por aplicação analógica do art. 123 da Lei de Falências ao processo da concordata.

O aludido dispositivo — única reminiscência do chamado "sistema contratual"[22] da lei anterior — permite que maioria de dois terços dos credores deliberem "qualquer outra forma de liquidação do ativo" (*caput*), cedam-no a terceiro ou organizem sociedade para continuação do negócio do falido (§ 1º), sendo que, nesse último caso, os dissidentes devem ser pagos em dinheiro, pela maioria, pelo preço da avaliação dos bens (§ 5º). Em suma, a norma abre a possibilidade de se preservar a

1945, considerando-a uma decorrência do regime ditatorial de cunho fascista que a editou (cf. Nelson Abrão, ob. cit., p. 172). Para o eminente comercialista, nem mesmo de concordata se poderia chamar o instituto — melhor, asseverou, fosse denominada *reajustamento financeiro do falido*, título que apôs ao capítulo que cuidava da matéria em seu *Tratado de Direito Comercial* (v. 15, São Paulo, Saraiva, 1966, p. 269).

17. *RDM* 12/130.

18. *Derecho de Obligaciones*, v. I, trad. espanhola da 35ª ed. alemã, Bosch, Barcelona, p. 315, nota 1.

19. Ebert Chamoun, *Instituições de Direito Romano*, 6ª ed., Rio, Ed. Rio, 1977, pp. 312-313.

20. *RDM* 12/131.

21. Relator Ministro Thompson Flores, *RTJ* 74/464.

22. É duvidoso acerto considerar de natureza contratual uma composição que pode ser imposta à minoria. Aliás, essa questão, no direito anterior, provocou acesos debates na doutrina.

empresa, mesmo que contrariamente à vontade de um terço dos credores.

Por qual poderosa razão há que se aguardar a decretação da quebra, que geralmente aniquila a empresa de forma irremediável, de forma que nada mais resta a preservar, para se proceder em conformidade com o art. 123? Por quê não fazê-lo no âmbito do processo de concordata, ele também um concurso de credores, não obstante restrito aos quirografários, se outra forma de satisfação dos créditos se mostrar inviável? Os positivistas, horripilados, bradarão que a lei inseriu seu art. 123 no processo da falência, e que por essa razão, e mais nenhuma outra, não se pode extrair do texto legal sua incidência na concordata. Correndo o risco de empregar retórica inapropriada a um trabalho jurídico, permito-me afirmar que o que os deveria horrorizar é o desemprego, a estagnação econômica e a fome.

Ora, se o concurso universal da falência consiste justamente em, após verificados os passivos, realizar o ativo e pagar as dívidas, respeitadas as classes de cada crédito, e se esse processo costuma resultar num dividendo irrisório aos credores quirografários (quando lhes sobra alguma coisa!), é justo, lícito e mesmo inteligente que se possa dar ao credor dissidente o seu quinhão respectivo do patrimônio do devedor, sem que se tenha que abrir a falência, sacrificando tantos interesses pelo capricho de uma minoria.

Baldados os esforços de solução menos traumática, o juiz, atento aos princípios, aos dispositivos constitucionais já aludidos e à aplicação da lei em conformidade com seu fim social, deve, no curso da concordata, admitir a realização de assembléia, na forma dos arts. 122 e 123 da Lei de Falências.

4. A criação de subsidiária

A constituição de uma nova sociedade cujo capital é detido pela empresa, quase na sua totalidade (raramente se abre uma subsidiária integral, talvez pela formalidade exigida pelo art. 251 da Lei das S/A), e para a qual se verte o próprio estabelecimento comercial — ou seja, os ativos necessários à exploração da atividade econômica da empresa, e o seu aviamento, ou *goodwill* — é um instrumento de reorganização corporativa amplamente utilizado no Brasil e alhures. Essa operação societária (que não só é utilizada em caso de crise financeira) é conhecida, no jargão do mercado, como *drop down*.

Desse modo, a subsidiária passa a contar com bens corpóreos e incorpóreos de sua acionista, pondo-os a serviço da atividade empresarial antes desenvolvida através dela, agora isolado do passivo que a sufocava, o qual remanesce com essa última, mas garantido pelas ações ou quotas do capital da primeira.

As vantagens dessa operaçao sao muito evidentes: não correndo o risco de falência, mas apenas o de pertencer a uma empresa falida, melhor se haverá nos negócios. Ademais, a criação da subsidiária permite, no cenário de quebra de sua instituidora, que a continuação de negócio ocorra sem as dificuldades impostas pela lei de 1945, cabendo ao síndico nomear sua administração.

Além disso, se houver necessidade de se alienar o estabelecimento da devedora (seja no bojo da reestruturação ou na liquidação falimentar), a sua segregação numa sociedade sem dívidas muito facilitará a venda, aumentando, inclusive, o preço e, conseqüentemente, o patrimônio da devedora.

Se a constituição de uma subsidiária com essas finalidades é extremamente benéfica num processo de reestruturação (e outros benefícios poderiam ser mencionados), ela não padece de qualquer vício nem esbarra em nenhum óbice legal, ainda que consumada após a impetração de concordata da sociedade em crise.

Antes de mais nada, cumpre assinalar que da operação em análise não decorre qualquer prejuízo aos credores — ao revés, ela se mostra favorável aos seus interesses, na medida em que preserva o chamado *going concern value*, ou seja, o valor de uma sociedade operante, obviamente superior ao seu valor de liquidação, que deflui da venda de ativos retalhados.

Como, então, vislumbrar-se fraude a credores? Antes da constituição da subsidiária, a sociedade instituidora possuía ativos imobilizados, estoques, fundo de comércio, etc., reunidos de forma organizada para a produção ou circulação de bens ou serviços, mas sobre sua atividade pairava a ameaça de solução continuidade, por conta do risco de falência; depois, continua senhora desses mesmos bens, agora alocados numa *longa manus*, que, pertencendo-lhe integralmente, foi criada com o objetivo de desvincular o negócio da sorte de sua criadora.

Note-se que o direito positivo brasileiro, na análoga situação de instituições financeiras em crise, já prevê, no art. 6º, III, da Lei 9.447/1997, a criação de subsidiária para exercer a atividade mercantil da sociedade insolvente.

Sem sombra de dúvida, a constituição de subsidiária não pode servir de mera baldeação para que os bens sociais sejam ilicitamente desfalcados da nova sociedade, caso em que a fraude seria escancarada. Naturalmente, o patrimônio de uma subsidiária constituída já quando periclitava a situação de sua criadora se sujeita ao mesmo tratamento que receberiam se tivessem remanescido sobre sua direta titularidade, sob pena de se permitir um tosco artifício para a fraude, como, aliás, dá exemplos a jurisprudência. Contudo, configuraria absurdo inominável pensar-se ilícita a operação em foco porque ela pode ser desvirtuada — como, de resto, pode ocorrer com quase todos os institutos jurídicos.

Saliente-se que o *drop down* nem de longe significa a "transferência a terceiro do estabelecimento", ensejador da decretação da falência (art. 2º, V). Como se sabe, os conceitos de pessoa jurídica e sociedade comercial, eminentemente jurídicos, não se confundem com o de empresa, que, por sua vez, também se diferencia da idéia de estabelecimento — na verdade, este está circunscrito naquela. Na precisa definição de Waldirio Bulgarelli, a empresa pode ser conceituada como "a atividade econômica organizada, exercida profissionalmente pelo empresário, através do estabelecimento",[23] sendo que, hodiernamente, ninguém duvida de que essa "atividade econômica organizada" pode ser desenvolvida por uma única pessoa jurídica, ou por várias, organizadas sob o mesmo grupo econômico — e o mais eloqüente exemplo dessa última hipótese é fornecido pelos conglomerados financeiros.

Destarte, ao cometer o exercício da atividade empresarial a um outro ente jurídico, cujo capital lhe pertence integralmente ou quase na totalidade, não se está transferindo o estabelecimento "a terceiro", pois a acepção que a lei empresta a esse substantivo é o de pessoa estranha à sociedade empresária, coisa que a subsidiária, muito obviamente, não é.

Por conseguinte, a operação que se acaba de examinar, utilíssima nos processos de reestruturação da empresa em crise, nada tem de ilegal.

5. *Conclusão*

Este trabalho está longe de ter a pretensão de esgotar assunto tão fecundo quanto o da perspectiva jurídica da recuperação da empresa em crise. Muito menos do que um repositório de idéias para se arrostar o problema diante da hostilidade da legislação vigente, pretendeu-se, aqui, confrontar aqueles que se opõem a qualquer procedimento legítimo destinado a salvar a empresa viável da destruição da falência com a obtusidade do seu legalismo exagerado.

23. *Sociedades Comerciais*, 7ª ed., São Paulo, Atlas, 1998, p. 298.

Nem se pense, de forma maniqueísta, que os pontos de vista aqui defendidos são pró-devedores. Na verdade, ao se pugnar pela sobrevivência da empresa viável, preservam-se, de igual modo, o interesse dos credores, na medida em que a liquidação falimentar costuma implicar a perda de seus créditos.

Não percebem aqueles que fecham os olhos à evolução do mundo e do direito e que não se sensibilizam sequer com as desventuras ocasionadas por uma quebra que sua intransigência não tutela o interesse de rigorosamente ninguém. Afinal, quem quer que conheça um pouco de falência sabe que ela, como já escreveu Sérgio Bermudes numa peça forense, só convém à minoria dos zangões que rapinam os despojos da falida.

AS CONSTANTES MUDANÇAS LEGISLATIVAS NO MERCADO DE CAPITAIS E SEUS EFEITOS

ANA PAULA GORDILHO PESSOA

1. Considerações iniciais: 1.1 Aspectos históricos; 1.2 A sociedade anônima no Brasil; 1.3 A Lei 6.404/1976; 1.4 Alterações promovidas na Lei 6.404/1976. 2. Alterações introduzidas na Lei 6.404/1976 e os efeitos provocados nos direitos dos minoritários: 2.1 O direito de recesso; 2.2 Aquisição do controle acionário; 2.3 O fechamento do capital de sociedade anônima. 3. Efeitos provocados no mercado de capitais. 3.1 Um cotejo com sistemas da "common law"; 3.2 Perspectivas para o mercado de capitais brasileiro. 4. Considerações finais. 5. Bibliografia.

1. Considerações iniciais

Em estudo sobre o mercado de capitais brasileiro, apontado como o mais expressivo da América Latina e o 17º no *ranking* mundial,[1] Tatiana Nenova conclui que o valor do controle de companhias abertas é diretamente afetado por mudanças na proteção legal conferida aos acionistas minoritários.

Ainda que a pesquisa efetuada pela economista do Banco Mundial tenha se restringido a analisar os efeitos provocados com a edição da Lei 9.457/1997, que revogou diversos direitos dos minoritários e da Instrução Normativa 299/1999 da CVM, seu parecer retrata com proficiência o mercado de valores mobiliários nacional.

Partindo das conclusões adotadas no mencionado texto, o presente estudo objetiva refletir sobre algumas alterações que vêm sendo promovidas na legislação societária desde o Código Comercial brasileiro, quando a sociedade anônima foi disciplinada pela primeira vez, e suas conseqüências no desenvolvimento da atividade econômica nacional.

Serão consideradas, conjuntamente, as razões apresentadas como justificativas para legitimar as mudanças introduzidas no ordenamento brasileiro e os efeitos gerados na credibilidade e segurança dos potenciais investidores.

Na verdade, o escopo do trabalho cinge-se a assinalar o custo que o mercado de capitais vem assumindo em virtude de cada mudança implementada na legislação societária, suscitando a discussão quanto a efetividade das reformas perpetradas, o êxito no propósito de fomentar o crescimento da empresa nacional e sua participação no mercado de capitais de risco.

1. *2000 Data*, World Development Statistics, 2001, *apud* Tatiana Nenova *Control Values and Changes in Corporate Law in Brazil.*

1.1 Aspectos históricos

O modelo societário atual parece bem distante do Banco de São Jorge,[2] constituído em Gênova, em 1407, e apontado como a organização que teria reunido pela, primeira vez, os elementos que viriam a caracterizar posteriormente as sociedades anônimas.[3]

Tampouco guarda maiores resquícios de identidade com as companhias coloniais dos séculos XVII e XVIII,[4] que adotaram a forma que mais tarde iria delinear as sociedades modernas. Entre elas, destaca-se a Companhia das Índias Orientais, como a pioneira e a mais importante, fundada em 1602 na Holanda. Ditas sociedades surgiram para atender aos anseios de exploração nas novas terras e sedimentar as grandes conquistas de navegação.

Ainda que não se chegue a um consenso quanto a origem das sociedades por ações, atribuindo, alguns autores, a gênese do instituto à *societates publicanorum* dos romanos,[5] é indiscutível que o modelo foi idealizado inicialmente para possibilitar o desempenho, com êxito, do seu objetivo de mobilizar vultosos recursos, atraindo investidores dispostos a participar com capital em grandes empreendimentos de longa duração, partilhando o risco entre todos.

Como era indispensável a reunião de significativo volume de capital, as companhias coloniais adotaram a possibilidade de livre negociabilidade das ações, sendo admitido o ingresso de qualquer interessado, sem qualquer limitação de raça, religião, nacionalidade etc. A característica marcante deste tipo societário era sua atuação em empreendimentos que representassem nítido interesse coletivo e a participação dominante do Estado.

São identificadas ainda duas outras fases na história das sociedades anônimas: a companhia empresária e a macroempresa.

A companhia empresária tem origem com as transformações ocorridas a partir da Revolução Industrial no século XVIII e resgatou para os empresários o direito de acesso a forma societária, antes reservada a empreendimentos de interesse do Estado. Os investidores idealizaram poder usar a sociedade por ações como instrumento de execução de seus diversos projetos, sem a participação do Estado.

A forma das companhias adequava-se perfeitamente a grandes empreendimentos privados, uma vez que possibilitava arregimentar recursos perante investidores interessados em direcionar sua poupança.

Aos poucos, foi se deixando de exigir lei especial ou autorização para constituição de novas companhias,[6] despontando as leis dos estados norte-americanos como as primeiras a facultar a liberdade de constituição de corporações com finalidades econômicas.

No final do século XIX, podem ser identificadas as macroempresas, resultado da concentração de empresas que se reuniram com o objetivo de reduzir os riscos de

2. Conforme registro apontado por Trajano de Miranda Valverde in *Sociedade por Ações*, v. 1, p. 10.

3. Apesar da livre circulação das quotas, não possuíam o caráter especulativo que peculiariza as companhias, consoante ressaltado por Brunetti, *apud A Lei das S/A*, Alfredo Lamy Filho e José Luiz Bulhões Pedreira, p. 37.

4. Waldemar Ferreira, *Tratado de Direito Comercial*, v. IV, p 12.

5. É o que sugeriu J. C. Sampaio de Lacerda, in *Noções Fundamentais das Sociedades Anônimas*, p. 10.

6. René Rodière e Roger Houin assinalam que na segunda metade do século XIX o sistema de autorização para funcionamento das sociedades anônimas estava fadado a desaparecer. As companhias inglesas que se constituiam livremente vinham traficar na França, sendo impensável que as companhias francesas fossem permanecer desfavorecidas. A solução foi implementada por etapas, através da Lei de 23 de maio de 1863 que admitiu a incorporação sem autorização às empresas cujo capital não ultrapassasse de 20 milhões, até que a Lei de 24 de julho de 1867 sacramentou o direito de formação de sociedades anônimas independentemente de autorização governamental (*Droit Commercial*, t. 1, 6ª ed., pp. 425-426).

instabilidade em mercados competitivos, bem como usufruir das vantagens de sua dimensão.[7]

Com as sociedades anônimas de economia mista, generalizadas após a Guerra de 14, há um retorno do fenômeno de intervenção do Estado. A potência adquirida pelas sociedades e a capacidade de drenar a poupança popular, acumulando capital, não passou desapercebida pelo Estado, preocupado em assegurar uma proteção aos particulares. As companhias brasileiras até a privatização refletiram a tendência iniciada com as transformações econômicas operadas a partir das Grandes Guerras.

A empresa passou a ser o epicentro do Direito Comercial alavancando infindáveis discussões, permanecendo presente o raciocínio de Carlos Fulgêncio da Cunha Peixoto, quando afirmou que: "a sociedade anônima, em sua curva evolutiva, é a única forma jurídica de aglutinação de capitais capaz de responder ao ilimitado e imprevisível crescimento que a estrutura econômica dos tempos atuais impõe às empresas".[8]

É certo, contudo, que o instituto demanda uma abordagem mais social, se preocupando não só com os investimentos resgatados da população, com seus acionistas, administradores e controladores, mas também com seus empregados e a arrecadação fiscal.

1.2 A sociedade anônima no Brasil

As sociedades anônimas foram inicialmente disciplinadas no Brasil pelo Código Comercial de 1850, que não lhes conferiu mais do que cinco artigos. Desde então, sua regulamentação vem sendo objeto de inúmeras alterações legislativas.

Antes disso, porém, já havia sido instituída a primeira sociedade por ações no país: o Banco do Brasil, criado no mesmo ano da chegada da Família Real, mediante alvará firmado pelo Príncipe Regente. Interessante registrar que J. C. Sampaio de Lacerda refere-se ao Decreto 575, de 10.1.1849, editado em momento anterior ao código. O aludido texto, contudo, não conferia um tratamento exaustivo sobre a matéria, restringindo-se a regular a constituição das companhias, a exigência de autorização do governo e aprovação do contrato.

Seguindo a orientação do Código Comercial francês, que foi o primeiro texto legal a adotar a expressão *sociedade anônima* e traçar o regime legal das companhias,[9] refletindo, portanto, o posicionamento de então, o Código brasileiro manteve a exigência de autorização do Governo para constituição das companhias de comércio, como também eram denominadas as sociedades por ações.

Dez anos depois, em 1860, sofria o diploma sua primeira intervenção, através da Lei 1.083, de 22 de agosto e do Decreto 2.711, de 19 de novembro. Ambos editados com o propósito de disciplinar melhor as instituições financeiras, ampliaram o rigor das medidas fiscalizatórias e não dispensaram o requisito atinente a autorização governamental para incorporação das companhias.

Somente em 1882, a Lei 3.150, de 4 de novembro de 1882, emancipou a classe empresária, consagrando a liberdade de constituição das companhias, que tivessem por objeto fins industriais e agrícolas. Derrogando o Código no particular, passou a regular detalhadamente as sociedades anônimas, preservando a exigência da prévia autorização da Administração Pública para as sociedades que desempenhassem operações de banco, seguro, e capitalização, cuja

7. George Ripert se referiu às sociedades anônimas no curso do séc. XIX e início do século XX como "merveilleux instrument du capitalisme moderne" (*apud* René Rodière e Roger Houin, ob. cit., p. 427), que registraram que não houve setor da economia francesa onde as maiores empresas não tenham adotado a forma de sociedade anônima.

8. Carlos Fulgêncio da Cunha Peixoto, *Sociedade por Ações*, 1º v., Nota Prévia.

9. Alfredo Lamy Filho e outro, ob. cit., p. 62.

interferência na economia nacional era significativa.

Com o advento da República e eclosão do encilhamento,[10] foram expedidos inúmeros decretos com a finalidade de reprimir os abusos especulativos ocorridos. Contudo, somente após a Constituição de 1891 é que foi editado o Decreto 434, de 4 de julho de 1891, consolidando as disposições então em vigor e que se manteve até a expedição do Decreto-lei 2.627/1940. No período de 1889 a 1892, houve um imenso incremento na quantidade de sociedades por ações no país.

Durante a vigência do Decreto 434/1991, entre as diversas modificações introduzidas, merece registro o Decreto 21.536, de 15 de junho de 1932, que instituiu no Direito brasileiro as ações preferenciais, que poderiam ser de uma ou mais classes.

O Decreto-lei 2.627, de 26 de setembro de 1940, cujo anteprojeto foi elaborado por Trajano de Miranda Valverde, disciplinou todas as sociedades anônimas que atuaram durante a expansão industrial brasileira iniciada na década de 50. Alfredo Lamy Filho e José Luiz Bulhões Pedreira comentam que a referida legislação não foi inovadora, eis que impregnada, ainda, dos efeitos da crise dos anos 30, após o *crash* da Bolsa americana e inspirada, basicamente, nos modelos vigentes na França e na Itália, que não possuíam como não possuem, mercados tão atrativos como o americano e o inglês. Ao contrário da legislação atual, preocupou-se mais com as companhias fechadas.

Os arts. 59 a 73, que tratam de funcionamento de companhias que dependem de autorização do Governo para funcionar e sobre os requerimentos para a instalação de sociedades estrangeiras no país, permanecem em vigor.

Poucos meses após sua publicação, a legislação sofreu sua primeira alteração no tocante as sociedades de economia mista. O Decreto-lei 2.928, de 3 de dezembro de 1940, baixado pelo Presidente da República, liberava as sociedades em que o Governo participava, da aplicação das regras contidas nos arts. 127, I, e 130.[11] Preceitos que foram incorporados ao texto legal para assegurar proteção à empresa e seus acionistas, expressando um nítido intuito moralizador. O Estado, no entanto, julgava não precisar adequar sua conduta a essas medidas.

Trajano de Miranda Valverde assinala que a modificação teve como pano de fundo o objetivo de impedir que os acionistas minoritários do Banco do Brasil desfrutassem da distribuição de reservas livres, "que montam a somas astronômicas".[12] Externa sua indignação em relação à atitude adotada, comentando: "Não há lei, porém, que resista quando a sua autoridade é diminuída pelo próprio Estado que a edita".[13]

Sem pretender exaurir todas as mudanças incorridas na legislação desde sua edição, convém apontar uma correção apropriada, que foi introduzida pelo Decreto-lei 3.391, de 7 de julho de 1941, ao substituir a aplicação da pena de prisão e multa para os Diretores, que deixassem de remeter cópia de determinados atos societários para o órgão competente, pela cominação de multa pecuniária.

10. Época de grande especulação e abusos financeiros com transações questionáveis na bolsa (Lamy Filho, p. 116).

11. "Art. 127. Aos membros do conselho fiscal incumbe: I — examinar, em qualquer tempo, pelo menos de três em três meses, os livros e papéis da sociedade, o estado da caixa e da carteira, devendo os diretores ou liquidantes fornecer-lhes as informações solicitadas"; e "Art. 130. Dos lucros líquidos verificados far-se-á, antes de qualquer outra, a dedução de 5%, para a constituição de um fundo de reserva, destinado a assegurar a integridade do capital. Essa dedução deixará de ser obrigatória logo que o fundo de reserva atinja 20% do capital social, que será reintegrado quando sofrer diminuição".

12. "Dizem que o objetivo real do Decreto-lei 2.928 foi colocar o Banco do Brasil ao abrigo da curiosidade dos acionistas particulares e impedir a distribuição de reservas livres, que montam a somas astronômicas" (Trajano de Miranda Valverde, *Sociedade por Ações*, v. 1, 3ª ed., p. 37).

13. Ob. cit., p. 37.

Outra inovação que antecedeu o diploma atual, implementada através do Decreto-lei 4.480, de 15 de julho de 1942, foi a permissão de emissão de ações preferenciais até o limite de 2/3 do capital social, às empresas de energia elétrica. Naquela época, o percentual de ações privilegiadas[14] não poderia ultrapassar a metade do capital da companhia.

Miranda Valverde identifica ainda outra atitude condenável, imputada ao Governo Federal, quando baixou o Decreto-lei 7.375, de 13 de março de 1945, modificando a redação do art. 105 do Decreto-lei 2.627, de 1940, apenas para atender a questões políticas e interesses desmedidos de se apoderar de um grande jornal do Estado de São Paulo. Evidenciando o caráter individualizado e circunstancial da medida, no mês de novembro do mesmo ano, a redação anterior foi restaurada.[15]

Bastante interessante é o comentário elaborado por Arnoldo Wald, após analisar a jurisprudência brasileira no período que antecedeu a Lei 6.404/1976, concluindo que, em virtude do caráter familiar das companhias, a minoria não usufruía de qualquer proteção efetiva, mesmo quando os textos legais eram a seu favor. Ressalta que o pesquisador não deve se influenciar pela falsa impressão de que a falta de decisões judiciais sobre o tema, evidenciaria a inexistência de abusos da maioria sobre a minoria.[16]

Destaca, ainda, a peculiaridade do mercado de capitais brasileiro, onde predominavam na época, sociedades estatais. Circunstância que produziu investidores com um perfil diferenciado, eis que consideravam que não valia a pena litigar ou discutir com o Estado e se contentavam em aguardar dividendos futuros ou ao menos a valorização do empreendimento e o conseqüente aumento do valor da cotação das ações na Bolsa.

1.3 A Lei 6.404/1976

A Lei 6.404/1976 materializa obra de Alfredo Lamy Filho e José Luiz Bulhões Pedreira. Como profundos conhecedores do mercado acionário brasileiro, caracterizado pela concentração familiar do controle, propuseram criar fórmulas que direcionassem a poupança popular para o mercado de risco e fortalecessem a negociação de papéis, fomentando o crescimento da empresa nacional.

A exposição de motivos que antecedeu a referida legislação esclarecia que: "o trabalho fora submetido a amplo exame por instituições de classe, estudiosos da matéria, tendo sido objeto de debates por período de mais de um ano, do que resultaram o aperfeiçoamento do texto original; que o projeto tinha por escopo criar estrutura jurídica para o fortalecimento do mercado de capitais de risco no país, com a mobilização da poupança popular e seu encaminhamento voluntário para o setor empresarial nacional. A proposta buscava criar sistema equilibrado entre deveres e responsabilidades dos controladores e direitos dos minoritários".[17]

Não resta dúvida que, para a época, o modelo projetado por seus idealizadores, além de merecer elogios pela técnica empregada, constituiu um passo à frente no propósito de construir um arrojado mercado de ações.

Na ávida busca por implementação de um tipo societário que viabilizasse o incremento do mercado primário de ações no país, foi sugerida e legitimada pelo Con-

14. Ainda que João Eunápio Borges tenha destacado que, paradoxalmente, na prática, as ações preferenciais denotem uma "ação de categoria inferior, geralmente indesejável" (*Curso de Direito Comercial Terrestre*, v. II, 4ª ed., p. 431).

15. Ob. cit., p. 38.

16. Arnoldo Wald, "A Reforma da Lei das Sociedades Anônimas: os direitos dos minoritários na nova Lei das S/A", in *Reforma da Lei das Sociedades Anônimas: Inovações e Questões Controvertidas da Lei 10.303, de 31.10.2001*, p. 222.

17. Cf. Rachel Sztajn, "Os projetos de alteração da Lei n. 6.404/1976", *RDM* 107/183.

gresso Nacional, a modificação da estrutura do capital, para que, através da ampliação do limite de emissão de preferencias para 2/3 do capital social, pudesse engajar e incentivar poupadores a investir na formação de capital de risco, exigido pelas grandes empresas, preservando, assim, o poder de decisão dos antigos acionistas.

A solução visualizada por Bulhões e Lamy teve como finalidade permitir a mobilização de recursos pelas sociedades sem afetar a estabilidade do poder. Considerou, outrossim, a existência potencial de minoritários desinteressados em assumir a gestão empresarial. Não se pode ignorar que nas companhias abertas identificam-se dois tipos de investidores, com perfis distintos: aqueles que comandam os destinos do negócio ou têm interesse direto no processo de formação da vontade social, entre os quais se destaca o acionista controlador, e aqueles que buscam, exclusivamente, os resultados econômicos e financeiros, a valorização e liquidez do investimento que realizaram.

Para que os primeiros possam influenciar nas deliberações sociais é imprescindível o direito de voto. Aos demais, as vantagens patrimoniais e financeiras são mais importantes do que as vantagens políticas, ficando o direito de voto em segundo plano.

A elevação da quantidade de emissão de preferenciais favorecia a dispersão de ações, sem que fosse ameaçada a hegemonia do grupo controlador. O objetivo era o de buscar uma forma de financiamento com uma remuneração aleatória, sem ocasionar interferência do acionista preferencialista na gestão da empresa.

As justificativas por mais nobres que sejam, não respaldam, todavia, a distorção provocada no exercício do poder de controle, possibilitando assegurar a administração da companhia para o detentor de pouco mais de 15% do capital.[18]

Apesar dos esforços empreendidos, muitas das expectativas de ampliar e incrementar o modelo econômico nacional, baseado em um mercado de valores mobiliários dinâmico, foram frustradas. Talvez não estivessem devidamente protegidos os direitos dos minoritários, diante de um mercado em que a previdência privada e os fundos de ações começam a ocupar um espaço que não havia sido regulamentado pela legislação vigente. Os conflitos, por sua vez, esbarram-se diante de um Judiciário inexperiente em prover soluções sobre o tema.

Um breve distanciamento histórico evidencia que, no Brasil, sempre preponderou um forte caráter de subvenção do mercado de capitais, seja mediante concessão de subsídios, criação de empresas estatais, abertura de crédito oficial, protecionismo e reserva de mercado. Fórmulas que criaram no brasileiro uma acomodação em relação aos efeitos nefastos do risco.

São inúmeras as medidas adotadas pelo Governo que denotam uma preocupação em estimular o mercado de capitais. A promulgação da Lei 4.728/1965 é um exemplo. Ao facultar a conversibilidade de debêntures em ações, a legislação possibilitou ao investidor iniciar seu relacionamento com a sociedade, mediante a aquisição de debêntures[19] ampliando as formas de capitalização da sociedade. Se fosse seduzido pelo desempenho do empreendimento, poderia optar por transformar o mon-

18. Aspecto que foi parcialmente sanado com a sanção da Lei 10.303/2001, cujo novo art. 15 estabeleceu o limite de 50% do capital para ordinárias e preferenciais para as novas empresas, ainda que não deixe de ensejar a crítica de que melhor seria se tivesse abrangido as sociedades em funcionamento, conferindo-lhe prazo para adequação.

19. Debêntures correspondem a uma forma de empréstimo lançado pela sociedade anônima com o objetivo de obter recursos para financiar seus projetos. Diferentemente da ação, o detentor debenturista não participa do risco, uma vez que ao termo do prazo fixado na escritura de emissão de debêntures deverá resgatar o valor emprestado, acrescido do que houver sido pactuado. Ao serem conversíveis em ação, o investidor poderá permanecer na empresa como acionista, deixando de receber o valor mutuado e passando a partilhar dos riscos do negócio.

tante emprestado em ações. A companhia deixaria de devolver o valor recebido e o investidor passaria a participar do risco do negócio, tornando-se um acionista. A opção entre receber o valor correspondente ao mútuo ou o equivalente em ações é direito do titular, ao qual a companhia não pode impedir.[20]

No final da década de 60, o Governo apostou numa medida em que dividiria com o investidor os riscos, renunciando o recebimento de imposto de renda, desde que o contribuinte investisse em empresas predeterminadas, a exemplo da SUDENE, SUDAM, EMBRAER etc. Concedeu, concomitantemente, benefícios às empresas arrecadadoras dos referidos tributos, criando o fundo de ações, conhecido como Fundo 157.

Tais medidas paliativas foram prejudicadas pelas incertezas da economia brasileira nas décadas que antecederam o Plano Real, dificultando aos investidores acompanhar a trajetória de seus recursos e provocando um desinteresse, bem como suscitando o questionamento quanto ao efetivo papel do Estado como participante do mercado de capitais.

Por sua vez, a abertura da economia brasileira, a partir de 1990, promoveu modificações significativas no perfil do investidor. Percebe-se o ingresso considerável de capital estrangeiro, através de empresas multinacionais interessadas em fixarem posição. Aumentam as fusões e incorporações. Neste mesmo período, os fundos de pensão se tornam mais fortes e o Estado abandona, mediante processo de privatização, sua posição de controlador.

1.4 Alterações promovidas na Lei 6.404/1976

Ao longo de seus vinte e cinco anos de existência, a lei de sociedade por ações sofreu pequenas reformas, que serão avaliadas a seguir:

Lei 7.958, de 20 de dezembro de 1989 — também conhecida como Lei Lobão, cujo *leit motif* foi a tentativa de aniquilar o direito de recesso ou retirada dos acionistas, conferiu nova redação ao *caput* do art. 137 e excluiu os incs. VI e VII do art. 136. Resultado que não foi alcançado em virtude de terem sido mantidos diversos outros dispositivos que respaldavam o mesmo direito. Interessante constatar que, apesar do erro de técnica legislativa em que incorreu, permaneceu em vigor até 1997, quando foi finalmente fulminada pela Lei 9.457/1997;

Lei 8.021, de 12 de abril de 1990 — extinguiu os títulos ao portador e endossáveis engendrando a revogação tácita de diversos dispositivos da Lei de Sociedades Anônimas;

Lei 9.457, de 5 de maio de 1997 — revogou a Lei Lobão e os arts. 254 e §§ 1º e 2º do art. 255, alterando inúmeros dispositivos da lei de sociedade por ações, bem como da Lei 6.385/1976, que dispõe sobre o mercado de valores mobiliários. O texto proposto respaldou-se na constatação de que a legislação em vigor oneraria a reestruturação societária pretendida com as privatizações;[21]

Lei 10.303, de 31 de dezembro de 2001 — recentemente sancionada, resultou de negociações envolvendo três projetos de lei.[22] O Deputado Antonio Kandir foi no-

20. Ver Modesto Carvalhosa, *Comentários à Lei de Sociedades Anônimas: Lei 6.404, de 15 de dezembro de 1997*, p. 458.

21. O Senador José Serra em parecer apresentado a Comissão de Assuntos Econômicos, em 3.4.1997, disse: "A legislação atual que regula as sociedades anônimas está claramente desatualizada, dificultando e gerando custos elevados nos processos de reorganização societária. Diante disso, o projeto efetua ajustes nas normas relativas à alienação de controle das companhias, ao direito de retirada e na sistemática de reembolso" (*apud* Francisco Antunes Maciel Mussnich, "Reflexões sobre o direito de recesso na Lei das Sociedades por Ações", in *Reforma da Lei das Sociedades Anônimas: Inovações e Questões Controvertidas da Lei 10.303, de 31.10.2001*, p. 285).

22. Projeto 3.115, de 14.5.1997; 3.519, de 10.8.1997; e 1.000, de 25.5.1999.

meado Relator, vinculando seu nome ao Projeto. Enquanto tramitava nas Casas Legislativas, a Professora Rachel Sztajn externou sua opinião, comentando que o Projeto, hoje Lei, se ocupou basicamente das companhias abertas, suscitando o questionamento quanto a se os acionistas que estivessem fora do mercado de valores mobiliários deveriam ser ignorados.[23]

2. *Alterações introduzidas na Lei 6.404/1976 e os efeitos provocados nos direitos dos minoritários*

Considerando o escopo do presente trabalho, delineado nas considerações iniciais, a avaliação das modificações legislativas inseridas no país desde a promulgação da Lei 6.404/1976 será restrita aos efeitos provocados em relação a alguns dos interesses e direitos dos minoritários.

Com este intuito é que a abordagem se fulcrará em modificações implementas em relação ao direito de recesso, de alienação de controle e de fechamento do capital, suficientes a ilustrar os efeitos que a nova reforma incorpora ao crescimento do mercado nacional.

2.1 O direito de recesso

Apesar do direito de recesso ser considerado um direito essencial do acionista, que não pode ter seu exercício privado nem pelo estatuto nem pela assembléia geral, vem sendo objeto de freqüentes violações pelo legislador brasileiro.

Desde a promulgação da Lei 6.404, em 1976, em 3 (três) oportunidades distintas já se pretendeu fragilizar o direito de recesso dos minoritários, limitando as hipóteses de sua incidência, bem como reduzindo o valor do reembolso.

A primeira tentativa foi com a Lei 7.958/1989, conhecida como Lei Lobão, que excluiu os incs. VI e VIII do art. 136 da Lei 6.404/1976. Seu propósito era o de "amputar" o direito de recesso nas hipóteses de incorporação, fusão e cisão da companhia e na participação em grupos de sociedades. O Judiciário, todavia, anulou os efeitos buscados com a mudança sancionada pelo Congresso Nacional, ao se posicionar em face de um caso concreto, entendendo que a referida lei não havia excluído o direito de recesso diante de cisão, pois havia mantido incólume o art. 230 do mesmo diploma, que trata especificamente da retirada nas operações de incorporação, fusão e cisão. No afã de violar o direito dos minoritários, o legislador descuidou-se, deixando de fazer uma revisão sistemática do conjunto de todos os artigos que tratavam da matéria.[24]

Em 1995, o instrumento alternativo adotado pelo Governo para rever a legislação societária foi a medida provisória.[25] O alvo, naquele momento, eram as instituições financeiras em dificuldades e o desejo de promover a criação de um ambiente propício para incorporações por instituições saudáveis. Sob o escudo de que seriam evitadas intervenções, protegido o sistema e defendidos os interesses dos investidores e depositantes, foi criado o PROER e suprimido o direito dos acionistas minoritários poderem se retirar do quadro acionário, nas hipóteses de incorporação, fusão, cisão e participação em grupos de sociedades.

23. Rachel Sztajn, ob. cit., p. 184.

24. O Professor Mauro Rodrigues Penteado ao examinar a inocuidade das modificações introduzidas com a Lei Lobão, assinala que por não ter o Congresso compulsado o texto completo, não percebeu que o mesmo direito era assegurado em cinco outros momentos que "não foram feridos pela lei recém-editada: o art. 225, I, art. 264, §§ 3º e 4º, e 230 (para a incorporação, fusão e cisão) e o art. 270, parágrafo único (para a constituição de grupos societários)" (A Lei 7.958/89 e a pretensa modificação do direito de recesso dos acionistas: uma discussão inócua", *RDM* 77/46).

25. A Medida Provisória 1.179, de novembro de 1995 instituiu o PROER — Programa de Estímulo à Restruturação e ao Fortalecimento do Sistema Financeiro Nacional.

Na verdade, os beneficiados foram os controladores de instituições financeiras, que se liberaram do encargo de pagar o valor do reembolso das ações dos minoritários dissidentes nas operações de reestruturação societária.

Em 1997, quando da promulgação da fatídica Lei 9.457, mais uma vez foi violentada a legislação societária e eliminado o direito de recesso nos casos de cisão. Naquela época, a justificativa era o Plano Nacional de Desestatização, promovendo a divisão da Telebrás em diversas empresas, para depois privatizá-las, sem ser necessário o pagamento do valor do reembolso aos eventuais dissidentes. De roldão, foram colocados todos os minoritários num mesmo cesto, prejudicando, inclusive, aqueles que não tinham nenhuma participação em sociedades envolvidas com o Programa.

A mencionada lei excluiu também o direito de recesso nas hipóteses de incorporação e fusão nas companhias em que as ações possuíssem elevado nível de liquidez ou índices expressivos de dispersão no mercado. O fundamento para tal restrição consistia em que se fosse líquida a ação, o acionista poderia vendê-la no mercado, retirando-se da companhia, sem necessidade de obrigar sua aquisição pela companhia.

O raciocínio é correto, afinal, se a ação é plenamente negociável, não há razão para promover a descapitalização da sociedade, com todos os riscos patrimoniais decorrentes.[26] No entanto, percebe-se, claramente, que a reforma de 1997 visou dificultar o direito de recesso para facilitar as privatizações e reduzir os custos com processos de concentração empresarial.

Em 2001, a preocupação do legislador é assegurar a proteção aos minoritários, até porque já foram promovidas quase todas as privatizações, passando o Governo a figurar como minoritário em várias companhias. A Lei 10.303/2001 reduziu as situações em que poderá ser negado o direito de recesso aos dissidentes, restabelecendo-se, assim, o direito de recesso nas hipóteses de cisão, fusão ou incorporação da companhia em outra e, ainda, no caso de participação em grupo de sociedades, facultando-se ao acionista dissidente o direito de retirar-se da companhia, mediante reembolso de suas ações, observados certos requisitos.

Na vigência da Lei 9.457/1997, o direito seria negado aos titulares de ações dotadas de liquidez ou dispersão no mercado. Agora, aprovada a fusão, incorporação ou participação em grupos de sociedades (art. 136, IV e V da Lei 6.404/1976) fica eliminado o direito de recesso apenas aos acionistas portadores de ações líquidas e dispersas. O critério de dispersão e liquidez não é mais alternativo, mas cumulativo.

Com o novo diploma, somente se em determinada espécie ou classe de ações for identificada a liquidez e dispersão é que poderá ser negado o direito de recesso. Gera uma diferença entre as ações, pois numa mesma companhia algumas classes ou espécies de ação podem ter o direito de recesso obstruído e outras não. Atribui também um conceito mais claro de liquidez. Percebe-se, assim, que a medida foi positiva, mas os destinatários não são apenas os investidores privados. O Estado, por ter mantido uma participação minoritária em muitas das sociedades privatizadas, pode também se beneficiar com a modificação implementada.

Como será muito difícil cumular os dois parâmetros, os dissidentes terão sua saída preservada nas hipóteses legais, acima referidas, resgatada a força do direito de recesso que, por ser um direito de caráter excepcional, deve assegurar uma proteção patrimonial aos acionistas minoritários, garantindo uma saída efetiva, transparente e clara para os acionistas que não possuem liquidez para suas ações.[27]

26. Ainda que o recesso seja um direito do acionista, não pode ser exercido ao seu bel prazer. Compete ao acionista dissidente demonstrar o prejuízo incorrido, como assinala Francisco Mussnich, ob. cit., p. 285.

27. Francisco Antunes Maciel Mussnich, ob. cit., p. 305.

2.2 Aquisição de controle[28] *acionário*

O art. 254-A reintroduz o instituto da oferta pública aos minoritários em bases menos vantajosas do que inicialmente previsto pela Lei 6.404/1976. Um cotejo histórico permite verificar que quando foi aprovada, em 1976, a legislação conferia tratamento igualitário aos minoritários na hipótese de alienação de controle de companhia aberta.

A redação que prevaleceu para o art. 254, quando da edição da Lei 6.404/1976, em virtude da aprovação da emenda do Senador Otto Lehman, que conferiu ao minoritário o direito de receber o mesmo preço pago ao controlador, no caso de alienação de controle — colocou o Brasil numa posição de vanguarda, em relação a vários países europeus.[29]

O fundamento jurídico para sua introdução em 1976 foi coibir abusos ocorridos em alienações de controle. A ausência de dispositivo neste sentido facilitou a prática de comportamentos iníquos e, em diversas ocasiões, o acionista controlador se apropriou de todo o sobrepreço que, em algumas circunstâncias, atingiu até dez vezes o valor de cotação da mesma ação em Bolsa de Valores, como indicam os registros em transferência de instituições financeiras.

Fábio Ulhoa Coelho assinala que, apesar da redação do dispositivo assegurar um tratamento eqüitativo a todos os acionistas, inclusive aos titulares de ações sem voto, o Governo Geisel, ainda que não estivesse de acordo com o seu conteúdo, teria optado manter uma tradição de não vetar os projetos aprovados pelo Congresso. Fez uso, destarte, de um outro expediente para diminuir o alcance do dispositivo.[30]

Assim, inobstante inexistir restrição no tratamento igualitário a qualquer espécie de ação, a Resolução 401 do Conselho Monetário Nacional, editada no mesmo ano, regulamentou a matéria, dispondo que a oferta somente seria obrigatória para os titulares de ações com direito de voto. Apesar da oposição dos doutrinadores, o texto foi legitimado pela jurisprudência dominante.

Mesmo reduzida em sua amplitude, a benesse não prevaleceu por muito tempo. Em 1997, o dispositivo foi revogado pela Lei 9.457, retirando a obrigatoriedade legal de estender aos minoritários a proposta de preço pago ao controlador, quando da alienação de controle de sociedade listada. A explicação oferecida para a medida ressaltou a necessidade de reduzir os custos de aquisição para o adquirente, que ao invés de serem utilizados na capitalização da empresa, estariam sendo gastos no pagamento de ações dos minoritários.

Não pode ser olvidado que o Brasil estava vivenciando a fase das privatizações e que a medida muito beneficiaria a União que, ao alienar seu controle, não teria de dividir com os minoritários o sobrepreço das ações vendidas. O interesse do Governo de preservar para si todo o prêmio do controle, elevando o preço do negócio, ensejou outra perda para os minoritários: em muitos editais de licitação prévia para o processo de privatização não foi incluída a exigência de manter a sociedade registrada em Bolsa de Valores, após a conclusão do processo.

28. Interessante considerar a distinção entre quatro categorias de controle a que se refere H. S. Cilliers e M. L. Benade quando apresenta a distinção em graus de efetividade: "They are — (a) complete control, which entitles the holder thereof to exercise all the voting rights at company meetings; (b) majority control which entitles him to exercise more than 50% of the voting rights; (c) minority control, which means that the controller exercises sufficient voting rights, though less than the majority, to place him in de facto control of the company; (d) management control or control of the proxy voting machinery, which is usually coupled to minority control, enabling the controller to control the company by soliciting proxy votes, particularly where the shares do the company are widely held (Weinberg and Blank Take-overs ans Mergers 14-15)" (in *Corporate Law*, 2ª ed.).

29. Cf. ressaltou Arnoldo Wald, ob. cit., p. 223.

30. Fábio Ulhoa Coelho, "O direito de saída conjunta (*tag along*)", in *Reforma da Lei das Sociedades Anônimas: Inovações e Questões Controvertidas da Lei 10.303, de 31.10.2001*, p. 476.

Assim, muitos dos adquirentes, ao se apoderarem do controle, recorriam ao mercado, elevando sua participação e retirando, paulatinamente, a liquidez das ações. Em seguida, forçavam os minoritários a se desfazerem de seus títulos por preço vil, promovendo o fechamento do capital.

A alteração promovida em 1997 dispensa maior investigação para se inferir que os resultados foram prejudiciais aos minoritários, gerando abusos tanto por não poderem partilhar o valor do prêmio, como por se defrontarem com a prática de fechamento de capital após a aquisição do controle, quando os controladores, uma vez obtida uma quantidade significativa de ações, impediam a liquidez das demais, forçando os minoritários a aceitar qualquer valor.

Outro abuso freqüente foi a compra de lotes de ações a preços diferenciados, favorecendo alguns acionistas em detrimento de outros. Com o intuito de mitigar os prejuízos enfrentados pelos minoritários com a revogação do art. 254 da multicitada Lei 6.404/1976, a CVM baixou a Instrução 299/1999 que instituía uma nova modalidade de oferta pública quando o acionista controlador aumentasse sua participação acionária. O objetivo era obstaculizar a aquisição de quantidade significativa de ações, reduzindo sua liquidez, de modo a prejudicar os minoritários. Evitava-se, outrossim, procedimento discriminatório em relação aos acionistas, pagando valores diferenciados pela mesma ação, posto que o controlador estaria obrigado a fazer oferta pública toda vez que elevasse sua participação em 10% ou mais de ações de cada espécie ou classe, que deveria ser destinada aos titulares de ações da mesma espécie ou classe. A Instrução Normativa obrigava ainda a comunicação ao público, à CVM e às Bolsas, se configurada alienação do controle, o que visava assegurar a transparência da operação.

Quando da emissão da referida Instrução Normativa, Tatiana Nenova, ao analisar o Direito brasileiro, manifestou seu ponto de vista, concluindo que o valor do controle é diretamente afetado por mudanças na proteção aos acionistas minoritários. Modificações que, em sua opinião, tiveram efeitos mais significativos sobre o valor do controle do que, propriamente, a situação econômica do final da década de 90. Verificou que, quando da edição da Lei 9.457/1997, que reduziu a proteção dos minoritários, o valor do controle foi elevado e que, após a IN 299/1999, que restabeleceu garantias aos minoritários, o referido controle teve seu valor diminuído ao nível anterior à Lei de 1997.[31]

Modesto Carvalhosa frisa, em seus recém-lançados comentários, que a tendência adotada pelo Brasil em 1997 refletiu comportamento diametralmente oposto ao inserido na legislação comunitária, cuja 13ª Diretiva, aprovada em sua versão de 1996/1997, introduzia a necessidade dos Estados-membros adequarem sua legislação, obrigando o lançamento de oferta pública que respeite o princípio do tratamento igualitário em casos de aquisição de controle.[32]

Não resta dúvida de que, em face dos prejuízos sofridos pelos minoritários, a confiança e credibilidade do mercado nacional ficaram enfraquecidas.

Quando das discussões sobre os projetos que acabaram gerando a Lei 10.303/2001, a CVM posicionou-se em favor do resgate da oferta pública com tratamento

31. Conclusão que coincide com o pensamento externado por Raphael La Porta e outros no *Working Paper* 7.428, "Investor protection: origins, consequences, reform", p. 9, quando dizem: "At the most basic level, when investor rights are poorly protected and expropriation is feasible on a substantial scale, control acquires enormous value because it gives the insiders the opportunity to expropriate relatively efficiently". Verificaram, outrossim, que países com fraca proteção a investidores exibem um controle mais concentrado do que países com efetiva proteção, após analisarem uma pesquisa realizada em diversos países: "The data show clearly that countries with poor investor protection typically exhibit more concentrated control of firms than do countries with good investor protection" (p. 15).

32. Obra escrita em colaboração com Nelson Eizirik, *A nova Lei das S/A*, p. 387.

igualitário dos acionistas, alegando que a prática espelhava a boa governança corporativa e que por amparar os minoritários, estimulava e incentivava o investimento no mercado de capitais, inclusive por parte de estrangeiros. O Projeto Kapaz, de Reforma da Lei de S/A, pregava tal modificação; prevaleceu, no entanto, o Projeto Kandir, que assegurava 80% do preço pago pelo controlador aos minoritários.

Como dito, o novo art. 254-A da Lei de S/A, que trata da alienação direta ou indireta do controle da companhia aberta, impõe que o adquirente faça oferta pública de aquisição de ações com direito a voto, de propriedade dos demais acionistas da companhia, assegurando-lhes um preço mínimo igual a 80% do valor pago por ação com direito a voto que integre o bloco de controle.

Os argumentos em prol do Projeto Kandir sustentavam que o ágio pago pelo controle justifica-se em virtude dos deveres assumidos pelo controlador, que além de conduzir o empreendimento com sucesso, possui responsabilidades diferenciadas. Fábio Ulhoa Coelho constata que, efetivamente, o mercado atribui um valor à gama de poderes dos controladores, questionando, contudo, que é muito complexa a medida da sobrevalorização, uma vez que nem sempre é possível aferir como foram computados os poderes do controlador e a perspectiva de rentabilidade da empresa[33] na quantificação do preço de alienação de controle.

A Lei 10.303/2001 não só deixou de restaurar o princípio do tratamento igualitário, como legitimou o princípio do valor diferenciado de ações da mesma espécie, ou seja de que são mais valiosas as ações ordinárias que integrem o bloco de controle do que as detidas pelos minoritários.

A possibilidade de *tag along* dos minoritários, reincorporada ao ordenamento nacional com a redação dada pela Lei 10.303/2001, coloca o Brasil em igualdade de condições com a maioria dos sistemas jurídicos. Ainda que não resgate a regra salutar, inicialmente concedida e que teve como inspirador o Direito norte-americano, não deixa de representar um critério de socialização do prêmio do controle.

Enquanto isto na União Européia se discute uma nova proposta sobre alienação de controle com o objetivo de atingir um consenso e gerar uma Diretiva definitiva, já que o texto da 13ª Diretiva, apesar de ter provocado inúmeras discussões, revisões e debates não logrou ser aprovado. Sem se deter na fixação de qualquer índice, a nova proposta incluiu no art. 5º a exigência de que os adquirentes numa situação de *take-over bid* ofereçam um preço eqüitativo (*equitable price*). O texto da proposta da Diretiva, que é fruto do trabalho de um Grupo de *Experts*,[34] foi recentemente publicado e, externando uma preocupação com a situação dos empregados, elenca entre os requerimentos que a oferta deve conter, a necessidade do ofertante declarar suas intenções em relação a continuação do negócio e as modificações que repercutirão nas relações empregatícias.[35]

33. Fabio Ulhoa Coelho aduz que o controlador "além de participar dos resultados da empresa como a generalidade dos acionistas (LSA, art. 109, I), tem o poder de eleger administradores, definir a remuneração deles, fixar a orientação última dos negócios, alterar a estrutura jurídica da sociedade, influir no seu planejamento estratégico, etc." (ob. cit., p. 473).

34. Em setembro de 2001 foi criado o *High Level Group of Company Law Experts*, com o objetivo de prover um parecer independente sobre assuntos relacionados com aquisição de controle e sobre pontos prioritários na modernização do direito empresarial na União Européia, tendo apresentado em 10.1.2002 um relatório final, que se encontra disponível no site <http://europa.eu.int>.

35. O art. 6, item 3 diz: "Those rules shall require that the offer document state at least: h) the offeror's intentions with regard to the continuation of the business of the offeree company and, so far as affected by the bid, of the offeror company, and with regard to the continued employment of their employees and their management, including any material change in the conditions of employment. This relates in particular to the offeror's strategic planning

Noutro aspecto, a recente legislação inova ao prever no § 4º do art. 254-A, a possibilidade de o ofertante conceder um prêmio ao minoritário que permanecer no quadro acionário. A diferença entre o preço do papel no mercado e o *plus* pago ao controlador não deixam de simbolizar uma motivação para que o investidor minoritário não se retire da companhia. Até porque, o recebimento do prêmio não engendra qualquer restrição no direito de alienar sua participação a terceiros a qualquer instante.

Interessante registrar que, numa interpretação inusitada do referido dispositivo, Luiz Cantidiano sugere que a faculdade não seria dos minoritários e sim do adquirente do controle acionário da companhia aberta, que teria a possibilidade "por decisão unilateral sua, ao invés de apresentar oferta pública de compra das ações ordinárias que são detidas pelos acionistas minoritários, para estender aos referidos acionistas, 80% do preço que tiver sido pelas ações integrantes do bloco de controle, possa se limitar a estender aos minoritários o pagamento do prêmio de controle".[36] De acordo com a exegese proposta, a oferta pública deixaria de ser uma obrigação, eis que poderia ser substituída pela concessão de prêmio ao minoritário. Faculdade que não parece se coadunar com a intenção do legislador ou com a literalidade do dispositivo legal.

2.3 *O fechamento do capital de sociedade anônima*

Outro aspecto que suscita uma reflexão mais detida das mudanças engendradas com a Lei 10.303/2001 concerne ao fechamento do capital da companhia aberta. Não cabe a CVM julgar o mérito ou oportunidade da decisão empresarial de abrir ou fechar o capital, competindo-lhe apenas a fixação de normas regulamentares, estabelecendo o procedimento a ser adotado, de forma a garantir a ampla divulgação e transparência das informações prestadas.

Para os empresários, os motivos que respaldam ou que incentivam a abertura do capital estão diretamente relacionados à perspectiva de obter financiamento para seus projetos com recursos em tese mais baratos do que os reunidos com empréstimos diligenciados perante instituições financeiras. Se os custos de manutenção da condição de aberta não compensam o acesso ao mercado de capitais, pode se deliberar pelo cancelamento do registro e conseqüente fechamento do capital. Com efeito, uma companhia aberta necessita contratar empresa de auditoria independente, publicar todas suas atas, fatos relevantes e demonstrações financeiras, manter departamento de acionistas e ainda arcar com as taxas de fiscalização da CVM e taxas de anuidade das Bolsas de Valores.

Para os acionistas a principal vantagem da manutenção da companhia como aberta é a liquidez dos seus valores mobiliários. Na verdade, é a perspectiva de livre negociabilidade de seus títulos que induz investidores a adquirir ações no mercado, razão porque as normas que dispõem sobre o cancelamento do registro e divulgação de informações são fundamentais para tranqüilizar o acionista de que seu investimento não estará submetido a decisão discricionária dos administradores, sem que lhe seja conferido o direito de se desfazer das ações.

Uma peculiaridade do mercado brasileiro e que pode ter influenciado no fechamento do capital de muitas companhias nos últimos anos é que uma grande parcela dos investidores estrangeiros, que adquiriram o controle de empresas nacionais, optaram por fechar o seu capital, uma vez que as controladoras já são abertas em seu país de origem, não justificando a manutenção de suas subsidiárias no mercado de capitais. Outras teriam optado pelo fechamento receosas da reforma, que finalmente foi empreendida pela Lei 10.303/2001, e das res-

for those companies and the likely impact on jobs and locations".

36 Cf. Luiz Leonardo Cantidiano, *Reforma da Lei das S/A Comentada*, p. 248.

trições que seriam impostas, tornando mais difícil e oneroso o fechamento.

A Lei 10.303/1976 confere o *status* legal às normas regulamentares, que fixavam os procedimentos exigidos para a realização da operação de fechamento de capital, previamente expedidas pela CVM, no uso de suas atribuições e competência assegurada pelo art. 21 da Lei 6.385/1976.

Para prover proteção efetiva aos acionistas minoritários é necessário que as normas que disciplinem o cancelamento do registro garantam a opção de venda das ações por preço conveniente ou assegurem mecanismos a uma minoria substancial de poder para impedir o fechamento do capital.

O § 4º do art. 4º da Lei 6.404/1976, acrescentado pela Lei 10.303/2001, obriga para o cancelamento que o preço ofertado seja justo. A IN 361/2002 não modifica o princípio de que a CVM não deve avaliar o mérito do preço ofertado, mas restringe-se a assegurar apenas que todas as informações necessárias e todos os requisitos legais sejam respeitados, permitindo aos minoritários aquilatar a decisão de vender ou não suas ações.

Consoante asseverado, o registro da oferta pública na CVM não induz aprovação dos valores conferidos ou do laudo. É ao investidor que cabe examinar as informações e fazer seu juízo de valor. A lei refere-se a preço justo, o que enseja dificuldades de interpretação em virtude do caráter subjetivo do texto. O art. 4º, § 4º da Lei de S/A enumerou vários critérios para fixação do preço que podem ser usados isoladamente ou cumulativamente para avaliação da companhia e suas ações, fundamentando e respaldando a opção proposta.

Assim, o legislador atual não estabeleceu um critério único, relacionando diversos parâmetros que podem ser adotados quando da fixação do preço, concedendo a CVM a faculdade de aceitar a utilização de outro critério.

O art. 4º-A introduzido à Lei de S/A pela Lei 10.303/2001 confere aos minoritários o poder de revisão, porém a novidade introduzida dificilmente atingirá a expectativa desejada. Não só atribui aos minoritários que requererem a nova avaliação e que votarem a favor, o encargo de arcar com as despesas incorridas, se o novo valor apurado for inferior ou igual ao da oferta, como permite a possibilidade de serem emitidos laudos contraditórios, o que ensejará com certeza incontáveis contestações inclusive na esfera judicial. Modesto Carvalhosa enxerga na medida a influência da CVM e seu desejo de criar empecilhos para obstaculizar o fechamento de capital das sociedades.[37]

A introdução do § 6º do art. 4º da Lei das S/A merece aplausos em seu objetivo de inibir que o acionista controlador elimine a liquidez das ações de emissão de sua controlada no mercado, em detrimento dos minoritários, ou seja, visou-se reduzir a prática do "fechamento branco" do capital.

O legislador conferiu a CVM a autoridade para definir a porcentagem de aquisições que caracterize a falta de liquidez, obrigando o controlador a formular oferta pública para aquisição da totalidade de ações em circulação no mercado se atingido o referido nível. A CVM regulamentou o dispositivo na Instrução Normativa 361/2002, considerando que caberá a realização de uma Oferta Pública de Aquisição (OPA) sempre que sejam adquiridas ações que representem mais de 1/3 do total das ações de cada espécie ou classe em circulação, conforme previsto no art. 26, estipulando ainda outras circunstâncias que podem restringir a liquidez das ações. O percentual é fixado em relação ao número de ações em circulação e não com base no total de ações emitidas.

A CVM apresentou, no art. 28 da aludida IN, opção alternativa à realização de OPA, para a hipótese de o controlador adquirir ações em quantidade prevista como configuradora da falta de liquidez. O obje-

37. Carvalhosa, ob. cit., p. 52.

tivo é afastar os efeitos nefastos da oferta — o conseqüente fechamento do capital. Neste caso, o controlador deverá se comprometer a alienar o excesso de participação no prazo de até 3 (três) meses, definindo regras que devem ser observadas, destacando-se, entre elas, que os adquirentes não poderão ser pessoas vinculadas ao controlador ou que atuem em conjunto com ele ou pessoas a ele vinculadas e que o controlador estará também impedido de se utilizar do mesmo mecanismo no prazo de dois anos.

O fechamento branco, que tem sido freqüente principalmente nas sociedades que foram objeto de privatização, deve ser duramente combatido, bem como todos os subterfúgios e mecanismos usados para minar o valor dos títulos dos minoritários até atingir preços irrisórios.

3. Efeitos provocados no mercado de capitais

3.1 Um cotejo com sistemas da "common law"

Pesquisas demonstram que a extensão da proteção legal a investidores num país é um importante aspecto no desenvolvimento de seu mercado de capitais. O resultado do estudo desenvolvido por Raphael La Porta e outros indica que a proteção do investidor é fundamental para o desempenho do mercado, pois quando os direitos são amplos e bem aplicados pelos órgãos reguladores e pelos tribunais, os investidores se sentem dispostos a financiar projetos, participando das companhias.[38]

Assinalam que, nos países onde a expropriação dos minoritários e dos credores pelos controladores é extensiva, os investidores externos correm o risco, e quase certeza, de que o retorno de seus investimentos não se materializará, uma vez que serão retidos pelos controladores e administradores (considerados *insiders*).

Interessante realçar que a pesquisa constata que, além da legislação, os investidores são protegidos por regulamentos editados por agências governamentais e bolsas de valores, cujas regras mais importantes concernem a divulgação e contabilidade, garantindo o conhecimento de informações indispensáveis ao exercício do direito dos investidores. Salientam que a ênfase em regras legais e regulações protegendo investidores representa uma mudança radical na perspectiva tradicional de *law and economics*.[39]

Discute-se também a relevância da participação dos tribunais, concluindo que os países da *common law* oferecem melhor segurança aos minoritários do que os países da *civil law*.[40] Justificam que a filosofia do Judiciário dos países da *common law* confere ao juiz mais liberdade na interpretação de princípios jurídicos autorizando a proibição de métodos de expropriação de minoritários. Alternativamente, os países da *common law* resguardam mais seus minoritários, porque os controladores têm menos influência política.

Para tentar responder porque a *common law* seria mais protetora de investidores do que o sistema da *civil law*, os pesquisadores lançam duas explicações, que são interessantes abordar: a judicial, cujo lastro estaria nas diferenças de filosofia usada na organização do sistema legal, e a política, que se baseia na história política.

Nos sistemas da *common law*, as regras são elaboradas pelos juízes, baseadas em precedentes e inspiradas em princípios gerais. Além disso, percebe-se que os juízes tendem a privilegiar os investidores externos e não os *insiders*. Em contraste, nos sistemas do *civil law*, compete ao Legislativo a criação de regras e os juízes estão mais presos a exata letra da lei.

38. Raphael La Porta e outros no *Working Paper* 7.428, "Investor protection: origins, consequences, reform", p. 3.

39. *Working Paper* 7.428, p. 6.

40. *Paper* 7.403, p. 19 e *Paper* 7.428, p. 9.

É preciso complementar o raciocínio com uma análise política e histórica do papel das cortes judiciais. Os autores afirmam que, o sistema da *common law* se tornou mais protetor dos investidores do que o da *civil law*, pois no século XVII (alguns acham que antes), na Inglaterra, a coroa perdeu parcial controle sobre os tribunais, que passaram a ser influenciados pelo Parlamento e pelos proprietários que o dominavam. Como conseqüência, a *common law* evoluiu para proteger a propriedade privada contra a coroa, que com o tempo foi estendida aos investidores.

Na França e na Alemanha, os Parlamentos nunca dominaram os reis e o Estado dominava as cortes e os proprietários. Os códigos comerciais somente foram adotados no século XIX permitindo ao Estado melhor regular a atividade econômica. Com a evolução da lei, a dominação do Estado alterou-se para uma concepção mais política da corporação, reduzindo os direitos dos investidores que negociavam com as famílias politicamente conectadas e que controlavam as sociedades. Verifica-se, assim, que os tribunais nos sistemas do *civil law* são mais dependentes do Estado, diferentemente da Inglaterra e menos tendenciosos a tomar o lado dos investidores em disputas com o governo ou com empresas mais próximas dele.

Os potenciais acionistas e credores tendem a financiar firmas onde seus direitos sejam legalmente garantidos, não só pela legislação como pela sua aplicação. Mesmo entre países que possuam um sistema judicial bem organizado, aqueles em que as leis e regulamentações sejam mais protetoras têm um melhor mercado de capitais.

Como resultado de sua pesquisa, os autores sugerem que o Estado precisa assegurar proteção aos investidores e que a reforma de governança corporativa deve se sobrepor a oposição dos interessados em manter o *status quo*. Argumentam ainda que deixar o mercado financeiro sozinho não é um bom método de encorajá-lo.

3.2 Perspectivas para o mercado de capitais brasileiro

O Governo parece não se dar conta dos efeitos nefastos de cada modificação legislativa, principalmente quando são usadas como instrumento de política governamental. Uma breve análise das alterações perpetradas sobre o direito de recesso do acionista, ou no particular da alienação de controle, evidencia que todas as reformas introduzidas nas últimas décadas tinham como destinatário final as políticas governamentais, seja para apoiar os interesses do Estado, durante a fase de privatizações, seja agora como minoritário, em que pretende fortalecer o mercado, elevando o valor de suas participações.

É certo que o perfil do mercado brasileiro se modificou muito em decorrência das privatizações perpetradas, e que a reforma implementada com a Lei 10.303/2001 aparenta resgatar uma segurança para o mercado. Não deixa de ser um avanço positivo a faculdade dos preferencialistas e minoritários elegerem e destituírem um membro cada um para o Conselho de Administração, desde que observado o percentual mínimo de 10 e 15% respectivamente, ou a reintrodução do art. 254-A.

Contudo, o mercado torna-se cético e seu restabelecimento demandará tempo para se convencer de que pode se sentir seguro, sujeito apenas ao risco inerente aos negócios. Freqüentes alterações legislativas aniquilam não só a efetiva tutela dos minoritários, como criam um ambiente de incertezas para operações empresariais, impossibilitando a compreensão do alcance, objetivos e a construção de uma jurisprudência consistente sobre os direitos conferidos aos acionistas, seja minoritário, seja controlador.

A quantidade de sociedades abertas está diminuindo, cancelando seu registro ou simplesmente fechando o capital de fato. O ingresso de novas companhias é insignificante e monitora-se a migração de grandes empresas para os pregões dos EUA, através das *American Depositary Receipts*.[41]

Neste ambiente de desânimo, a Bolsa de Valores de São Paulo lança um plano audacioso com regras próprias preparando o estabelecimento de um Novo Mercado. O projeto da Bolsa de Valores de São Paulo corporifica medida concreta de solidificação das diretrizes que devem nortear a atuação dos investidores, reunindo empresas interessadas em conferir um tratamento favorecido aos minoritários. Companhias desejosas de participar de um mercado regulado por medidas que priorizem a ética, o *full disclosure* e o respeito aos minoritários em padrões superior aos concedidos pela própria lei. Está fazendo sua parte.

Sua postura pró-ativa adequa-se à tendência de dar ênfase a regulações por agências regulamentadoras protegendo investidores, conforme ressaltado por La Porta e outros. Por sua vez, coincide com a conclusão obtida por Brian Chieffins, quando analisando o mercado de capitais no Reino Unido, apontou a enorme influência que a Bolsa de Valores de Londres teve como instrumento de construção de um significativo mercado mobiliário a partir da década de 50.[42]

Ainda que dificilmente possam ser transportadas as circunstâncias britânicas para o Brasil, até porque é um dos países que adota o sistema da *common law*, não deve ser desprezada a participação que a *London Stock Exchange* teve no crescimento do mercado de capitais daquele país.

Quem parece que se afastou de suas incumbências foi o Governo, como é fácil concluir mediante uma simples análise do seu comportamento e sua atuação como promotor de mudanças legislativas, desde o início do século.

A presença significativa de empresas controladas pelo Estado no mercado de capitais brasileiro, sem dúvida, deve ter contribuído não só para uma acomodação por parte do acionista investidor, como a ausência de risco do negócio, afastando o caráter especulativo do objeto da companhia, dificultando a possibilidade de quebra do empreendimento.

Afinal, não se questiona que adquirir ações é investir em risco. A álea é inerente ao negócio. Não se espera que o Governo possa garantir o retorno do investimento ou ao menos a recuperação do capital investido, como ocorre com a poupança, em que o Governo garante mesmo que a instituição financeira não honre seu compromisso. O que não se aceita é a intromissão na esfera legislativa a cada momento em que a lei em vigor não atenda aos interesses circunstanciais do Estado.

4. Considerações finais

O ambiente econômico, social e político da década de 70, quando foi instituída a Lei 6.404/1976, difere em muito do ambiente de hoje em que se constata facilmente a plenitude democrática, a redução do papel do Estado na economia, a acirrada competição nacional e internacional entre as empresas, a evolução tecnológica acelerada, o direito dos consumidores, a mudança

41. Petrobrás, Embraer, Vale, Sadia, Ambev são algumas das sociedades anônimas que optaram por ter títulos em circulação no mercado norte-americano mediante a emissão de ADR (Carlos Henrique Abrão, "Direito das minorias", in *Reforma da Lei das Sociedades Anônimas: Inovações e Questões Controvertidas da Lei 10.303, de 31.10.2001*, p. 250).

42. Cheffins advoga em seu texto que a experiência do mercado mobiliário no Reino Unido sugere que não seria indispensável uma legislação específica para assegurar o desenvolvimento de um mercado forte, assinalando a importância que as instituições alternativas podem ter a exemplo da Bolsa de Valores de Londres. Num posicionamento audacioso conclui que: "In the United Kingdom, the legal system made, at best, a secondary contribution to the development of the country's outsider/arm's-length system of ownership and control. The British experience therefore puts those who argue that the law has a pivotal influence on the development of strong securities markets under an onus to refine their analysis" ("Does law matter? The separation of ownership and control in the United Kingdom", *The Journal of Legal Studies*, v. XXX (2), p. 484.

do perfil dos investidores em ação e o intenso fluxo de capitais entre os países.

O país precisa crescer. Ao mesmo tempo não dispõe mais dos subsídios e incentivos fáceis do Governo para financiar suas atividades e programas de investimento.

Soa irrefutável que "as leis mercantis, sobretudo numa realidade em transformação, como é a do mundo moderno e especialmente a do Brasil, não podem pretender a perenidade, têm necessariamente vida curta, e o legislador deverá estar atento a essa circunstância, para não impedir o aperfeiçoamento, nem deixar em vigor as partes legislativas ressecadas pelo desuso (...)".[43]

Contudo, é inaceitável que a lei seja usada como instrumento para legitimar casuísmos e interesses unilaterais, que nem sempre refletem as necessidades da Nação, razão porque permanece atual a constatação de Trajano de Miranda Valverde: "Precisamos de medidas que defendam a economia nacional, e não de leis que impeçam o seu desenvolvimento".[44]

Só o tempo poderá confirmar se as medidas propostas Novo Mercado, lançado pela Bolsa de Valores de São Paulo, são suficientes a resgatar a confiança do investidor, que constitui elemento básico e indispensável na tentativa de soerguer o mercado de valores mobiliários, desenvolvendo um espírito de risco no brasileiro e se tais atitudes atendem aos reclamos de um mercado livre.

Por mais que este seja um desejo unânime, não parece ser tão simples fazer ecoar o pensamento positivo de Arnoldo Wald quando alude a "sociedade de confiança que pretende ser a do século XXI, na qual conseguimos conciliar o capitalismo econômico e a democracia política, a eficiência econômica e os valores sociais, jurídicos e éticos".[45]

5. Bibliografia

ABRÃO, Carlos Henrique. "Direito das Minorias", in *Reforma da Lei das Sociedades Anônimas: Inovações e Questões Controvertidas da Lei 10.303, de 31.10.2001*, coord. Jorge Lobo, Rio de Janeiro, Forense, 2002, p. 249.

BORGES, João Eunápio. *Curso de Direito Comercial Terrestre*, v. II, 4ª ed., Rio de Janeiro, Forense, 1969.

CANTIDIANO, Luiz Leonardo. *Reforma da Lei das S/A Comentada*, Rio de Janeiro, Renovar, 2002.

CARVALHOSA, Modesto *Comentários à Lei de Sociedades Anônimas: Lei 6.404, de 15 de dezembro de 1976*, São Paulo, Saraiva, 1997.

______. e EIZIRIK, Nelson. *A Nova Lei das Sociedades Anônimas*, São Paulo, Saraiva, 2002.

CHEFFINS, Brian R. "Does law matter? The separation of ownership and control in the United Kingdom", *The Journal of Legal Studies*, v. XXX (2), The University of Chicago Law School, junho 2001, p. 459.

CILLIERS, H. S. e BENADE. M. L. *Corporate Law*, 2ª ed., Butterworths, Durban, 1992.

FERREIRA, Waldemar. *Tratado de Direito Comercial*, v. IV, São Paulo, Saraiva, 1961.

LACERDA, J. C. Sampaio de. *Noções Fundamentais das Sociedades Anônimas*, Rio de Janeiro, Ed. Nacional de Direito, 1956.

LAMY FILHO, Alfredo e BULHÕES PEDREIRA, José Luiz. *A Lei das S/A*, Rio de Janeiro, Renovar, 1992.

LA PORTA, Rafael; LOPEZ-DE-SILANES, Florencio; SHLEIFER, Andrei; VISHNY, Robert. "Investor protection: origins, consequences, reform", *Working Paper* 7.428, dezembro 1999, National Bureau of Economic Research, publicado no *site* <www.nber.org/papers/w7428>.

43. Estas foram as premissas que orientaram o Projeto traduzido na Lei 6.404/1976 e que está assim expressa na Mensagem 204/1976, mediante a qual o Poder Executivo submeteu ao Congresso Nacional o documento (*apud* Mauro Rodrigues Penteado, "20 anos da promulgação da Lei de S/A: anteprojetos e projeto visando sua reforma", *RDM* 105/84).

44. Ob. cit., p. 64.

45. Wald, ob. cit., p. 241.

______. "Investor protection and corporate valuation", *Working Paper* 7.403, outubro 1999, National Bureau of Economic Research, publicado no *site* <www.nber.org/papers/w7403>.

MUSSNICH, Francisco Antunes Maciel. "Reflexões sobre o direito de recesso na Lei das Sociedades por Ações", in *Reforma da Lei das Sociedades Anônimas: Inovações e Questões Controvertidas da Lei 10.303, de 31.10.2001*, coord. Jorge Lobo, Rio de Janeiro, Forense, 2002, p. 285.

NENOVA, Tatiana. *Control Values and Changes in Corporate Law in Brazil*, World Bank draft 9.25.2001, <www.ssrn.com>.

PEIXOTO, Carlos Fulgêncio da Silva. *Sociedade por Ações*, 1º v., São Paulo, Saraiva, 1972.

PENTEADO, Mauro Rodrigues. "20 anos da promulgação da Lei de S/A: anteprojetos e projeto visando sua reforma", *RDM* 105/84.

______. "Ações preferenciais", in *Reforma da Lei das Sociedades Anônimas: Inovações e Questões Controvertidas da Lei 10.303, de 31.10.2001*, coord. Jorge Lobo, Rio de Janeiro, Forense, 2002, p. 183.

______. "A Lei 7.958/89 e a pretensa modificação do direito de recesso dos acionistas: uma discussão inócua", *RDM* 77/29.

RODIÈRE, René e HOUIN, Roger. *Droit Commercial*, t. 1, 6ª ed., Précis Dalloz, 1970.

SZTAJN, Rachel. "Os projetos de alteração da Lei 6.404/1976", *RDM* 107/183.

VALVERDE, Trajano de Miranda. *Sociedade por Ações*, v. 1, 3ª ed. rev. e atual., Rio de Janeiro, Forense, 1959.

WALD, Arnoldo. "A Reforma da Lei das Sociedades Anônimas: os direitos dos minoritários na nova Lei das S/A", in *Reforma da Lei das Sociedades Anônimas: Inovações e Questões Controvertidas da Lei 10.303, de 31.10.2001*, coord. Jorge Lobo, Rio de Janeiro, Forense, 2002, p. 219.

O JOGO DE XADREZ DA DIPLOMACIA BRASILEIRA

João Otávio Benevides Demasi

O presente ensaio objetiva descrever a atual circunstâncias dos processos diplomáticos em curso, a partir de duas refinadas artes, o jogo de xadrez e a diplomacia brasileira.

A chancelaria brasileira insere a sua política externa, por uma ação global, notadamente através da diplomacia comercial, em busca de terceiros mercados consumidores.

Este objetivo político-diplomático é pragmatizado a partir do fortalecimento de foros multilaterais como a OMC, pelos sensíveis esforços negociadores para a criação da ALCA, de um acordo entre os blocos interregionais União Européia-Mercosul, e na recente concentração de esforços para a abertura de novos mercados, bem como exportar mais para terceiros mercados a marca *Made in Brazil.*

Em um recente seminário realizado no Memorial da América Latina, em setembro de 2001, com a presença do Chanceler brasileiro, o Professor Celso Lafer, do Secretário-Geral da UNCTAD (Programa das Nações Unidas para o Comércio e o Desenvolvimento), o Embaixador Rubens Ricúpero, e do Representante Permanente do Brasil nos Estados Unidos, o Embaixador Rubens Barbosa, entre outros ilustres grandes intelectuais da inteligência brasileira, surgiu uma pequena controvérsia quanto a correta classificação destes complexos processos negociadores vigentes. Tal pequena controvérsia produziu textos que acabaram por esclarecer melhor este inédito processo brasileiro.

Durante o evento, utilizando-se da linguagem enxadrística, advogou-se a possibilidade de serem os atuais processos *simultâneos*. Muitas das autoridades presentes discordaram.

Algo memorável, por não ser tão recente, é o fato de, em 1997, quando o ex-Campeão Mundial de Xadrez, Gary Kasparov, esteve no Brasil, ele jogou uma simultânea contra a equipe olímpica brasileira de xadrez, isto é, sozinho jogou contra quatro distintas mesas, com o resultado favorável de 2,5 a 1,5 para o "Enfant Terrible".

A palavra e ação que descrevem a conjuntura internacional que atravessa o Brasil, no concerto das Nações Unidas, é que jogamos uma competição *por equipes* no jargão enxadrístico. É o que é denominado de "paralelismo dos processos negociadores" na linguagem diplomática. Onde cada resultado individual de cada tabuleiro é somado para o cômputo geral da equipe através do sopesamento de distintos interesses em jogo: novos temas, implementação, regras de investimentos.

Mas, o jogo de xadrez é uma face, uma arma da panóplia diplomática — uma ciência, uma arte, um jogo, para descrever a diplomacia. Daí o termo expresso pelos conhecedores da matéria "paralelismo de processos negociadores" como o consagrado, e aqui, a nossa pequena contribuição através do correto termo enxadrístico.

Pois é, sobre os nossos tabuleiros temos os seguintes "processos negociadores" "paralelos" uns aos outros, que são, nas palavras do Professor Celso Lafer os seguintes "processos negociadores em curso": OMC; ALCA; União Européia e o estratégico Mercosul. No jogo da formulação da política interna se traduzem as seguintes políticas por necessidades dadas as circunstâncias externas: as Reformas do Estado (Tributária; Previdenciária); a nova Partida para os negócios da China; o Acordo com o México que agora tem que ser "negociado" dentro do Mercosul; e as negociações com a África do Sul.

Uma das muitas características dos diplomatas de carreira é ser um "especialista em generalidades", e, que, entre as muitas metáforas que se utilizam, há a do jogo de xadrez, tão antigo quanto a Bíblia. Já, que, por sua vez, a diplomacia estuda textos antigos, tão antigos quanto o próprio jogo de xadrez, por isso verificamos que a metáfora é integralmente válida. Já, pelos profundos conhecimentos das antiguidades da História e da Geografia do Brasil, o Barão do Rio Branco, proporcionou-nos vitórias em muitos jogos, como advogado e como Ministro das Relações Exteriores do Brasil.

É essa uma das razões que a diplomacia utiliza termos do *lúdico jogo de xadrez* para descrever os movimentos que acontecem nos tabuleiros negociadores.

É visto que, a Casa de Rio Branco, joga pelo fortalecimento do sistema multilateral de comércio da OMC, e é para este foro de diálogo que está atenta a mente das inteligências brasileiras, que tanto no jargão enxadrístico como da linguagem diplomática é a primeira mesa. Para esse salão de jogos está escalado a Excelência, o árbitro brasileiro, o Professor Dr. Luís Olavo Batista, juiz da OMC, para solucionar os conflitos que por acaso surgirem em outras partidas de outras *equipes*.

Em uma competição por mercados externos, cada resultado individualmente negociado, interfere na contagem total dos pontos, sendo que este é o fator de pressão e equilíbrio em cada um dos quatro processos negociadores vigentes.

Sendo que o Brasil é um pequeno *global trade*, enfrentamos as ambiciosas negociações da Rodada de Doha. À terceira mesa são somadas as pressões para a efetivação de acordos regionais como o da ALCA, em que se buscam um acordo equilibrado, um empate, a construção de uma igualdade de condições de vantagens comparativas para dinamizarmos uma disputa, palmo a palmo, de cada uma das "casas" do mercado hemisférico-ocidental. Nessa mesa obtivemos vantagens até agora: negociar a ALCA através do Mercosul, bem como o cumprimento dos prazos de 2005. Mas, o resultado é imprevisível, mesmo com a TPA, e o jogo como está sobre a mesa, está difícil de ser jogado. As negociações estão muito delicadas.

Pode-se dizer que é no sistema multilateral de comércio — na OMC e no Mercosul é que jogamos de peças brancas, onde somos demandantes, e, por isso, temos como extrair mais vantagens, e igualmente, *a priori*, a responsabilidade de ganhar.

Como a inserção internacional brasileira é feita através do jovem Mercosul, o terceiro processo negociador, em ordem de grandeza de nossa política externa, e primeiro pelo seu caráter estratégico, verifica-se que, em virtude de sua juventude, são trazidas as bailas difíceis e complexas análises quanto previsibilidade de seu resultado, por isso, em curto prazo, está o Brasil sujeito a uma maior pressão. Esta é tanto interna (dos Estados-Partes, as perfurações na TEC, da crise econômica argentina) quanto externa (da arquitetura financeira internacional, da competição por mercados, da desaceleração da economia mundial) que acaba repercutindo, como um todo, a cada lance, *pari passu*, nas demais negociações. Engendra, o Mercosul, um efeito único, nos ânimos diplomáticos de nossa equipe competidora com um todo, porque está destinado a ser nossa maior estrela, mas pela sua juventude é preciso sempre pararmos para pensar em como destiná-lo.

Contudo, com o Mercosul cada vez mais fortalecido, mais maduro, as demais mesas negociadoras sentir-se-ão mais à vontade para dialogar por mais acesso a mercados, propriedade intelectual, compras governamentais, investimentos, serviços, agricultura, tópicos que estão em jogo.

Vemos que, no presente momento, está muito interessante a negociação com a União Européia, que, porque, de um lado o "relógio" europeu demonstra que tem muito tempo para pensar, enquanto, do lado do Mercosul, verifica-se que jogamos "ao toque" a robusta, mas dirigida com cautela, linha agrícola, na busca que os europeus mudem de atitude, e se apressem para responder com uma nova linha para a sua tradicional multifuncional Política Agrícola Comum (PAC), entretanto, o que vemos, a partir dos recentes lances é que os jogados entraram em uma fase em que o "fator tempo" começou a ser contabilizado, justamente por ser a *competição por equipes*, o "paralelismo dos processos negociadores", faznos verificar os lances das negociações da OMC e da ALCA.

A exportação de produtos e serviços brasileiros desenvolve-se em uma linha distinta e própria, através de programas de exportações, mas nunca independente dos resultados obtidos nos outros processos negociadores. Trata-se de uma negociação interna, de um superar a si mesmo. Traduzse tais atos, na realização de uma reforma tributária, pela diminuição dos juros praticados no mercado interno, pela integração de cadeias produtivas no Mercosul, pela internalização do Acordo recentemente assinado com o México, por um constante "limpar a mesa". Daí o "paralelismo dos processos negociadores", uma dinâmica *competição por equipes*, na realidade de duas, uma para dentro do Brasil e do Mercosul, e uma para fora, com um jogo ativo, de demanda nos tabuleiros dos principais foros.

O capitão da *Equipe Brasileira* dessa Olimpíada Diplomática é o Professor Celso Lafer. Esse filósofo, pensador, de primeira linha, professa a busca da vitória, através da diplomacia comercial. E dentro do seu Ministério professou que a Turma do Instituto Rio Branco (IRBr) de 2001 fosse destinada aos tabuleiros comerciais.

Este sabe que, em cada uma das distintas mesas, há pequenos impasses a vencer: o "Custo Brasil", o acesso a mercados, os mecanismos *anti-dumping*, a real implementação dos acordos e a crise econômica argentina.

Mas, sendo um sábio que é, o Professor Lafer, este cardeal da diplomacia econômica, e ex-Presidente do Conselho-Geral da OMC, nos ensina, através de seus livros, que não é pela vitória em si que se joga, como um ato vil, bárbaro e totalitário, e sim, para diminuir as assimetrias nesta competição por mercados consumidores.

Nessa olimpíada diplomática não sabemos qual será o resultado final de nossa equipe competidora, mas a única coisa que podemos prever é que, a efetivação da nova Rodada de Liberalização Comercial da OMC de Doha, isto é, a uma vitória na Rodado do Desenvolvimento, é de fundamental importância para uma vitória brasileira geral de nossa equipe porque é onde buscamos "casas" para nossas peças de exportação agrícola, como frango, carne de boi e complexo de soja, por exemplo.

Já o papel representado pelos "dois homens sábios", como foram chamados, nosso Chanceler e o ex-Secretário-Geral da ONU, Senhor Brutus Brutus Gali, os principais artesãos na construção do "texto do possível", em Doha, através do sistemático fortalecimento do sistema multilateral do comércio, foi ato fundamental.

Tal ato político-diplomático, táticoestratégico, foi para proporcionar um ambiente onde o salão de jogos esteja ameno, que seja mais globalmente solidário, que comporte os enxadristas e os aficionados — que seja para todos.

Sabemos que o próximo lance é concentra esforços, é adensar o diálogo, é fazer guerra de nervos, é jogarmos contra o relógio se preciso for, enfim, é usarmos do significativo ludismo da diplomacia comercial, para as efetivas negociações com os cavalheiros do outro lado da mesa, por exemplo, o Senhor Pascal Lamy e o Senhor Robert Zoellick.

Estamos no crítico momento do desenvolvimento dessa aguda linha de jogo, que é o "livre comércio", globalizante da economia internacional, liberalizante dos mercados internos, transnacionalizantes das empresas, tudo isso feito através do sacrifício de peões, em prol de vantagens que são muitas vezes invisíveis aos olhos dos amadores, da alijada maioria da população mundial. Resultado do lance que for feito agora poderá ser a aurora de um novo milênio ou uma forte onda de protecionismo generalizada, que já se espalha.

Até agora, nesta partida realizada dentro destas "regras do jogo", a realização da seqüência de lances magistralmente forçados e combinaçoes anteriormente pensadas (Rodada de Marrakech, rodada de Singapura), com o objetivo de romper a posição adversária (principalmente dos países desenvolvidos).

Para fazer vale nossa vantagem posicional (haja vista a atuação dos "dois homens sábios"), em acesso a mercados, na saudável quebra de patentes de propriedade intelectual, nas compras governamentais, em investimentos e serviços, transferências de tecnologia, cláusulas *anti-dumping*, enfim, tudo que for possível aos olhos e aos ouvidos dos espectadores. A positivação dos objetivos estudados antes das Rodadas, pelo significado de *desenvolver* genialmente os próprios valores que a humanidade traz consigo, de poder das de si mesma, da fundição dessas artes a esperança de caminharmos para um mundo melhor.

Mas, todos esses atos são feitos através da pressão, dos estudos, de análises, e quanto mais peças desse jogo de xadrez dispormos, para o desfecho dos planos arquitetados, melhor.

Mas, lembremos, os cavalheiros do outro lado do tabuleiro estão protegidos por uma muralha que se chama "soberania nacional", uma mentalidade protecionista forte, um *lobby* capaz de eleger Presidentes, Senadores, Deputados, e são grandes jogadores, negociadores. Tragamos a força agrícola do Grupo de Cairns, pressionemos dialeticamente o Mercado Comum Europeu, que em uma geometria variável de interesses, busquemos trazê-la para nosso lado, peões (Países de Menor Desenvolvimento Relativo), peças maiores (Presidentes, Primeiros-Ministros), peças ligeiras (doutrinadores, opinião pública internacional, ONGs), e materializemos uma combinação vencedora.

Claro que, por ser diplomacia, não vamos dar mate ao rei, mas, pela reciprocidade de interesses abriremos mercados consumidores na medida em que contemplado os nossos, para que todas as equipes saiam vencedoras. Conforme César, *alea jacta est.*

Textos Clássicos

DO SISTEMA ACIONÁRIO — UMA ANÁLISE NEGOCIAL

WALTHER RATHENAU

Relato breve sobre Walther Rathenau e sua obra: "A Teoria da Empresa em Si"

NILSON LAUTENSCHLEGER JR.[1]

"Die Ausführungen von Rathenau über die Bedeutung des Mehrheitsprinzips in der Generalversammlung der Aktiengesellschaft führen ihn über dieses hinaus zum Schutz des Unternehmens an sich gegenüber der Mehrheit in der Generalversammlung."[2]

Fritz Haussmann, *Vom Aktienwesen und vom Aktienrecht*, 1928.

Não se trata a presente tradução de um simples texto histórico, porém de um retrato vivenciado dos problemas relativos às empresas em um período turbulento da história européia, um texto marcado pela cor da realidade e pela forma elegante e complexa de seu discurso sobre questões que ainda hoje, em maior ou menor grau, nos perturbam. Não seria, porém, adequado ou mesmo tolerável que a publicação de tal texto deixasse de ser acompanhada de breve relato sobre o seu autor e sua obra, pois que deste depende a real compreensão de seu valor. Tais considerações não devem, entretanto, exceder o essencial, pois, do contrário, o sabor de sua leitura seria indevidamente despojado.

Como político, industrial, filósofo e escritor, entre outras coisas, Walther Rathenau era um homem conhecido tanto pela pujança e elegância de raciocínio, como pela contradição de idéias e de comportamento. Nasceu na cidade de Berlim em *1867* como filho de um conhecido industrial judeu, Emil Rathenau, e de Mathilde (nascida Nachmann). O pai, Emil Rathenau, constitui em *1883* a *Deutsche Edison-Gesellschaft*, a qual, em *1887*, teria sua denominação alterada para *Allgemeine Elektricitäts-Gesellschaft* (AEG) e iria marcar a carreira profissional e intelectual de seu filho para a posteridade. Entre *1886* e *1889* Walther Rathenau estuda física, química e filosofia em Berlim e Estrasburgo. Muito

1. Fica registrado aqui o meu agradecimento profundo à CAPES/DAAD pelo apoio à pesquisa.

2. "As considerações de Rathenau sobre a importância do princípio da maioria na assembléia geral da sociedade por ações o conduzem à proteção da empresa em si frente à maioria na assembléia geral."

cedo, já em *1889*, obtém o seu título de doutor em Berlim com tese sobre a absorção de luz nos metais. Entre *1889* e *1890* realiza e conclui estudos sobre construção de máquinas e química na Faculdade Técnica de Munique (*Technische Hochschule München*). Em *1892* trabalha como funcionário na área técnica da *Aluminium-Industrie AG*, na Suíça. Entre *1893* e *1898* conclui, como gerente, a fábrica de eletroquímicos *Bitterfeld* fundada pela AEG. Publica, em *1897*, *Höre, Israel!* (*Ouça, Israel!*), no qual exorta a população judaica à assimilação. Em *1899* é nomeado diretor da AEG como chefe da área de estações centrais. Em *1902* deixa a diretoria da AEG para adentrar a *Berliner Handels-Gesellschaft* e, em *1904*, retorna à AEG como membro de seu conselho de supervisão (*Aufsichtsrates*). Entre os anos de *1907* e *1908* realiza duas inspeções na África para elaborar propostas para a futura política colonial alemã. Tais propostas foram publicadas em seu trabalho *Reflexionen* (*Reflexões*). Em *1910* atua, de forma indireta, como mediador na segunda crise do Marrocos, entre a família *Mannesmann* e um consórcio franco-germânico. Em *1911* atua como conselheiro do Tesouro Imperial (*Reichsschatzamt*) na questão do monopólio imperial sobre a eletricidade. Em *1912* assume a presidência do conselho da AEG em meio da discussões sobre a sucessão de seu pai no conselho. Publica entre os anos de *1912* e *1917* seus estudos sócio-políticos e filosóficos *Zur Kritik der Zeit* (*Crítica dos Tempos*), *Zur Mechanik des Geistes* (*Mecânica do Espírito*) e *Von kommenden Dingen* (*Coisas Pósteras*), este último considerado sua principal obra na área. Com a eclosão da guerra em *1914*, W. Rathenau aponta para a necessidade da distribuição de matérias-primas e como chefe do departamento de suprimentos de guerra no Ministério da Guerra prussiano organiza a economia de guerra alemã. Tal passagem da sua vida irá marcar profundamente suas reflexões posteriores sobre a economia alemã. Em *1917* publica o trabalho aqui apresentado *Vom Aktienwesen — Ein geschäftliche Betrachtung* (*Do Sistema Acionário — Uma Análise Negocial*). Uma primeira publicação da coletânea de seus trabalhos ocorre já em *1918*. Em *1921* deixa oficialmente o governo. Em *1922* é nomeado ministro das relações exteriores e em junho do mesmo ano é assinado por dois membros pertencentes a um grupo de radicais de direita (*Organisation Consul*).

O estudo de Walther Rathenau sobre o sistema acionário (*Aktienwesen*, em oposição ao direito acionário, *Aktienrecht*), pode ser — e é — classificado com um clássico do direito acionário, um clássico que busca na relação entre economia e direito as suas respostas. Claro que tais respostas causaram, e causam, muitas vezes, um sentimento claudicante entre a certeza da afirmação e a negativa da realidade que se transforma. Exatamente por esta razão o opúsculo já foi transformado em objeto de muitas investigações e trabalhos sobre a obra de Rathenau e sua importância. Não é objetivo deste relato dar continuidade à faina. Entretanto, não podemos nos furtar à rápida explicitação das principais controvérsias tocadas em tal estudo de Rathenau.

Uma das mais plausíveis explicações para o inconfundível e indelével caráter do opúsculo que Walther Rathenau dedicou às sociedades por ações constitui-se, por outro lado, em principal elemento da sua crítica: a relação entre economia e direito, entre ser e dever-ser. Com base em suas experiências como membro de conselho, ilustradas em relatos viris e com muita cor das discussões em assembléias gerais e no conselho de supervisão (órgão semelhante ao nosso conselho de administração, porém com diferenças importantes na competência e composição), Rathenau procura extrair a partir da economia a substância da empresa ou da sociedade por ações. Identifica como modelo a grande empresa e com base em tal modelo critica o modelo legal e a forma de interpretar as relações de força na sociedade por ações. Com uma descrição minuciosa e muito próxima da realidade à época, inclusive sobre os desfavores da guerra, apresenta o que chama de substituição de conteúdo (*Substitution des Grundes*) da sociedade por ações, isto é, a mudança do conteúdo, aqui as relações econômicas, sem que haja a mudança da forma, aqui a regulamentação da sociedade por ações.

Tendo a grande empresa como base as determinantes da economia, conclui pela preponderância da maioria — algo muitas vezes não compreendido — e pela importância da empresa em si (*Unternehmen an sich*), como centro de convergência dos interesses dos acionistas, da sociedade e do Estado. É controverso, ainda hoje, se sua concepção da empresa em si (a *enfant terrible* do direito societário, nos dizeres de Laux, ob. cit., infra) não seria uma pura e simples reação contra os excessos da democracia acionária pela qual se almejava a limitação dos poderes dos acionistas frente à administração, limitação esta que legitimaria com a proteção de interesses próprios da empresa, algo, à época, inadmissível.

Tal percepção da natureza da empresa — a partir da sociedade por ações — terminou por criar, assim, as bases para o desenvolvimento da chamada teoria institucionalista da empresa (hoje muito associada à questão da responsabilidade social!) e por influenciar (ou justificar) — ainda que seja muito controverso — o regime das sociedades anônimas alemãs especialmente a partir de 1937 e a criação de uma particularidade quase insólita da legislação alemã (hoje tematizado no Brasil pela reforma de 2001): a participação de trabalhadores no conselho de supervisão (*Aufsichtsrat*).

Outra questão relevante que surge do trabalho de Rathenau é a relação de poder entre os acionistas e o tratamento dos minoritários. Com ilustrações fortes e contundentes da realidade prática das assembléias caminha para o pleito de refreio do poder dos minoritários, não em seu conjunto, mas como indivíduos, em benefício da empresa. Tal pleito encontra sua base não só na percepção por Rathenau da importância da empresa em si, mas também da separação entre controle e propriedade, na profissionalização da administração (o que levou Rathenau a ser citado mais tarde por Berle e Means, *The Modern Corporation and Private Property*, 1932; cf. Laux, ob. cit., infra, p. 86). Sua árida categorização entre acionistas minoritários empresariais (*Unternehmensaktionäre*) e acionistas minoritários oportunistas (*Gelegenheitsaktionäre* ou, em tom crítico, *Obligationäre*) deixa ainda hoje marcas para a discussão da proteção das minorias e sua real composição (i.e., qual minoria protegemos?), especialmente por conta da questão da profissionalização de tais minorias e o debate sobre a preponderância do valor do acionista (*shareholder value*) e os princípios de governança corporativa.

Por último, não podemos deixar de apontar como relevante o debate sobre o modelo da grande empresa, visto quase que como uma vocação econômica da mesma, para a conformação do direito acionário e sobre o grau de influência das determinantes econômicas no mesmo. Com a leitura do texto de Rathenau fica a indagação sobre a extensão e forma que o modelo da grande empresa deve encontrar ressonância na lei acionária, especialmente quando nos confrontamos com o atual debate sobre o controle do poder de mercado e, até mesmo, o favorecimento dos pequenos e médios negócios.

Como fonte bibliográfica para os que queiram aprofundar a discussão, pode-se citar os seguintes trabalhos, nos quais se encontraram outras referências: na Alemanha, atual e bastante detalhado, o trabalho de Frank Laux, *Die Lehre vom Unternehmen an sich — Walther Rathenau und die aktienrechtliche Diskussion in der Weimarer Republik* (Duncker & Humblot, Berlim, 1998); no Brasil, o trabalho de Calixto Salomão Filho, *A Sociedade Unipessoal* (Malheiros Editores, São Paulo, 1995, particularmente ao discorrer sobre a teoria institucionalista da empresa). O texto também se encontra traduzido para o italiano sob o título "La realtà della società per azioni — Riflessioni suggerite dall'esperienza degli affari" (em *Rivista delle Società*, 1960, pp. 912 ss., com uma interessante introdução à obra e vida do autor), e onde podem ser encontradas outras referências bibliográficas sobre a sua obra e vida.

DO SISTEMA ACIONÁRIO — UMA ANÁLISE NEGOCIAL[1]

WALTHER RATHENAU

Em maior medida que outras economias industriais européias, a alemã é resultado e produto do capital associado. Sendo uma economia jovem e rapidamente pujante não pôde, assim, seguir os tranqüilos passos da riqueza familiar. Tinha que se impor à extrema concorrência da técnica e produção em massas estrangeiras e, portanto, se apoiar na totalidade do patrimônio nacional, escolher a forma da sociedade anônima ou, melhor dito, da associação econômica, e conquistar a riqueza dos capitalistas por meio de ações ou participações, e a fortuna dos poupadores por meio de debêntures.

Não se pôde manter a empresa familiar em parte por razões sociais, pois uma classe superior da população recém enriquecida e que se espalha, muda impacientemente de geração em geração seus anseios e tarefas, e em parte porque o conceito da indústria moderna pressupõe crescimento acelerado e exige investimento duradouro, o qual o núcleo familiar não poderia suportar. O quadro de empreendimentos familiares que durante décadas permanecem praticamente do mesmo tamanho, como se apresentava até pouco tempo atrás na Suíça, França, Bélgica e, em parte, Inglaterra, e que no passado se apresentava também para nossa economia como forma desejável de trabalho persistente e baseado exclusivamente na qualidade, pressupõe grandes proporções de terra, constância de tecnologia ou posição de vantagem semelhante ao monopólio para a produção ou distribuição, e fracassa praticamente em todos os lugares perante os imperativos da economia mundial. Para a atividade econômica alemã baseada no trabalho assalariado no sentido de processamento ou beneficiamento de matérias-primas estrangeiras, a forma de empreendimento pessoal restou praticamente sem aplicação. Por meio da força do inconsciente, entretanto, a antiga, e posteriormente fictícia, concepção da forma constante da empresa pessoal e sem crescimento, tal como alguma outra antiga concepção dos alvores do empresariado que restou como teoria, permaneceu viva para a opinião pública e determinante para o processo legislativo e jurisprudência.

Denominei em outros escritos como *substituição de conteúdo* (*Substitution des Grundes*) o fenômeno pelo qual todas as organizações humanas com o passar do tempo podem ser atingidas: a organização contém o seu nome e características peculiares de sua realidade original, inobstante suas condições, freqüentemente seus objetivos e sua constituição interna tenham se modificado, semelhante ao que acontece a uma concha de marisco abandonada, na qual gerações de outros seres encontram sua morada. Também foi atingida por tal fenômeno a sociedade comercial (*Wirtschaftsgesellschaft*): ela é em sua atual constituição algo totalmente diferente daquilo que seus progenitores e legisladores ocidentais, franceses, belgas e ingleses, quiseram e criaram.

Muitas das sociedades por ações francesas, as quais trazem o nome de sociedade anônima, ainda se aproximam suficientemente da figura antiga. Um número limitado de comerciantes, cerca de sete ou dez, decidiam constituir em conjunto uma empresa que supera os meios de cada indivíduo ou traz consigo riscos aos quais não querem expor o seu patrimônio. Encontram-

1. Tradução de Nilson Lautenschleger Jr., da edição de 1917, intitulada *Vom Aktienwesen — Eine geschäftliche Betrachtung*, Berlim, S. Fischer Verlag.

se no tabelião e constituem a sociedade anônima, cujo capital está dividido em valores aproximados de ações, de forma a se permitir, de acordo com as condições de cada um, contribuir mais ou menos. Garante-lhes a lei o direito de alienar ou legar tais participações em partes. Entretanto, tal direito não lhes é importante, pois tencionam, de forma preponderante, manter por toda a vida a participação na sociedade.

Para administrar o próprio e comum negócio sem fiscalizar uma gerência externa, constituíam um organismo, que denominam conselho de administração (*Verwaltungsrat*), e não conselho de fiscalização (*Aufsichtsrat*). Pertencem ao mesmo todos os participantes importantes, com exceção daqueles que não querem interagir. Também, anteriormente raro, um estranho, por vezes um especialista em determinada área. Tais administradores — na Inglaterra denominados diretores — são os verdadeiros encarregados do negócio. Encontram-se semanalmente, ou com maior freqüência, se necessário, em reuniões e discutem todos os acontecimentos. Contratam um secretário, para pôr a termo os protocolos, e um gerente que age como mandatário para os negócios do dia-a-dia, em geral com poderes bastante limitados. Se vier um negociante no meio da semana para fazer sugestões, então, será recebido, se não estiver presente nenhum administrador, pelo gerente e, após muita conversa, consolado com a próxima reunião da administração. Se o espectro de negócios cresce, então, os membros da administração se tornam delegados. Comparecem, assim, diariamente ao escritório e participam por algumas horas do trabalho diário. Quando do término de cada exercício os administradores preparam um relatório para os sócios que não participam da administração, são desonerados e recebem a remuneração, que depende do resultado e corresponde preferencialmente ao trabalho realizado.

Tal confortável forma de administrar pressupõe condições que eram freqüentes no início da época da mecanização e se tornaram raras nos países com robusto desenvolvimento, Estados Unidos da América e Alemanha. Pequenas e médias empresas, cujos negócios podem ser controlados semana a semana em poucas horas, negócios imutáveis, do tipo da mineração, fábricas especiais, bancos provincianos, que conseguem sobreviver anos a fio com os mesmos meios de trabalho e métodos, raramente se confrontam com perigos repentinos e iminentes ou têm de tomar decisões primordiais com rapidez, negócios, cuja natureza não impõe a necessidade de crescimento, da ampliação da organização, da multiplicação do capital: tal quadro transitório entre a forma pessoal de empresa e atual empresa obrigada à produção em massa pode-se manter em maior número somente nos países ocidentais. Sua incapacidade de dominar as exigências técnicas da grande empresa e de resistir à concorrência com a forma de trabalhar dos americanos e alemães, contribuiu para a divisão econômica da Europa com efeitos mundiais.

Não foi criada pelos alemães, ao certo, a forma da grande empresa, como, de fato, encontrar formas não era, em geral, nossa tarefa e obra histórica, mas, sim, preencher tradicionais recipientes com novo conteúdo intelectual. Os bancos, as ferrovias, as sociedades coloniais, empresas municipais francesas e inglesas, mais tarde as corporações americanas, foram os modelos que copiamos, modificamos, e, em certa medida, melhoramos. Com o período de crescimento do último quartel do século anterior tornou-se a Alemanha o país dos grandes empreendimentos europeus. Mediante tal crescimento tornamo-nos capazes, ou mesmo obrigados, a empreender a atual guerra. Sob outro fundamento, porém, não poderíamos ter retirado da pobreza de nosso solo o direito a uma posição de potência estatal. Teríamos permanecido uma área econômica em retrocesso e inferior à austríaca. Não deve ser esquecida, aqui, a colaboração das nossas finanças, que, claro, em legítimo interesse, porém, com consideração e audácia, abriu os caminhos do capitalismo para a grande empresa, na medida que acostumou o país aos novos títulos, sobretudo às obrigações, e, divergindo da tradição ocidental, reestruturou as instituições bancárias em bancos industriais, os quais ofereciam espontaneamente seus próprios recursos à economia produtiva.

Foi no caminho da empresa familiar e da empresa de sócios (*Familien- und Sozienunternehmung*) para a grande empresa que surgiu a substituição de conteúdo para as sociedades comerciais, seus órgãos, seus estabelecimentos e formas de administrar. Entretanto, nem a ciência, nem o processo legislativo ou mesmo a jurisprudência tomaram conta de tal mudança interna da razão de ser e da forma de atuar. Somente de uma série de constantes e reiterados conflitos, aceitos como ocasionais ou arbitrários, toma ciência a opinião pública. Tais conflitos ocorrem em assembléias gerais, processos e relatórios de comércio. Eram observados quase que somente por interessados e alguns juristas, e, sobretudo, julgados de acordo com o tradicional entendimento.

A administração de uma grande empresa supera com relação à extensão do trabalho e pessoal e à rápida mudança das atividades, os governos de um pequeno país de hoje e de um grande país de cem anos atrás. Desconheço qualquer época ou local da terra, incluindo-se os Estados Unidos da América, onde, ao longo dos anos, seja realizado, em igual medida, trabalho de administração e comando diário com a mesma velocidade, segurança, responsabilidade, como ocorre na administração das nossas grandes empresas. Tal atividade se diferencia do trabalho dos homens de Estado pela eliminação de instâncias que atrapalham, pela necessidade de decisões mais ágeis e pela indivisibilidade da responsabilidade. Diferencia-se do antigo trabalho nos negócios pela extensão das áreas e constante mudança das tarefas e problemas e pela ferramenta de administração da organização.

Tal forma de trabalhar concentra sua perigosa dificuldade no problema da unicidade da política e gerência. O contato constante dos administradores é dificultado pela pressão do trabalho diário. Reuniões regulares podem tratar somente do que é mais necessário e essencial e, em regra, somente do acontecido. Pessoas capazes de visualizar todas as áreas da economia (tecnologia, produção, administração, finanças e comércio) são raras.

Como decorrência de tais condições, a substituição de conteúdo teve de atingir toda a construção formal, estrutural e administrativa da grande empresa e reestruturá-la sob a superfície de um nome e institutos que continuam existindo, da forma a seguir.

1. Não cabe, há muito tempo, a responsabilidade da empresa ao conselho de administração, denominado pela lei alemã, em obscura decisão de mudança, conselho de supervisão. Cabe ainda, porém, ao mesmo uma série de antigas responsabilidades que se tornaram irrealizáveis. Muito mais nas mãos da diretoria fica a integral administração das grandes empresas, incluindo-se alguns poucos mandatários, que por alguma razão formal não pertencem à diretoria, mas ao conselho de supervisão de uma sociedade e permanecem à disposição do diretório para colaborar por meio de mandato especial.

Se o conselho de supervisão quiser tomar conhecimento — nem se fale em aconselhar — somente dos mais importantes negócios de uma grande empresa, então, não seriam suficientes reuniões diárias permanentes, quer dizer, todos os dias, inclusive aos domingos, vinte e quatro horas por dia, pois mesmo um diretor, na medida que conhece seu trabalho, consegue resolver somente negócios importantes, que assim ocorrem em um período de trabalho de oito horas diárias e com um diretório composto por cinco pessoas. Não se menciona, aqui, nem mesmo o fato de que uma pessoa externa possa controlar um trabalho tão rápido quanto possa executá-lo um trabalhador constante e especialista, com experiência e dotado de seus conhecimentos técnicos e pessoais. Um conselho de supervisão que quisesse cumprir com suas obrigações legais, precisaria, então, dividir-se — o que a lei não reconhecesse — e colocar os seus membros o dia todo frente a frente com os respectivos diretores. O conselho de supervisão se transformaria, portanto, em diretoria, certamente com menos preparo e experiência e, quando, contra as expectativas, a diretoria original permitisse sua duplicação por meio de um espelho crítico, então seria necessário criar-se um órgão para, de acordo com a lei, controlar novamente a instância de controle dissolvida.

Soa singular quando se torna claro em ementários dos tribunais superiores que tais fatos e suas necessidades internas são desconhecidos das autoridades judiciais, que estão muito mais convictos que todo membro do conselho de supervisão deveria não só tomar ciência de todos os negócios importantes da sociedade, mas também atuar como conselheiro em tais negócios.

Não é outra a situação com relação à fiscalização e revisão dos livros e balanços, na medida que um grande empresa disponha de um sem número de filiais e fábricas com contabilização separada. Com um simples número de cem filiais, sem contar com a separação geográfica e mesmo a distância intercontinental, a revisão acurada do resultado do exercício não poderia ser finalizada em um ano.

Quais atividades permanecem, então, para o conselho de supervisão, quando suas principais responsabilidades, não somente a tarefa original de gerir a empresa, mas também a obrigação legal de controlar e supervisionar os negócios languescem? Perdeu sua justificativa de existir com a substituição de conteúdo?

Creio que não. Primeiro, age, por mais estranho que possa parecer, por meio de sua existência. Como os ingleses outrora diziam de suas frotas: *in being*. Tem um poder especial o existir de uma instância legal, ainda que passiva, um poder, de certo, que não pode ser sobrevalorizado. Portanto, não é paradoxal, como possa parecer, quando na Prússia, no país das responsabilidades nominais, muitas vezes foram premiados pelo sucesso aqueles em cujo nome conquistou-se o mesmo, não obstante, tenham participado somente com o fato de não ter impedido tal sucesso. Por outro lado, condiz com a verdade o entendimento de que poderes pessoais em excesso possam ser resguardados de decisões impetuosas com a introdução de uma instância inibidora, como uma instância parlamentar. E tem sido afirmado algumas vezes que a presente guerra poderia ter sido evitada se não só o serviço diplomático e dinástico, mas também o conselho parlamentar tivessem conduzido as negociações.

Supondo-se a eliminação de tal instância, que o gerente da grande empresa sabe ter poderes para exigir revisão e explicação, até mesmo recusar o seu consentimento, e da qual pode esperar, por outro lado, o apoio em situações, negociações ou conclusão de negócios difíceis, então, torna-se clara a vantagem da sua simples existência: estabilidade (*Stetigkeit*).

Também, acrescente-se aqui a atividade pessoal que a cada indivíduo de tais círculos está determinado e, quase invariavelmente, disposto a realizar, não obstante não tenha nada a ver com a atual redação da lei. Uma atividade que os gerentes em crescente medida utilizam e em muito maior medida poderiam utilizar.

O conceito do grande acionista perdeu sua importância perante a grande empresa, cujo capital é medido em dezenas, sim, centenas de milhões. Os grandes acionistas não pertencem aos conselhos de supervisão destas sociedades, não mais na mesma proporção que antigamente. Também, o mau hábito dos primórdios do grande capitalismo, de eleger favorecidos, amigos, prebendeiros, aposentados e pessoas renomadas, praticamente foi extinto. Hoje compõem tal círculo preponderantemente financistas, como garantidores de emissão dos valores e fiduciários dos acionistas, ex-diretores, conhecedores do negócio, especialistas jurídicos e técnicos, grandes industriais de setores próximos ou similares, fornecedores ou clientes. Como a grande empresa não é um organismo econômico para si, como representa uma junção no todo econômico do país e até mesmo do mundo, precisa das cooperativas federais e amizades, da informação direta, tempestiva e adequada, da visão, sim, da influência sobre setores próximos. Não pode tolerar que outros empreendimentos nacionais e estrangeiros mais bem aliados lhe tomem as fontes. O círculo de consultores que ela está autorizada, obrigada e capacitada a eleger, pode e deve compor-se dos melhores administradores. Em tais círculos o trabalho individual, quando não é restringido à participação em raras e grandes reuniões, mas, sim, cultivado e conduzido, leva a importantes resultados, tanto importando, se abrange pareceres, informação, relacionamentos, financiamento, criação de trabalho, experimentação, negociação ou qualquer outro tipo de ajuda. Quase sempre estes trabalhos voluntários, que podem ser dirigidos e confiados somente a homens de confiança, amigos e conhecedores da empresa, são aceitos com alegria e abnegação, pois passam a imagem aos executivos de colaboração e responsabilidade pessoal. Existem inúmeros membros de conselhos de supervisão que dedicam todo o seu tempo disponível para a empresa de forma espontânea e sem qualquer pretensão especial, e, de fato, exatamente para estas atividades descritas, que a lei não lhes exige, enquanto as atividades exigidas tornaram-se irrealizáveis.

Todavia, a participação do conselho de supervisão assume importância fundamental para a existência da empresa, quando ocorrem crises nos negócios ou na administração. Com o passar dos tempos as empresas conseguem se livrar da primeira raramente, da segunda nunca.

Com a redução da produção e, assim, dos resultados da sociedade por culpa da gerência ou das circunstâncias, recai automaticamente a responsabilidade e o peso do trabalho sobre o conselho de supervisão. O caso descrito a pouco como teórico ocorre: o conselho de supervisão torna-se automaticamente diretoria. Reuniões, antes tranqüilas, quase cerimoniais, mostram um quadro novo. Contrastes aparecem, discute-se sobre pessoas e coisas de forma intensiva nas comissões e deliberações especiais. O presidente ou um outro membro experiente assume de fato a administração e comando dos negócios até que ocorra, por meio da mudança dos postos de comando ou por meio de reorganização e reestruturação, a melhoria, ou, no caso de ser insuperável, a dissolução.

Crises de administração podem ocorrer a qualquer tempo, também em tempos tranqüilos nos negócios, em razão — o que tem ocorrido até o momento — de desavença na diretoria ou — o que é inevitável — da saída de membros decisivos da diretoria. Nunca é insolúvel a questão da sucessão, pois exatamente quando membros fortes e de personalidade são simplesmente insubstituíveis no contexto de sua forma independente de trabalhar, existe o problema e a tarefa da sucessão organizacional de reequilibrar resultado e ação e por meio da mudança de gerações trazer simultaneamente a mudança de ambiente para a estrutura viva. Como ações políticas e negociais não são menos pessoais que a criação artística, na medida que também têm por objetivo a realização de uma visão interior, torna-se a questão pessoal da administração uma questão sobre o destino da empresa. Um Estado poderoso pode, como demonstra a experiência do tempo, se alimentar durante uma geração de suas forças acumuladas. Uma empresa privada, ainda que a mais promissora, iria à derroca em poucos anos em razão de uma administração equivocada. Tal questão da sorte da liderança é, porém, a tarefa mais importante e de maior responsabilidade do conselho de supervisão. Seu conhecimento do ser humano e seu poder organizacional serão submetidos a esta prova de tempos em tempos.

Quando se observa este conjunto de obrigações, conclui-se que a transformação da sociedade comercial em grande empresa alterou, em realidade, a posição do conselho de supervisão, elevou, porém, sua importância, mais do que estreitou. Somente um círculo de economistas e administradores poder estar à altura de tais tarefas. Com isto, não é dito, que todo aquele que realmente pertence a tais círculos possui, sem exceção, as características necessárias. Todavia, tratamos aqui da natureza da estrutura e não sobre os problemas dos casos específicos. Portanto, como todo membro livre de um órgão público pode subtrair-se a suas obrigações, também pode um membro do conselho de supervisão abusar de sua posição de prebendeiro. Se isto ocorre em proporções preocupantes não pude constatar em quase trinta anos de experiência. Todas as nossas estruturas econômicas estão preparadas para o aperfeiçoamento e desenvolvimento e se confrontam com reestruturações. Não parece adequado considerar, no atual sistema, a natureza e o tratamento da estrutura de supervisão simplesmente como inconveniente e os seus membros como perniciosos e parasitas da economia, como ocorre por vezes na literatura corrente.

Duas questões devem ser apresentadas neste contexto: a remuneração dos cargos do conselho de supervisão e a cumulação de tais cargos.

Como vimos, a atividade dos membros é sobremaneira de parecerista e consultor. Exige experiência e autoridade. Considero prejudicial em qualquer área pagamentos exagerados em prejuízo da renda nacional, mesmo quando se reconhece a maestria e singularidade de um trabalho. Mesmo o pagamento de pensão realizado pela comunidade a ricos herdeiros pelo simples fato de existirem, parece-me, como já exposto em outros trabalhos, não ser inconteste. Em nossa economia, entretanto, como, provavelmente, em todas, no futuro, obras-primas de consultoria e criação, não importando se nas áreas artística, científica ou econômica, não podem ser realizadas por uma remuneração mínima. Um pintor experimentado não cobraria em horas os seus desenhos, tal como não um conhecido médico a sua consultoria ou um grande advogado o seu parecer, muito menos disponibilizariam seus trabalhos contra o pagamento tarifado, pois em tais trabalhos, feitos aparentemente sem esforço, não existe um simples valor do trabalho, mas, sim, o resultado de uma luta de vida, cujas condições, esforço, riscos e sucesso à parte da economia e do mundo, muitas vezes em contradição com as mesmas, houveram de ser administradas e dominadas. Não seria justo com o economista, o qual igualmente investe toda a sua experiência acumulada, arrisca seu nome e sua posição pública, negar o valor de seus conselhos e idéias e não remunerar sua atividade em medida maior, como se aproximasse do trabalho de um colaborador fixo. Não há dúvida também que em alguns casos da atualidade o valor da remuneração supera e muito o valor do trabalho, sendo que isto ocorre exatamente naquelas empresas que graças a uma feliz situação e período não dão muito trabalho para seus consultores. Exatamente estes casos saltam aos olhos e provocam equívocos, pois os paradoxos, passíveis de explicação simples a partir do que foi dito, ninguém quer evidenciar: que a empresa florescente paga muito por pouco esforço e que a doentia paga pouco por muito esforço. Muitas vezes, porém, surgem muitas obrigações administrativas que nos leva à questão da cumulação.

Não é uma tarefa orgânica e, por isso, criticável, a participação concomitante na administração de sociedades disparatadas e heterogêneas. Somente o financista que tem de se preocupar com milhões e tem responsabilidade moral não pode furtar-se a tais obrigações. Ele agirá bem, assim, se dividir com seus companheiros de tal forma que cada um possa visualizar uma área determinada da economia. Um industrial consciente deve ter muito cuidado para evitar que sua atividade principal seja prejudicada ou dividida, deverá recusar toda tentativa e todo pedido que o distancie da sua própria área de trabalho. Não conseguirá, todavia, evitar a cumulação de obrigações administrativas, quando sua indústria é do tipo que incentiva o financiamento e a fiscalização de novos empreendimentos.

Isto é, porém, uma característica da grande empresa: a criação de novos empreendimentos. A concorrência e a racionalização dos processos produtivos leva ao fato de que a produção, da matéria-prima até o requintado produto acabado, ocorre sob a premissa de reduzir ao máximo o lucro intermediário, o transporte e perdas, e de ser, ao máximo, fiscalizado de forma padronizada. A lei da produção em massa exige a descentralização organizada da distribuição. A criação de produtos paralelos exige elaboração. A técnica que se desenvolve continuamente obriga à organização das necessidades claudicantes: o eletricista torna-se empresário de centrais elétricas e de ferrovias, pois se exige a prova da aplicação concreta de suas teorias.

Cada uma destas atividades leva à criação de novos empreendimentos, pois a especificidade das áreas, as diferenciações geográficas, a forma especial da indústria e a reunião dos recursos opõem-se à centralização. A empresa se expande para um grupo, para um conglomerado, vivencia a continuidade em terceira ou quarta gerações. A unidade da administração deve ser, porém, mantida por meio de união pessoal. Se há a possibilidade de transferir a atividade de fiscalização a mandatários e criados de menor expressão e mais longínquos, os quais também devem ser controlados por meio de uma certa coordenação, surgem cumulações de funções administrativas semelhantes àqueles dos nossos órgãos públicos centrais, os quais também têm de contar com a subdivisão e expansão de seus departamentos e subdepartamentos. Tal situação organizacional somente representa um risco, quando, de forma precipitada, sem avaliação da coesão interna, sem força de organização, sem conhecimento do ser humano e critério econômico, são criadas estruturas não coordenadas; quando a avidez por expansão desenfreada simplesmente ignora responsabilidade e decisão. Tal risco é o mesmo para homens, empresas e Estados.

2. Observamos a substituição de conteúdo, a mudança da natureza e da atividade com a conservação da forma, com a imagem das instâncias administrativas das sociedades comerciais. O mesmo ocorre, de forma menos patente, porém profunda, com o órgão vivo e controlador da empresa: na congregação dos participantes e seu órgão de decisão, a assembléia geral.

Como vimos, titular da sociedade era um pequeno número de comerciantes associados, os quais decidiram se tornar proprietários fundadores permanentes da empresa e a fiscalizar continuamente. Tencionam a continuidade dos resultados. Conflitos decorrentes de opiniões técnicas diferentes poderiam ocorrer entre eles. Conflitos basilares entre eles e a própria empresa não.

Já era existente a semente da mudança, na medida que a empresa não era pessoal. Permanecia anônima e era certamente destinada a continuar a existir mesmo quando seus fundadores morressem ou se retirassem. Por isso, eram as participações passíveis de serem legadas e transferidas. Originalmente, não se ousava pensar em uma duração de existência irrestrita, isto é, em um conceito de existência absoluta e independente dos proprietários. O direito acionário francês prescreve ainda hoje a limitação temporal calculada costumeiramente em aproximadamente 30 a 50 anos.

O comércio de ações por si mesmo começou, assim, muito cedo, na Inglaterra e Holanda no século XVII, na França no século XVIII, e com ele a agiotagem, que é, ao contrário do investimento do comerciante que participa, o ganho de capital do comprador oportunista, para o qual o seu sustento significa não a renda, mas sim a força motriz da valorização. O comércio com ações e a agiotagem são os mais perigosos dons aos quais as jovens grandes empresas estavam ligadas na sua manjedoura.

Em meados do século XIX a mecanização da indústria e do transporte evolui tanto que os negócios da Bolsa de Paris e em seu séquito a totalidade da camada social de novos capitalistas movimentavam-se em torno da propriedade e do comércio de ações de bancos, ferrovias, indústrias e formações coloniais. O lápis de Daumier e a pena de Balzac registraram nos arquivos da humanidade tal mundo e suas criaturas, os Macaire e os Nuzingen, e o frescor dos quadros testemunha que a antiga imagem ainda não desapareceu. Agiotas e negociadores avarentos constituíam sociedades, funcionários públicos e poetas, condessas e cocotas negociam ações. Toma o lugar do anonimato do empreendimento, o anonimato dos proprietários.

A Alemanha foi tomada após sua vitória por esta dança-de-são-vito e sofreu dez anos seguidos após a quebra de 1873. Desde então a custosa experiência e o conhecimento crescente da economia criaram um equilíbrio que dura até hoje.

Perdura ainda hoje a antiga sociedade, especialmente no estrangeiro. Entre nós somente na forma de empresas familiares e em rápida extinção. A grande empresa anônima domina a economia e quase toda empresa de médio porte é constituída para se tornar uma empresa grande. Os recursos para estas formas agigantadas de empresa podem ser reunidos, porém, somente pela comunidade capitalista. Tais financiamentos são realizados por bancos e bolsas. Grande parte das ações das grandes empresas é negociada nas bolsas, onde são diariamente cotadas. O curso movimenta-se incessantemente e toda variação dos resultados, multiplicada por 15 ou 20, aumenta ou reduz o preço.

Para o comprador há dupla esperança e duplo risco: muda o resultado, assim aumenta ou diminui sua renda, e, ao mesmo tempo, em muitos casos da oscilação, aumenta ou reduz seu patrimônio.

Tal processo não tem nenhum sentido por si mesmo. Se uma empresa é extremamente dependente das conjunturas, de tal forma que no correr de 30 anos seus resultados em períodos trienais atingem cinco vezes 5% e cinco vezes 10%, então, se a administração realizar o balanço e distribuir dividendos de forma puramente aritmética, o curso se movimentará 3 anos no limite de 100 a 120% e 3 anos entre 160 e 180%. A empresa e seu valor intrínseco permaneceram exatamente o mesmo, o comprador, porém, perdeu ou ganhou de acordo com as circunstâncias a metade de seu patrimônio investido. A razão do processo está no fato de que a maioria dos homens acha praticamente impossível olhar para o futuro, não obstante todos os nossos atos levem para o futuro, bem como de que o mercado, tanto mais, inclina-se a aceitar toda situação presente como permanente.

Com isto existem duas razões que levam a compras ações: um primeiro tipo de comprador espera o adequado rendimento por seu capital investido; um segundo tipo, o ganho de capital.

O primeiro tipo, preponderantemente dominado por aquelas grandes administradoras de patrimônio, que não estão estruturadas para a mudança constante de propriedade, iniciam com a verificação detalhada da empresa com relação as suas condições pessoais e objetivas, antes de adquirirem a participação. Publicações, relatórios, informações e descobertas próprias servem a tal propósito. Caso tenha adquirido a participação em razão da conquista de confiança na área, na atividade e em seus titulares responsáveis, então deseja manter sua propriedade, para o que, ao certo, fiscaliza e observa permanentemente. Com freqüência tais acionistas são acusados pelos seus opositores, por vezes pela imprensa, de não comparecerem às assembléias gerais regularmente e de tal falta importar em incúria. Em minha longa experiência nunca percebi o desleixo ou desconhecimento dos proprietários de ações sérios. Exatamente aqueles que confiam a representação de suas participações a um banco ou um mandatário na confiança de uma aparente administração confiável, são os proprietários que estão mais bem informados e, muitas vezes, consultores voluntários das administrações. Muitas vezes é repetida a tentativa de reduzi-los a indolentes e indiferentes pelos postulantes de segunda categoria, os quais se vêem confrontados com uma maioria na assembléia geral. Em geral pode-se afirmar que raramente ocorrem conflitos entre os acionistas permanentes, do tipo que procuram investimentos, e a administração. Os seus interesses estão, de qualquer forma, em sintonia com os interesses da empresa.

O segundo tipo, a dos acionistas especuladores, compra não para ter a propriedade, mas para revender. Interessa-lhe que os resultados da empresa aumentem e em conseqüência a sua cotação enquanto detiver as participações, e, preferencialmente, rápido, de forma que possa ser vendida o mais breve possível, não importando a razão ou os meios. Não interessa para o acionista oportunista o que ocorre depois. Se a situação piora para a empresa, fica aliviado, pois não vendeu muito cedo sua participação. É possível que conheça somente de nome a empresa, com cujo destino tem direito de colaborar e na qual tem direito de participar. O gerente de uma agência de banco a recomendou como "passível de subir", ou um conhecido lhe deu uma, como vulgarmente dito, dica, que o mesmo, por sua vez, recebeu de alguém que tem contato com um outro, que ouviu alguma coisa de fonte segura. Este acionista comprou algo, por vezes, com dinheiro alheio, que não sabe o que é. Não lhe passa pela cabeça que seja co-propriedade em minas, fábricas ou navios: ela o denomina de papel. Caso a esperança de aumento da cotação não seja correspondida, então, pode ocorrer que lembre de sua posição de acionista, compareça na assembléia geral como decidido inimigo da administração, sob circunstâncias, da própria empresa, cujas participações ele não encontrou tempo suficiente para se livrar. Exige esclarecimentos, acusa a administração de incapaz, adverte a administração para uma gerência mais sólida, como está acostumado, solicita aumento dos dividendos e se injuria, se recusado seu pedido, com a inação da maioria representada, mas ausente pessoalmente. Não é mesmo raro o caso de empresas, concorrentes mortais, enviem um acionista e com base na lei, procure obter informações que servem aos interesses contrários da empresa.

Não é necessário mencionar que toda administração deve ter a assembléia como instância superior, tem de cumprir todas as suas decisões e prestar as informações exigidas por lei. Tem, sobretudo, o dirigente da administração de respeitar o direito de cada um e considerar de forma séria cada solicitação, na medida que não contrarie de forma óbvia os interesses da empresa, não limitar explicações sem razão, mas sim estimular o debate exatamente sobre aqueles pontos que dão margem à crítica, pois nada é mais prejudicial na política e na economia que o não dito, a crítica reprimida, fatos embelezados. Claro que se torna necessário por vezes, de acordo com a situação da doutrina jurídica dominante, prejudicar o bem da empresa e seus acionistas permanentes, para não se restringir os direitos da assembléia geral ou mesmo somente dos acionistas oportunistas presentes na mesma.

Portanto, ainda que pareça estranho, nem o legislativo, nem a jurisprudência ou uma grande parte dos professores de direito, analistas econômicos ou publicistas conhecem um pouco destes processos e situações: da substituição de conteúdo que ocorreu com relação aos proprietários de empresas, dos tipos de participantes e seus interesses diametralmente opostos, a situação da administração no contexto destes conflitos. Todos estas instâncias públicas olham para as empresas ainda hoje como se estivessem na antiga forma: propriedade comum de empresários com a mesma convicção. Não conhecem nenhuma outra diferença entre acionistas que aquela entre a minoria que deve ser protegida e a maioria que tem o poder. Enquanto o direito de voto era muitas vezes condicionado em antigos estatutos à propriedade da ação por um período de mais de um mês, tal como o direito de voto político a um período de permanência, hoje existe o costume de se permitir após dezenove dias o depósito ou direito de voto da ação comprada no dia ou até mesmo emprestada. No legítimo interesse das negociações em andamento, os publicistas tomam, muitas vezes inconsciente, partido dos acionistas oportunistas e ofendem os ausentes. O legislativo excede na proteção de minorias por meio de direito de protesto e razões de impugnação, os quais levam freqüentemente a corpulentos processos. Professores de direito exigem todo tipo de informação da assembléia soberana aos minoritários, não importando, como tal minoria está composta, e não importando se a empresa, que agora é uma empresa rentável e "pertence" a todos os seus acionistas, possa ser prejudicada. Outros interesses e opiniões que não o direito de dispor próprio da economia privada não são, até onde conheço a literatura, de forma alguma tratados.

Com relação à questão da proteção de minorias considera-se somente, com exceção do caso de lesão de direitos, que atinge não só as minorias, mas também a maioria, o raro caso contrário à boa-fé (*Treu und Glauben*), no qual uma maioria arbitrária com base em interesses escusos e estranhos à sociedade busca obter vantagens como, por exemplo, ao permitir a entrega da empresa aos seus concorrentes contra vantagens especiais. Se os objetivos permanecem restritos aos interesses comuns da sociedade, então, deve decidir, ainda que isto soe contra os interesses sociais, a maioria simples ou qualificada conforme o estatuto social.

Com exceção do parlamento imperial polonês, nunca houve um parlamento no qual a minoria por força de lei pudesse impor sua vontade à maioria. O direito natural de uma minoria é estar representada. Tal direito não é garantido de forma plena nem mesmo nos parlamentos dos povos. Todas as minorias, mesmo as menores são admitidas e podem votar nas assembléias gerais, que se assemelham aos parlamentos dos povos. Pode-se justificar, ainda que seja suficientemente difícil de executar, que a certas minorias, como de um quarto ou um terço, seja dado o direito de ter representação na administração, ao certo, pelo período que os valares da minoria permaneçam depositados. O efeito indesejado seria, entretanto, que o poder dos bancos nas administrações se elevaria, até que uma solução não muito complicada seja pensada. Enquanto perdurar o regime capitalista, porém, continuará decidindo a maioria da propriedade, pois somente sob tais condições e pressupostos pode-se esperar a disponibilização pelos capitalistas de seu patrimônio a uma empresa. Por outra forma, poderia ter a idéia de dividi-lo e de sua parte exercer em empresas de terceiros por todos os lados direitos de minoria.

Para o leitor que conhece meus outros trabalhos e possa estar inclinado a apontar uma contradição entre este destaque dos direitos da maioria e minhas posições sociais em geral, coloca-se o seguinte para reflexão.

Não considero como final a nossa ordem econômica, a forma de nossas empresas ou a estrutura do nosso sistema acionário. Creio que tais coisas estão frente a sua revolução e haverá chance de pressagiar-se o futuro. Todavia, enquanto tais relações continuarem a existir, não se trata de arrancar partes do antigo mecanismo de forma arbitrária e substituí-las com construções que pertencem e foram pensadas para um outro mecanismo. Quando ocorre a mudança, então, esta parte da base e realizada por meio de novas concepções, sendo a sua conseqüência um mecanismo completamente novo.

Mas no caso presente a questão se resolve de forma ainda mais peremptória, pois se baseia em falsa analogia.

Todos nós tendemos, com incipiente socialização da sensibilidade, a dedicar uma benevolência, entretanto, ainda muito fria e abstrata, aos ombros fracos, ao homem do povo. Chegará ainda o tempo, onde não existem homens do povo, mas somente homens livres, ainda que em todas as graduações das profissões e responsabilidades. O hodierno conceito do homem do povo leva, porém, à estranha analogia do pequeno acionista, que por sua vez reivindica uma parte daquela benevolência.

Com pequenos proprietários de coudelarias, pequenos morgados ou pequenos colecionadores de obras de arte não se faz muito na economia. Todavia, para o homem modesto colecionar boas obras de arte ou ter o próprio negócio, que o mesmo em muito humilde proporção pode suportar financeiramente, seria mais aconselhável e seguro do que possuir ações. O rendimento médio da ação, com base na cotação, era à época de paz aproximadamente 5,5 a 6%, e dos títulos estáveis aproximadamente 4,5 a 5%, dos títulos públicos (*Staatsrente*) aproximadamente 4,0 a 4,5%. Considero irresponsável, aconselhar um homem que precisa de suas economias e deve as ter consigo, a arriscar uma parte de seu patrimônio por um entre centenas de rendimentos. O conselho torna-se, porém, inescrupuloso se ele é levado ao jogo de bolsa por uma promessa de ganho de margem, quando não está incluída até mesmo a indução à especulação sob crédito. A ação não é investimento para o pequeno poupador. O pequeno acionista é um investidor equivocado de seu patrimônio e é desejável que consiga, sem perdas, livrar-se de sua propriedade inadequada. Se o pequeno acionista for, porém, um homem de posses que tem prazer em dividir suas posses em pequenas partículas especulativas, então não oferece qualquer interesse para a economia. Se contra sua vontade torna-se proprietário de ações por meio de herança ou de outra forma, então irá saber o que deve fazer.

Investimentos para patrimônios de pequeno e médio porte são os títulos federais, letras hipotecárias, títulos municipais e debêntures industriais seguras. Não possuem problemas e seu rendimento é adequado. Quem compra ações torna-se empresário e compartilha um risco. Grandes administradoras de patrimônio, sobretudo as especializadas, podem se permitir, sobretudo o especialista, desde que não seja funcionário público, de investir uma parte do seu patrimônio em uma indústria confiável.

É um erro, porém, quando nosso sentimento de justiça econômica procura uma proteção especial para as formas de propriedade capitalistas, que por lei não deveriam existir. Mais digno de reflexão parece ser se por lei não deveria ser elevado em algumas vezes o atual valor da participação mínima, quando algo deva ocorrer como prevenção contra investimentos equivocados. Não se acredita que a pequena e dispersa propriedade conduzida de forma equivocada à participação em ações, que, além disso, aumenta o risco de perda de valor em toda crise, represente uma parte relevante ou mesmo de sustentação do nosso patrimônio produtivo. Quem olhar os demonstrativos dos nossos bancos, constatará que, incluindo-se a pequena propriedade especulativa, isto é, a pura e simplesmente detestável, as participações dispersas estão em proporção ínfima para com a propriedade consolidada.

Toda e qualquer administração consciente e justa encontra-se em uma situação estranha e ignorada pela lei e pelo público em razão do conflito entre o novo e o antigo.

Mais e mais ordenam os tribunais, os professores de direito e os jornais que, por existir somente em razão dos acionistas, a administração se paute em todos os sentidos nas disposições da assembléia geral, como órgão soberano dos acionistas. Em tais assembléias deve-se levar em consideração especialmente os acionistas pessoalmente representados, não importando a sua expressividade no capital, pois os acionistas representados por procurador julgam a si mesmos por sua indolência. Eu vivenciei assembléias gerais nas quais acionistas informados de seus direitos exigiam uma votação por cabeça dos presentes para dispor sobre um patrimônio aproximadamente mil vezes maior dos acionistas ausentes legalmente representados.

Ordena-se, ainda, que a administração preste toda e qualquer informação a toda minoria, quando não mesmo a todo presente, sem ter direito de avaliar em qual interesse é exigida e se a mesma pode prejudicar a empresa, pois todo co-proprietário, mesmo que tenha se tornado por meio de empréstimo ou a dias, tem o direito de conhecer todo detalhe de sua propriedade. Tal assertiva é válida, sobretudo, para a exata determinação e aplicação dos resultados. Reservas internas não devem ser constituídas sem que seja obtida a correspondente autorização por escrito. Como regra basilar, porém, prescreve-se que, de fato, tudo o que é ganho deve ser distribuído como dividendos, pois ninguém precisa permitir que o rendimento de seu próprio negócio seja retido.

Todos que exigem isto estão, em essência, resguardados pela situação da lei vigente e as opiniões públicas, quase que completamente, pelo direito. Todavia, a obediência sem reservas de tais princípios traz como conseqüência a eliminação dos pressupostos da nossa atual economia.

Empreendimentos com rendimentos razoavelmente constantes não existem. Muito menos em nossa jovem economia com suas intermináveis mudanças e revoluções técnicas. Nem mesmo a vida tranqüila das empresas puramente fabris está a salvo das oscilações das condições temporais e locais. Haveremos de analisar mais tarde as reais virtudes, sinais de envelhecimento e os movimentos vitais orgânicos dos corpos econômicos.

Caso a empresa fique exposta às mudanças dos tempos sem uma compensação interna, de forma que nos bons anos a integralidade dos resultados é dividida ou mesmo somente informada de forma claramente visível, nos anos ruins, porém, permanece sem qualquer rendimento ou publicamente alimentada de suas reservas, então, conforme a lei da capitalização da qual falamos, haveria uma monstruosa e constante oscilação de valor.

Repetiria-se a situação predominante no início da época capitalista, onde todos os valores tornaram-se papéis de jogo, onde qualquer boato, qualquer notícia precipitada movimenta o termômetro desequilibrado das cotações, onde diariamente patrimônio era perdido ou ganho e por fim, entretanto, somente um pequeno círculo dos iniciados, dos instigadores e negocistas levava vantagem.

Sorte de valor incalculável para a economia européia foi a existência de um período de quarenta anos de razoável constância dos títulos que lentamente eliminou o nervosismo das bolsas. Hoje é uma exceção quando os títulos são levados de forma indevida aos bruscos aumentos especulativos ou desvalorizações por meio da influência das opiniões. E são os tais títulos que não são estáveis ou possuem relação com personalidades que estão sujeitos a movimentos de cotação.

Quando não se espera hoje do poupador e pequenos capitalistas que invistam seu patrimônio no mercado de ações que, ainda que razoavelmente estável, oscila, muito menos poderia um financista consciente aconselhar o investimento em ações na ocorrência de um movimento de especulação geral. Ficaria sujeita a necessidade de capital da nossa economia à capacidade mínima e ao humor da especulação e não seria mais possível existir uma grande empresa no sentido do atual sistema acionário.

Seria, porém, praticamente impossível, que, em vista das persistentes fraquezas humanas, o grande número de operadores conservassem suas mãos limpas. Dezenas de pessoas conhecem hoje as transações mais importantes, centenas sobre os resultados anuais positivos. Tal conhecimento, todavia, nada ajuda, pois sabem que ao mesmo tempo uma vontade compensadora e objetiva transforma os resultados individuais em questão paralela, para ofuscar a sensação da oscilação. Caso não existisse tal vontade o estado de desconfiança entre mandante e mandatário estaria difuso de forma irremediável, e, novamente, demonstrado ser insuportável o sistema desequilibrado de comando da economia.

Foi possível até agora aos agentes econômicos com responsabilidade, sob crescente dificuldade, servir ao desejo de equilíbrio e com isto a um fomento orgânico e principalmente ético da economia, sem entrar em contradição com lei e interpretação. Não se deixaram aborrecer e de responder com tranqüilidade às críticas dos acionistas, as advertências dos publicistas e ensinamentos dos especialistas jurídicos, as quais não continham nada menos do que a censura pela violação da lei, pela teimosia, quando não mesmo pela insubordinação contra o mandante soberano. Talvez tenham merecido uma parte da infelicidade, pois deixaram de tornar público, até agora, de forma contextual e clara o completo processo da evolução histórica, da substituição de conteúdo, das condicionantes econômicas, como ocorreu aqui, até onde sei, pela primeira vez. Se tais considerações não forem suficientes para conscientizar as instâncias públicas que as corporações de nossa grande economia não são simples estruturas que podemos avaliar de acordo com os princípios dos antigos negócios societários comerciais, então seria muito desejável no sentido da nossa existência econômica se o legislativo se ocupasse novamente dos fundamentos jurídicos e decidisse quais das condições de existência, novas ou antigas, deseja manter.

Então, haveria uma resposta radical a tudo o que foi dito, qual seja, uma resposta em forma de pergunta se a grande empresa deveria ser mantida por ser tão difícil de encaixá-la na estrutura das concepções antigas, e se deveria ser dado fim a mesma, pois seria, de fato, preferível um grande número de pequenas estruturas às desajeitadas organizações de massa.

Obriga a importância de tal questão para uma consideração final sobre a função das grandes empresas na vida que nos leva para a constatação primordial do fato que culmina com a mudança de natureza, a substituição de conteúdo: a grande empresa não é mais hoje uma estrutura exclusiva dos interesses de direito privado, mas muito mais, tanto individualmente como em seu conjunto, um fator da economia nacional, pertencente à totalidade, que ainda carrega consigo em razão de sua origem, por direito ou não, traços de direito privado de uma pura empresa lucrativa, enquanto se tornou há muito e em crescente medida útil a interesses públicos e, assim, criou uma nova situação jurídica. Seu desenvolvimento no sentido da economia comunitária é possível, sua reestruturação em relações puramente de direito privado ou sua divisão em pequenas partículas privadas é inconcebível.

Se houvesse hoje a assembléia geral do *Deutsche Bank*, o real valor da empresa ultrapassasse em muito sua cotação, se em vista dos tempos difíceis fosse desejável sacar os recursos para aplicá-los em títulos do império, e a mesma decidisse com maioria de três quartos liquidar o banco, tal decisão é intocável. Será nomeado um liquidante que irá separar todo o imenso tecido econômico, dissolver as filiais locais, estrangeiras e de além-mar, vender as participações, rescindir os contratos dos funcionários e indenizá-los, leiloar os imóveis. Não pode ser impugnada a decisão e quem decide age no exercício dos seus direitos adquiridos, a concretização está assegurada por lei, uma perda visível do patrimônio nacional não ocorre, talvez sejam, até mesmo, partes do patrimônio ideal salvas ao servirem a outros bancos que assumem partes organizacionais inteiras. Todavia não resta outra coisa ao Estado prussiano ou ao governo imperial que promulgar de imediato uma lei que revogue a decisão ou regre sua concretização de tal forma que a empresa seja mantida com uma relação de propriedade modificada.

O mesmo ocorre quando uma das grandes empresas de armamento ou uma das sociedades que alimentam dez mil famílias ou controlam importantes porções do patrimônio nacional correm o perigo por decisão de liquidação, perda de patrimônio ou política privada mesquinha, de perder sua condição de parte do corpo econômico.

Não teria sido possível comandar nem mesmo por seis meses a guerra que fazemos se as grandes empresas alemãs não tivessem provado sua capacidade para reestruturação que era necessária para se disponibilizar noventa por cento das fábricas alemãs para a indústria armamentista e multiplicar por cem a produção de material de defesa. Precisaria a predecessora da indústria alemã, a inglesa, que ficara um pouco atrasada na sua concentração e mobilidade, de um período de tempo que teria nos custado a vida, e se precisássemos contabilizar: de dois anos, e também neste período teria fracassado a indústria inglesa se a indústria americana mais rica, mais concentrada e tecnicamente mais avançada, não tivesse se apressado em ajudá-la.

Pode-se ter opiniões diferentes se as estruturas que estão mais ligadas não só à totalidade da economia nacional, mas até mesmo à existência nacional não deveriam ser estruturadas de forma mais independente de laços econômicos privados e oneradas com obrigações estatais. Independentemente, porém, de sua estruturação, sua importância vital em um sentido maior que o da economia privada é inquestionável.

Os publicistas e professores de direito parecem desconhecer por completo tais evidências ou que medem a grande empresa com o côvado retirado da loja de quinquilharias, que não enxergam nada mais que a associação de comerciantes para negócios úteis ou que permitem valer a pretensão de direito privado do acionista individual por rendimento e a livre disposição como únicas diretrizes para a lei e a prática.

Se nos detivermos mais ao conceito vital da grande empresa, pois nos convencemos de que na antiga pele do negócio comercial de caráter privado e há muito emancipada da economia utilitarista pura lhe foram impostas tarefas que são de economia comunal, estatais e políticas, então, podemos reclamar deste ente transitório todo o desenvolvimento de Estado socialista, e quando isto corresponde ao nosso convencimento teórico, então não precisamos nos deparar com a autonomização e estatização. Entretanto, enquanto a estrutura existir em sua atual forma, precisamos protegê-la contra seu estilhaçamento pelo particularismo dos interesses privados, não importando se, assim, eventuais intenções de especular são frustradas. Temos que analisar, sobretudo, suas condições de existência e cuidar para que tais condições sejam mantidas para o bem comum sem violação dos direitos individuais.

Fora do círculo dos administradores as condições de existência da grande empresa são, porém, desconhecidas e, infelizmente, tem aplicação também aqui a regra de experiência do nosso tempo, extremamente especializado e dividido, graças a qual se dá nossa indiferença pela participação e análise de caráter político e negocial: os que sabem nada dizem, os que dizem nada sabem.

Não quero afirmar que a idéia geral de garantia de existência da empresa consiste e se limita à eleição para os postos de comando de alguns homens em certa medida experientes, como se faz hoje, por exemplo, com homens públicos trazidos de algum lugar para ocuparem assento em outro lugar. E que para manter uma empresa viva e sadia, completas horas de escritório, visitas eventuais e conferências, poltronas, charutos cubanos grossos e todos os anos uma boa idéia fariam o resto, tal como a ferrovia estatal (*Staatsbahn*) e a empresa de correios imperial (*Reichspost*) que, por vez, têm anos bons, por vez, anos ruins, e, todavia, permanecem jovens e imortais. Também deveriam perceber os que estão de fora que vida fácil, estrutura leve e aquela arrogância, prodigalidade, ostentação e litigância exagerada, que para alguns ridicularizam a vida econômica, raramente ocorrem nos postos de real responsabilidade. Se for diferente, pode-se distanciar da empresa, pois tem morte anunciada.

Sentando-se nos postos de responsabilidade, o que quero provar torna-se perceptível: que uma empresa, ainda que grande, florescente e poderosa, sempre corre perigo e luta por sua sobrevivência. Mais ameaçada que um homem, não menos ameaçada que um Estado, do qual até três anos atrás na Europa não se sabia ou quisesse saber, que sua vida e destino, a todo o momento, depende do resultado entre suas forças e fraquezas, entre suas convicções e equívocos.

Não se compreende por risco de vida a ameaça de morte iminente, mas sim o perigo de ingerir de hoje para amanhã um micróbio patogênico ou sofrer um acidente aparentemente inofensivo, que leva de forma incurável depois de determinado período de tempo à enfermidade e ao fim.

Para a empresa, cujo tempo de existência pretendemos, a exemplo do Estado ou da corporação de mão-morta, que exceda a do homem, torna-se mais claro do que nos destinos dos indivíduos: que o inevitável risco de vida reside na própria vida.

O Estado é a incorporação da vontade de um povo e vive enquanto o povo vive como nação e não precisa renovar sua razão de existir, pois enquanto a coletividade respira, tem uma vontade. Por outro lado, a razão de existir da empresa é a simples necessidade econômica e sua função vital um método temporal e econômico. A necessidade modifica sua forma e falece, o método envelhece. Uma revolução social, política ou técnica pode exterminar ambas, separada ou conjuntamente, quase que de forma instantânea. Os homens, ao mesmo tempo, de forma praticamente inconsciente, para outros praticamente não perceptível, envelhecem e se prendem ainda mais a coisas e métodos que foram um dia ousados e de sucesso e que se tornam lentamente habituais e finalmente retrógrados.

Na medida que não se trata de pura "indústria" (nos falta o termo correspondente correto para a designação de explotação, que não se pode traduzir com exploração), como minas, ferrovias, usinas hidrelétricas, constata-se que das poucas empresas antigas que possuímos somente uma parte bem pequena ainda produz as coisas para as quais foram fundadas, ainda as produzem com os mesmos meios que eram comuns à época. Repetidamente, pode-se dizer permanentemente, ocorreram, também aqui em poucas décadas, mudanças do núcleo existencial, substituição de conteúdo, como as chamamos, e resta da criação original praticamente nada mais do que a gigantesca casca.

Com prazer mostra-se aos visitantes de grandes indústrias pequenas e típicas casas e alpendres conservados dentro de palácios de cristais e pavilhões de ferro com um trescalo de romantismo e piedade. "Iniciou-se aqui no ano 18...; aqui se fez isto e isto e assim e assim." Guia e visitante sorriem, pensativos sobre "o desenvolvimento técnico", "o consumo crescente", "o crescente bem-estar" e sentem-se como crianças de seus tempos, que alcançaram o objetivo. Talvez pensem que todos as grandes cópias, que foram de fato acabadas, não significam nada mais que ruínas românticas para os netos e que presenciam nada mais que o processo orgânico do crescimento e da decadência, que se tornou mais evidente nas décadas da técnica por sua proporção de maior importância e velocidade.

Milhões são gastos diariamente em futuras ruínas. Ininterruptamente são construídas fábricas que algumas vezes estão ultrapassadas antes de terminarem. E, mesmo assim, não podemos perder a coragem e alegria de planejar e criar, e os planos e criações devem ser feitos como se fossem, ao menos em pensamento, destinados à eternidade.

Então dirá o contador frio e conhecedor dos balanços: "Mas compensa. Quando se dá tal tratamento, então se faz espontaneamente; poderia se deixar, aliás, como antes. E sobre isto: para quê servem as amortizações?".

Faz-se com prazer, mas não de forma espontânea. Não há parada ou volta na técnica, pois a medida de tempo é determinada pelo mundo. Se isto compensa ou vale a pena veremos logo mais. O que se refere, porém, às amortizações, estas se medem pelo uso natural das coisas. Existem fábricas clássicas, cujas máquinas não alcançaram nem um terço de seu tempo de vida. Três gerações de máquinas tiveram que dar lugar à renovação antes de seu desgaste fosse notado.

Entretanto, quando compensa? Está exatamente aqui a incerteza e o perigo. Podemos, ao certo, acompanhar a evolução da técnica olhando para o passado. Lá estão a nossa frente os caminhos percorridos, as encruzilhadas onde ocorreram escolhas acertadas, as etapas de sucesso. Os erros, as ilusões desfeitas, os insucessos, as novidades enaltecidas ficam de lado, nos grotões, extirpados e eliminados. Tudo permanece questionável ao olhar para o futuro. Em toda curva ramificam-se, sem sinal, as ruas três ou quatro vezes, e sabemos somente isto: cada um deles é falso, com exceção — talvez — de um.

O consumo muda e diminui. Qual direção irá seguir o consumo do mundo? Quando a opinião pública decidiu, já é tarde para decidir. Então, todos os caminhos já se encontram bloqueados. Não viu a área auspiciosa e ocupou o equívoco. O erro é irrevogável, os prejuízos irreparáveis.

O método técnico envelhece. Novos processos são anunciados. Todos pretendem ser o definitivo e perfeito. Talvez nenhum seja prestável, talvez um venha a se tornar algo útil em dez anos. Pareceres? Um diz que sim, outro não. Como sempre a técnica está dividida no armazém e talvez ambos não tenham razão.

A política externa e o desenvolvimento interno e outros Estados mudam. Entusiasma-se pelas riquezas do solo mexicano e uma revolução arruina todos os investimentos. Menospreza-se a Escandinávia, e tais países se tornam aptos a investimentos. Ramifica-se no estrangeiro e uma guerra mundial destrói uma organização multinacional.

Mudam-se os tempos também no próprio país. Um constrói quando todos constróem e suas construções permanecem vazias como todas as restantes. Outro constrói quando ninguém constrói e arruina-se antes de presenciar a conjuntura que esperava.

O que vale a pena aqui, o que compensa? Tão-somente a divinatória previsão daquilo que não se pode prever pesquisando e calculando. O que, toda política e arte dos negócios decide e está em contradição com a ciência e a administração: o olhar para o vindouro, para a conformação futura de tempo e espaço, do consumo e técnica, da organização e do método. E não se trata de simplesmente perceber tal futuro no escuro e o reconhecer teoricamente, mas sim de vê-lo em vida e com criatividade instaurá-lo no presente.

Existem homens que têm este dom muito acentuado e que sao os que nasceram para criar e manter vivos todos os tipos de empreendimentos humanos. Todavia, também estão sujeitos ao erro, sobretudo ao erro da distância, pela qual calcula muito alta a visão geral, a oposição muito pequena e os períodos que separam muito curtos. Pode parecer que o negócio de tais homens seja arriscado, na medida que acorrentam o destino dos bens que lhe foram confiados a esperanças e idéias que não podem ser provadas. Entretanto, o risco maior e mais arrasador está lá onde, para se estar seguro, mantêm-se basicamente como está e se dá o envelhecimento. Precisa-se, pois, manter em vista que a tarefa imposta pela economia mecanizada, que se não é insolúvel, é, porém, um grande paradoxo: manter uma organização, um ser coletivo criado pelo homem, em vida e em crescimento para além dos tempos das necessidades de sua criação e através de outras épocas e idéias.

Tal risco da morte temporal é, todavia, somente um. Um outro é tocado com o conceito de crescimento. O cessar do crescimento prenuncia a morte. Tem duas características, porém, a lei do crescimento das criações humanas organizadas. Dá-se por meio da própria pretensão de desenvolvimento e das condições de luta com outros, pois cada uma destas organizações é uma lutadora.

O ser almeja, em si, se aperfeiçoar, um equilíbrio entre suas forças e fraquezas e a lapidação de sua área de atuação. Uma empresa comercial avança na direção de suas matérias-primas e ao mesmo tempo na sentido de seus produtos finais mais sofisticados, e respeita uma lei absoluta da economia, na medida que, do ponto de vista de seus interesses, procura eliminar a negociação intermediária, as idas e vindas dos materiais, a cumulação de lucros parciais; avança no sentido da organização completa de suas vendas e salários, na medida que busca o contato direto com os fornecedores de matérias-primas e ao mesmo tempo com consumidores e clientes; avança no sentido de sua própria indústria de apoio, na medida que luta pela independência frente a atuação de ramos vizinhos. Surgem, assim, ramificações e redes de obtenção de matérias-primas, fábricas de apoio, lojas de serviços e instalação, empresas de distribuição com seus estabelecimentos, agências e filiais.

Entretanto, o compasso do avanço é determinado por terceiros. Para alguns seria desejável esperar, limitar-se, renunciar. Todavia, a lei da mecanização que exige para a humanidade multiplicada por dez, produção, se possível, cem vezes maior e preços dez vezes mais baixos, também ameaça com a eliminação todo aquele que deixe de tomar uma medida sequer da melhoria e barateamento, que um outro é capaz.

Sempre surge a pergunta: é necessário? Não podemos nos poupar de tal disputa dos povos por técnica e métodos; não podemos abandonar a corrida e nos convencermos com os rendimentos de nosso solo, com os benefícios de nossa manufatura?

Mesmo que quiséssemos renunciar a toda política de poder, a toda possibilidade de autodefesa, contentar-nos como posição política de neutralidade, abandonarmos o comércio internacional, não seria possível, a não ser que decidíssemos sacrificar todo o bem-estar e nos tornar um lastimoso país exportador de pessoas. O solo alemão não é capaz suficientemente de alimentar, vestir e prover esta e as gerações vindouras. Somos obrigados a comprar e quem compra tem de pagar. O meio de pagamento, todavia, determina o comprador que não irá dar desconto para aquilo que se tornar muito caro para nós, se produzimos, de forma cara e problemática, com métodos e ferramentas ultrapassadas, com desperdício de trabalho e material.

Se quisermos evitar este fim, então temos a obrigação de nos mantermos na disputa. É, ao final, uma luta como outra qualquer e estamos preparados para vencê-la. O que a torna mais difícil e amarga não são, porém, as manifestações que analisamos aqui e que se referem somente à natureza formal da empresa a qual precisamos repensar, mas sim as injustiças perenes do sistema, das quais nos ocupamos em outro lugar. Como órgão de trabalho e luta da economia, a empresa irá sobreviver às futuras formas de produção, ainda que os anseios dos indivíduos e do Estado para com sua organização se modifiquem. É momento de mostrarmos que na economia privada livre, quase desenfreada, na qual nos encontramos, postergações dos anseios ocorrem. E seguimos a explicação na medida que excedemos o anseio orgânico da empresa por crescimento por meio da afirmação de que o desenvolvimento, por si só, não é suficiente, mas que é necessário, muito mais, ser observado, a todo o momento, um tamanho absoluto dado pelas necessidades da época e ambiente. Tal exigência também pode entrar em conflito com a limitação da empresa à economia privada.

É apresentado pela administração à assembléia geral um pedido de aumento do capital. Mesmo quando o plano está fundamentado pela necessidade interna, pela especial expansão de negócios ou pela união com outra empresa, levantam-se vozes, especialmente na imprensa, que advertem e desaconselham. Insinua-se risco de concentração, planos incontidos, expansão como objetivo por si mesmo, interesses paralelos, vício de expansão. Seria mal entendido, se uma administração quiser fundamentar a expansão com a ponderação de ser necessária uma certa dimensão absoluta para se obter um equilíbrio frente os concorrentes nacionais e internacionais. Contenta-se com as explicações aqui e impõe, assim assumimos, seu plano. Tranqüiliza-se a situação e acostumam-se com a nova dimensão, porém, pode-se ouvir os ecos da consideração em tom de reclamação: "Foi, porém, incorreto".

Os que advertem e reclamam são muitas vezes, porém, os mesmos que falam em outra oportunidade do caráter exemplar e invencível de nossa economia e não deixam claro que tais características se devem essencialmente à recusa de seu conselho de manter os empreendimentos pequenos.

Não se trata, aqui, de nenhuma objeção à crítica e ao constrangimento. É necessário que todos tenham voz e vez. Opiniões temerárias, falsas ou mesmo as malévolas também podem trazer algo de positivo, porém, a oposição não pode pretender sua infalibilidade pelo simples fato de ter direito de existir.

Como dito, afirmo, e sem temer a crítica, como defensor de anseios de expansão sem constrangimento, que expansões de empreendimentos sólidos não são um fim em si, que devem ser ponderadas de forma séria, que devem ser empreendidas, porém, quando o desenvolvimento exige, sem um sabor de consciência pesada, exatamente por ser vital um tamanho adequado aos tempos e às circunstâncias.

Raramente, e nunca com tantas oportunidades como nos últimos tempos, falou-se do que se designava com a palavra inglesa o *standing* de uma economia e o que eu gostaria de chamar de nível de rendimento em contraposição à capacidade de rendimento. Tal nível de rendimento, que atingiu em determinadas áreas da economia a liderança mundial, possibilitou que pudéssemos suportar tecnicamente a guerra do mundo contra nós. Como isso ocorreu?

Sem considerar a situação moral e intelectualmente mais elevada da classe de burocratas e cientistas, decisivos são o impulso empresarial científico e a liberdade de locomoção da indústria, pois ocorreu algo que eliminou os limites da dedicação no âmbito privado: a indústria tornou-se responsável por parte preponderante da pesquisa técnica. Não pode mais se contentar, como a cem anos atrás, em imitar de forma relutante após longo tempo uma novidade de um outro país, para desfrutar durante uma geração desta audácia supostamente inevitável. Não pode aguardar mais também, como a algumas décadas, pela descoberta de um especialista. É obrigada a realizar pesquisa constante e sempre em maior extensão, não lhe sendo suficiente a diligência tranqüila de seus imensos laboratórios, onde lentamente surgem novas substâncias nos tubos de ensaio e fornalhas de fusão, onde são colecionadas milhares de observações de peças elétricas e mecânicas.

Os experimentos definitivos da técnica atual ocorrem em tamanho real: o seu lugar não é mais nos laboratórios dos cientistas, mas sim em construções fabris gigantes, que só servem para os testes em tamanho real. Seus métodos não são mais reação e medida, desenho e construção, mas grandes fábricas de testes. Não poderiam, de outra forma, ser resolvidas as tarefas dos novos tempos, ainda que se refiram a aço ou chapas de tanques, automóveis e aviões, turbinas à vapor, motores a óleo e submarinos, explosivos e obtenção de nitrogênio, ainda que se investissem anos no trabalho ao invés de meses. Explica-se esta imensa transformação da experimentação com o fato de que a inovação atual não substitui mais algo primitivo, pré-histórico, como, por exemplo, a máquina a vapor e a locomotiva que superaram a força muscular do homem e do animal, mas, sim, deve dar conta de problemas absolutamente novos, como vôo e transporte submarino, ou superar técnicas e mecanismos altamente desenvolvidos, que lutam desesperadamente contra seu fim, como a iluminação a gás e transmissões ou máquinas a êmbolo. Com isto não se referem mais tais experimentações à criação originária de uma única substância ou mecanismo, mas sim à fundamentação de uma técnica completamente desenvolvida, que inclui ao mesmo tempo os testes com a fabricação de armas e a aplicação da experiência de uso em construções e na produção. Não só os progenitores participam destas grandes experimentações, mas também, sem que o queiram, os que utilizam por meio de anseios, costumes e abusos. E exatamente esta relação de troca entre produção e aceitação é que elimina o término do trabalho e consome, ano a ano, milhões, e sempre está confrontando com o insucesso e durando freqüentemente além do limite dos nervos de quem participa. Pode-se dar como comprovado que o tempo para lançamento de uma nova técnica, incluindo-se o que se denominava com uma expressão patológica de doenças infantis, quando se representa uma parte fisiológica do processo orgânico, não leva sete anos, como se pensava anteriormente, mas sim aproximadamente dez a doze anos atualmente, e que o capital despendido supera muito o valor que era considerado, há pouco tempo, suficiente para empresas grandes e plenamente desenvolvidas. Determinadas tarefas especiais, como, por exemplo, o desenvolvimento da máquina tipográfica, do caixa automático, da engarrafadora, custou uma geração e permanecem, por isso, ao país com experimentos inescrupulosos e sem limitações de recursos, os Estados Unidos.

O real significado da disputa entre as nações industrializadas está na defesa do nível de rendimento e da liderança técnica, e comparada com tal disputa a luta por áreas de distribuição parece ser inferior, pois esta depende do destino da primeira. Perdida a primeira luta pelo nível de rendimento, como ocorreu na França com exceção do negócio de arte e na Inglaterra em todos as áreas novas, então, não é necessariamente possível com um acontecimento como o da presente guerra recuperar a situação.

Esta extrema competição pressupõe, porém, ao lado da força de espírito e vontade pura, simplesmente grandes empreendimentos. Grande de acordo com o tamanho dos seus contemporâneos. E tais empreendimentos devem ser ao mesmo tempo suficientemente ricos, internamente fortalecidos, administrados de forma unificada e com poder decisório livre, para poder vencer, sem esmorecer, estas incessantes lutas que devem ser realizadas em várias fronteiras e, mesmo, em várias áreas e que são tão desgastantes, quanto significam puro trabalho futuro.

Ocorrem contemporaneamente a esta guerra intelectual e de descobertas pelo poder imperceptível do nível de rendimento, as lutas materiais pelas áreas de distribuição, as lutas contra sindicatos inimigos, contra a política e alicantina estrangeiras. Freqüentemente provocam muitas perdas, sempre são onerosas e, ao certo, em tal proporção que pequenas empresas não estão a sua altura, se as grandes empresas não estiveram à frente destas lutas. Paralelamente, porém, abalos econômicos no próprio país devem ser desviados, reestruturações implementadas, como exige a situação geral, sobretudo suportar perdas decorrentes de erros, reveses e catástrofes que ocorrem em inevitável alternância.

Os anseios, que desenvolvemos a partir da natureza da empresa, de auto-renovação, de crescimento, da dimensão absoluta e estabilidade puderam ser, até agora, encontrados na economia alemã. Um sistema racional e automaticamente efetivo de qualidade, como sentimos falta na administração pública, traria muita força para as posições de maior responsabilidade. Uma classe de funcionários exemplar reuniria instrução e disciplina em uma medida que no estrangeiro é desconhecida. O patrimônio público e as finanças se colocariam à disposição da economia sem reservas. Todavia, não conseguiria nosso país, pobre em recursos naturais e com uma economia jovem, corresponder aos anseios aqui descritos e paradoxalmente antagônicos, conquistar o segundo lugar na economia mundial e resistir a prova técnica da guerra, se um princípio da economia, que nos atinge de forma real nesta análise da forma de empresa, não tivesse sido preservado quase que sem exceção e inobstante todos os combates públicos.

Tal princípio, que sozinho possibilitou a compensação da perda, a força da renovação, a constância do crescimento, a luta pelo nível de rendimento, e, no momento, a reestruturação para a economia de guerra: o princípio das distribuições comedidas de dividendos e reservas maiores; e, na realidade, reservas estas internas, deixadas à ponderação de ofício da administração e não impostas publicamente; este princípio, que representa o real poder de defesa de nossas empresas, e que foi e será atacado como em nenhum outro país, obriga à reflexão e nos mostra que, vez mais, nos aproximamos de um limite da valoração dos interesses da economia privada.

Com base no direito comercial e analisando tal sistema empresarial, como é correto segundo a lei vigente, pelo lado de uma sociedade de comerciantes para obter lucro com negócios comerciais, os professores de direito, publicistas, pequenos acionistas e terceiros explicam, quase que em uníssono, a grande empresa, da qual depende a defesa do Estado, que alimenta uma parte considerável da inteligência do país, que é responsável pela metade da pesquisa técnica e pelo desenvolvimento técnico de nosso país, da seguinte forma: os negócios devem ser realizados e os balanços e relatórios contábeis elaborados de tal forma que a qualquer momento, a completa situação patrimonial da empresa sob apresentação das reservas e das notas explicativas é clara a qualquer participante. Por lei, o lucro anual não reduzido está destinado, portanto, após dedução das necessárias amortizações, à distribuição de dividendos. Somente excepcionalmente e por razões extraordinárias pode a assembléia geral autorizar a constituição de certas reservas. Sobre sua utilização devem ser prestadas contas de forma pública.

O necessário processo ocorreria da seguinte forma. Uma sociedade que por longo tempo apresenta rendimento de 10% e manteve sua cotação entre 170% a 180% encerra um ano melhor do que o esperado e acompanhado de lucros extraordinários. Foram ganhos 30%. A administração sugere distribuir 15% e reservar 15% para despesas extraordinárias. Sobe a cotação em 100% na publicação dos resultados positivos. Novos acionistas compraram com esta cotação, pois esperavam que tal resultado fosse constante, e desejam já neste momento uma distribuição mais elevada.

Manifestações deste tipo ocorrem na assembléia geral: — "Por quê vocês querem reservar 15%?". — "Uma parte de nossos equipamentos está ultrapassada e velha. Queremos reformar". — "Esta agora. Comprei por 260% e ouço agora que os equipamentos estão velhos". A concorrência está atenta. — "Pensamos por meio disto em experimentar um novo processo de produção de aço. Irá demorar e custar muito, mas se tivermos sucesso, conseguiremos uma posição de destaque". — "Quando e quanto?". — "Isto não sabemos. Precisamos ainda filiais no estrangeiro que inicialmente somente representam custo, exigem capital e nada trazem". A concorrência, especialmente a estrangeira, está novamente atenta. — "Quer dizer, planos sem limite. Quero advertir a administração. O processo não leva a nada. Não precisamos de filiais. Os resultados irão reduzir. Iremos nos ver novamente daqui um ano".

No ano seguinte os resultados voltam ao normal. Para não decepcionar demais os acionistas, distribui-se, porém, 12% e não se reserva nada. Cai muito a cotação, muitos perderam seu dinheiro, a assembléia geral está melindrada. Os acionistas têm a palavra novamente. — "Maus resultados. O que ocorreu com os 15% que vocês retiveram contra o meu conselho no ano passado?". — "Foram utilizados para renovações, organização e testes". — "A sociedade está retrocedendo a passos largos". Mesmo assim é o segundo melhor ano. — "O processo do aço já está finalmente concluído?". — "Vemos agora que temos de trabalhar ao menos cinco anos. O debate do ano passado incitou que muitas fábricas de porte iniciassem semelhantes testes. Se não conseguirmos, estaremos ultrapassados". — "Claro, um erro conduz a outro e agora colocaremos dinheiro bom em mau negócio". — "Precisamos, além disso, introduzir uma série de melhorias, pois os preços estão caindo. Se exigirem, porém, 12% no próximo ano, precisaremos deixar de lado. Se ficássemos nos 10%, teríamos os recursos." — "Confissão completa de incapacidade. Estávamos no melhor caminho. Minhas ações custavam 260%. Eu solicito a liquidação".

Tais conversas podem ser continuadas e alteradas. Podem ter por objeto a constância dos resultados, o princípio da expansão dos negócios, a mudança da área de negócios, o combate com outras organizações. Como não se pode assumir que os professores de direito e os publicistas, que postulam tal forma de publicidade do processo, têm interesse somente nos debates calorosos, precisamos manter em vista o resultado final: tais discussões de fato geram efeito, alcançam o objetivo de não só obrigar a administração a expor seus planos de negócio, mas também tornar a política de investimentos da empresa dependente dos ânimos da assembléia geral, e, em realidade, no sentido de maiores distribuições e menores reservas.

Caso se favoreça de forma tão decisiva o princípio da ordem democrática no Estado e na vida econômica, então não há como eliminar o princípio da transferência de poderes. Mesmo em uma representação parlamentar eleita para permanentemente interagir nos negócios de governo, a real liderança da política é transferida a um gabinete eleito entre os seus membros. Não irá submeter a divisão do orçamento de Estado à votação popular. Irá avaliar medidas de defesa do país por meio de comissões, todavia sem debates públicos. A empresa tem somente uma defesa: o investimento de seus recursos financeiros. Se lhe for retirada toda a liberdade, a administração rejeitada como deficiente, comissões especiais desprezadas e a assembléia geral convocada para decidir publicamente todos os conflitos do presente com o futuro, então surge uma situação que atingiu as empresas de alguns países românicos e as tornaram indefesas.

Uma greve da inteligência não ocorre. Sempre encontraremos administrações que se adaptam a tais ânimos. Lembrarão que podem se retirar da vida dos negócios alguns anos antes, se aumentarem as distribuições de dividendos, das quais participam. Permitirão planos de curto prazo e de visão restrita. Irão renunciar à constância dos resultados e valorizações de cotação e como mérito o fato de se manterem afastados das especulações que são facilitadas por tais altos e baixos. Sentir-se-ão como mandatários de interesses comerciais e desobrigados em igual medida de combates desgastantes, tal como da árdua responsabilidade de representante de atividades nacionais, econômicas e de defesa do país. Talvez, as empresas distribuam maiores dividendos por um bom tempo. Não estão, porém, em condição de tal proeza por longo tempo, pois, do contrário, seriam obrigadas a se tornar, com o passar dos tempos, extremamente ricas dentro do quadro da atual política, o que não é o caso. Com a redução dos lucros, porém, ocorrerá primeiramente a perda da liderança técnica, do volume de produção e mais tarde da capacidade de produzir e nossa economia irá afirmar, com dificuldade, a posição que uma módica riqueza de solo indica frente a uma forte necessidade de compra do país.

Não acredito que um legislador queira tal situação. Também não acredito que os professores de direito e publicistas, que lutam permanentemente contra a atual política das reservas, a queiram. Pode-se ao menos dizer a partir da experiência desta guerra que as reservas ocultas (*stillen Reserven*) de nossas sociedades por ações estão resolvidas tecnicamente. Nunca teríamos conseguido no curso de meses a completa reestruturação de todo um país à produção armamentista, o surgimento de milhares de fábricas no período de guerra, o domínio de problemas técnicos fundamentais, se não se juntassem ao nosso volume de produção de nossa economia a liberdade de locomoção, a determinação e a ousadia, que se apóia na disponibilidade de grande volume de recursos livres.

Não se pode glorificar tais acontecimentos e sucesso e, ao mesmo tempo, combater os meios pelos quais surgiram. Exige-se de nossa economia, com obviedade, que forneça no momento de necessidade o melhor submarino, a mais resistente frota aérea, o maior número de projéteis, que produza pólvora a partir do ar e detonador a partir da argila, pois muitas das matérias-primas lhe faltam. Então, dever-se-ia, também, dar-lhe a liberdade do desenvolvimento e da decisão que precisa para não permitir que as pretensões encartuladas dos membros das sociedades de comerciantes se apliquem sobre ela como a única lei.

Importantes transformações do sistema e bases de nossa economia estão por vir, das quais se deve tratar em outro local. Mais revolução mundial do que um acontecimento político, a guerra destruiu a ordem econômica e social da Europa em tantos meses, quantos muitos anos de paz teriam precisado. Não irromperá de tais escombros de guerra nem um império do comunismo socialista, nem um novo império das forças econômicas livres. Também, a existência da empresa não será determinada pelo fortalecimento do pensamento da economia privada, mas sim pela inserção consciente na economia coletiva, da integração no espírito da responsabilidade coletiva e do bem público.

Jurisprudência Comentada

CONFLITO DE INTERESSES: FORMAL OU SUBSTANCIAL? NOVA DECISÃO DA CVM SOBRE A QUESTÃO

ERASMO VALLADÃO A. E N. FRANÇA

Inquérito Administrativo CVM TA/ RJ2002/1.153

Relatora: Diretora Norma Jonssen Parente

Relator do voto vencedor: Diretor Wladimir Castelo Branco Castro

Indiciadas: Caixa de Previdência dos Funcionários do Banco do Brasil (PREVI), Fundação SISTEL de Seguridade Social

Presidência do Dr. Luiz Leonardo Cantidiano

Local: Sede da Comissão de Valores Mobiliários

6.11.2002

Iniciada a sessão de julgamento, aberta ao público, o Presidente após certificar-se que o defendente presente, Dr. Vitor Rogério da Costa, advogado dos indiciados Fundação SISTEL de Seguridade Social e Caixa de Previdência dos Funcionários do Banco do Brasil (PREVI), teve acesso ao Relatório do Inquérito, concedeu-lhe a palavra para defesa de seus clientes, o que foi feito.

Finda a defesa, não havendo manifestação adicional por parte da Dra. Ana Carolina Vieira de Carvalho, Procuradora Federal, em exercício junto à Procuradoria Jurídica da CVM, o Presidente comunicou que seriam proferidos os votos dos membros do Colegiado e passou a palavra à Relatora que proferiu voto no sentido de considerar comprovada a desobediência ao art. 115, § 1º da Lei 6.404/1976, propondo a aplicação à Caixa de Previdência dos Funcionários do Banco do Brasil — PREVI e à Fundação SISTEL de Seguridade Social da pena de multa de R$ 500.000,00 (quinhentos mil reais) para cada uma, prevista no art. 11, II, da Lei 6.385/1976.

Em seguida, manifestou-se o Diretor Wladimir Castelo Branco Castro, voto vencedor, discordando do voto da Relatora, por entender, em resumo, que em face do que dispõe o art. 115 da Lei das Sociedades por Ações, o acionista, controlador ou não, deve exercer o seu direito de voto no interesse da companhia; que a desobediência a esse princípio caracteriza o abuso do direito do voto e no caso específico o conflito de interesses; que o primeiro juízo a respeito do conflito de interesse deve caber ao próprio acionista; que não se deve partir da premissa de que o acionista não votou de boa-fé, devendo o conflito ser apurado *a posteriori*; e, não estando o Diretor convicto de estar diante de um caso de acionistas que tenham votado com interesse conflitante com o da companhia, propôs a absolvição das acusadas.

O Diretor Luiz Antonio de Sampaio Campos iniciou seu pronunciamento confessando que dado o bem estruturado voto da Diretora-Relatora chegou a cogitar de pedir vistas do processo, mas, dada a audiência do assunto, e a sua posição frente à matéria já ser de conhecimento público, manifestar-se-ia no momento, e, posteriormente, apresentaria seu voto mais estruturado, em homenagem ao voto apresentado pela Diretora-Relatora. Feitas essas considerações, o Diretor proferiu extenso voto reafirmando ser o seu posicionamento, já público, no sentido de que o conflito de interesse precisa ser um conflito substancial, estridente, colidente, o interesse inconciliável para que a regra do § 1º do art. 115 se aplique; ressaltando, ainda, ser esse o entendimento majoritário da doutrina tanto no Brasil quanto fora dele. Por fim declara que "se o voto proferido na Assembléia foi proferido por quem não era a contraparte direta da sociedade, simples acionista minoritário da sociedade, não tinha nenhum benefício particular, ainda que indireto, e, portanto, não estava configurada uma situação de conflito de interesses" (*sic*), razão pela qual absolve as acusadas.

O Presidente Luiz Leonardo Cantidiano em seu voto chama a atenção para a leitura do § 1º do art. 115 da Lei 6.404/1976, enfatizando que "Quando o acionista contribui para o capital, com um bem do qual ele seja titular, ele está proibido de votar. Quando o acionista está aprovando as suas contas ele também está proibido de provar" (*sic*).

Ressalta, ainda, o Presidente, o teor do texto do final do § 1º, que diz que o acionista também não poderá votar em quaisquer outras deliberações que puderem beneficiá-lo de modo particular ou em que tiver interesse conflitante com o da companhia. Verifica-se assim, segundo o Presidente, "que se a deliberação não puder beneficiar o acionista de modo particular e/ou se o seu interesse estiver sintonizado com o interesse da companhia ele estará admitido a votar. Ele poderá votar" (*sic*).

Acrescenta afirmando que "no caso concreto o interesse da acionista Telemar e de suas acionistas indiretas (que são as acusadas PREVI e SISTEL), era a meu ver convergente com o interesse da companhia (...)" (*sic*).

Pelos motivos que expõe, finaliza o Presidente declarando que "apesar de ver como uma das melhores peças que já tive a oportunidade de analisar e acompanhar na CVM, o voto da Diretora-Relatora, eu divirjo do seu voto; não vejo como possa ser acolhida a acusação, se o voto foi proferido na Assembléia por quem não era a contraparte direta na sociedade, constituindo-se em simples acionista minoritário da sociedade, que não tinha benefício particular, ainda que indireto, a auferir o que, portanto, não configurava uma situação de conflito de interesses. Por essa razão absolvo as acusadas" (*sic*).

O presidente encerrou a sessão informando que por decisão majoritária, absolvidas as acusadas, a CVM oferecerá recurso de ofício ao Conselho de Recursos do Sistema Financeiro Nacional.

Nilza Pinto Nogueira, Secretária da Sessão de Julgamento.

RELATÓRIO DA RELATORA

O Relatório da Diretora-Relatora, e a íntegra dos votos dos Diretores Wladimir Castelo Branco Castro, voto vencedor, Luiz Leonardo Cantidiano e Norma Jonssen Parente, estão a seguir disponibilizados. O voto do Diretor Luiz Antonio de Sampaio Campos será disponibilizado tão logo terminada sua transcrição e conferência.

Dos fatos

1. Em 30.11.1999 foi realizada Assembléia-Geral Extraordinária da Tele Norte Leste Participações S/A, na qual os acionistas aprovaram um Acordo de Prestação de Serviços Gerenciais, a ser celebrado entre a Telemar Participações S/A (Telemar), sua controladora, e as companhias concessionárias.

2. A aprovação se deu com os votos da PREVI, da SISTEL e dos Fundos Mútuos de Investimento em Ações — Carteira

Livre I e Carteira Livre BB Guanabara, dos quais a PREVI e a SISTEL eram os únicos cotistas. A participação em conjunto desses acionistas representava cerca de 9,5% do capital da Tele Norte Leste.

3. A PREVI e a SISTEL detêm, juntas, 77,84% do capital do fundo FCF — controlador da Fiago Participações S/A, que possui 19,90% do capital da Telemar. Considerada individualmente, a Fiago é a segunda maior acionista da *holding*.

4. Em função de participação indireta na Telemar, através da Fiago, a Superintendência de Relações com Empresas — SEP identificou um possível conflito de interesses nos votos dos representantes da PREVI e da SISTEL, tendo em vista que para elas o acordo teria um impacto menor que para os demais acionistas e a deliberação não seria aprovada sem os seus votos e dos fundos por elas controlados.

5. Diante desses fatos, a SEP propôs a abertura de Inquérito Administrativo para a apuração completa dos fatos e a imputação de eventuais penalidades a seus responsáveis por eventual conflito de interesses, em desrespeito ao § 1º do art. 115 da Lei 6.404/1976 (fls. 1 a 5).

Da apreciação do termo de acusação pelo Colegiado

6. O Colegiado, em reunião realizada em 22.11.2001, aprovou a proposta de instauração do Inquérito Administrativo contra a PREVI e a SISTEL que votaram indevidamente na Assembléia-Geral da Tele Norte Leste Participações S/A, realizada em 30.11.1999 (fls. 72/78). Ato contínuo, tendo em vista as alterações introduzidas na Resolução 454/1977 do Conselho Monetário Nacional pela Resolução 2.785/2000 que disciplinam os procedimentos a serem observados na instauração de Inquérito Administrativo, o processo foi encaminhado à SEP para a formalização do Termo de Acusação (fls. 79/85) e posterior intimação dos indiciados, na pessoa de seus representantes legais, para apresentarem suas razões de defesa.

7. Devidamente intimados (fls. 88 e 89), os acusados apresentaram, em sua defesa, as seguintes razões, vertidas nas fls. 94/266:

Das razões de defesa

a) doutrina e jurisprudência dominantes entendem que o conflito de interesses deve ser apreciado de forma substancial, partindo do pressuposto da boa-fé dos acionistas ao proferirem seus votos;

b) mesmo dentro da CVM existem vozes dissonantes, tais como a do Diretor Luiz Antonio de Sampaio Campos, manifestada em seu voto vencido no Inquérito Administrativo CVM TA/RJ2001/4.977;

c) em decorrência do elevado grau de abstenções, a matéria relativa foi aprovada com os votos das defendentes e dos fundos por elas controlados, representantes de apenas 5,48% do capital da TNL;

d) a análise do caso concreto confirma que os votos proferidos pelas defendentes a favor do Acordo na Assembléia-Geral foram acertados, sendo que o Acordo foi muito benéfico para a TNL e seus acionistas;

e) as defendentes jamais receberam recursos advindos do Acordo, que foi assinado entre a TNL e a Telemar, sendo apenas acionistas minoritárias nas duas sociedades;

f) seria incoerente a PREVI e a SISTEL votarem de uma forma e fundos de que são quotistas controladoras votarem de outra;

g) as condições impostas pelo Contrato de Concessão para a celebração do Acordo foram integralmente observadas, ou seja, a remuneração da Telemar está dentro dos limites previstos e os acionistas detentores de ações preferenciais da TNL tiveram o direito de votar na Assembléia-Geral que aprovou a celebração do Acordo;

h) se a interpretação formal do art. 115, § 1º, da Lei 6.404/1976 tivesse prevalecido no momento da Assembléia-Geral, o

Acordo não teria sido aprovado em razão do voto contrário de acionistas representando 1,76% do capital social da TNL;

i) a configuração do interesse conflitante deve ser determinada por um exame substancial, avaliado caso a caso e, uma vez comprovado, a deliberação tomada em decorrência do voto de acionista que tem interesse conflitante é anulável, na forma do disposto no § 4º do art. 115 da Lei das S/A;

j) somente em situações excepcionalíssimas se retira o direito do acionista votar, sempre com a presunção de que as chances de fazê-lo contra os interesses da companhia são evidentes e flagrantes;

l) os interesses da companhia e das defendentes eram convergentes e em razão disso não tinham motivo nem obrigação de se abster de votar a matéria em questão.

8. No Parecer Jurídico elaborado por José Luiz Bulhões Pedreira (fls. 270 a 297) a Tele Norte Leste S/A (Consulente) formula as seguintes questões:

1ª) Segundo a Lei das S/A em vigor a PREVI e a SISTEL tinham o dever de se abster de votar na Assembléia-Geral que aprovou o "Acordo", por estarem em situação de conflito de interesses nos termos do § 1º do art. 115?

2ª) Os votos proferidos pela PREVI e a SISTEL na referida deliberação foram válidos?

3ª) A deliberação na AGE da Consulente que aprovou o "Acordo" é anulável?

9. Pelas razões esposadas no Parecer, assim foram respondidas as questões da consulta:

1ª) A PREVI e a SISTEL não tinham o dever de se abster de votar na deliberação da Consulente que aprovou o "Acordo" com a Telemar.

2ª) Os votos proferidos pela PREVI e SISTEL na referida deliberação foram válidos.

3ª) A deliberação da AGE da Consulente que aprovou o "Acordo" não é anulável, inclusive porque já decorrido o prazo de dois anos de prescrição da ação para anular a deliberação da Assembléia, fixado no art. 286 da Lei das S/A.

10. Oportunamente, os acusados acostaram, em abono à sua defesa, o parecer (fls. 299/313) emitido pelo Professor Alfredo Lamy Filho em que foi perguntado se *na Assembléia-Geral que aprovou a celebração do Acordo de Prestação de Serviços, PREVI e SISTEL poderiam ter votado pela aprovação do Acordo de Prestação de Serviços, ou deveriam declarar-se impedidas de votar nessa matéria, nos termos do art. 115 § 1º da lei 6.404/1976, sob fundamento de que havia conflito de interesses, em razão de suas participações indiretas na Telemar?*

11. Em resposta à consulta, o parecerista afirmou que *PREVI e SISTEL — ambas com participações indiretas e pouco expressivas (minoritárias) no capital da "holding" — não estavam impedidas de votar o Acordo, nem se encontravam em situação de "conflito de interesses" na matéria a ser deliberada.*

É o Relatório.

Norma Jonssen Parente, Diretora-Relatora.

DECLARAÇÃO DE VOTO DO DIRETOR LUIZ ANTONIO DE SAMPAIO CAMPOS

1. Sou levado a divergir do bem estruturado voto apresentado pela Diretora-Relatora, com a devida vênia, em virtude das razões de direito que, resumidamente, vão a seguir expostas.

2. Preliminarmente, não posso deixar de ver com satisfação que a Diretora-Relatora comunga do entendimento que expus no voto em que proferi no julgamento do Inquérito Administrativo CVM RJ2001/4.977, em que fui vencido, no que toca ao conceito de benefício particular.

3. A divergência remanesce, agora, apenas na parte que toca ao conflito de interesses.

4. Como já é sabido e público desde o julgamento daquele Inquérito Administrativo, o meu posicionamento é na linha de que o conflito de interesses deve necessariamente constituir um conflito substancial, estridente, colidente; um interesse inconciliável, para que a regra do § 1º do art. 115 da Lei 6.404/1976 seja aplicada, como exposto de maneira mais sistemática e organizada no meu voto no Inquérito Administrativo CVM RJ2001/4.977.

5. Apenas para relembrar a questão, transcrevo abaixo o seguinte trecho do voto que proferi naquele julgamento, em que procurei delimitar a matéria em debate:

"2. A questão do conflito de interesse e o direito de voto nas assembléias dos acionistas interessados não é nova nem aqui nem alhures. Páginas e mais páginas têm sido dedicadas pela doutrina para tratar da questão na busca de uma solução que dê o melhor tratamento à matéria.

"3. No desenrolar destas discussões, não faltaram movimentos que pretenderam impedir, a qualquer título, o voto do acionista que tivesse eventual conflito de interesse, partindo da posição de um conflito meramente formal; alguns movimentos defenderam a tipicidade fechada, na qual haveria o impedimento do direito de voto apenas nas matérias elencadas em rol taxativo e exaustivo; finalmente, outros entenderam que o impedimento de voto deveria ser verificado *ex post*, com a comprovação de que o acionista votante haveria, de fato, no caso específico, sacrificado o interesse social em benefício do seu interesse específico e extra-societário (cf. Luigi Mengoni, "Conflitto di interessi in materia sociale", *Rivista delle Società*, 1956, pp. 434 e ss.).

"4. A linha que afinal veio a prevalecer para a hipótese de conflito de interesse, como ficará demonstrado abaixo, foi aquela para a qual o conflito de interesse deveria ser apreciado no caso concreto e específico, de forma substancial e não formal, e a meu ver é aquela que melhor defende os valores da sociedade e se integra no sistema do anonimato."

6. Esse entendimento, conforme já tive a oportunidade de expor, é o majoritário tanto no Brasil quanto fora dele, sendo mesmo raro quem sustente o contrário, notadamente no Brasil.

7. A divergência principal está no conceito de conflito de interesse e a forma de examiná-lo.

8. O entendimento preconizado no voto da Diretora-Relatora seria no sentido de que "não precisa o interesse ser divergente ou oposto ou que haja vantagem de um e prejuízo para o outro" (cf. item 32 do voto vencido) e que "o conflito de interesses não exige que os interesses sejam opostos, mas que o acionista tenha duplo interesse" (cf. item 62 do voto vencido) e, finalmente, que "a lei emprega a palavra conflito em sentido lato".

9. Comecemos, então, pelos léxicos:

Aurélio Buarque de Holanda Ferreira: "conflito [Do lat. *conflictu*, 'choque', 'embate', 'peleja', do lat. *confligere*, 'lutar']. S.m. 1. Embate dos que lutam. 2. Discussão acompanhada de injúrias e ameaças; desavença. 3. Guerra (1). 4. Luta, combate. 5. Colisão, choque: As opiniões dos dois entram sempre em *conflito*. (...)" (grifou-se).

Antônio Houaiss: "Conflito (...). 1. profunda falta de entendimento entre duas ou mais partes (...). 2. *p.ext.* choque, enfrentamento (...). 4. *p.ana.* ato, estado ou efeito de divergirem acentuadamente ou se oporem duas ou mais coisas (...). c. de direitos *jur.* convergência de direitos antagônicos de dois ou mais indivíduos, que obriga a que nenhum deles tenha exercício pleno ou exerça gozo exclusivo do direito do qual se arroga titular: colisão de direitos (...)" (grifou-se).

10. Vê-se, de início, que a lição dos léxicos não socorre a tese defendida no voto vencido, pois que, mesmo "no sentido lato", denota ser da essência do termo vernacular conflito o choque, a divergência acentuada, a oposição, o antagonismo.

11. Mas o que realmente importa para o desate da questão é a acepção técnica de conflito de interesses, inclusive porque se trata de um conceito eminentemente jurídico, com raízes profundas na teoria geral do direito e longamente embasado pelos teóricos do direito processual civil.

12. Nessa linha, primeiramente, deve ficar dito que o interesse em conflito há de ser extra-social, não decorrente da situação de sócio do acionista. Este interesse extra-social, estranho mesmo à relação social, é que deve se contrapor ao interesse social. A contraposição entre interesses de acionistas não autoriza a aplicação do § 1º do art. 115 da Lei 6.404/1976.

13. Mais ainda, esta contraposição, este conflito, deve ser substancial (e não apenas formal), efetivo e inconciliável. Seria aquele conflito de interesse que não permitiria a convergência ou a conciliação, mas que, para o atendimento do interesse de uma das partes, necessariamente se exigiria o sacrifício da outra parte. Para se alcançar um interesse, ter-se-ia invariavelmente que prejudicar o outro.

14. Em outras palavras, não basta que haja uma duplicidade de interesses no voto do acionista. Para que se caracterize o conflito de interesses mencionado na lei, tal duplicidade deve implicar obrigatoriamente um choque de interesses, uma colisão entre o interesse social e o do acionista, de modo que um não poderia prevalecer sem o sacrifício do outro.

15. Para o exame conceitual e doutrinário da questão, parece-me que o direito italiano é de extrema valia, pois, como reconhece a Diretora-Relatora, foi lá onde se inspiraram os nossos legisladores de 1976. Veja-se, neste particular, a lição de Pier Giusto Jaeger:

"*Crediamo, poi, che all'espressione 'conflitto d'interessi' si debba attribuire un preciso significato tecnico, e che tale espressione indichi una relazione di incompatibilità assoluta, non comprendendosi in essa, invece, altri tipi di interferenze fra interessi le quali diano luogo soltanto a rapporti di incompatibilità relativa o potenziali.*

"(...) giacchè soltanto quando fra due interessi esiste un rapporto di incompatibilità assoluta si può dire che la realizzazione di uno di essi 'esige' il sacrificio dell'altro" (*L'Interesse Sociale*, Milão, Dott. A. Giuffrè Editore, 1972, pp. 209 e 222 — grifou-se).

16. E Galgano:

"Hay conflicto de intereses entre socio y sociedad cuando el socio se encuentra en la condición de ser titular, ante determinada decisión, de un doble interés: de su interés de socio y, además, de un interés *externo de la sociedad, y esta duplicidad de intereses ha de ser de tal naturaleza que no pueda obtener el uno sin sacrificar el otro interés.*

"La simple duplicidad de la posición de intereses en cabeza de un mismo sujeto por sí sola no implica, sin embargo, una situación de conflicto en sentido técnico. Las dos posiciones pueden ser entre sí solidarias, ya que el socio puede alcanzar su propio interés sin perjudicar el interés de la sociedad. Inclusive, en el contrato consigo mismo el comportamiento del representante no es posible censurarlo, cuando 'el contenido del contrato esté determinada en forma que excluya la posibilidad de conflicto de intereses' (art. 1.395)" (*Derecho Comercial*, Francesco Galgano, Editorial Temis, v. II, p. 410 — grifou-se).

17. A jurisprudência italiana acompanha a doutrina: "Ai sensi dell'art. 2373 c.c. c'è conflitto d'interessi socio e società quando il socio si trova ad essere portatore di fronte ad una data deliberazione d'un duplice interesse: del suo interesse di socio e, intoltre, di un interesse estraneo alla società *e questa duplicità di interessi è tale per cui egli non può realizzare l'uno, se non sacrificando l'altro, determinando perciò una situazione di rischio per la società*" (*Trib. Napoli*, decr. 24 gennaio 1989, Dir. fall., 1989, II, 1.169 — grifou-se).

18. Para que não haja dúvida sobre o teor e a força da lei italiana, veja-se o que diz, em tradução livre, o Código Civil italiano, no seu art. 2.373, *caput*, em tudo similar com a parte final do parágrafo único do art. 115 da Lei 6.404/1976: "O direito de voto não pode ser exercido pelo sócio nas deliberações em que tenha, por conta própria ou de terceiro, um interesse em conflito com o da sociedade (art. 2.391)".

19. No direito pátrio, já Carlos Fulgêncio da Cunha Peixoto, ainda na vigência do Decreto 2.627/1940, que:

"Entretanto, o objetivo do dispositivo é proibir ao acionista votar sobre matéria em que seu interesse entre em choque com o da sociedade. (...)

"Não é fácil a tarefa de aferir os interesses da sociedade e os do acionista para saber se existe ou não choque. A matéria é de fato e deve ser examinada em cada caso, pois, mesmo em uma operação de compra e venda, em determinadas condições, não se poderá dizer, de antemão, se haverá antagonismo entre as partes. Pode, como proclama Eduardo de Carvalho, 'dar-se a hipótese de haver convergência ou mutualidade de interesses, por beneficiar a ambas as partes a transação incriminada'" (*Sociedades por Ações*, v. 3, Carlos Fulgêncio da Cunha Peixoto, p. 81 — grifou-se).

20. E, com a autoridade de co-autores do anteprojeto que se converteu na Lei 6.404/1976, em pareceres elaborados para o caso específico:

Alfredo Lamy Filho: "O conflito terá pois que ser caracterizado como 'una relazione de incompatibilità assoluta', como diz Santagata, para causar dano à sociedade, pois o que está em jogo é o interesse da sociedade, e não da minoria, na expressão de Ferri".

José Luiz Bulhões Pedreira: "Interesse conflitante significa interesse oposto, contrário, incompatível ou colidente. Não é apenas interesse diferente, ou distinto, que pode ser, inclusive, coincidente com o da companhia, ou complementar a este: é válido o voto proferido pelo acionista no interesse da companhia, ainda que na deliberação tenha outro interesse próprio, distinto do da companhia, desde que não seja com este conflitante".

21. Uma vez demonstrado que, para a caracterização do conflito de interesses, não basta a duplicidade de interesses, mas que estes estejam inconciliavelmente em choque, percebe-se que a tese do conflito formal é incompatível com uma tal noção de conflito. Haveria, então, de ser, no dizer de Carlo Santagata "una realizione de incompatibilità assoluta".

22. Para demonstrar que sempre prevaleceu — universalmente — o entendimento de que o conflito deve ser substancial, estridente e colidente, vejamos as manifestações seguintes.

23. Na Itália, temos a opinião de Sena (*Il Voto nella Assemblea della Società per Azioni*, Milão, Giuffrè, 1961, p. 393), Tullio Ascarelli (*Studi in Tema di Società*, 1952, p. 166), Pier Giusto Jaeger (ob. cit., pp. 209 e 222), Ferri (*Trattato di Diritto Civile Italiano*, in *Le Società*, autori diversi, Turim, UTET, 1971, v. 10, pp. 450 e ss.), Ferrara e Corsi (*Gli Imprenditori e le Società*, Milão, Giuffrè, 1992, pp. 506 e ss.), Mengoni ("Conflitto di interessi in materia sociale", *Rivista delle Società*, 1956, pp. 434 e ss.; "Appunti per una revisione della teoria sul conflitto di interessi nelle deliberazioni di assemblea delle società per azioni", *Rivista delle Società*, 1956, pp. 448 e ss.), De Gregorio (*Derecho Comercial de Las Sociedades & de Las Asociaciones Comerciales*, Buenos Aires, Ediar, 1950, t. 6, pp. 702-703), Giovanni Grippo (*L'Assemblea nella Società per Azioni*, in *Trattato de Diritto Privato*, Turim, UTET, 1982, v. 16, pp. 389 e ss.), Giorgio Cian (*Commentario Breve al Codice Civile*, Pádua, CEDAM, 1994, pp. 2.551 e ss.), Carlo Santagata (*La Fusione tra Società*, Nápoles, Morano, 1964, pp. 271 e ss.), Campobasso (*Diritto Commerciale, Diritto delle Società*, 2, Turim, UTET, pp. 305 e ss.), Galgano (*Diritto Commerciale. Le Società*, Bolonha, Zanichelli, 1982, p. 363).

24. E, mais recentemente, apenas para demonstrar que a matéria não está, em absoluto, ultrapassada, como sugeriu a Diretora-Relatora — ao contrário, está atualizada — a opinião de Aldo Ferrari, no seu livro *L'Abuso del Diritto nelle Società*, publicado em 1998 pela CEDAM, cujo seguinte trecho vale transcrever:

"La cennata interpretazione della disciplina del conflitto di interessi evidenzia, infatti, che il controllo imposto dal legislatore sulle delibere assembleari non è affato un controllo esterno e *a priori* (fondato, in astratto, su di una situazione di conflitto di interessi). Alla luce di quanto emerso, la disciplina in commento dimostra di essere assai più perspicua dato che la situazione di conflitto di interessi non rileva *ex se* ma, esclusivamente, in quanto il socio che versa in una situazione di conflitto eserciti il diritto di voto in contrasto com l'interesse sociale" (p. 39).

25. Na França, a opinião não é diferente, sendo de se citar exemplificativamente Dominique Schmidt (*Le Conflits d'Intérêts dans la Société Anonyme*, Paris, Joly Éditions, 1999). Na Alemanha, segue o mesmo sentido, conforme Henzfelder ("La protection de la société anonyme contre des abus de vote en cas de conflits d'intérêts en Droit Allemand", *Revue Trimestrielle de Droit Commercial*, fondée par Jean Escarra et Roger Houin, 1968, t. XXI).

26. Na Espanha, também há este entendimento prevalecente, sendo de se assinalar que, inclusive, sequer há regra que proíba o voto, como se pode ver do dispositivo abaixo transcrito da nova Lei de Sociedades Anônimas espanhola:

"Artículo 115. Acuerdos impugnables: 1. Podrán ser impugnados los acuerdos de las juntas que sean contrarios a la Ley, se opongan a los Estatutos o lesionen, en beneficio de uno o varios accionistas o de terceros, los intereses de la sociedad".

27. Aliás, neste particular, abro um parêntese, para esclarecer que a opinião de Rodrigo Uria trazida no voto vencido somente pode ser entendida, na primeira parte, aí sim como uma recomendação moral, de prudência ou de *lege ferenda*, uma vez que, na lei do anonimato espanhola, como se viu, não há sequer restrição ao voto em conflito de interesse, mas apenas, como transcrito acima, a possibilidade de impugnação da deliberação se o voto for contra o interesse social.

28. Veja-se, a propósito, a opinião de Rodrigo Uria, desta vez na excelente companhia de Joaquin Garrigues, em seus comentários à antiga Lei de Sociedades Anônimas espanhola: "al establecer en el artículo 67 (LSA 1951) la posibilidad de impugnar los acuerdos sociales que lesionen los intereses de la sociedad en beneficio de uno o más accionistas, se inspira en el principio de que el derecho de voto no puede ser ejercitado en sentido antisocial. Este precepto no debe interpretarse, sin embargo, en el sentido de obligar al accionista a abstenerse de la emisión de voto" (*Comentario*, I, p. 659).

29. No mesmo sentido, Girón Tena: "La ley española no adopta un punto de vista preventivo generalizando un deber de abstención en caso de conflicto de intereses" (*Derecho de Sociedades Anónimas*, p. 327).

30. E, comprovando a atualidade da tese ora defendida, o mesmo Rodrigo Uria em obra conjunta com Aurélio Menendez e José Maria Munõz Planas, desta vez já comentando a nova Lei de Sociedades Anônimas: "Es justo señalar ahora que las nuevas direcciones doctrinales en materia de protección de las minorías en las sociedades anónimas tienden a abandonar, sin embargo, esa orientación y, en lugar de propugnar la obligación de abstenerse de emitir el voto o la prohibición del voto en sí, se inclinan hacia el establecimiento de un motivo de impugnación de los acuerdos sociales cuando se da un conflicto de intereses entre la sociedad y el accionista en el momento del ejercicio del derecho de voto. Esta es la corriente seguida, precisamente, por nuestra ley de sociedades anónimas — art. 115 (Rubio, 254-255; Muñoz-Planas, *Estudios*, G. Abascal, 215-216)" (*Comentario al Régimen Legal de Las Sociedades Mercantiles*, Civitas, t. V, p. 165).

31. Mas, refira-se que mesmo o trecho de Rodrigo Uria citado pelo voto vencido exige "el supuesto de conflicto o *colisión de intereses* entre la sociedad y el socio, éste deba abstener-se de emitir el voto en el asunto o operación concreta en que se dé la *colisión*" (cf. item 17 do Voto Vencido — grifos aditados) e não apenas o duplo interesse sem a necessária oposição de que falou a Diretora-Relatora.

32. E, ainda, a própria autora citada pela Diretora-Relatora em seu voto vencido, Carmen Alborch Bataller, além de reconhecer, como o fez Uria, que "el deber de abstención no viene impuesto en la ley" (*El Derecho de Voto del Accionista*, Tecnos, p. 291), exige, em linha com a tese que sustentamos: (a) "a existência de uma *situação contraposta ou antagônica* (...) entre os interesses do sócio e da sociedade"; (b) "a existência de um nexo de causalidade entre o interesse extra-social ou particular do sócio *em prejuízo* do interesse social" (grifos aditados). A mencionada autora espanhola apenas não exige a prova da intenção de causar prejuízo à sociedade, mas daí não se pode ou se deve extrair que não se exija a prova do prejuízo ou a efetiva existência do dano.

33. Nos Estados Unidos, a situação não é diferente, conforme a literatura de Lattin (*Lattin on Corporations*, p. 355) e Robert C. Clark (*Corporate Law*). E, na Inglaterra, conforme a opinião de Gowers (*Principles of Modern Company Law*, p. 600), que é um dos maiores doutrinadores ingleses, e de Charlesworth & Morse (*Company Law*, London, Sweet & Maxwell, p. 302-304).

34. No Brasil, o assunto também não ficou esquecido. A opinião sempre foi no sentido de que o conflito de interesses seria uma questão de fato, a ser examinada caso a caso, e que o conflito precisaria resultar evidente, colidente, estridente, inconciliável.

35. E temos aqui a opinião de Carvalho de Mendonça (*Tratado de Direito Comercial Brasileiro*, Livraria Freitas Bastos, 1959, v. IV, p. 64), Miranda Valverde (*Sociedade por Ações*, 1953, v. II, pp. 116 e 315), Ruy Carneiro Guimarães (*Sociedades por Ações*, 1960, v. II, p. 137), Cunha Peixoto (*Sociedades por Ações*, Saraiva, 1973, v. III, p. 81), Lacerda Teixeira e Tavares Guerreiro (*Das Sociedades Anônimas no Direito Brasileiro*, São Paulo, José Bushatsky, 1979, v. I, p. 278), Nelson Eizirik (*Reforma das S/A & do Mercado de Capitais*, Rio de Janeiro, Renovar, 2ª ed., 1998, pp. 108-109), Luiz Gastão Paes de Barros Leães (*Estudos e Pareceres sobre Sociedades Anônimas*, Ed. RT, 1989, pp. 26 e 32) e Erasmo Valladão Azevedo e Novaes França, em monografia específica sobre o tema (*Conflito de Interesses nas Assembléias de S/A*, pp. 93 e 97).

36. Por todos, transcrevo a lição de Erasmo Valladão Azevedo Novaes e França, ilustre monografista sobre a matéria: "Entendemos, dessa forma, que ao fazer referência a 'interesse conflitante com o da companhia', no § 1º, do art. 115, a lei não está se reportando a um conflito meramente formal, mas sim a um conflito *substancial*, que só pode ser verificado mediante o exame do conteúdo as deliberação" (ob. cit., p. 97).

37. No caso específico, ainda se tem o privilégio de contar com a opinião dos co-autores do anteprojeto que resultou na Lei 6.404/1976, os ilustres juristas Drs. Alfredo Lamy Filho e José Luiz Bulhões Pedreira. Os pareceres da lavra destes eminentes juristas, apresentados pelos defendentes, deixam claro seu entendimento de que o conflito deve ser examinado *ex post*, *a posteriori*, e buscando-se averiguar se é um conflito, como dito, estridente, colidente e inconciliável. Ouça-se, então, a voz da lei, pelas palavras de seus co-autores.

José Luiz Bulhões Pedreira:

"Se o acionista tem interesse conflitante com o da companhia mas vota efetivamente no interesse desta, e não em outro interesse extra-social, o exercício do voto é regular e válido.

"Esse regime da lei explica-se porque a existência do conflito de interesses potencial autoriza a suspeita, mas não a certeza, da violação da norma legal que prescreve ao acionista o dever de votar no interesse da companhia, e não em interesse extra-social oposto ao da companhia. O ato ilícito consiste em votar em interesse contrário ao da companhia, e não em votar tendo um interesse extra-social" (fls. 282/283).

Alfredo Lamy Filho:

"Não nos parece, por todo o exposto, subsistam dúvidas de que o § 1º do art. 115 — até por ser parágrafo que explicita hipóteses do *caput* — há que ser entendido e aplicado no sentido de que 'o interesse conflitante', a ser examinado e caracterizado em cada caso, e não no mero aspecto formal (como num contrato bilateral) supõe o exame da causa ('com o fim de causar dano à companhia ou a outros acionistas') ou de 'obter para si ou para outrem, vantagem a que não faz jus'" (fls. 309).

38. Enfatizo, a propósito, que este mesmo entendimento já havia sido apresentado pelos ilustres Alfredo Lamy Filho e José Luiz Bulhões Pedreira, em parecer conjunto de 1981, aliás citado no voto vencido, o que mostra que esta opinião não é de hoje, mas de sempre. Confira-se: "Nesse artigo o ponto básico é um só, desde logo apresentado pela lei, e do qual defluem os demais comandos legais: 'o acionista deve exercer o direito de voto no interesse da companhia'. O abuso de direito e o conflito de interesses *decorrem da desobediência* a tal comando básico: se o voto não satisfaz a tal preceito não é direito, é violação do direito" (*A Lei das S/A*, v. II, p. 238 — grifou-se).

39. Evidentemente, a desobediência a que se referem os pareceristas só pode ter lugar quando o voto contraria o interesse social; só pode ser desobediência ao interesse social. Ora, se o voto satisfaz a tal preceito, *a contrario sensu*, não pode ser violação de direito, mas sim exercício regular de direito.

40. Abro aqui um segundo parênteses para destacar que existem, em regra, duas formas de tratar o conflito de interesse: a pontual e a genérica, sem prejuízo, obviamente, da regulação híbrida. Em alguns casos, os ordenamentos jurídicos ostentam uma proibição específica, pontual, taxativa, enumerada, *numerus clausus*. Esse foi o tratamento dado pelas legislações que quiseram efetivamente afastar *a priori* o direito de voto, que o fizeram expressamente, enumerando, não um conceito geral de conflito de interesses, mas especificando taxativamente as hipóteses onde haveria um conflito de interesses presuntivo.

41. Nessas legislações, considerou-se que em determinadas situações haveria uma presunção *iuris et de iure* de conflito de interesses e optou-se por impedir que o voto fosse proferido, mas fez-se através da indicação clara e precisa de hipóteses específicas, como aliás fez a legislação brasileira nas duas primeiras hipóteses do parágrafo único do art. 115, notadamente quanto ao laudo de avaliação e à aprovação de contas.

42. De outro lado, a evolução legislativa dos países onde se cuidava apenas das hipóteses de conflito de interesses presuntivo terminou por demonstrar que o conceito era insuficiente, dada a estreiteza da fórmula, que seria muito rígida para determinadas situações e frouxa para outras, razão pela qual foram migrando para ou conceito genérico ou para o misto.

43. Foi isso que se deu na Alemanha no início, onde, ainda no século XIX, pioneiramente tratava de hipóteses de conflitos de interesses determinados e terminou por alterar o tratamento em razão da insuficiência do conceito de conflito de interesses presuntivo, conforme se verifica do texto abaixo: "52. A) Comme nous l'avons vu, les règles du droit allemand interdisant l'exercice du droit de vote, dans certains cas de conflits d'intérêts présomptifs, soulèvent de nombreux problèmes fort complexes. Ce sont des règles rigides et longtemps avant la mise en vigueur de la loi allemande de 1937 on a constaté que, d'une part, elles sont trop étroites dans de nombreux cas de conflits d'intérêts effectifs et, d'autre part, il y a certaines catégories de faits (par exemple des actes juridiques à effectuer vis-à-vis d'un actionnaire) où l'application de ces règles ne paraît possible que sous des conditions tout à fait particulières. Aussi longtemps avant 1937, la doctrine allemande a-t-elle été à la recherche d'une 'clause générale', c'est-à-dire d'une règle plus souple et mieux adaptée aux faits pour la protection de la société contre les dangers d'un vote abusif de ses propres actionnaires" (F. Henzfelder, ob. cit., p. 285), e em outras legislações.

44. Em minha opinião, quando há referência genérica, que me parece ser o melhor sistema, o tratamento deve ser aquele agasalhado pela remansosa doutrina e jurisprudência (i.e. substancial, colidente, estridente, não formal, etc.), pois dada a subjetividade da avaliação e a largueza do conceito, parece-me impensável que a avaliação primeira do conflito de interesse fosse de outra pessoa que não o acionista interessado, pois só ele poderá, antes mesmo de proferir o voto, avaliar se está em conflito de interesses ou não com a companhia na deliberação, inclusive porque somente ele sabe o teor do voto que proferirá, até mesmo em razão de o conflito poder resultar de uma situação que nem transpareça formalmente, mas onde ainda assim exista o conflito.

45. Lúcida a opinião de Julio Costas Comesaña, em monografia específica, ao concluir que um dever de abstenção amplo em hipóteses de conflito de interesses é algo que não se ajusta ao melhor sistema: "Consideramos que un deber general de abstención de voto es excesivo. En primer lugar, porque no parece que pueda presumirse *iuris et de iure* que el socio se decantará *siempre* por el interés extrasocial ante cualquier clase de conflicto con el interés social. En segundo lugar, si se considera como parece razonable que es la Junta General la competente para decidir cuando existe conflicto de intereses al margen de las situaciones enumeradas por la LSRL, también parece igualmente razonable estimar que el socio o socios en conflicto no pueden participar en esta votación previa, con lo que estaríamos invirtiendo la regla de la mayoría propiciando el abuso de la minoría, pero también, si el socio interesado forma parte de la minoría, el deber genérico de abstención de voto puede convertirse en un instrumento de la mayoría para expropiar los derechos de la minoría reconocidos por la Ley" (*El Deber de Abstención del Socio en las Votaciones*, Valencia, Tirant lo Blanch, 1999, p. 61).

46. Optou-se, então, por tratar o assunto na forma de cláusulas genéricas. E a cláusula genérica, evidentemente, traz em si uma característica específica, que é a do exame do que seria conflito de interesses. A lei não define o que é o conflito de interesses; nem deveria fazê-lo, pois não é de boa técnica legislativa. A princípio, os conceitos jurídicos devem ser definidos pela doutrina.

47. E o que se verificou na doutrina, como se viu longamente acima, é que, na tese do conflito genérico, prevaleceu com grande folga o entendimento do exame caso a caso da situação do conflito de interesses, que deveria ser substancial, e não apenas formal.

48. Inclusive, diria que se há uma questão em que não há polêmica entre os estudiosos é esta. Mas para fazer a exceção que comprova a regra, dissentem Graziani, na Itália, e essencialmente Modesto Carvalhosa, aqui no Brasil. Mas afirmo, com ênfase, que estas opiniões são, flagrantemente, minoritárias. Na verdade, diria que não é a tese de Ferrara que não convence, como disse o voto vencido, mas sim a tese de Graziani, que, sendo de 1963, não convenceu a todos os autores italianos citados no item 24 deste voto, que continuaram a escrever após 1963. E, como já demonstrado acima, também não convenceu a jurisprudência.

49. Não posso deixar de recordar que a Lei 6.404/1976 foi promulgada em 1976, e a comissão que elaborou seu anteprojeto foi constituída em 1974. O Código Civil italiano data de 1942, e é nele que consta a regra de conflito de interesses que acabou importada para a nossa lei, conforme reconhece o voto vencido. Não se pode cometer a injustiça com os elaboradores do anteprojeto que se converteu na Lei 6.404/1976 de imaginar que eles desconheciam — em 1976 — a opinião de Mengoni — que é de 1956 — porque todos sabem o esforço extraordinário e bem sucedido que fizeram para trazer tudo o que havia de melhor e mais atualizado e para resolver tudo o que se discutia e era polêmico nos Tribunais e na doutrina nacional e estrangeira sobre sociedade anônima.

50. Prefiro, portanto, entender que os ilustres co-autores do anteprojeto que se converteu na Lei 6.404/1976, Drs. Alfredo Lamy Filho e José Luiz Bulhões Pedreira, incorporaram o conceito na nossa legislação, sem outros pormenores ou maiores esclarecimentos, porque a questão já estava mais do que pacificada e resolvida, tanto na doutrina, como na jurisprudência italianas.

51. Merece destaque, ainda, o fato de a questão em tela também já ter sido objeto de apreciação judicial, tanto no Brasil quanto na Itália, onde o conceito e a generalidade da fórmula são absolutamente idênticos.

52. Na jurisprudência italiana, prevaleceu claramente o entendimento adotado neste voto, tendo citado, em meu voto anterior, decisões recentes da jurisprudência local. Em adição àquelas então mencionadas, trago as seguintes, todas recentes e muito posteriores à obra de Graziani:

"In tema di invalidità delle delebere assembleari, per aversi conflitto di interessi è comunque indispensabile poter identificare due interessi tra loro in contrato, l'uno facente capo personalmente ai soci che abbiano espresso in assemblea un voto determinante, e l'altro facente capo alla società.

"Non è configurabile, ai fini della invalidità della delibera assembleare, il conflitto di interessi qualora non sai possibile identificare in concreto una sicura divergenza tra le ragioni personali che potrebbero concorrere a determinare la volantà dei soci di maggioranza e l'interesse della società ad agire in responsabilità contro il proprio ex amministratore" (App. Milano, 10 giugno 1994, in *Società*, 1995, p. 189).

"Il conflitto di interessi che, ai sensi dell'art. 2.373 c.c., può essere causa di annullamento delle deliberazioni assembleari, è quello che si traduce in una contrapposizione tra l'interesse particolare di un socio (o di un gruppo di soci) e l'interesse della società e ricorre, quindi, solo quando il socio in conflitto riesca con il suo voto a fare approvare una delibera a se vantaggiosa, *ma obbiettivamente dannosa per la società, e non quando la delibera consenta al socio di raggiungere un interesse proprio senza pregiudizio per la società (nella specie, si trattava di una delibera di aumento gratuito del capitale mediante imputazione di riserve costituite da utili non distribuiti, dalla quale il socio di maggioranza, in conflitto con uno dei soci interessato alla distribuzione, aveva tratto particolari vantaggi).*

"La consapevole e fraudolenta attività del socio di maggioranza volta al perseguimento dell'unico fine di trarre un vantaggio personale a danno degli altri azionisti si concreta nella inosservanza dell'obbligo di fedeltà allo scopo sociale o del dovere di correttezza e buona fede *e rende, perciò, annullabile la delibera adottata con il voto determinante del predetto socio solo se questo, atraverso l'approvazione della delibera, abbia perseguito il fine único di realizzare il proprio utile con danno per i soci di minoranza e senza vantaggio per l'interesse sociale*" (Cass., 21 dicembre 1994, n. 11017, in *Giust. Civ. Mass.*, 1994, 1.670).

"Il conflitto di interessi rilevante ai sensi degli artt. 2.373 e 2.368, comma 2, c.c. *non si concreta semplicemente quan-*

do l'operazione societaria risulti dettata da un interesse della maggioranza dei soci, essendo invece indispensabile che questo interesse contrasti con quello della società, risolvendosi in un danno della stessa. (...)" (Trib. Milano, 13 maggio 1999, in *Società*, 2000, 75).

"La disposizione di cui all'art. 2.373 c.c. comporta soltanto una limitazione dell'esercizio del diritto di voto del socio in conflitto di interessi, nel senso che questi lo può esercitare unicamente in direzione favorevole alla società, ma non consente di privare il socio di tale diritto né disospenderne l'esercizio" (Trib. Milano, 10 giugno 1999, in *Società*, 1999, 1.380 (n).

"Ai sensi dell'art. 2.373 c.c. c'è conflitto d'interessi tra socio e società quando il socio si trova ad essere portatore di fronte ad una data deliberazione d'un duplice interesse: del suo interesse di socio e, inoltre, di un interesse estraneo alla società e questa duplicità di interessi è tale per cui egli non può reallizzare l'uno, se non sacrificando l'altro, determinando perciò una situazione di rischio per la società" (Trib. Napoli, 24 gennaio 1989, in *Dir. fall.*, 1989, II, 1.169).

53. No Brasil, da decisão proferida pelo e. Superior Tribunal de Justiça no Recurso Especial 131.300-RS, colhe-se o seguinte ensinamento do voto do douto Ministro Aldir Passarinho Junior:

"Sr. Presidente, desde o início do julgamento em sessão passada, entendi de acompanhar o voto do eminente Ministro-Relator. Esse conflito entre interesses de determinados acionistas e a empresa tem que ser absolutamente estridente, porque uma pessoa jurídica tem por objetivo o lucro, e o dono da empresa é exatamente quem detém a maioria do capital. É claro que a lei traça alguma proteção para os acionistas minoritários. Mas não é possível, como propõe a parte em memorial, que se dê a isso o mesmo tratamento, ela exemplifica, de um magistrado que julgará uma questão de seu interesse, tendo que ser imparcial.

"Na verdade, na sociedade comercial há conflitos de interesses e de força, prevalecendo a força do capital, porque isso é inerente à natureza da sociedade. Não existindo um interesse estritamente colidente de um acionista em relação à própria empresa, não há razão para se afastar da votação o acionista, no caso o majoritário, ficando muito difícil se gerir uma sociedade, porque a todo momento se poderia interpretar que tal ou qual atitude deste acionista estaria ou não colidindo com o interesse daquela, quando é ele, por ter a maioria do capital, quem toma as decisões."

54. Diria mais: situações que aparentam conflito de interesses tecnicamente nem sempre o são, como seria o caso dos contratos bilaterais. Se um quer comprar e o outro quer vender, não haveria conflito. Poderia haver conflito se um quisesse comprar e o outro não pretendesse vender.

55. Trago aqui, em meu alento, a opinião de José Luiz Bulhões Pedreira no parecer já citado: "A improcedência da interpretação que caracteriza o conflito de interesses a partir de definições genéricas baseadas em aspectos formais, como tipos de negócios jurídicos, é demonstrada pelos exemplos de conclusões absurdas ou desarrazoadas a que conduz, como a que considera que há necessariamente conflito de interesses quando a companhia e o acionista são partes de negócios bilaterais comutativos, como, por exemplo, a compra e venda. O vendedor e o comprador têm interesses distintos: o primeiro, de vender a coisa para realizar o preço, e o segundo, de adquirir a propriedade da coisa mediante pagamento do preço. São partes opostas no contrato, mas esses interesses não são conflitantes, e sim complementares: cada um somente pode satisfazer seu interesse se o outro satisfizer o seu".

56. Ou, nas palavras do Tribunal italiano: "Si ha conflitto d'interessi solo se l'interesse di cui il socio è concreto portatore nella specifica deliberazione assembleare si pone in contrasto o appare incompatibile con il su indicato interesse della società.

Non si há conflitto, invece, se agli interessi del socio e della società, pur diversi, sono tra loro coesistenti o concorrenti" (Trib. Milano, 9 novembre 1987, in *Riv. Notar.*, 1989, II, p. 239).

57. O assunto, como já se disse, deve ser examinado, então, livre de paixões, retirada a sua incandescência, que muita vez traz a intolerância e oblitera o raciocínio. Examinada a questão com espírito sereno, lúcido e tranqüilo, mantendo íntegro o senso de análise e de julgamento e com os olhos no sistema, não vejo qualquer vantagem na análise formal ou do duplo interesse, defendida no voto da Diretora-Relatora. O conflito de interesses não é a panacéia para resolver as questões entre controladores e não controladores, até porque, como se viu, não foi para isso que foi erigido; nem para resolver todos os problemas da sociedade.

58. Assim, uma interpretação puramente formal ou do duplo interesse levaria a situações de muita perplexidade e dificuldade.

59. Alfredo Lamy Fillho e José Luiz Bulhões Pedreira já advertiram a miríade de situações em que poderiam estar os acionistas da companhia e a diversidade de papéis e interesses que pode ter o acionista, qualquer que ele seja, controlador ou minoritário: "A pessoa que é acionista desempenha, simultaneamente, diversos outros papéis sociais, nos quais busca fins e tem interesses que são estranhos aos da companhia, ou com eles conflitam. Pode, por exemplo, ser administrador ou empregado da companhia, fornecedor de bens ou serviços adquiridos pela companhia ou comprador dos seus produtos, empresário de empresa concorrente, parente de algum de seus diretores ou seu acionista controlador. Ao prescrever o exercício do direito de voto no interesse da companhia, a lei proíbe ao acionista colocar a serviço de qualquer outro papel que ocupe um poder jurídico que é conferido para o desempenho da função de membro da Assembléia-Geral. A caracterização do direito de voto como "direito-função" e a distinção entre os atos do acionista enquanto sócio e como pessoa são outros modos de exprimir o mesmo princípio" (ob. cit., pp. 228-229).

60. Essa situação da vida real reforça, a meu ver, o entendimento de que o conflito de interesses deveria ser substancial — não formal — e ser examinado caso a caso.

61. A prevalecer a tese formal e do duplo interesse, aplicando-a com consistência, que é a forma científica de se provar o acerto ou desacerto de uma teoria, chegaríamos a situações absolutamente insustentáveis e indesejáveis, tanto para os acionistas controladores, como para os acionistas minoritários. Isto, sem falar no risco de se ferir de morte o princípio majoritário, que é a mola-mestra e propulsora do regime do anonimato.

62. Por exemplo, como se sustentar que o controlador não poderia votar em si próprio para o cargo de administrador de uma companhia; o mesmo raciocínio vale para o acionista não controlador titular de ações preferenciais ou de ações ordinárias que votasse em si mesmo para a eleição de cargo de conselheiro de administração ou fiscal. Não haveria aí um duplo interesse em ser administrador ou um negócio consigo próprio? Não estaria contratando a si próprio para ser conselheiro da companhia? Seria o acionista o melhor juiz para dizer que ele é o administrador mais adequado para a companhia? E como sustentar que o acionista ou o conselheiro não possa votar em deliberações do Conselho de Administração ou da Assembléia sobre a remuneração da administração da qual ele faça parte? Não seria também uma hipótese formal de conflito?

63. Contudo, seria de maior perplexidade reconhecer um conflito formal ou o duplo interesse no caso específico, onde há participação minoritária de fundos de pensão — investidores por excelência.

64. Caso a tese da ocorrência do conflito formal, do duplo interesse prevaleça, os fundos de pensão, os fundos de investimento e outros investidores que detêm participações precipuamente minoritárias — mas relevantes — em diversas sociedades, concorrentes até, estariam, ao fim e ao cabo, proibidos de exercer seu voto, pois teriam, em todas as deliberações, um duplo interesse. Haveria sempre a dúvida se estariam votando na assembléia em benefício de seu interesse como acionista da companhia específica ou da outra companhia concorrente da qual também são acionistas. É de se ressaltar, inclusive, que o resultado de uma tal interpretação seria contrário ao que a própria CVM vem incentivando, ou seja, a uma participação mais efetiva de tais investidores nas deliberações das companhias.

65. Então o argumento formal, apesar de simples, e de eventualmente ser mais confortável, superficialmente mais simpático até, diria eu, não se sustenta e não é adequado ao sistema da lei. Aliás, diria que se o conceito de conflito de interesses fosse aquele defendido pela Diretora-Relatora, não teriam nenhum sentido prático as três primeiras hipóteses do § 1º do art. 115, i.e. relativas a laudo de avaliação de bens em que concorrer para a formação do capital social, aprovação de suas contas como administradora nem em outras que o puderem beneficiar de modo particular, pois não se enquadrariam elas neste tal conceito lato, abrangente, genérico e formal de conflito de interesses adotado pelo voto vencido?

66. A tese não se sustenta pelas razões acima expostas, mas também, no caso específico, pelo fato essencial indicado nas razões de defesa apresentadas: os defendentes votaram favoravelmente à celebração de contrato de mesmas características em duas outras companhias — Guaraniana e Embratel — nas quais eles não detinham participação minoritária indireta, somente direta e minoritária. Em outras palavras, o fato de deterem participações indiretas não foi decisivo para que votassem favoravelmente na deliberação em questão, pois que, da conduta das acusadas em deliberações de outras companhias, fica a prova de que elas acreditavam ser o melhor para a companhia assinar contratos como o da espécie.

67. Devo discordar, ainda, do argumento constante do voto vencido da Diretora-Relatora na linha de que, na Lei 6.404/1976, quando se permite ao acionista votar em conflito de interesses, garante-se aos dissidentes o direito de recesso. Recesso e o conflito de interesses tratado no § 1º do art. 115 da Lei 6.404/1976 são assuntos que absolutamente não se comunicam. Com a devida vênia, uma coisa nada tem que ver com a outra. O direito de recesso objetiva equilibrar as relações entre os acionistas majoritários e minoritários; trata-se, como já se disse, de instrumento de composição entre a minoria e a maioria, mas parte, sempre, do princípio da licitude da deliberação. O recesso serve como um freio e um remédio contra os poderes amplos da Assembléia-Geral dos acionistas para reformar o estatuto, como observou Vivante.

68. Imaginar que, por conta de um eventual recesso, estaria autorizado o voto em conflito de interesses é deixar de lado o conceito básico de que a regra de conflito de interesses visa a proteger a sociedade e não seus acionistas. Dito de outra forma, o direito de recesso pretende permitir que o acionista descontente com uma deliberação tomada pela companhia possa dela se retirar, recebendo seus haveres, nas hipóteses específicas, mas sempre no pressuposto de que a deliberação foi lícita; o conflito de interesses visa a evitar que acionistas obrem em benefício de um interesse próprio e contra o interesse social.

69. Aliás, incorrem em equívoco conceitual aqueles que entendem que a regra do conflito de interesses visa a proteger os acionistas minoritários. E, apesar de evidente, permito-me mais uma vez recordar que o conflito de que trata a Lei 6.404/1976, art. 115, § 1º, não é entre sócios, muito menos entre controlador e minoritário, mas sim entre o acionista votante, seja ele controlador ou minoritário, e a sociedade. A regra do conflito de interesses, a do voto abusivo e as demais dispostas no art. 115 dirigem-se tanto ao acionista controlador quanto ao acionista minoritário e a regra do conflito de interesses visa a proteger tão-somente a companhia, ainda que mediatamente se possa entender que protege seus acionistas, na qualidade de titulares de bens de segundo grau, consoante a lição de Ascarelli.

70. Essa lição nos é dada, inclusive, pelo ilustre Prof. Alfredo Lamy Filho, no parecer elaborado para o caso específico, forte nos maiores juristas em matéria societária: "A doutrina italiana, em geral, coincide nos ensinamentos de Ferri de que a lei visa a proteger a sociedade e não a minoria, como se lê em Ferrara (*L'Imprenditore e le Società*, p. 188), em Bartalomeu Quattaro e outros (*Le Deliberazioni Assembleari e Conciliare*, pp. 499 e 250) e em Brunetti (*Le Società*, v. 2, p. 295) que invoca o ensinamento de Fischer no direito alemão de que 'a limitação dos poderes da maioria não é feita em favor da minoria, mas visa a impedir que essa maioria faça uso de seu poder em dano da sociedade'".

71. Como já disseram os tribunais italianos: "Quello dell'impugnazione delle deliberazioni assembleari prese con il voto determinante d'un socio in conflitto d'interessi con la società non è problema di tutela dei diritti della minoranza contro lo strapotere della maggioranza che dirige la società, ma è problema di tutela dell'interesse stesso della società" (Cass., 18 aprile 1961, n. 853, in *Giur. It.*, 1962, I, 1, 840; *Riv. Dir. Comm.*, 1961, II, 432).

72. Adicionalmente, confirmam o equívoco da conclusão de que a Lei 6.404/1976 optou por dar o direito de recesso nas hipóteses em que autorizou o voto em conflito de interesses as seguintes razões: (i) porque há diversas hipóteses de recesso previstas em lei, nas quais, nem de longe, se cogita de conflito de interesses, mesmo o formal; (ii) porque, mesmo havendo recesso, não está autorizado o voto que sacrifique o interesse social; (iii) porque, ao tempo da promulgação da Lei 6.404/1976, as operações de fusão e incorporação, mesmo quando não envolvessem controlador e controlada, ensejavam o direito de recesso; (iv) porque hoje — ou melhor desde 1997, com a edição da Lei 9.457/1997 — se atendidas as hipóteses do art. 137, II da Lei 6.404, não há direito de recesso nas operações de fusão e incorporação, mesmo nas hipóteses do art. 264 da Lei 6.404/1976; e (v) porque a própria decisão de constituição de grupo de sociedades não enseja direito de recesso, se atendidas as hipóteses do art. 137, II da Lei 6.404.

73. Muito embora reconheça que o regime das nulidades do direito civil recebeu, no direito comercial e societário alguns temperamentos, como, aliás, receberam diversos outros princípios do direito civil, inclusive alguns trazidos em socorro de sua tese pela Diretora-Relatora, não posso considerar vazia de conteúdo a referência do § 4º do art. 115 da Lei 6.404/1976.

74. E, nesse sentido, não posso imaginar que tenha sido obra do acaso e que não tenha propósito a inserção do tema da anulabilidade específica e tão-somente para a hipótese de conflito de interesses, deixando de fora e sem qualquer referência às demais três hipóteses do § 1º, do art. 115.

75. A opinião de José Luiz Bulhões Pedreira, no já citado parecer, é eloqüente: "O § 1º do art. 115 dispõe ainda que acionista não poderá votar nas deliberações da assembléia geral em que tiver interesse conflitante com o da companhia, mas essa norma não pode ser interpretada isoladamente — com abstração do § 4º do art. 115 — no qual a lei acrescenta que a deliberação tomada em decorrência do voto de acionista que tem interesse conflitante com o da companhia é anulável, e que o acionista responderá pelos danos causados e será obrigado a transferir para a companhia as vantagens que tiver auferido. Se a lei proibisse o exercício do voto pelo acionista em situação de conflito de interesses, a violação da norma legal implicaria nulidade do voto, e não a sua anulabilidade".

76. O exame formal, aberto, preventivo e aparente do conflito de interesse, como requer o voto vencido, é algo, a meu ver, muito violento e assistemático dentro do regime do anonimato, pois afasta a presunção de boa-fé, que me parece ser a presunção geral, e mais, tolhe um direito fundamental do acionista ordinário que é o direito de voto, no pressuposto de que ele não teria como resistir à tentação. Dito de outra forma, estar-se-ia a expropriar previamente o direito de voto do acionista no pressuposto de que ele poderia vir a prejudicar a companhia se lhe fosse permitido votar, em virtude de um aparente e eventual conflito de interesse. Haveria a presunção de que o acionista perpetraria uma ilegalidade acaso fosse lícito que proferisse o seu voto, presumivelmente numa espécie de consagração da fraqueza humana. A presunção da *punica fides* cartaginesa.

77. Prefiro, em situações genéricas, entender que as pessoas cumprem a lei, que não se deixam trair por seus sentimentos egoísticos, porque, como disse, a boa-fé é a regra, igualmente o cumprimento da lei e a inocência. Ora, se isto não fosse verdade, talvez fosse melhor não haver sociedade, pois a confiança é algo fundamental nas relações societárias, até mesmo nas companhias abertas, pois ninguém, em sã consciência, gostaria de ser sócio de alguém em que não confia, principalmente se este alguém for o acionista controlador.

78. Parece-me, assim, evidente a distorção, pois a presunção de hoje e sempre é que as pessoas cumprem a lei. Parece-me, inclusive, absurdo, se pretender que a regra da abstenção seja a salvação. Seria como imaginar que devemos manter preso alguém que pode vir a cometer um crime, preventivamente, antes que qualquer crime seja cometido, apenas para evitar que ele possa eventualmente vir a cometer este crime...

79. Recordo aqui, inclusive, o fato de que, no caso do acionista controlador, ao se lhe exigir a abstenção, a lei estaria retirando de suas mãos a decisão primeira sobre o interesse social, muito embora seja ele quem estivesse em melhor condição para julgar a adequação de determinada deliberação ao interesse social, pois, ao menos teoricamente, é ele quem, dentre os acionistas, melhor conhece a situação da companhia, lhe dedica mais tempo, acompanha de perto seus negócios e que está com ela mais comprometido.

80. E não posso deixar de salientar que a questão ganha maior relevo quando se considera que o acionista supostamente impedido de votar seria o acionista controlador e detentor do maior percentual das ações da companhia. Nessa hipótese, o acionista controlador não poderia votar, segundo sustenta a tese do conflito aparente e formal, muito embora fosse ele quem sofreria em maior proporção o acerto ou desacerto da decisão — ressalvada, evidentemente, em alguns casos específicos, a questão das ações preferenciais.

81. E o que é pior — e parece-me que não se tem atentado para isso com a devida reflexão — é que, se o voto proferido pelos acionistas a quem seria permitido votar contrariasse o interesse social, o máximo que se obteria seria a desconsideração do voto, mas jamais a aprovação da deliberação, já que, nessa hipótese não haveria a possibilidade de uma decisão judicial que suprisse a manifestação — ou a não manifestação — de vontade dos acionistas. Não se atingiria jamais o conteúdo positivo de uma deliberação, mas apenas a desconstituição dos votos viciados. Ou o que talvez fosse pior, esses acionistas poderiam apenas e comodamente optar por não comparecer a assembléia ou nela comparecendo se absterem de votar. Nessas hipóteses, não haveria nem mesmo voto a ser anulado e permaneceria a mesma questão da impossibilidade de se dar um conteúdo positivo à deliberação.

82. A assimetria me parece evidente, na primeira hipótese (i.e. da operação ter sido celebrada em decorrência do voto viciado), ao menos em tese, é possível se atingir a justiça, qual seja, desconstituir os votos viciados e a deliberação, caso tenham sido tais votos determinantes para a sua adoção, desfazendo-se o negócio sem prejuízo das eventuais perdas e danos; nas segunda e terceira hipóteses, desconstitui-se o voto, mas não se atinge o conteúdo positivo da operação, podendo-se eventualmente obter perdas e danos na segunda hipótese, mas dificilmente na terceira.

83. O sistema que a meu ver melhor compõe os interesses envolvidos e melhor resolve a questão é aquele que exige que a operação seja eqüitativa, que o pagamento seja adequado, em condições de mercado, como aliás já exige o art. 245 Lei 6.404/1976. Isso deveria ser atingido através de opiniões de especialistas independentes, que atestariam, em benefício da companhia e de seus acionistas como um todo, a justiça e a correção da operação com a parte interessada, respondendo perante estas pessoas. Nessa mesma linha, não pode ser olvidado o fato de que, na maioria dos casos, há também manifestação da administração da companhia envolvida sobre a conveniência e a oportunidade do negócio proposto, o que, ao menos a princípio, milita em favor da boa-fé, inclusive em razão do dever de lealdade à companhia a que os administradores são sujeitos.

84. O exame do conflito formal, aparente, superficial, que não exige a colisão, o choque substancial dos interesses, é marcadamente preconceituoso e não se justifica a todas as luzes. Não tem nada de moderno, porque não privilegia nem a liberdade, nem a boa-fé, e leva a resultados inadministráveis. A ilustre Diretora-Relatora, em seu voto, afirma que o conflito é inerente aos tempos modernos, onde se tem "conflitos sociais, industriais e de classes"; diria eu que o conflito entre os seres humanos seria contemporâneo à sua existência, mas nem por isso se retirou a oportunidade das partes em conflito se manifestarem, nem se lhes tolheu a liberdade, enquanto esta liberdade não prejudique a liberdade de outros.

85. A pergunta que se faz é relativamente óbvia: se há uma fórmula que permite o voto e se permite a desconstituição deste voto se viciado, se violador do interesse social, por que razão não adotá-la, vez que esta tese conciliaria todos os interesses daqueles que pretendessem votar e da sociedade que não pode se ver espoliada de seus interesses? Só encontro a resposta no capricho ou no preconceito, argumentos que jamais me convenceram.

86. Relembro a lição de José Luiz Bulhões Pedreira, em artigo publicado na revista comemorativa dos 25 anos da CVM:

"A S/A é considerada, com razão, uma das instituições fundamentais da economia de mercado, e a lei que a regula é singular pela quantidade dos interesses — gerais e particulares — que precisa proteger, compor e hierarquizar, tais como: (a) o interesse da economia na eficiência da companhia como forma de organização de grupo empresário e da sua empresa, e como participante no mercado primário de ações, que é a fonte de capital de risco para as empresas; (b) o interesse dos empresários em dispor de instrumentos para reunir os capitais necessários à criação e expansão da empresa; (c) o interesse dos acionistas em participar dos lucros da companhia e preservar o valor dos seus direitos; (d) o interesse dos investidores no funcionamento regular, livre de fraudes ou manipulações, dos mercados de valores mobiliários, e em ter acesso a informações sobre esses valores e as companhias que os emitem; (e) o interesse dos administradores profissionais e empregados na preservação dos seus cargos, empregos e salários; (f) o interesse dos credores da companhia na proteção e realização dos seus créditos; (g) o interesse das comunidades em que atua a empresa nas suas funções de criar e repartir a renda.

"A Lei das S/A é um sistema de normas que precisa compatibilizar todos esses interesses e, necessariamente, hierarquizá-los tendo em vista o interesse geral da economia nacional. É um mecanismo institucional extremamente delicado devido à inter-relação de normas que protegem esses interesses — alguns conflitantes entre si — e na redação de cada norma é preciso avaliar seus efeitos sobre o conjunto e o modo pelo qual pode afetar o equilíbrio do sistema.

"*É natural que os titulares de interesses particulares considerem a Lei das S/A apenas do seu ponto de vista e procurem melhorar sua proteção, mas para preservar o equilíbrio do sistema é indispensável que as propostas de alteração sejam avaliadas na visão de conjunto do sistema*" (grifos aditados).

87. Como disseram Rodrigo Uria, Aurélio Menendez e José Maria Munõz Planas, comentando o art. 115 da nova Lei de Sociedades Anônimas espanhola:

"Hoy la vigente ley ofrece un instrumento adecuado para constreñir a los poderes mayoritarios a no rebasar en su actuación los límites de sus propias facultades, el campo de su propia competencia, sin atentar por ello contra él. Sin duda el principio mayoritario es el único que permite el funcionamiento práctico de las sociedades anónimas, y hay que evitar que se le infiera una herida mortal. Pero tampoco se puede dejar a los accionistas minoritarios, o por mejor decir, a los accionistas que no secunden con su voto los acuerdos sociales, totalmente a merced de la mayoría cuando ésta, con olvido de sus deberes, lesiona los intereses de la sociedad comunes a todos los accionistas o infringe los mandatos de la ley y de sus propios estatutos.

"El principio mayoritario tolera sin peligro cuantas correcciones sean necesarias para asegurar la justicia de sus decisiones. Ahora bien, la minoría, o si se quiere le accionista aislado, también debe ser constreñido a no salir de sus propios límites, porque si perjudicial sería dejar a la sociedad anónima sometida al poder omnímodo de quienes representen en la junta la mayoría del capital, peligroso sería igualmente el ejercicio caprichoso, abusivo y temerario de las acciones de impugnación por una minoría irresponsable. La función de la minoría en el orden interno de la sociedad anónima es sencillamente de control. No puede pretender la imposición de cortapistas al poder legítimo de los grandes accionistas, sino procurar que hagan uso legal de sus derechos. La protección del pequeño accionista — se ha dicho certeramente — no está en limitar a su favor los derechos de la mayoría como tal mayoría, sino en impedir que ésta utilice abusivamente su poder en daño de la propia sociedad, por lo que en definitiva la tutela de la minoría no es más que la tutela de la misma sociedad mediante la acción del accionista aislado" (ob. cit., p. 306).

88. Finalmente, a verificação *a posteriori*, ao invés de trazer desarmonia e insegurança à atividade empresarial, assegura que as sociedades não fiquem à mercê de minorias muitas vezes não representativas e que prossigam deliberando fiéis ao princípio do majoritário. Acredito, inclusive, que permitindo-se apenas à minoria decidir, a possibilidade de um litígio societário será muito maior, uma vez que os acionistas que sofreriam mais do ponto de vista patrimonial indireto, muito provavelmente buscariam a reparação, se o voto fosse anti-social. No caso concreto, se os defendentes não tivessem votado, acionistas representando apenas 1,76% do capital social da companhia decidiriam sobre a celebração de um contrato de grande importância para a companhia. Muito provavelmente a parte que se julgasse prejudicada iria ao Judiciário questionar a deliberação e a desarmonia continuaria. Recordo aqui a frase de Boucart de que "assembléias gerais nas anônimas são constituídas por sacos de dinheiro que deliberam".

89. Por todas estas razões acima expostas é que entendo que, no caso, não está, pelo menos por ora, comprovada a ocorrência de conflito de interesses, nem que o contrato aprovado seria lesivo ao interesse social. De fato, o voto da Diretora-Relatora expressamente reconhece que não faz qualquer juízo de valor sobre a lesividade ou não dos votos proferidos ao interesse social.

90. Como dito, a meu ver, para entender que haveria proibição de voto e que, portanto, o voto proferido teria sido ilegal, a CVM deveria ter comprovado que efetivamente o interesse social havia sido sacrificado, e isso, com vantagem de estar falando já após os fatos.

91. Tal prova não foi feita; dela não se desincumbiu a CVM, nem procurou fazê-lo; limitou-se a CVM ao terreno fácil da formalidade, afastando-se da substância, que penso ser essencial, razão pela qual não vejo fundamento jurídico para decidir contra os defendentes.

92. Em decorrência disto, divirjo da Diretora-Relatora, e voto no sentido da absolvição dos defendentes das acusações que lhes foram imputadas, abstendo-me de fazer qualquer juízo de valor a respeito de contratos como os da espécie.

Rio de Janeiro, 6 de novembro de 2002.

Luiz Antonio de Sampaio Campos, Diretor.

VOTO DIVERGENTE DO DIRETOR WLADIMIR CASTELO BRANCO CASTRO

No meu entendimento, em face do disposto no art. 115 da Lei das Sociedades por Ações, o acionista, controlador ou não, deve exercer seu direito de voto no interesse da companhia.

Se houver, por conseguinte, uma desobediência a esse princípio, estará caracterizado o abuso do direito de voto e, no caso específico, o conflito de interesses.

O primeiro juízo a respeito do conflito de interesse deve caber ao acionista. Não se deve partir da premissa de que o acionista não votou de boa-fé, devendo o conflito ser apurado *a posteriori*.

No presente caso, não estou convicto de estarmos diante de um caso de acionista que tenha votado com "interesse conflitante com o da companhia". A esmagadora maioria dos juristas entende que o efetivo conflito de interesse no exercício do voto deve ser expresso em uma vantagem auferida pelo acionista e, a meu sentir, não está devidamente caracterizado nos autos que os acionistas tenham votado com o intuito de obter qualquer vantagem para si.

Por outro lado, no caso específico, cabe ressaltar que constam dos autos que os ora indiciados indicaram em sua defesa que, em outras empresas, votaram da mesma forma e não detinham participação indireta, somente tendo participação direta e minoritária nessas companhias.

É o meu voto.

Rio de Janeiro, 6 de novembro de 2002.

Wladimir Castelo Branco Castro, Diretor.

VOTO DO PRESIDENTE LUIZ LEONARDO CANTIDIANO

Chegou finalmente a minha hora aqui e depois de tanta erudição, tanto da Dra. Norma quanto dos Diretores que dela divergiram, e do que consta do processo, não apenas dos argumentos da defesa, como também dos pareceres que foram apresentados, eu pretendo fazer uma manifestação mais modesta analisando alguns aspectos que me parecem relevantes. Eu gostaria de iniciar lendo mais uma vez o § 1º do art. 115 da Lei que diz que "o acionista não poderá votar nas deliberações da Assembléia Geral relativas ao laudo de avaliação de bens com o que concorrer para a formação do capital social e a aprovação de suas contas como administrador". E faço aqui um pequeno parênteses: nesses dois casos especificados no mencionado dispositivo, não há qualquer dúvida quanto ao impedimento de voto. Quando o acionista contribui para o capital, com um bem do qual ele seja titular, ele está proibido de votar. Quando o acionista está aprovando as suas contas ele também está proibido de votar.

Continua o § 1º dizendo que o acionista também não poderá votar em quaisquer outras deliberações que puderem beneficiá-lo de modo particular ou em que tiver interesse conflitante com o da companhia. Olhando a parte final do § 1º, pelo outro lado, verifica-se que se a deliberação não puder beneficiar o acionista de modo particular e/ou se o seu interesse estiver sintonizado com o interesse da companhia ele estará admitido a votar. Ele poderá votar. Pois bem, no caso concreto o interesse da acionista Telemar e de suas acionistas indiretas, (que são os acusados PREVI e SISTEL), era a meu ver convergente com o interesse da companhia que obteria, em razão do contrato celebrado, uma assistência técnica de experientes e bem sucedidos empresários, o que proporcionaria melhor desempenho das atividades que as companhias operacionais adquiridas no processo de privatização pretendiam desenvolver. Realço a menção pela defesa de situações outras em que, não sendo contrapartes das companhias referidas (Embratel e Guaraniana) o voto foi proferido no mesmo sentido, permitindo que houvesse a contratação de serviços de assistência técnica e de assessoria na gestão. E há, também me parece, uma conseqüência notória desse contrato que foi o desempenho da Tele Norte Leste Participações, das suas controladas, como um dos casos de sucesso no mercado brasileiro, não apenas em termos operacionais, em termos de geração de caixa, em termos de preenchimento das metas que foram estabelecidas pelo poder concedente, como também em termos de respeito aos seus acionistas, até mesmo quando foi feita uma reestruturação para congregar numa só empresa, que era Telerj, toda a participação delas, daquelas várias 16 empresas, que eram as empresas operadores de telefonia. Também me parece que houve a celebração do contrato em bases eqüitativas, respeitados os limites que haviam sido estabelecidos pelo próprio poder concedente (a Anatel), quando estabeleceu aqueles limites até que não eram, como diz um dos pareceres, impostos para as empresas nacionais. E eu tenho aqui uma lembrança muito precisa, na ocasião que eu trabalhava como assessor do Ministério das Comunicações e da Telebrás na modelagem do processo de privatização: era uma preocupação grande que o ministro Sérgio Motta tinha com relação à possibilidade de que as empresas estrangeiras viessem para o país e contratassem através de assessorias, exorbitantes mecanismos para lesar as companhias a serem objeto de alienação pelo Estado; o Ministro não queria deixar que as companhias estrangeiras controlassem as sociedades privatizadas do exterior, mas pretendia que os estrangeiros viessem para o Brasil, estivessem sediados no Brasil, tivessem sua gestão no Brasil e que apenas uma parcela pequena dos resultados gerados pudessem ser remetidos como *royalties*. Essa constatação de que os interesse eram sintonizados e de que o contrato foi feito em base comutativas, demonstra que não há qualquer benefício particular que pudesse ser auferido pela contraparte da companhia, que é a Telemar Participações e muito menos para as suas acionistas que eram PREVI e SISTEL. Eu ressalto que a acionista controladora da Tele Norte Participações, que era a Telemar Participações, poderia ter votado, porque não estava configurada na hipótese a situação prevista na lei para vedar o exercício do direito de voto. Acho, também, que deve ser ressaltado que a Telemar foi além do que previa a lei porque ela se absteve de votar. Se no meu entender ela poderia ter votado porque o voto estaria sendo dado numa situação que não configurava conflito de interesse e não gerava benefício particular para ela, com muito mais razão, me parece, as suas acionistas poderiam ter votado enquanto acionistas minoritárias da Tele Norte Leste Participações. Por estas razões, apesar de ver como uma das melhores peças que já tive a oportunidade de analisar e acompanhar na CVM, o voto da Diretora-Relatora, eu divirjo do seu voto; não vejo como possa ser acolhida a acusação, se o voto foi proferido na Assembléia por quem não era a contraparte direta da sociedade, constituindo-se em simples acionista minoritário da sociedade, que não tinha benefício particular, ainda que indireto, a auferir o que, portanto, não configurava uma situação de conflito de interesses. Por essa razão eu absolvo as acusadas.

Em função dos votos proferidos, declaro que por decisão majoritária, vencida a Diretora-Relatora, as acusadas estão absolvidas e a CVM, na forma da lei, recorrerá de ofício ao Conselho de Recursos do Sistema Financeiro Nacional.

Rio de Janeiro, 6 de novembro de 2002.

Luiz Leonardo Cantidiano, Presidente.

Ementa: O acionista, por força do disposto no § 1º do art. 115 da Lei 6.404/1976, está impedido de votar em decisão assemblear em que tenha interesse.

VOTO DA RELATORA

1. De forma a esclarecer a questão e posicionar os fatos frente à regra jurídica que se diz violada, urge fazer uma pequena digressão sobre o tema em debate. Para tanto, será apresentada: (i) a diferença entre o voto abusivo e o conflituoso; (ii) a caracterização do conflito de interesses; (iii) a compreensão do benefício particular; (iv) a contratação entre controlador e controlada; (v) conseqüências do voto proferido em conflito de interesses; e (vi) a subsunção do caso à norma — conclusão.

Da diferença entre o voto abusivo e o conflituoso

2. Da acepção da palavra *abuso* (do latim *abusu*) tem-se a exata noção do sentido da expressão *voto abusivo*. Isto porque esse vocábulo significa *mau uso, uso errado, excessivo ou injusto*. Ora, é evidente que para alguém abusar de alguma coisa é necessário que, ao menos, tenha tentado exercer algum poder sobre esta.

3. Posto o antecedente lógico, fica fácil visualizar que o voto abusivo somente pode ser detectado *ex post*, ou seja, após a sua emissão, confrontando-se o seu desiderato com os fins legais.

4. Assim, para que o voto seja considerado abusivo, segundo os termos da Lei (art. 115 da Lei 6.404/1976), o fim pretendido deve ser o de causar dano à companhia ou a outros acionistas, ou de obter, para si ou para outrem, vantagem a que não faz jus e de que resulte, ou possa resultar, prejuízo para a companhia ou para outros acionistas. Todas as espécies de voto abusivo se resumem nas máximas, admitidas em direito, *neminem laedere* e *suum cuique tribuere* que vedam as formas de enriquecimento sem causa e/ou com prejuízo de terceiros.

5. Para caracterizar o abuso mister é analisar, de maneira detida, o teor e as implicações do voto. Com base no princípio da boa-fé, presume-se que o acionista, ao exercer o seu poder, age em favor dos interesses sociais, fazendo com que o ônus da prova recaia sobre os que entendem ser a sua conduta abusiva. *Neste caso há, necessariamente, uma avaliação substancial do voto "a posteriori"*.

6. A lei brasileira proibiu, terminantemente, o exercício do poder de voto daquele em situação conflituosa, não dando margem para qualquer subterfúgio ou considerações *a posteriori*.

7. Nada pode ser mais claro que a seguinte passagem: *o acionista não poderá votar*. Dentro da chamada interpretação gramatical, acatando seus limites próprios, não há qualquer margem para a inclusão da distinção "*divieto*[1] *x* conflito", pois o legislador deixou claro que a proibição *ex ante* se estendia às hipóteses de interesse conflitante. Este o dispositivo em questão, com especial ênfase ao trecho em comento:

Lei 6.404/1976

"Art. 115. (...)

"§ 1º. ***O acionista não poderá votar*** *nas deliberações da assembléia geral relativas ao laudo de avaliação de bens com que concorrer para a formação do capital social e à aprovação de suas contas como administrador,* ***nem em quaisquer outras que puderem beneficiá-lo de modo particular,*** *ou* ***em que tiver interesse conflitante com o da companhia***."

1. Vedação ao direito de voto.

8. O texto não é dúbio. *A lei proibiu o acionista de votar em quaisquer deliberações que puderem beneficiá-lo de modo particular* ***ou*** *em que tiver interesse conflitante com o da companhia.*

9. Contra os argumentos passíveis de oposição à interpretação gramatical acima expendida, levanta-se em socorro a exegese sistemática da lei.

10. Estabelecida a regra geral, de que o acionista não pode votar quando em conflito de interesse, duas exceções se apresentam, na linha sistemática da lei, para confirmar a regra.

11. A primeira está na incorporação da companhia controlada (art. 264). Nesta operação o poder de voto do controlador não é vedado, sendo que é facultado aos acionistas não controladores dissidentes o direito de reembolso de suas ações, observado o disposto no art. 137, II. Ao não vedar o voto do controlador a lei estabeleceu uma contrapartida o direito de recesso.

12. A outra está nos grupos de direito (art. 265). O controlador não está impedido de votar em deliberações lastreadas na convenção de grupo, ainda que em conflito de interesses. No entanto, como não poderia deixar de ser, o direito de recesso é garantido aos sócios dissidentes na aprovação da convenção, nos termos do parágrafo único, do art. 270, da Lei 6.404/1976:

"Art. 270. (...) Parágrafo único. Os sócios ou acionistas dissidentes da deliberação de se associar a grupo têm direito, nos termos do art. 137, ao reembolso de suas ações ou quotas."

13. No sistema de proteção estabelecido pela Lei 6.404/1976, resta claro que sempre que o controlador puder votar nas deliberações em que tiver interesse conflitante será garantido ao dissidente o direito de recesso. Nos demais casos, vige a regra geral acima exposta — *o acionista está proibido de votar em quaisquer deliberações que puderem beneficiá-lo de modo particular* ***ou*** *em que tiver interesse conflitante com o da companhia. Há, no caso, uma proibição cautelar do exercício do poder de voto.*

14. Apenas para concluir este tópico, reafirma-se que:

• o ***abuso do direito*** (*rectius* poder) de voto somente pode ser ***verificado posteriormente***, em um controle substancial, visto que este ocorre *quando o agente, atuando dentro das prerrogativas que o ordenamento jurídico lhe concede, deixa de considerar a finalidade social para a qual o direito subjetivo foi concedido (posto que os direitos são conferidos para serem usados de uma forma que se afeiçoe ao interesse coletivo), ou, o que vem a dar no mesmo, quando o agente exerce sem qualquer interesse* legítimo;[2]

• o ***conflito de interesses*** é meramente formal, ***constatado "a priori"***, considerando o comando impeditivo generalizado contido no parágrafo único do art. 115 e o sistema preconizado na lei societária.

15. Outro não é o posicionamento independente de Modesto Carvalhosa, em passagem que reflete o sentimento de proteção aos minoritários face aos abusos que permeia o direito societário moderno:[3]

"A configuração do interesse conflitante, além das duas hipóteses tipificadas na lei, torna-se uma questão que *a priori* somente pode ser deslindada através do critério formal.

"Impossível encarar a questão casuisticamente. Tão-só se pode configurar, na espécie, o conflito de interesses no sentido amplo ou geral e no pressuposto da própria licitude do negócio jurídico."

A caracterização do conflito de interesses

16. O conflito de interesses entre o sócio e a sociedade ocorre quando o acio-

2. Luiz Gastão Paes de Barros Leães, *Estudos e Pareceres sobre Sociedades Anônimas*, São Paulo, Ed. RT, 1989, p. 16.

3. Modesto Carvalhosa, *Comentários à Lei de Sociedades Anônimas*, v. 2, 2ª ed., São Paulo, Saraiva, 1998, p. 410.

nista tem duplo interesse em relação a uma deliberação a ser tomada.

17. Nessa linha, veja-se Rodrigo Uría:[4] "En la emisión del voto goza el accionista de amplia libertad. Puede votar en el sentido que tenga por conveniente, sin otros límites que el respeto al interés de la sociedad, la moral y el orden público. Ahora bien, el interés de la sociedad correrá grave peligro siempre que el accionista tenga un interés propio y particular en el asunto sometido a la decisión de la junta, porque entonces el accionista puede sentirse inclinado a supeditar la conveniencia de la sociedad a su propio interés personal. De ahí que, en el supuesto de conflicto o colisión de intereses entre la sociedad y el socio, éste deba abstenerse de emitir el voto en el asunto u operación concreta en que se dé la colisión; si, no obstante, el voto se emitiera y fuera decisivo para la fomación de la mayoría, el acuerdo social podría ser impugnado al amparo del artículo 115, siempre que con la emisión de ese voto se haya causado lesión a los intereses de la sociedad; ese precepto puede implicar, en definitiva, la necesidad de posponer el interés personal del accionista al interés social, cuando uno y outro entren em conflicto y con ello se lesione realmente el interés social".

18. As características do conflito de interesses podem ser assim enumeradas, conforme Carmen Alborch Bataller:[5]

"i. *Existência de uma situação contraposta ou antagônica,* ***objetiva ou real****, entre os interesses do sócio e da sociedade*;

"Basta, portanto, que exista uma possibilidade formal de confronto entre os interesses, sendo despiciendo avaliar a intenção do acionista, visto que a pesquisa do elemento psicológico inviabilizaria a defesa da sociedade e dos dissidentes, com a eleição de uma prova praticamente impossível.

"ii. *A existência de um nexo de causalidade entre o interesse extra-social ou particular do sócio em prejuízo do interesse social*

"É da própria essência do conflito a possibilidade (nexo causal) do sacrifício de um interesse ser a conseqüência da realização do outro.

"iii. *O interesse extra-social ou particular do acionista pode ser próprio ou de terceiro.*

"Há conflito também, por evidente, quando o acionista vota acatando um interesse de terceiro em detrimento do da sociedade.

"iv. *O interesse do acionista em conflito deve ser preponderantemente patrimonial.*

"Considerando que a sociedade encontra na possibilidade de realizar lucros a sua razão de ser para os demais acionistas, é de se supor que os interesses conflitantes devem ser de ordem patrimonial e não meramente pessoal.

"v. *São irrelevantes a intenção do acionista em causar ou não prejuízo à companhia e o conhecimento do mesmo sobre a existência do conflito.*"[6]

Novamente o elemento psicológico é afastado da apreciação objetiva do conflito. A regra da Lei 6.404/1976 é comando jurídico e não simples regra moral. O acionista não é o juiz soberano para decidir sobre a existência ou não do conflito, sabido que o mesmo é puramente formal. Do contrário, fosse um comando moral, efeito inerente da corrente que defende as conside-

4. Rodrigo Uría, *Derecho Mercantil*, Madri, Marcial Pons, 1995, p. 308.

5. *El Derecho de Voto del Accionista (Supuestos Especiales)*, Madri, Editorial Tecnos, 1977, pp. 262-266.

6. "Es irrelevante la intencionalidad del socio de causar un perjuicio a la sociedad, para que exista el conflicto. Puede presentarse sin ella. En primer lugar, por las dificultades que existen para averiguar cúal es la intención del socio al emitir su voto. En segundo lugar, porque no se pretende juzgar los motivos que inducen al socio a votar, sino más bien constatar si objetivamente existe un conflito de intereses, que presumiblemente inducirá al socio a votar em determinado sentido, perjudicando con ello el interés social" (Carmen Alborch Bataller, ob. cit., p. 266).

rações substanciais e *ex post* do conflito, a decisão do acionista seria soberana e incontrastável frente até ao Judiciário, já que o análise do *animus* daquele seria praticamente impossível.

19. Longe de estar ultrapassada, permanece atual a necessidade de se manter princípios de moralidade e de se conter os conflitos de interesse, submetendo-os a regras preventivas. Em verdade, é uma exigência do mundo moderno, que enfrenta, entre outros, conflitos sociais, industriais e de classes.

20. Princípios de moralidade e ordem pública, já em 1916, constituíam o fundamento da regra do art. 1.133 do Código Civil brasileiro, que veda aos administradores de bens de terceiros adquiri-los, ainda que em hasta pública. No interesse social, a lei civil visou evitar que o cumprimento do dever entre em conflito com o interesse, correndo o risco de ser por este superado, traindo o seu dever.[7]

21. A legislação brasileira concernente a conflito de interesses inspirou-se no Código Civil italiano, que também proíbe o voto do acionista (art. 2.373 primeira parte) e considera anulável a deliberação tomada com inobservância desta regra se tiver causado dano à sociedade (art. 2.373 segunda parte).

22. Alguns autores italianos, entre eles Ferrara, com o intuito de modernizar o que consideram ultrapassado, alteram integralmente o sentido do dispositivo e defendem que a segunda parte do artigo modifica substancialmente a primeira; ou seja, como na segunda parte do art. 2.373 é exigido dano para anular a assembléia, concluem que o sócio em conflito de interesses pode votar, desde que ao votar exerça o direito de modo a não causar dano à sociedade. Em vista disso, não há suspensão, mas limitação do voto, que não deve ser exercido para um interesse contrário à sociedade.[8]

7. J. M. Carvalho Santos, *Código Civil Brasileiro Interpretado*, Freitas Bastos, 1958, pp. 116 e 117.

8. Ferrara, conforme Alexandro Graziani, *Diritto delle Società*, 5ª ed., Morano Editore, 1963, p. 334.

23. Em sentido contrário, Graziani[9] demonstra que a tese não convence. No seu entender, a existência de dano não é um limite à proibição de votar, mas sim à anulação da assembléia. O acionista deve abster-se quando tiver um conflito potencial, conforme já reconhecido pela jurisprudência italiana.

24. Infelizmente, muitos autores brasileiros seguiram a tese de Ferrara, que não protege o acionista minoritário e não evita que aquele que estiver na presença simultânea de interesses contraditórios possa trair o interesse da sociedade e com isso prejudicar os acionistas minoritários.

25. Todavia, o intérprete da lei brasileira não deve se impressionar pela doutrina italiana que subverteu o Código italiano, modificando-o enquanto não é modernizado, na palavras de Luigi Mengoni:[10] "Appunti per una revisioni della teoria sul conflito di interessi nella deliberazioni di assemblea della società per azioni". Do próprio título do opúsculo conclui-se que o conflito de interesses, tanto lá quanto aqui, encontra na lei os seus limites próprios. A "revisão" pretendida, num arroubo de criatividade, altera o texto legal sem qualquer produção legislativa.

26. É certo que não se pode fechar os olhos para os demais ordenamentos, mas o direito comparado não é o único parâmetro de aplicação do nosso direito, ainda mais quando há um dispositivo extremamente claro como o da nossa lei. O hermeneuta encontra na lei e nos seus exatos termos os limites para o seu ofício; não há margens para uma interpretação criativa.[11]

9. Alexandro Graziani, ob. cit., pp. 334 e 335.

10. In *Rivista delle Società*, ano I, 1956, pp. 451-452.

11. Canaris alerta sobre o perigo das chamadas interpretações criativas, afirmando: "(...) encetar uma interpretação criativa do direito, com a conseqüência inevitável de uma quantidade de decisões singulares desconcertadas e contraditórias, ou seja, de injustiça e de insegurança (...)" (Claus-Wilhelm Canaris, in *Pensamento Sistemático e Conceito de Sistema na Ciência do Direito*, 3ª ed., Portugal, Fun-

27. Primeiro, porque, como já se disse, permanece imperativo adotar-se princípios de moralidade em questões como conflito de interesses. Nem mesmo a complexidade dos negócios e a existência de grupos empresariais podem justificar que alguém vote em conflito de interesses.

28. Neste ano de 2002, todos puderam constatar os danos causados ao mercado de capitais com os escândalos que abalaram a credibilidade de algumas empresas americanas e européias, muitos deles decorrentes de conflitos de interesses.

29. Segundo, porque como dito, a lei brasileira é clara e proíbe liminarmente o voto ao acionista que estiver em conflito de interesse. A lei sequer permite que se discuta a significância do conflito. Simplesmente, havendo conflito, proíbe o voto. A lei tampouco excepciona a regra para permitir o voto em conflito desde que exercido no interesse da companhia. A lei é taxativa, seu teor não comporta exceções. A lei optou por liminarmente proibir o voto. Permitir o voto, para depois questionar-se sobre a existência de dano ou mesmo se havia ou não conflito de interesses só tumultuaria a vida da sociedade, com as incertezas que podem advir de discussões judiciais, que dependem de provas complexas e que terminam gerando incertezas quanto aos seus rumos. Portanto, a preservação da harmonia e segurança da atividade empresarial, também, impunham a medida preventiva.

30. No caso de conflito de interesses, a lei vai mais longe do que prescrever o exercício do voto no interesse da companhia, pois proíbe o acionista de exercê-lo, como, em 1981, os próprios autores da nossa lei, Professor Alfredo Lamy Filho e José Luiz Pedreira, o reconheceram:[12]

"26. CONFLITO DE INTERESSES — As demais normas do art. 115 — que vimos comentando — explicitam o comando básico no caput do artigo ou esclarecem efeitos da sua violação.

"*O § 1º do art. 115 prevê a hipótese de conflito de interesses, em que a lei vai mais longe do que prescrever o exercício de voto no interesse da sociedade, pois proíbe ao acionista exercê-lo*: (grifou-se)

"O acionista não poderá votar nas deliberações da Assembléia-Geral relativas ao laudo de avaliação dos bens com que concorrer para a formação do capital social e à aprovação de suas contas como administrador, nem em quaisquer outras que puderem beneficiá-lo de modo particular, *ou em que tiver interesse conflitante com o da companhia*.

"Esse dispositivo reproduz a norma do art. 82 do Decreto-lei 2.627, de 1940, que era sancionada com a obrigação de reparar perdas e danos, constante do art. 95, ambos transcritos no item 21 acima.

"Vale destacar que Trajano Miranda Valverde, ao comentar o art. 95, entendeu que a sanção no caso de exercício do direito de voto em situação de conflito de interesses — vedado no art. 82 — seria apenas a obrigação de reparar perdas e danos, e não a nulidade da deliberação, porque o Decreto-lei suprimiu um artigo do Anteprojeto, de que fora autor, e no qual se proibia que o acionista tomasse parte na deliberação a respeito. *Contra essa interpretação levantou-se Waldemar Ferreira, com argumentos a nossa ver procedentes*: (grifou-se)

"Posto houvesse o tratadista reputado o texto com menos acertado, dele não resulta que o acionista possa, em face do disposto no art. 82, votar a proposição redundante em seu benefício contra o da sociedade. *O seu voto, em tal caso, não pode ser dado. Nem tomado.* Não pode formar-se, com o cômputo dele, a maioria necessária; de onde a ineficácia do deliberado, suscetível de anulação por ação própria, sem prejuízo da contra o acionista ímpro-

dação Calouste, 2002, p. 174). Não se está a restringir a criatividade dos intérpretes, mas sim apontando para os riscos dos hermeneutas–legisladores.

12. *A Lei das S/A*, 2º v., 2ª ed., Renovar, pp. 239 e 240.

bo para indenizar à sociedade das perdas e danos, que lhe causou" (1958, v. V, p. 1.460)" (grifou-se).

31. Não bastante a lucidez dos ensinamentos dos ilustrados autores acima compilados, correndo o risco de incorrer em tautologia em nome da didática, tem-se que o conflito de interesses ocorre sempre que o acionista encontra-se em posição dupla frente à sociedade. Ao mesmo tempo em que ele possui o dever legal de votar em favor dos interesses da sociedade, surge o seu interesse privado na outra ponta, de modo que é impossível atender plenamente aos dois, sendo inevitável o sacrifício de um em nome do outro. Para evitar que o interesse social seja renunciado pelo acionista, a Lei 6.404/1976 impediu o mesmo de deliberar nas assembléias em que possa haver o conflito.

32. O conflito, na verdade, se estabelece na medida em que o acionista não apenas tem interesse direto no negócio da companhia, mas também interesse próprio no negócio que independe de sua condição de acionista por figurar na contraparte do negócio. Não precisa o interesse ser divergente ou oposto ou que haja vantagem para um e prejuízo para o outro. A lei emprega a palavra conflito em sentido lato abrangendo qualquer situação em que o acionista estiver negociando com a sociedade.

33. Apenas para exemplificar, tem-se a seguinte situação: um vendedor tem interesse lógico e imediato em que os seus bens sejam remunerados da melhor maneira possível; de outra parte um comprador objetiva adquirir uma coisa despendendo a menor quantia; pergunta-se: o que ocorreria se o vendedor fosse a só tempo acionista e comprador da sociedade? O primeiro cederia de seu legítimo objetivo (lucro) em nome do interesse social? Pode ser que sim, pode ser que não.

34. E, justamente por isso, a lei, para prevenir tais situações corriqueiras, estabeleceu o critério legal de conflito de interesses acima ventilado. Há uma presunção legal de que, em colisão, prevaleceria para o acionista o seu objetivo. Desta forma, sempre que possa ocorrer uma tal conjuntura em que exista a potencialidade de contraposição de interesses legítimos, afasta-se da decisão aquele que pode comprometer o interesse social.

35. O conflito é examinado *a priori* pelo próprio acionista que espontaneamente deve declarar-se impedido. A propósito, veja-se o ensinamento de Carvalhosa:[13] "Há proibição legal para o acionista que tem conflito de interesses com a sociedade de votar em qualquer sentido, nem que seja conforme o interesse social".

A compreensão do benefício particular

36. Quando o legislador elege como uma das causas para a aplicação da proibição cautelar do exercício do voto o *benefício particular* tem por objetivo apenas impedir que o acionista seja agraciado com uma vantagem particular, como expressamente admitia o art. 40, IV, *j*, do Decreto-lei 2627/1940.

37. A noção de benefício particular é simples. Sempre que o acionista auferir um ganho, além daquele que os seus pares obtém, estará caracterizado o benefício particular. Ou seja, todos os titulares dos mesmos direitos estão em pé de igualdade na companhia. *Na medida em que o acionista angaria um proveito diferente dos demais receba um benefício particular* (*v.g.* atribuir "uma bonificação a determinado acionista por este ou aquele motivo", no dizer de Miranda Valverde[14]).

38. O benefício particular pressupõe, portanto, um ganho decorrente da própria condição de acionista. A sua aprovação requer um especial cuidado em face do art. 109 da Lei 6.404, que determina a igualdade dos direitos de todos os acionistas.

13. Modesto Carvalhosa, *Comentários à Lei de Sociedades Anônimas*, v. 2, São Paulo, Saraiva, 1997, p. 410.

14. *Sociedades por Ações*, v. II, 1972, p. 362.

A contratação entre controlador e controlada

39. Neste ponto, deve-se fixar, primeiramente, que a lei societária não veda a celebração de contratos entre o controlador e a sociedade controlada. Tal assertiva decorre da análise do disposto no § 1º do art. 117 que trata do exercício abusivo do poder de controle. Isto porque somente ocorre abuso quando o controlador contrata com a companhia, diretamente ou através de outrem, ou de sociedade na qual tenha interesse, *em condições de favorecimento ou não eqüitativas* (art. 117, § 1º, *f*). Em abono ao levantado, tem-se a regulamentação do conflito de interesses do administrador, da qual é possível aproveitar as hipóteses de contratação entre a sociedade e aquele:

"Conflito de interesses

"Art. 156. (...)

"§ 1º. Ainda que observado o disposto neste artigo, o administrador *somente pode contratar com a companhia em condições razoáveis ou eqüitativas, idênticas às que prevalecem no mercado ou em que a companhia contrataria com terceiros*."

40. Desta forma, de maneira sistemática, veda-se a contratação, tanto do controlador como do administrador, com a companhia quando o acordo desfavorecer a sociedade, impondo condições não eqüitativas ou irrazoáveis, em conflito com o que prevalece no mercado.

41. No caso, a despeito do que podem pensar os acusados, a CVM não está a investigar a essência, o mérito do contrato de *management fee*. Para que o acordo seja celebrado entre o controlador e a controlada é suficiente que este encontre-se acorde com os parâmetros de mercado. De outra parte, é dever do controlador apresentar aos acionistas da controlada as características do contrato — justamente para apontar a sua regularidade — antes da deliberação do mesmo, facilitando o controle e plena transparência dos atos da companhia. Ou, no dizer de Pontes de Miranda:[15] "Não se proíbe que o diretor interessado assine pela sociedade; proíbe-se-lhe apenas que delibere".

Conseqüências do voto proferido em conflito de interesses

42. Note-se que há dois tipos de sanções possíveis para a hipótese de voto proferido em conflito de interesse:

I — sanção administrativa a ser aplicada pela CVM que, na sua função de fiscalizar a observância da Lei de Sociedades Anônimas, tem poderes para punir os infratores com as penalidades descritas no art. 11 da Lei 6.385/1976; nesse caso, não há necessidade de se constatar a existência de dano para a aplicação de sanção; basta que o preceito tenha sido descumprido, já que se trata de sanção administrativa sem qualquer cunho indenizatório.

II — sanção civil: anulação e/ou indenização dos danos —

• no caso de anulação, deverá ser comprovado que o voto foi proferido em conflito de interesses;

• no caso de indenização, torna-se necessário comprovar *a posteriori* o dano para que se possa corrigir o prejuízo.

43. No caso, compete exclusivamente à CVM punir a não abstenção e ao Judiciário anular e, se for o caso, determinar a indenização dos danos.

44. O fato de a lei não ter cominado com nulidade, mas sim com anulabilidade, a decisão decorrente de voto proferido em conflito de interesse, não permite concluir que é lícito votar nessas circunstâncias. A lei sanciona com nulidade apenas aqueles atos que ofendem aos princípios de ordem pública. Em um único momento, a lei declara nulo um ato, no art. 262. Nos demais casos, refere-se a hipóteses de nulidade.

15. Pontes de Miranda, *Tratado de Direito Privado*, Rio de Janeiro, Borsói, 1972, p. 404.

45. No caso, além de não se poder falar em ofensa à ordem pública, a necessidade de preservar os atos societários impõe que a sanção seja atenuada e dependa de provocação dos interessados.

46. A segurança jurídica impõe que somente em casos extremos os atos comerciais sejam sancionados com a nulidade absoluta.

47. A opção do legislador de declarar anulável e não nula a assembléia não permite concluir que o acionista em conflito possa votar.

48. Mesmo não sendo o objeto deste feito, já que a questão prende-se ao conflito de interesses, é digna de nota a recomendação da CVM contida na Cartilha de Governança Corporativa, divulgada em junho do corrente ano:[16]

"Transações entre Partes Relacionadas

"III.4 O conselho de administração deve se certificar de que as transações entre partes relacionadas estão claramente refletidas nas demonstrações financeiras e foram feitas por escrito e em condições de mercado. O *estatuto da companhia deve proibir contratos de prestação de serviços por partes relacionadas com remuneração baseada em faturamento/receita e, a princípio, contratos de mútuo com o controlador ou partes relacionadas.*

"(...)

"Contratos de prestação de serviços entre a companhia e o controlador ou partes relacionadas devem estar alinhados com os interesses de todos os acionistas da companhia. Em especial, tais contratos não deverão ser baseados em faturamento/receita, pois parte da remuneração do controlador ou da parte relacionada independerá do desempenho operacional da companhia."

A subsunção do caso à norma — Conclusão

49. Fixadas as premissas acima, analisa-se a seguir a solução do caso.

16. Fonte <www.cvm.gov.br>.

50. O conflito de interesses entre, de um lado, PREVI e SISTEL, e de outro, Tele Norte Leste Participações, é evidente. Os dois fundos de pensão possuem participação tanto na controladora (Telemar Participações S/A), através da Fiago Participações, quanto na controlada (TNLP), de maneira direta, conforme se pode verificar de sua estrutura acionária, em 30.11.1999, apresentada pela própria defesa, às fls. 100 do processo.

51. Vale lembrar que a Fiago assinou como interveniente o acordo de acionistas da Telemar celebrado em agosto de 1999, sendo que sua adesão era automática e dependia tão-somente das necessárias autorizações governamentais.

52. Assim, quando o contrato foi submetido à deliberação, PREVI e SISTEL possuíam interesses conflitantes, dado que iriam decidir acerca de um acordo em que participavam tanto no lado do contratante quanto no do contratado, caracterizando o conflito de interesses.

53. O voto das acusadas foi essencial para a aprovação do Acordo de Prestação de Serviços, já que os demais acionistas que votaram, com exceção da FUNCEF, foram contrários ao referido Acordo. Isso significa que sem o voto das acusadas o contrato sequer teria sido aprovado.

54. No caso, é evidente que não existia entre a PREVI e SISTEL por sua participação na Telemar e na Tele Norte Leste a necessária independência que se exige para aprovar a celebração do Acordo entre a Telemar e as concessionárias, controladas da Tele Norte Leste, o que representa, em última análise, um negócio consigo próprio.

55. Ainda que as acusadas afirmem em sua defesa que não receberam quaisquer recursos advindos desse Acordo, os efeitos da vantagem patrimonial são evidentes, seja pelo recebimento de recursos (financeiro), através do pagamento de dividendos pela Telemar, seja pela variação patrimonial positiva da Telemar em função da remuneração recebida (econômico).

56. A vantagem patrimonial das acusadas decorrente do contrato de prestação de serviços, de acordo com o ITR de 30.9.2002, seria da ordem de R$ 1,240 milhões, uma vez que a receita operacional líquida consolidada da Tele Norte Leste foi de R$ 3.082,9 milhões e a remuneração do contrato corresponde a 0,5%.[17] Vale notar que nos anos de 1999 e 2000 a remuneração era da ordem de 1%.

57. Ao passo que a título de dividendos não se vislumbra, por enquanto, qualquer participação no ano de 2002, pois a empresa apresentou prejuízo nesse mesmo período.

58. Sem o Acordo as acusadas nada receberiam na condição de simples acionistas.

59. É inquestionável, portanto, o benefício da PREVI e da SISTEL decorrente do Acordo, razão pela qual deveriam se abster de votar na assembléia da Tele Norte Leste.

60. De qualquer modo, não cabe aqui discutir de que lado estaria a maior vantagem, porque, para a aplicação da sanção administrativa, como se disse, é suficiente o descumprimento do dever de se abster de votar ante situação evidentemente de conflito de interesses.

61. Deve ser ressaltado que a situação foi detectada pela acionista Telemar que também participou do negócio pelos dois lados e se absteve de votar, o mesmo não acontecendo com as acusadas.

62. Ao referir-se a deliberações em que o acionista tem interesse conflitante, a lei não pressupõe que o acionista está contratando com a companhia contra o interesse social. O conflito de interesses não exige que os interesses sejam opostos, mas que o acionista tenha duplo interesse. A lei, ao proibir o voto, não prevê a existência de um ilícito, apenas pretende evitar que o voto em conflito acarrete eventualmente um prejuízo para a companhia. Trata-se de medida preventiva e cautelar.

63. O conflito de interesses, na verdade, se estabelece na medida em que o acionista não apenas tem interesse direto no negócio da companhia, no caso a Tele Norte Leste, mas também na Telemar, a contraparte do negócio. É indiferente para caracterizar o conflito que o interesse seja divergente ou oposto ou que haja vantagem para um e prejuízo para o outro. A lei emprega a palavra conflito em sentido lato abrangendo qualquer situação em que o acionista estiver negociando com a sociedade.

64. O legislador ao optar pela proibição cautelar do exercício do poder de voto em situação de conflito o fez no pressuposto de que maior seria o prejuízo se o voto fosse exercido. Esse fato não só traz maior segurança para as companhias como evita questionamentos sobre o grau do conflito ou mesmo sobre o prejuízo causado. Com isso, adotou-se uma postura preventiva visando manter a harmonia na vida societária, evitando as incertezas decorrentes de controvérsias que afetam a necessária segurança jurídica da empresa moderna. A pendência acerca da validade de uma assembléia-geral prejudica a presteza exigida pela atividade empresarial.

65. Finalmente, não sendo o grupo econômico Telemar constituído sob a forma de grupo de direito, não pode o acionista em conflito votar. Somente nos casos de companhias constituídas como grupo de direito admite-se o voto do acionista, ainda que em conflito de interesses (art. 266 da Lei 6.404).

66. Em conseqüência tem-se no presente caso, que:

• havia uma situação contraposta entre as acusadas acionistas da TLN, contratante, e de acionistas indiretas da Telemar, contratada;

• o contrato assinado permite que as acusadas participem das receitas da companhia, independentemente do desempenho operacional da TLN, enquanto que os de-

17. Considerando a participação de 19,89% da Fiago no capital da Telemar.

mais acionistas só participam dos resultados se a empresa der lucro;

• é evidente o interesse patrimonial das acusadas no contrato de prestação de serviços;

• o voto das acusadas foi essencial para a aprovação do contrato, pois os demais acionistas, com exceção da FUNCEF, cuja participação representava menos de 0,5% do capital social da Telemar, ou votaram contra a deliberação ou se abstiveram;

• não há que se perquirir se a decisão observou ou não o interesse da companhia, pois a lei foi mais longe ao vedar o voto em conflito;

• a legitimidade do contrato de prestação de serviços não tem o condão de permitir o voto do acionista que dele se beneficia.

67. Ante o exposto, comprovada a desobediência ao art. 115, § 1º da Lei 6.404/1976, proponho a aplicação à Caixa de Previdência dos Funcionários do Banco do Brasil — PREVI e à Fundação SISTEL de Seguridade Social a pena de multa de R$ 500.000,00 para cada uma, prevista no art. 11, II, da Lei 6.385/1976, por infração ao disposto no § 1º do art. 115 da Lei 6.404/1976.

É o meu voto.

Rio de Janeiro, 6 de novembro de 2002.

Norma Jonssen Parente, Diretora-Relatora.

Comentários de

Erasmo Valladão A. e N. França

A decisão proferida pelo Colegiado da CVM no Inquérito Administrativo TA/RJ2002/1.153, supratranscrita, representa uma reviravolta com relação ao entendimento que aquele Colegiado adotara anteriormente, no Inquérito Administrativo TA/RJ2001/4.977, cuja decisão foi publicada e por nós comentada nesta mesma Revista, no v. 125, pp. 139-172.

A polêmica toda gira em torno da interpretação do § 1º, do art. 115, da Lei 6.404/1976, do seguinte teor: "§ 1º. O acionista não poderá votar nas deliberações da assembléia geral relativas ao laudo de avaliação de bens com que concorrer para a formação do capital social e à aprovação de suas contas como administrador, nem em quaisquer outras que puderem beneficiá-lo de modo particular, *ou em que tiver interesse conflitante com o da companhia*".

Pergunta-se: em todas essas quatro hipóteses (laudo de avaliação de bens, aprovação das próprias contas, benefício particular e interesse conflitante), a lei estabelece casos de *proibição de voto*, ou, diversamente, em alguma ou algumas delas, a preocupação da lei é com o *conteúdo do voto*, com o modo como o acionista irá votar?

As conseqüências da resposta que se der a essa questão são de enorme relevância jurídica: se as hipóteses forem de proibição de voto (*divieto di voto*), a mera circunstância de o acionista votar acarretará, *ipso facto*, a invalidade do voto, independentemente da ocorrência de prejuízo para a companhia; se, ao contrário, se entender que a preocupação da lei é com o conteúdo do voto, a mera circunstância de o acionista votar já não será suficiente para invalidá-lo, exigindo-se mais, a ocorrência de prejuízo, real ou ao menos potencial, para a companhia.

Na hipótese de *interesse conflitante*, mais especificamente falando, a indagação que se coloca é se a lei veda, *ex ante*, o voto, quando há um conflito meramente *formal* (tal como o que ocorre, por exemplo, quando o acionista está em posição contraposta à da companhia, como num contrato bilateral que vai realizar com aquela) ou, ao contrário, se a proibição legal refere-se a um conflito *substancial* (que só pode ser verificado *ex post*, caso a caso, quando o acionista, ao votar, sacrifica, efetivamente, o interesse da companhia ao seu próprio interesse, vale dizer, quando o acionista, no exemplo do contrato que vai realizar com aquela, obtém vantagem a que não faz jus, em detrimento da companhia).

No julgado por nós comentado anteriormente, no v. 125 desta Revista, o Colegiado da CVM, contra o voto dos Diretores Marcelo Trindade e Luiz Antonio de Sampaio Campos, havia decidido que a hipótese de *interesse conflitante*, prevista na parte final do § 1º, do art. 115, era de conflito meramente *formal*. Naquele caso, o Colegiado foi, inclusive, de um rigor extremado. A acionista controladora de determinada companhia votara em deliberação que atribuía o pagamento de *royalties*, pela companhia controlada, à controladora indireta (ou seja, à sociedade que controla a acionista controladora da companhia), no que havia sido acompanhada, porém, por outros minoritários. Mesmo levando em consideração o fato incontroverso de que, devido aos votos desses minoritários, a deliberação se mantinha de pé sem o voto da controladora, o Colegiado apenou esta última com pesadas multas.

Agora, o Colegiado, com nova composição, muda de orientação para prestigiar justamente o entendimento do Diretor Luiz Antonio de Sampaio Campos — cujo extenso e erudito voto vencido, no julgado anterior, havíamos integralmente endossado (e cuja releitura recomendamos vivamente; o voto se acha nas pp. 151-169 do citado v. 125 desta Revista).

O caso ora objeto de julgamento, resumidamente, foi o seguinte. Em AGE da Telenorte Leste Participações S/A (TNLP) os acionistas PREVI e SISTEL aprovaram um acordo de prestação de serviços que seria celebrado entre a controladora Telemar (que se absteve de votar) e as companhias concessionárias. O conflito formal ocorreria, segundo a ilustre Relatora do caso (cujo entendimento ficou vencido), em face de os dois fundos de pensão (PREVI e SISTEL) possuírem participação tanto na controladora, Telemar (indiretamente, através da Fiago Participações), quanto, diretamente, na controlada (TNLP). Assim, no dizer da Relatora, "quando o contrato foi submetido à deliberação, PREVI e SISTEL possuíam interesses conflitantes, dado que iriam decidir acerca de um acordo em que participavam tanto no lado do contratante quanto no do contratado, caracterizando o conflito de interesses".

A maioria do Colegiado da CVM, porém, rejeitou esse critério puramente formal, que prescinde da verificação das condições do negócio (se o mencionado acordo, por exemplo, tiver sido benéfico para a companhia, por que motivo deveriam ser apenados, pela CVM, ou mesmo, invalidados, pelo Judiciário, os votos que o aprovaram?).

Como se sabe, a evolução das legislações alemã e italiana, que informaram, no particular, a nossa Lei de S/A, deu-se justamente no sentido de restringir as hipóteses de *proibição de voto*.

O § 252 do Código Comercial alemão (*Handelsgesetzbuch — HGB*), de 1897, vedava ao acionista interessado exercer o direito de voto nas deliberações relativas a quatro hipóteses: 1ª) exoneração do acionista de responsabilidade perante a companhia; 2ª) liberação de uma obrigação do acionista para com a companhia; 3ª) conclusão de um negócio entre o acionista e a companhia; 4ª) propositura de uma ação por parte da companhia contra o acionista ou transação para extingui-la. Em todas essas hipóteses, assevera Gambino, o acionista perdia a legitimação para votar, sendo certo que, em caso de violação da proibição, o voto proferido era nulo.[1] Em todas elas, outrossim, em face de o acionista achar-se em uma posição de contraparte em relação à sociedade, o *HGB* estabelecia, com base nesse indício formal, uma presunção de conflito de interesses entre ambos, razão

1. Agostino Gambino, "La disciplina del conflitto di interessi del socio", na *Rivista del Diritto Commerciale*, I, 1969, pp. 371-425. As observações feitas no texto estão nas pp. 377-378. V., outrossim, Asquini, "Conflitto d'interessi tra il socio e la società nelle deliberazioni di assemblee delle società per azioni", comentário a acórdão do Tribunal de Milão, na *Rivista delle Società*, II, 1919, pp. 653-654, onde o mestre tece considerações sobre o dispositivo em questão, do *HGB*, citando doutrina.

pela qual interditava o exercício do direito de voto.

Sucede que esse sistema de proibição de voto em casos de conflitos formais de interesses entre o acionista e a companhia não provou bem durante os vários anos de aplicação do *HGB*. Segundo relata Herzfelder, de um lado o sistema se mostrou muito estreito à vista dos numerosos casos de conflitos substanciais de interesses que não eram apanhados pela norma; de outro lado, mostrou-se muito rigoroso diante de algumas daquelas hipóteses, como, precisamente, por exemplo, a conclusão de negócios entre o acionista e a companhia. Daí a doutrina alemã, muitos anos antes da entrada em vigor da *Aktiengesetz* de 1937, ter saído à cata de uma *Generalklausel*, vale dizer, de uma regra mais genérica e flexível, objetivando a proteção do interesse da companhia contra os perigos de um voto abusivo de seus próprios acionistas.[2]

Dessa forma, consagrou-se na *Aktiengesetz* de 1937 um regime diferenciado para a matéria: a) no § 114, 5, reproduziu-se, com diversa formulação, a disciplina prevista no § 252 do *HGB*, *eliminando-se, porém, a hipótese de conclusão de um negócio entre o acionista e a sociedade*;[3] b) no § 197, 2, determinou-se a anulação da deliberação decorrente de voto exercido por acionista com o objetivo de obter, para si ou para outrem, vantagens particulares, estranhas à sociedade, e de que resultassem, ou pudessem resultar, prejuízos para a companhia ou para outros acionistas. No primeiro caso, como pondera Leães, "a anulabilidade (*Anfechtbarkeit*) seria o resultado de uma apreciação puramente formal da ocorrência de posição contrastante, ocupada pelo acionista que é também administrador, inspirada no princípio de que ninguém pode ser, ao mesmo tempo, Juiz e parte de seus próprios atos (*nemo judex in causa propria*). Já no segundo caso, o regime aplicável é o da anulabilidade da deliberação, resultante de uma incompatibilidade entre o interesse pessoal e o interesse da companhia, expressa no voto conflitante".[4]

Esse sistema dualista foi mantido na *Aktiengesetz* atual, de 1965, com pequenas alterações. O § 136, 1, desse diploma, estabelece a *proibição do voto* quando o acionista deva deliberar "sobre a aprovação de suas próprias contas, a exoneração de obrigações para com a sociedade, ou o exercício de direitos que esta tenha em relação ao mesmo".[5] Nessas hipóteses, pois, a lei *interdita* o exercício do direito de voto, *formalmente*, não havendo a possibilidade de se perquirir acerca do seu conteúdo: se a proibição for violada, o voto é nulo (e, conseqüentemente a deliberação será anulável, se o voto for decisivo para a formação da maioria) por atentar contra determinação expressa da lei. O § 243, 2, por seu turno, determina a anulação da deliberação quando o acionista "tentar obter, pelo exercício do seu direito de voto, para si ou para terceiros, vantagens particulares em detrimento da sociedade ou de outros acionistas, e a decisão for idônea a servir a esse escopo".[6]

2. F. Herzfelder, "La protection de la société anonyme contre des abus de vote en cas de conflits d' intérêts en Droit allemand", na *Revue Trimestrielle de Droit Commercial*, 1968, pp. 263-298. As observações do texto estão na p. 285. Observa Gambino, outrossim, citando Pinner, Oertmann e Schlegelberger-Quassowski, que, durante a vigência do *HGB*, a possibilidade de estender, por analogia, a proibição de voto a hipóteses não previstas era praticamente excluída (ob. cit., p. 378, nota 39).

3. Sobre a eliminação da hipótese referida no texto, que constituía a *fattispecie* mais importante do § 252 do *HGB*, a qual, de resto, já era interpretada de maneira fortemente restritiva, Gambino, citando Zöllner, informa que a razão de sua eliminação foi o fato de que aquela hipótese, com inibir drasticamente o voto, terminava por atribuir à minoria excessivo poder decisório, impedindo a conclusão de contratos úteis à sociedade (ob. cit., p. 378, nota 9). V., também, Herzfelder, ob. cit., p. 274.

4. Luiz Gastão Paes de Barros Leães, em estudo intitulado "Conflito de interesses e vedação de voto nas assembléias das sociedades anônimas", na *RDM* 92/107-110. A citação feita no texto está na p. 108.

5. Cf. Leães, ob. e loc. cits., p. 108; Herzfelder, ob. cit., p. 269.

6. Cf. Leães, no parecer denominado "Conflito de interesses", em *Estudos e Pareceres sobre So-*

Neste caso, cabe averiguar se houve, efetivamente, um *conflito de interesses*, facultando-se ao juiz examinar o *conteúdo* da deliberação.[7]

Em suma: nas hipóteses de *proibição de voto*, a lei alemã, com base em precisas circunstâncias formais, estabelece um controle *ex ante* de legitimidade do voto; violada a proibição, decorre a *consequentia juris* da nulidade do voto e da anulabilidade da deliberação, se o voto for decisivo para a formação da maioria. Já no que tange ao *conflito de interesses*, há um controle *ex post*: torna-se necessária uma indagação relativamente ao conteúdo da deliberação, para a qual foi decisiva o voto do acionista, a fim de apurar se, efetivamente, ocorreu incompatibilidade entre os seus interesses e o interesse da companhia (ou seja, cabe apurar se houve abuso no exercício do direito de voto).[8]

O Direito italiano evoluiu em sentido semelhante ao direito alemão, tendo afinal consagrado a seguinte norma no art. 2.373 do *Codice Civile* de 1942:

"Art. 2.373. *Conflito de interesses*. O direito de voto não pode ser exercido pelo sócio nas deliberações em que ele tenha, por conta própria ou de terceiros, um interesse em conflito com o da sociedade.

"Em caso de inobservância da disposição do parágrafo precedente, a deliberação, *toda vez que possa causar dano à sociedade*, é impugnável consoante o art. 2.377, se, sem o voto dos sócios que deveriam abster-se da votação, não se teria alcançado a necessária maioria (...).

"Os administradores não podem votar nas deliberações concernentes à sua responsabilidade (...)"[9] (destaques nossos).

Como se vê, o Direito italiano acabou por acolher a mesma distinção entre proibição de voto (*divieto di voto*) e conflito de interesses, sendo necessário, para a caracterização deste último, ao menos o dano potencial para a sociedade, diversamente do que ocorre com o *divieto di voto*.[10]

ciedades Anônimas, Ed. RT, São Paulo, 1989, pp. 9-27. A observação do texto está na p. 24. V., tb., Herzfelder, ob. cit., p. 285.

7. Cf. Herzfelder, ob. cit., p. 297. Segundo Leães, no que concerne à proibição de voto, a *Aktiengesetz* de 1965 reproduziu, com linguagem assemelhada, a disciplina da lei anterior. Já no que tange à disciplina do conflito de interesses, as diferenças de redação entre um diploma e outro geram conseqüências diversas. Assim, na *AktG* de 1937, a norma contida no § 197, 2, tinha em vista três princípios: a) era de rigor a intenção danosa do acionista votante, expressa no advérbio "intencionalmente" (*vorsatzlich*); b) fazia-se referência à natureza especial e estranha à sociedade das vantagens perseguidas (*gesellschaftsfremde Sondervorteile*); c) salientavam-se as conseqüências danosas dessa deliberação para a sociedade ou para outros acionistas (*zum Schaden der Gesellschaft oder ihrer Aktionäre*). Na *AktG* de 1965, eliminou-se o advérbio *vorsatzlich* e o adjetivo *gesellschaftsfremde*. De acordo com o mestre, a supressão do elemento "intenção" é interpretada no sentido de que, conforme a nova lei, basta que o sócio, ao votar, tenha tentado obter vantagens particulares, necessariamente extra-sociais, para que se configure o conflito. De outra parte, a supressão do adjetivo "extra-social" responde a exigência de ordem redacional: o caráter estranho à sociedade já estaria implícito na noção de "vantagem especial" (ou particular) a que se refere a lei. Além disso, da fórmula *zu erlangen suchte* ("tentar obter"), utilizada na Lei de 1965, se dessume a idéia de que o conflito se instaura com a ocorrência de dano potencial, sem que se exija o prejuízo efetivo para a caracterização do conflito ("Conflito de interesses e vedação...", cit., p. 108).

8. Cf. Leães, ob. ult. cit., pp. 109-110.

9. No original: "Art. 2.373. *Conflitto d'interessi*. Il diritto di voto non può essere esercitato dal socio nelle deliberazioni in cui egli ha, per conto proprio o di terzi, un interesse in conflitto con quello della società. In caso d'inosservanza della disposizione del comma precedente, la deliberazione, qualora possa recare danno alla società, é impugnabile a norma dell'articolo 2.377 se, senza il voto dei soci che avrebbero dovuto astenersi dalla votazione, non si sarebbe ragiunta la necessaria maggioranza (c. 1.394, 1.395). Gli amministratori non posso votare nelle deliberazioni riguardanti la loro responsabilità (c. 2.393, 2.469) (...)".

10. V. por todos, Gambino, ob. cit., *passim*. Cf., outrossim, o nosso *Conflito de Interesses nas Assembléias de S/A*, Malheiros Editores, 1993, pp. 78-81, sobre a evolução do direito italiano. *A bem da verdade, deve-se esclarecer ainda que a terminologia "proibição de voto-conflito de interesses" é utilizada na doutrina italiana. Na alemã, ao revés, para designar fenômeno análogo, segundo*

Não parece haver dúvidas de que a nossa Lei de S/A, acha-se informada, como se disse, por conceitos análogos. Estabeleceu, no art. 115, *caput*, à semelhança do § 243, 2, da lei alemã, uma *Generalklausel*: "O acionista deve exercer o direito de voto no interesse da companhia; considerar-se-á abusivo o voto exercido com o fim de causar dano à companhia ou a outros acionistas, ou de obter, para si ou para outrem, *vantagem a que não faz jus* e de que resulte, ou possa resultar, prejuízo para a companhia ou para outros acionistas".[11] Verifica-se, outrossim, que, tal como na *Aktiengesetz* e no *Codice Civile*, para que se caracterize lá o abuso ou aqui o conflito, é condição suficiente — *mas necessária* — o dano potencial ("de que resulte ou *possa resultar* prejuízo para a companhia").

É justamente o fato de o acionista votar com o intuito de obter *vantagem a que não faz jus*,[12] aliado ao *dano* (atual ou potencial) para a companhia, que caracteriza, a nosso ver, o *interesse conflitante com o da sociedade*, a que faz referência o § 1º do art. 115 da Lei 6.404.[13] Prova disso está no §.4º, do mesmo art. 115, onde se lê, *verbis*:

"§ 4º. A deliberação tomada em decorrência do voto de acionista que tem *interesse conflitante com o da companhia* é anulável; o acionista responderá pelos ***danos causados*** *e será obrigado a transferir para a companhia* ***as vantagens*** *que tiver auferido*."

Não basta, assim, em nosso entender, um mero conflito *formal*: é necessário que o conflito seja *substancial*, efetivo.

Há outros fortes indícios, ainda, de que a *mens legis* seja exatamente esta. Um desses indícios está no art. 117, § 1º, alínea *f*, da Lei 6.404, que assim soa: "Art. 117. O acionista controlador responde pelos danos causados por atos praticados com abuso de poder. § 1º. São modalidades de exercício abusivo de poder: (...) f) contratar com a companhia, diretamente ou através de outrem, ou de sociedade na qual tenha inte-

Gambino, utiliza-se "conflito de interesses-abuso do direito de voto". Justamente em virtude dessa diversidade de terminologia, aponta Gambino a razão de ser de uma série de equívocos da doutrina italiana ao fazer referência ao § 252 do HGB: ali onde os alemães se reportavam a conflito de interesses, na Itália tratava-se da figura do "divieto di voto" (ob. cit., p. 383, nota 59). ***Essa mesma diversidade de terminologia, a nosso ver, é a causa das perplexidades interpretativas que gera a nossa lei, influenciada, como se verá, tanto pelo direito alemão (que usa a terminologia "conflito de interesses-abuso do direito de voto"), como pelo direito italiano (que usa a terminologia "proibição de voto-conflito de interesses").*** O Codice Civile italiano, aliás, não acolheu, segundo a maioria dos doutrinadores, a teoria do abuso do direito (v., a respeito, Francesco Santoro-Passarelli, *Dottrine Generali del Diritto Civile*, 9ª ed., Casa Editrice Dott. Eugenio Jovene, Itália, Nápoles, 1986, pp. 76-77).

11. Nesse sentido: Leães, "Conflito...", cit., pp. 25-26; Mauro Penteado, ob. cit., p. 263, nota 584. Mas a lei brasileira é ainda mais abrangente do que a alemã, pois pune — expressamente, ao menos — o voto *ad aemulationem*: "considerar-se-á abusivo o voto exercido com o fim de causar dano à companhia ou a outros acionistas" (cf. Wilson de Souza Campos Batalha, *Comentários à Lei das Sociedades Anônimas*, v. II, 1ª ed., Rio, Forense, 1977, p. 557). Confira-se a redação do § 243, 2, da *Aktg* de 1965: "A anulação pode também esteiar-se no fato de um acionista tentar obter, pelo exercício do seu direito de voto, para si ou para terceiros, vantagens particulares em detrimento da sociedade ou de outros acionistas, e a decisão for idônea a servir a esse escopo" (a tradução é de Leães, ob. ult. cit., p. 24).

12. "(...) vantagens *particulares* em detrimento da sociedade ou de outros acionistas", na dicção da lei alemã.

13. Eis que o acionista não pode obter, pelo voto, como adverte Comparato, "vantagens que não são normalmente atribuídas a todos quantos se encontram na mesma situação jurídica perante a companhia; ou seja, uma violação do princípio de igualdade relativa que consubstancia a justiça distributiva, como assinalamos". "Assim é que", exemplifica o mestre, "o acionista controlador pode auferir, como resultado da deliberação impugnada, benefícios econômicos diversos da simples distribuição de dividendos ou bonificações em dinheiro. Ora, embora seja controlador, ele não deixa de ser acionista, não podendo portanto pretender, nessa qualidade, vantagens diversas das que competem, por lei, aos demais acionistas" (Fábio Konder Comparato, no parecer intitulado "Controle conjunto, abuso no exercício do voto acionário e alienação indireta de controle empresarial", em *Direito Empresarial, Estudos e Pareceres*, São Paulo, Saraiva, 1990, pp. 81-102; a citação é da p. 90).

resse, em condições de favorecimento ou não eqüitativas".

Lida *a contrario sensu*, essa norma significa, evidentemente, que o acionista controlador está autorizado a contratar com a companhia, desde que em condições eqüitativas. Ora, a hipótese de um contrato entre o acionista e a companhia é considerada a hipótese paradigmática de conflito formal de interesses, *ipotesi di scuola*, como diz Galgano.[14] Fosse intenção da lei estabelecer um controle *ex ante* desse tipo de conflito, não teria jamais admitido a possibilidade de realização de um contrato entre o acionista controlador e a companhia, no qual aquele determina a vontade desta.[15]

Essa orientação do legislador, de resto, deve-se, como salientado, entre outros, por Leães, à realidade insuprimível que constituem hoje os grupos societários. Como muito bem argumenta o mestre, citando Mengoni, o *divieto di voto*, como sistema de tutela do interesse da companhia, "vem sendo restringido gradativamente a hipóteses excepcionais, em face das necessidades do mundo econômico moderno, caracterizado pela concentração empresarial. Nas relações entre sociedades controladoras e controladas, estas perdem grande parte de sua autonomia empresarial. É a sociedade controladora que toma, soberanamente, as decisões mais importantes. Essa perda de autonomia de gestão empresarial traduz-se, freqüentemente, senão sempre, pelo sacrifício dos interesses de cada sociedade ao interesse do grupo. A lei sanciona essa realidade e estabelece regras para a convivência entre ambas, já que, formalmente, elas se encontram sempre em posição de potencial conflito de interesses. Daí a tendência a adotar um sistema de controle *ex post* do exercício de voto, fulminando-o quando, do conflito de interesse, resulte ele objetivamente idôneo a acarretar dano à sociedade ou a outros acionistas, ou perseguir vantagens indevidas, para si ou para outrem".[16]

O outro fortíssimo indício da apontada orientação — este ligado, justamente, à disciplina dos grupos societários — reside no art. 264, que cuida da incorporação de controlada. O § 3º desse artigo — nas sucessivas redações que lhe deram, respectivamente, a Lei 6.404/1976, a Lei 9.457/1997 e, finalmente a Lei 10.303/2001 —

14. Francesco Galgano, "La Società per Azioni", v. 7 do *Trattato di Diritto Commerciale e di Diritto Pubblico dell'Economia*, CEDAM, Itália, Pádua, 1984, p. 230.

15. Insatisfeito com a solução dessa norma — mas ao mesmo tempo reconhecendo que *legem habemus* — Comparato anotou: "A nova lei de sociedades por ações não se omitiu a respeito. Considerou modalidade de abuso de poder, pelo controlador, contratar com a companhia, diretamente ou através de outrem, ou de sociedade na qual tenha interesse, em condições de favorecimento, ou não eqüitativas'. *Deveria, no entanto, ter exigido a prévia autorização da assembléia geral, **sem o voto do controlador***" (*O Poder de Controle na Sociedade Anônima*, 3ª ed., Forense, 1983, p. 318, destaques nossos).

16. Em parecer intitulado "Ação de anulação de deliberação assemblear decorrente de voto de acionista com interesse conflitante", na apelação cível 129.414-1/4, do Tribunal de Justiça do Estado de São Paulo, p. 22 (desse parecer se extraiu o estudo publicado na *RDM* 92/107, retrocitado). As agudíssimas observações de Mengoni, nas quais se baseou Leães, são as seguintes: "D'altra parte, il sistema del divieto di voto è ormai completamente superato rispetto ai bisogni del mondo economico moderno, caratterizzato dalla concentrazione industriale. Nelle società controllate, i rapporti con la società controllante costituiscono una insopprimibile ragione di vita: qualora la disciplina del conflitto di interessi fosse tecnicamente impostata sulla regola del divieto di voto, le società controllate verrebbero a trovarsi in una situazione assurda, perchè in sostanza rimarrebbe arbitra esclusiva della società la minoranza (Salandra). Il fenomeno delle partecipazioni azionarie di controllo esige certamente delle cautele giuridiche più penetranti di quelle attualmente predisposte dagli artt. 2.359 e sgg. cod. civ. Ma, fino a quando no lo si voglia considerare illecito, il che è impensabile, non si può precludere alla società controllante il diritto di voto nelle deliberazioni concernenti i rapporti con essa della società controllata, sol perchè in tali rapporti la controllante si trova formalmente in una posizione di potenziale conflitto di interessi con la controllata" (Luigi Mengoni, "Appunti per una revisione della teoria sul conflitto di interessi nelle deliberazioni di assemblea della società per azioni", na *Rivista delle Società*, I, 1956, pp. 434-464; a citação está nas pp. 451-452).

claramente admite o exercício do voto pela controladora (que se acha em posição de conflito formal de interesses), ao prever o *direito de recesso* dos acionistas minoritários.

Mas os votos proferidos no julgamento ora sob comentário trazem outros argumentos importantes.

No voto vencido, invocou-se a interpretação gramatical do § 1º, do art. 115, sob a seguinte consideração: "7. Nada pode ser mais claro que a seguinte passagem: *o acionista não poderá votar*. Dentro da chamada interpretação gramatical, acatando seus limites próprios, não há qualquer margem para a inclusão da distinção '*divieto x* conflito', pois o legislador deixou claro que a proibição *ex ante* se estendia às hipóteses de interesse conflitante" (destaques do original).

O ilustre presidente da CVM, Luiz Leonardo Cantidiano, todavia, rebateu essa argumentação com desnorteadora simplicidade: "Continua o § 1º dizendo que o acionista também não poderá votar em quaisquer outras deliberações que puderem beneficiá-lo de modo particular ou em que tiver interesse conflitante com o da companhia. *Olhando a parte final do § 1º pelo outro lado*, verifica-se que se a deliberação não puder beneficiar o acionista de modo particular e/ou *se o seu interesse estiver sintonizado com o interesse da companhia ele estará admitido a votar. Ele poderá votar*" (destaques nossos).[17]

Mas o voto do eminente Diretor Luiz Antonio de Sampaio Campos, afora novamente esmiuçar a matéria com erudição, traz argumento novo, de enorme importância, senão decisivo: "81. E o que é pior — e parece-me que não se tem atentado para isso com a devida reflexão — é que, se o voto proferido pelos acionistas a quem seria permitido votar contrariasse o interesse social, *o máximo que se obteria seria a desconsideração do voto, mas jamais a aprovação da deliberação*, já que, nessa hipótese não haveria a possibilidade de uma decisão judicial que suprisse a manifestação — ou a não manifestação — de vontade dos acionistas. Não se atingiria jamais o conteúdo positivo de uma deliberação, mas apenas a desconstituição dos votos viciados. *Ou o que talvez fosse pior, esses acionistas poderiam apenas e comodamente optar por não comparecer a assembléia ou nela comparecendo se absterem de votar.* Nessas hipóteses, *não haveria nem mesmo voto a ser anulado* e permaneceria a mesma questão da impossibilidade de se dar um conteúdo positivo à deliberação" (destaques nossos).

Se se adotasse a tese do conflito formal, portanto, a deliberação ficaria nas mãos da minoria e jamais seria possível — mesmo quando se pudesse anular os votos

17. Importa só observar que a hipótese de a deliberação beneficiar o acionista de modo particular nada tem a ver com a hipótese de interesse conflitante. O "benefício particular" a que se refere tal dispositivo (que reproduziu idêntica dicção constante do art. 82 do Decreto-lei 2.627/1940), segundo o autorizado comentário de Trajano de Miranda Valverde (*Sociedades por Ações*, 3ª ed., v. II, Rio, Forense, 1959, p. 67), representa uma recompensa pelos trabalhos ou serviços prestados pelo acionista à companhia, como, por exemplo, a atribuição de partes beneficiárias aos acionistas fundadores (art. 87, parágrafo único, *g*, do Decreto-lei 2.627/1940; art. 47 da Lei 6.404/1976). Nesse passo, portanto, o legislador não teve em mente os benefícios ou vantagens indevidos, de caráter extra-social, de que cuida o art. 115, *caput*, da Lei 6.404/1976, mas benefícios perfeitamente lícitos, que a lei permite sejam atribuídos aos acionistas (nesse sentido, cf. Modesto Carvalhosa, *Comentários à Lei de Sociedades Anônimas*, v. 2, Saraiva, 1997, p. 413; voto do Diretor Luiz Antonio de Sampaio Campos na *RDM* 125/163-166; e o nosso *Conflito...*, cit., pp. 72-73 e 88-91). Daí concluirmos que, na hipótese de deliberação que beneficie o acionista de modo particular, está-se também, tal como nas duas primeiras hipóteses previstas no § 1º do art. 115, diante de um caso de *divieto di voto*, sendo nulo o voto proferido em desrespeito à proibição, independentemente de qualquer indagação acerca do conteúdo da deliberação ou de eventual prejuízo, potencial ou atual, à companhia. Saliente-se, por fim, que a distinção entre as hipóteses de benefício particular e interesse conflitante faz-se oportuna e necessária em decorrência da regra de hermenêutica segundo a qual a lei não pode conter palavras ou expressões inúteis.

dessa minoria, o que não ocorreria, entretanto, em caso de abstenção ou não comparecimento — obter uma deliberação positiva.[18]

Como bem lembra o voto em questão, tal solução não guarda simetria com a adoção da tese oposta, do conflito substancial, que melhor protege os interesses da minoria, da maioria e da própria sociedade: "82. A assimetria me parece evidente, na primeira hipótese (i.e. da operação ter sido celebrada em decorrência do voto viciado), *ao menos em tese, é possível se atingir a justiça, qual seja, desconstituir os votos viciados e a deliberação, caso tenham sido tais votos determinantes para a sua adoção, desfazendo-se o negócio sem prejuízo das eventuais perdas e danos*; nas segunda e terceira hipóteses, desconstitui-se o voto, mas não se atinge o conteúdo positivo da operação, podendo-se eventualmente obter perdas e danos na segunda hipótese, mas dificilmente na terceira. 83. O sistema que a meu ver melhor compõe os interesses envolvidos e melhor resolve a questão é aquele que exige que a operação seja eqüitativa, que o pagamento seja adequado, em condições de mercado, como aliás já exige o art. 245 da Lei 6.404/1976. Isso deveria ser atingido através de opiniões de especialistas independentes, que atestariam, em benefício da companhia e de seus acionistas como um todo, a justiça e a correção da operação com a parte interessada, respondendo perante estas pessoas. Nessa mesma linha, não pode ser olvidado o fato de que, na maioria dos casos, há também manifestação da administração da companhia envolvida sobre a conveniência e a oportunidade do negócio proposto, o que, ao menos a princípio, milita em favor da boa-fé, inclusive em razão do dever de lealdade à companhia a que os administradores são sujeitos. (...) 85. ***A pergunta que se faz é relativamente óbvia: se há uma fórmula que permite o voto e se permite a desconstituição deste voto se viciado, se violador do interesse social, por que razão não adotá-la****, vez que esta tese conciliaria todos os interesses daqueles que pretendessem votar e da sociedade que não pode se ver espoliada de seus interesses?* ***Só encontro a resposta no capricho ou no preconceito, argumentos que jamais me convenceram***" (destaques nossos).

O Colegiado da CVM, a nosso ver, desta vez interpretou corretamente a lei.

São Paulo, janeiro de 2003.

18. Para os graves problemas que suscita a anulação das deliberações negativas tomamos a liberdade de remeter o leitor ao nosso *Invalidade das Deliberações de Assembléia das S/A*, Malheiros Editores, 1999, p. 94, nota 62.

OS CONCEITOS DE "EBITDA", "BRAZILIAN GAAP" E "JUROS SELIC"

LUIZ GASTÃO PAES DE BARROS LEÃES

1. Exposição e consulta. 2. O conceito de EBITDA e a exclusão dos encargos financeiros. 3. Os princípios contábeis geralmente aceitos (GAAP) que deverão prevalecer no cálculo do EBIDTA. 4. Princípios da interpretação dos contratos.

1. Exposição e consulta

1.1 Aires e Pestana — Advogados nos honram com a seguinte consulta. Clientes do escritório, pessoas físicas, alienaram as participações societárias que detinham nas Editoras (...) (doravante designadas apenas A&S), sociedades por quotas de responsabilidade limitada, mediante a celebração de um *Quota Purchase Agreement* (Contrato de Compra e Venda de Quotas), firmado em 18.8.1999, doravante denominado simplesmente QPA, ou apenas Contrato. Esse QPA dispõe que o preço de aquisição das quotas, pactuado no Contrato, se decompõe em duas parcelas: uma fixa e outra variável. O montante variável, denominado de *Earn-Out Amount*, deverá ser pago nos sete anos consecutivos à venda das editoras, em parcelas sucessivas, desde que atingidas determinadas condições.

1.2 O cálculo desse *Earn-Out Amount* seria, por sua vez, baseado no EBITDA, que é, como se sabe, uma medida de prática universal utilizado nos processos avaliatórios de sociedades. Nesse sentido, o Contrato dispõe de dispositivos específicos seja sobre o cálculo do *Earn-Out Amount*, seja sobre a apuração do EBITDA. Trata-se das Cláusulas 2.1.1 (b), (c), (d), (f) e 2.3, bem como da Cláusula 14.2, relativa à solução de disputas.

1.3 As partes não estão de acordo nem quanto à inteligência a ser emprestada à definição dos *Agreed GAAP*, adotada pelo Contrato, nem quanto à forma de apuração do EBITDA. Em síntese, os Vendedores entendem que os *Agreed GAAP* devem obedecer aos princípios contábeis geralmente aceitos no Brasil, sendo o EBITDA calculado pelos Compradores de forma compatível com as práticas habituais adotadas no negócio de edições educacionais no País. Já os Compradores defendem a idéia de que os *Agreed GAAP* não seriam propriamente os princípios contábeis geralmente aceitos no Brasil, mas aqueles que eles próprios aplicam nos negócios de edições educacionais, a nível mundial.

1.4 Ao ensejo do Primeiro Relatório (*First report*), redigido pelos auditores da A&S, o cálculo, para fins de apuração do *Earn-Out Amount*, elaborado pelos Compradores, desconsiderou certos itens, de tal forma que, logo para efeito da primeira parcela, o exercício findo de 1999 não teria atingido o EBITDA mínimo exigível, que provocaria o pagamento pelos Compradores do *Earn-Out Amount* devido aos Vendedores. Estes, em sentido oposto, acreditam que, se fosse incluído no conceito de *interest* alguns outros encargos financeiros (*v.g.*, variação cambial e variação monetária), e, caso fosse excluído do cálculo do EBITDA vários itens não-operacionais, esse EBITDA mínimo certamente teria sido alcançado.

1.5 A consulta que nos foi presente versa sobre essa controvérsia e vem instruída dos seguintes documentos:

(i) Contrato de Compra e Venda de Quotas (QPA), nas versões em inglês e em português, firmado entre os Vendedores e as Compradoras, a (...) S/A e a (... S/A);

(ii) Carta enviada pela (...) e (...), datada de 28.1.2000, com o cálculo do EBITDA relativo ao exercício de 1999;

(iii) Contra-notificação (*Vendor's Notice*) enviada pelos Vendedores à (...) e (...), datada de 28.9.2000;

(iv) Carta-resposta entregue em 26.10.2000 pela (...) e (...).

1.6 Em face do exposto, os consulentes nos formulam os seguintes quesitos:

(i) De acordo com Contrato, seria possível o termo *Agreed GAAP*, definido na Cláusula 2.1 (c) do instrumento, ser interpretado sem levar em consideração os princípios contábeis geralmente aceitos no Brasil, inclusive normas legais e normas dos órgãos regulamentadores da profissão de contador no Brasil?

(ii) A expressão "as consistently applied by the Purchaser", constante da definição do termo *Agreed GAAP*, do Contrato, refere-se apenas ao comprador estrangeiro (...), ou também ao comprador brasileiro (...)?

(iii) Poder-se-ia conceber uma "aplicação consistente por parte dos Compradores" que afastasse, de plano, os princípios contábeis geralmente aceitos no Brasil?

(iv) A expressão "in conformity with customary practices in the educational publishing business", também constante da definição do termo *Agreed GAAP*, (a) autoriza os Compradores a afastarem de forma total desse conceito a prática contábil que vinha sendo utilizada pelas Editoras A&S antes da venda do controle acionário? (b) ainda que se pudesse afastar tal prática, autorizaria ao Comprador estrangeiro aplicar a sua própria prática, sem verificar e demonstrar quais as práticas adotadas de maneira generalizada no mercado de livros educacionais?

(v) Esse mercado seria o mercado comprador brasileiro, o mercado do comprador estrangeiro ou um conceito que envolvesse a ambos os dois mercados?

(vi) A expressão *interest*, constante da definição de EBITDA (Cláusula 2.1 (c) do Contrato), inclui reajustes monetários e variação cambial de financiamentos (a) de fornecedores e (b) bancários?

1.7 Embora de caráter econômico-financeira, a questão aqui sumariada, e de que resultou as perguntas acima formuladas, tem também nítido envolvimento jurídico, pois, no Brasil, a correção monetária e a variação cambial dos passivos faz parte da apuração do lucro operacional, afetando a lucratividade da empresa. Além disso, o conceito de EBITDA tem por objetivo separar a *performance* da empresa dos efeitos negativos dos financiamentos da atividade operacional, cuja estrutura obedece igualmente a parâmetros baixados por normas legais.

2. O conceito de EBITDA e a exclusão dos encargos financeiros

2.1 O valor de uma empresa em operação (*going concern*), para efeito de negócios de alienação, é estimado segundo vários métodos, prevalecendo, na prática, dois métodos básicos. O primeiro método de avaliação, que vê a empresa como organização produtora de renda mediante a venda de bens e serviços no mercado, consiste em projetar a geração de caixa líquida por um certo período, convertendo essa renda futura em valor presente, mediante a aplicação de uma determinada taxa de desconto (*discounted cash flow valuation model* ou simplesmente DCF). O segundo método avalia a empresa vista, por abstração, como entidade estática, ou seja, o valor da empresa correspondendo ao valor líquido do patrimônio da sociedade, vinculado à atividade empresarial (*Asset-based valuation model*).

2.2 Os dois métodos se completam, porquanto de nenhuma valia é a projeção da renda produzida pela empresa, se não for certo que lhe estejam vinculados os recursos financeiros ativos e passivos que constituem o patrimônio líquido aplicado em sua atividade. E é certo também que o balanço patrimonial é o documento que reflete ou deve refletir com fidelidade tais recursos financeiros, embora não sirva, por si só, para indicar o valor de venda dos bens desse patrimônio. Na formação desse valor influem também contingências ocultas, assim como superveniências ativas, que só se materializam no futuro, embora tenham nascido de atos ou fatos ocorridos antes da alienação. Para assegurar-se tanto quanto possível da fidelidade do balanço patrimonial e da identificação desses elementos, tomados como base para a fixação do preço — ou parte do preço — os compradores costumam realizar auditorias e trabalhos de *due diligence*.[1]

2.3 Daí a idéia de, no QPA ora em exame, compor o preço da empresa em duas porções, uma fixa e outra variável. A *parte fixa* tomaria como base o balanço patrimonial consolidado da A&S, levantado em 31.12.1998, por ocasião das Demonstrações Financeiras de exercício, submetido a prévia *due diligence*. Com base nessa peça contábil, a quantia foi determinada, levando-se em conta que, como revelado pelos Vendedores, não fora efetuado nenhum pagamento a título de dividendos entre aquela data e o fechamento do Contrato, ressalvado, porém, que os Vendedores fizeram com que as A&S promovessem uma série de transferências de ativos, pormenorizadamente descrita no Anexo 4.1.1.2, e devidamente aceita pelos Compradores (Cláusula 2.1.2).

2.4 Já a *parte variável* — o denominado *Earn-Out Amount* — é determinada pela aplicação do EBIDTA, fórmula de cálculo do fluxo de caixa das empresas, via de regra utilizada nos processos avaliatórios das sociedades em funcionamento, mormente nos que praticam o método do fluxo de caixa descontado (DCF), em que a avaliação da empresa se opera mediante a projeção da renda a ser gerada por um certo período, subseqüente à venda, e a conversão dessa renda futura em valor presente (Cláusula 2.1.1 (b), (c), (d) e (e). A utilização do conceito EBITDA no QPA como método para se calcular o *Earn-Out Amount* se justifica na medida em que essa parte variável do preço se define justamente como forma de pagamento do valor da empresa — estimada pela capacidade de gerar lucro — a ser efetuado com recursos produzidos pela própria empresa adquirida, *verbis*: "*Earn-Out* in mergers and acquisitions, supplementary payments, not part of the original acquisition cost (fixed amount), based on future earnings of the acquired company above a predetermined level".[2]

2.5 O EBITDA — abreviatura de *Earnings Before Interest, Taxes, Depreciation and Amortization* — é a formula de cálculo para a determinação do fluxo de caixa da empresa, compreendendo o lucro operacional, antes das despesas financeiras, do imposto de renda e dos encargos das de-

1. Tom Copeland, Tim Koller e Jack Murrin, *Valuation: Measuring and Managing the Value of Companies*, 2ª ed., John Wiley & Sons, Inc., 1995.

2. Verbete do *Barron's Financial Guides, Dictionary of Finance and Investments Terms*, 4ª ed., EUA, 1955.

preciações e amortizações. Nele se inclui todos os tipos de itens operacionais, inclusive a maioria das receitas e despesas. Excluem-se, no entanto, as receitas e despesas financeiras, os ganhos e perdas de operações encerradas, eventos extraordinários e receitas de investimentos não-operacionais. Exclui-se, também, o imposto de renda, tanto o decorrente da sua atividade operacional, objeto de provisão corrente ou diferida, quanto o atribuído às despesas e receitas financeiras e a itens não-operacionais. O EBITDA procura, assim, detectar exclusivamente o *fluxo de caixa operacional*, considerado como instrumento hábil a refletir a capacidade de gerar lucros da organização empresarial negociada, base do preço suplementar da transação.

2.6 O EBITDA é, assim, uma medida, utilizada nas avaliações das empresas, que tem por escopo determinar o fluxo de caixa relativo às atividades operacionais, desconsiderando-se todos os eventos não-operacionais ou efeitos ligados a eventos descontínuos ou extraordinários. As despesas de depreciação e de amortização são aditadas aos ganhos antes da incidência dos juros e dos impostos (EBIT).[3] Daí que pressupõe um fluxo de caixa *livre*, no qual o custo de capital, antes do imposto de renda, é utilizado como taxa de desconto, excluindo-se todas as despesas de capital de terceiros, assim como os encargos para a formação de capital de giro.[4] Trata-se, em suma, de uma forma de mensuração que leva em consideração exclusivamente o lucro operacional oriundo do confronto entre as receitas e as despesas decorrentes das operações básicas da sociedade — o *core business* — na medida em que apenas esse lucro reflete a verdadeira capacidade de geração de renda da empresa, objeto da remuneração a ser honrada pela parcela variável do preço.

2.7 Daí porque *todos* os *serviços das dívidas* relacionados com o uso de capital de terceiros, sejam de fornecedores, sejam de instituições financeiras, devem ser segregados e desconsiderados na apuração do ganho, incluindo-se, nesses serviços financeiros, não somente os juros, mas a correção monetária, a variação cambial e os demais encargos. Para efeito dessa exclusão, parte-se do pressuposto teórico de que a empresa básica (*pro forma company*) não tem débitos com terceiros, e, caso os tenha, serão eliminados ou substituídos pelo novo adquirente: "Instead of applying a multiple to projected after-tax earnings in the fifth year, the analyst may elect to work with other revenue streams: gross revenues, net operating earnings, EBIT (net earnings before deducting interest and taxes) or cash flow, perhaps making adjustments to the particular stream based on special factors. Thus, if the company will be carrying a debt burden as of the valuation date, it is the custom to value it debt-free on a pro forma basis, meaning that: (i) Earnings are increased by adding back the amount of interest payable (the pro forma company has no debt); (ii) The appropriate multiple is applied and then; (iii) The principal amount of the debt is subtracted form the resultant number. In such a calculation, if the projection shows excess cash balances as of the valuation date, the debt is reduced by the amount of the cash to reflect a hypothetical pay-down of debt by the company immediately prior to its pro forma debt-free valuation. Similarly, if the firm is likely to require significant capital investment in the future, the cash-flow forecast is fine tuned to account for that expectation".[5]

2.8 O pagamento de um *Earn-Out Amount* numa operação de compra de uma empresa dá à transação a natureza de um nítido investimento realizado, ao menos em parte, com base no retorno propiciado pela empresa adquirida (*venture-type return on*

3. Gerald I. White, Ashwinpaul C. Sondhi e Dov Fried, *The Analysis and Use of Financial Statements*, 2ª ed., Nova York-Chichester, John Wiley & Sons, Inc., 1998, p. 179.

4. Aswath Damodaran, *Avaliação de Investimentos*, Rio, Qualitymark, 1997, capítulo 12.

5. Joseph W. Bartlett, *Venture Capital*, Nova York-Chichester, John Weley & Sons, 1988, p. 243.

equity), o que a aproxima de uma *leverage buyout* (LBO), ou seja, de uma aquisição de empresa lastreada em empréstimos que serão saldados com a renda gerada pela própria sociedade adquirida. Ora, nessa hipótese, até os próprios financiadores trabalham com base no fluxo de caixa determinado pela aplicação do EBIT, com exclusão das despesas financeiras e dos impostos, pois só lhes interessam a grandeza ou a magnitude do lucro de caixa gerado pela empresa, que servirá para saldar o empréstimo: "Lenders will also calculate loan values as a function of historical cash flow; the usual figure they work with is EBIT — that is, net earnings before interest and taxes. Interest is ignored because the lender is starting the calculation afresh, on the assumption that all debt will be replaced, and figuring out what Newco can afford by way of interest. Taxes have been excluded on the theory that, with a substantial increase in interest deductions after the financing, taxes will not in fact be paid".[6]

2.9 Assim sendo, na expressão *interest*, constante da definição de EBITDA, devem ser agregados, inquestionavelmente, todos os encargos financeiros incorridos pela empresa, seja a que título for, como a correção gráfica da moeda de pagamento do preço avençado. No Brasil, aliás, na própria composição da *taxa básica de juros*, já estão incluídas as verbas relativas à correção monetária e à variação cambial. Assim, desde já podemos dizer (invertendo a ordem dos quesitos da consulta e respondendo inicialmente ao último deles), que, na expressão "juros", constante da definição do EBITDA, adotada pela QPA, necessariamente se incluem os reajustes monetários e a variação cambial tanto de financiamentos bancários quanto de fornecedores.

2.10 Com efeito, basta verificar como se compõe a taxa básica de juros vigorante em nosso País, para se constatar a procedência dessa afirmação. Valemo-nos aqui da exposição do Professor Edmar Lisboa Bacha. Levando-se em conta o fato de que estamos inseridos numa economia globalizada, o ponto de partida para se estabelecer a taxa básica de juros nacional é a taxa que os investidores podem obter com os títulos reputados os mais seguros no mercado mundial, que são os títulos do Tesouro norte-americano. Esses títulos pagam atualmente uma taxa de juros de 4,5% ao ano, para os papéis de dois anos. Em cima desse valor, devemos agregar o chamado "risco Brasil", que reflete a diferença entre a segurança do pagamento dos títulos americanos e a dos títulos brasileiros, no exterior. Essa diferença pode ser apurada a partir da remuneração que o investidor venha a obter, adquirindo no mercado secundário os títulos da dívida externa emitidos pelo governo brasileiro. Por exemplo, o título denominado IDU, com prazo médio de dois anos (que em janeiro de 2001 se extinguiu), pagava uma remuneração de 6,5% em dólar (o *Elegible Interest* (EI), recentemente emitido, de prazo bem mais longo, não serve aqui como termo de comparação). Logo, cabe concluir que o custo cobrado pelo "risco Brasil" é de 2% ao ano. Até aqui os títulos cotejados são emitidos em dólar, com taxa de juros também em moeda americana.[7]

2.11 Cumpre doravante levar em consideração a desvalorização sofrida pela moeda brasileira em relação ao dólar, para obter a taxa de juros em reais. Suponhamos que o investidor tenha adquirido um título do governo brasileiro em reais e queira cobrir-se da desvalorização cambial durante o período em que mantiver a posse do papel. Nesse caso, ele poderá ir ao mercado a termo e comprar dólares a uma taxa prefixada, para um ano, pagando um prêmio, igual a diferença entre a chamada taxa coberta do dólar dentro de um ano e a taxa do mercado do dólar à vista. Este prêmio está na casa dos 6% ao ano, e se compõe,

6. Joseph W. Bartlett, ob. cit., pp. 393-397.

7. Edmar Lisboa Bacha, "A composição da taxa de juros", in *Anais do Seminário sobre Aspectos Jurídicos do Sistema Financeiro*, Escola Nacional da Magistratura, 1997, pp. 5 ss.

por sua vez, de duas parcelas: (i) a desvalorização cambial projetada pelo Governo e (ii) o risco de uma desvalorização mais acentuada. A se manter a taxa de desvalorização do Real em relação ao dólar, efetuada pelo Banco Central, que é de 0,4% ao mês, temos aproximadamente 4,8% ao ano de desvalorização projetada. A diferença de 1,2%, apurada entre os 6% do prêmio e os 4,8% da desvalorização, consubstancia o custo do "risco cambial", ou seja, o risco de que haja uma desvalorização mais acentuada.

2.12 Resta o imposto de renda retido na fonte, que é de 15% ao ano sobre o rendimento nominal dos títulos, ou seja, algo em torno de 3% ao ano sobre o valor do papel. Antes de somarmos esses diversos componentes, cabe levar em conta o efeito da composição desses diversos valores, pois a desvalorização cambial incide não só sobre o valor do título, mas sobre o valor do título acrescido dos juros em dólar. Acrescentemos uma verba igual a 0,3% ao ano. Feita a soma, chegamos ao valor da taxa básica de juros no País, em torno de 15,8% ao ano, que é aquela, de resto, que o Governo brasileiro paga aos seus títulos em reais (veja Quadro 1).

Quadro 1

DECOMPOSIÇÃO DA TAXA BÁSICA DE JUROS

Itens	**% ao ano**
Taxa de juros dos títulos do Tesouro americano com prazo de dois anos	4,5
Risco Brasil (diferença entre a taxa do Tesouro americano e os títulos brasileiros da dívida externa)	2,0
Custo da cobertura das desvalorizações cambiais (no mercado futuro do dólar)	6,0*
Imposto de renda na fonte (15% sobre rendimento nominal)	3,0
Efeito de composição das taxas	0,3
Total	**15,8**

* 4,8 de desvalorização projetada e 1,2 de risco cambial.

2.13 Ora, as taxas de juros veiculadas pelo Sistema Especial de Liquidação e Custódia — SELIC, administrado pelo Banco Central do Brasil — as taxas SELIC — giram atualmente em volta de 15,75% a.a. (Meta) e 15,79% a.a. (*Over*), e, como tal, levam em conta a composição básica acima exposta. Como, de resto, levam também em consideração a composição acima exposta os certificados e recibos de depósito bancário (CDB/RDB), emitidos pelas instituições financeiras a taxas prefixadas, com prazo de trinta e trinta e cinco dias, que vencem remuneração mensal à base de 15,18% ao ano. Já os CDB/RDB com prazo de trinta a 120 dias, por sua vez, pagam 15,00% ao ano, acrescido de TR, que é o indexador das operações financeiras pós-fixado, apurado mensalmente. Em síntese, as instituições financeiras realizam as suas operações com base seja em *taxas prefixadas*, seja em *taxas flutuantes*, que levam sempre em conta a composição básica acima exposta, incorporando a seu âmbito a correção monetária e a variação cambial.

2.14 A legislação atual, aliás, que introduziu o Plano Real, disciplinou a utilização de índices de correção das obrigações, distinguindo a sistemática relativa aos contratos celebrados no mercado financeiro daquela concernente aos contratos de outra natureza (Lei n. 9.069, de 29.6.1995, art. 27 e ss.). Nesse sentido, estabeleceu que a indexação das obrigações em geral se daria, a partir da lei, pelo Índice de Preços ao Consumidor (IPC), reservando a Taxa Referencial — TR exclusivamente para a atualização das operações financeiras (Lei n. 9.069/1995, art. 27, § 5º). Assim, a TR, criada no Governo Collor, passou a ser utilizada com exclusividade nas operações ativas e passivas realizadas pelas instituições financeiras. Adicionalmente à TR, a legislação atual instituiu um sistema diferenciado para as operações financeiras a prazo de duração igual ou superior a sessenta dias, realizadas com base num outro indexador, ou seja, a Taxa Básica Financeira — TBF, através da Medida Provisória n. 1.540, de 18.12.1996 (art. 5º).

2.15 Assim, nas taxas de remuneração dos contratos financeiros, estão sempre presentes dois elementos básicos: (i) aquele destinado a preservar o poder aquisitivo do valor da operação, representado pela correção monetária desse valor, e (ii) aquele correspondente ao rendimento propriamente dito da operação. Nessas condições, lícito é concluir que, na apuração do EBIDTA, para efeito do pagamento da parcela variável do preço das quotas das A&S, objeto do Contrato aqui examinado, devem necessariamente compor o item "juros" ambos esses elementos, porque intimamente ligados. O fato de o Contrato dizer que o *Earn-Out Amount* será apurado pela aplicação do EBITDA entendido "de acordo com a definição-padrão internacional do termo" (Cláusula 2.1.1 (e) *in fine*) não desautoriza a inclusão dessas verbas no item "juros", até porque é internacionalmente admitido que nessa rubrica se inserem "todas as despesas financeiras", dada o princípio nuclear que norteia a utilização desse método na avaliação das sociedades com base no seu *cash flow*, encarada a empresa exclusivamente pelo seu perfil operacional.

3. *Os princípios contábeis geralmente aceitos (GAAP) que deverão prevalecer no cálculo do EBIDTA*

3.1 Passemos agora a outro tópico. Dispõe o Contrato que as partes contratantes concordam com que o EBITDA deverá ser calculado em conformidade com os "GAAP Acordados" (*Agreed GAAP*), entendendo-se os *Agreed GAAP* como "os princípios contábeis geralmente aceitos, aplicados no Brasil, conforme utilizados pela parte compradora de forma compatível com as práticas usuais no negócio de publicações educacionais" (Cláusula 2.1.1 (c). Como se sabe, GAAP é abreviatura para *General Accepted Accounting Principles*. Dispõe também o Contrato que, para efeito da venda da A&S, "as Demonstrações Financeiras foram elaboradas de acordo com os princípios contábeis geralmente aceitos aplicáveis no Brasil, coerentemente utilizados ("GAAP brasileiros"), de acordo com os procedimentos contábeis históricos da A&S, coerentemente aplicados durante os 3 (três) anos que antecedem a data de fechamento do Contrato ("Procedimentos históricos da A&S)", *in verbis*:

"EBITDA means Earning Before Interest, Tax, Depreciation and Amortization in accordance with the standard international definition of such term. Vendor and Purchaser expressly agree that EBITDA will be calculated by Purchaser in accordance with Agreed GAAP" (Article 2.1.1 (c), *in fine*).

"Agreed GAAP means generally accepted accounting principles applicable in Brazil and as consistently applied by the Purchaser in conformity with customary practices in the educational publishing business" (idem).

"The Financial Statements were prepared in accordance with generally accepted accounting principals applicable in Brazil, consistently applied (Brazilian GAAP), and with the historical accounting practices of AS consistently applied during the prior three (3) years before the Closing Date (the 'As Historical Practices')" (Article 4.1.4.2).

3.2 Da leitura sistemática desses dispositivos contratuais, podemos sintetizar essas regras da seguinte forma:

a) As partes contratantes expressamente acordaram no sentido de que o EBITDA, a ser utilizado para a determinação da parte variável do preço de venda das empresas A&S, será calculado pela parte compradora, titular dos livros da empresa após a aquisição, de acordo com os *Agreed GAAP*;

b) Entende-se por *Agreed GAAP* os princípios contábeis geralmente aceitos e aplicados no Brasil (ou seja, os *Brazilian GAAP*), compatíveis com os princípios utilizados pela parte compradora em conformidade com a prática usual no ramo das publicações educacionais;

c) Os balanços das empresas alienadas foram levantados de acordo com os princípios de contabilidade geralmente aceitos, aplicados no Brasil (*Brazilian GAAP*), de forma consistente com o histórico contábil das empresas envolvidas, observado nos três anos anteriores à transação.

3.3 Sustentam os Compradores, na correspondência de 26.10.2000, que a referência no QPA aos *Agreed GAAP*, como base para o cálculo do EBITDA, teve a intenção deliberada de criar um conceito absolutamente distinto dos *Brazilian GAAP*, com funções diferentes na fixação do preço contratualmente ajustado. Os "GAAP brasileiros" seriam utilizados exclusivamente para a determinação da parcela fixa do preço (*Fixed Amount*), calculada com base nos balanços consolidados das empresas A&S. Já os *Agreed GAAP*, com perfil diferenciado, seriam utilizados na determinação da parcela variável do preço de venda (*Earn-Our Amount*). Para confirmar esse entendimento, reportam-se às tratativas preliminares, que teriam levado à celebração do Contrato. Durante essa fase negocial, teria ficado ajustado entre as partes contratantes que os Compradores não discutiriam os "GAAP brasileiros", nem o histórico contábil das empresas A&S, observados pelo balanço do exercício de 1998, que seria objeto das "declarações e garantias" oferecidas pelos Vendedores (Cláusula 8 do QPA), e tomado como fundamento na determinação da parte fixa do preço ajustado (Cláusulas 2.1.1 (a) e 4.1.4.2 do QPA) — embora manifestassem, na ocasião, "total desacordo com tais práticas contábeis".

3.4 No tocante à parcela variável do preço (*Earn-Out Amount*), contudo, que começaria a ser paga a partir do exercício findo em 31.12.1999, prevaleceriam os *Agreed GAAP*, desconsiderando-se tanto os *Brazilian GAAP* quanto o histórico contábil observados pelos Vendedores até dezembro de 1998. A utilização desses "GAAP Acordados", daí em diante, teria por escopo três objetivos: (a) a mudança em todas as áreas do sistema de avaliação com base no fluxo de caixa (*cash basis*) pelo sistema de realização de receita (*accrual basis*), a fim de assegurar uma adequada comparação entre custos e ganhos; (b) a aplicação de práticas usuais de encargos que oneram os ciclos editoriais compatíveis com a realidade do mercado brasileiro; e (c) a adoção de práticas contábeis utilizadas, por vários anos, no ramo de publicações educacionais pelos Compradores em outras atividades editoriais no resto do mundo, com plena aprovação de auditores internacionais. Em suma, os princípios de contabilidade geralmente aceitos no Brasil e o histórico contábil das empresas transacionadas valeriam apenas em relação ao passado, para o fim de determinar a parte fixa do preço. Já para a fixação da parcela variável do preço, a ser paga no futuro, em sete exercícios seguidos, prevaleceriam os princípios contábeis eleitos pelos Compradores.

3.5 Ora, muito embora sustentem os Compradores que os dispositivos do QPA relacionados com essa parcela variável do preço se exprimam de maneira "clara e sem ambigüidade", confirmando esse entendimento, e asseverem que os "Vendedores anuíram expressamente com a mudança dos métodos contábeis nos livros das empresas, para efeito do cálculo do *Earn-Out Amount*, nenhuma referência, sequer de passagem, encontramos no Contrato que confirme essa alegação. Até pelo contrário, a própria dicção literal das Cláusulas citadas conspira contra essa inteligência. Segundo o disposto no QPA (Cláusula 2.1.1 (c), os *Agreed GAAP*, utilizados pelos Compradores no cálculo do EBITDA, serão justamente "os princípios de contabilidade geralmente aceitos e aplicáveis *no Brasil*" — ou seja, os GAAP brasileiros, usados no levantamento do Balanço de 1998, pelos Vendedores — "e coerentemente aplicados pela parte compradora em conformidade com as práticas usuais no ramo das publicações educacionais".

3.6 Em nenhum momento, seja qual for a nuance que se dê às expressões constantes dessa definição, jamais nos sentimos autorizados a dizer que por *Agreed GAAP* devemos entender os princípios contábeis geralmente aceitos no Brasil, modificados pela prática usada pelos Compradores "em outras atividades editoriais desenvolvidas, através dos anos, ao redor do mundo". Para chegar a esse entendimento, que desenganadamente não se encontra no texto, os Compradores agridem, de maneira astuta, a ordem das orações, como se pode verificar pelo simples cotejo do dispositivo contratual com a interpretação ensaiada:

a) Cláusula 2.1.1 (c):

"'Agreed GAAP' means generally accepted accounting principles applicable in Brazil and as consistently applied by the Purchaser in conformity practices in the educational publishing business."

b) Correspondência de 26.12.2000, dos Compradores:

"All the above being made with due reference to the 'customary practices in the educational publishing business... as consistently applied by Purchaser'. This means by reference to the practices already used by the Purchaser in its other publishing activities around the world as they have been consistently applied over the years and approved by international auditors."

3.7 Em suma, de acordo com o QPA, o cálculo do EBITDA será levantado pelos Compradores, porque, operada a transferência das quotas, são eles os novos titulares das sociedades e são eles que têm acesso à escrituração contábil das empresas. Esse cálculo — em absoluta aderência aos termos do Contrato — será desenvolvido de conformidade com os chamados "GAAP Acordados", entendidos como os princípios contábeis geralmente aceitos, aplicados no Brasil, e utilizados de forma compatível pelos Compradores com as práticas habituais no negócio de edições educacionais — *evidentemente habituais no mercado brasileiro*, posto que as empresas alienadas são empresas nacionais e, pelo que sabemos, atuam exclusivamente no mercado deste País.

3.8 Daí que podemos responder aos demais quesitos que nos foram formulados na Consulta, dizendo que:

(i) Em conformidade com o disposto no Contrato, para efeito do cálculo do EBITDA, a expressão *Agreed GAAP* (Cláusula 2.1.1 (c) significa os princípios de contabilidade geralmente aceitos no Brasil (os GAAP brasileiros), materializados em normas legais e normas baixadas por órgãos regulamentadores da atividade contábil, como o Conselho Federal de Contabilidade, afeiçoados à práticas habituais no ramo editorial das publicações educacionais, vigentes no mercado nacional;

(ii) A expressão *as consistently applied by the Purchaser*, constante da definição de *Agreed GAAP*, simplesmente quer dizer que a parte compradora deve aplicar os princípios de contabilidade geralmente aceitos, tais como vigorantes no Brasil, de maneira compatível com as práticas habituais empregadas no negócio de edições educacionais no mercado nacional;

(iii) Essa aplicação dos princípios contábeis vigorantes no Brasil, de forma "consistente" com a práticas habituais no mercado editorial de publicações educacionais, não podem evidentemente afastar a aplicação dos "GAAP brasileiros", tanto mais que, na própria definição dos *Agreed GAAP*, há a remissão expressa a esses princípios, como base informadora do conceito;

(iv) A oração *in conformity with customary practices in the educational publishing business*, constante da definição dos *Agreed GAAP* não autoriza, por certo, os Compradores, ao calcularem o EBITDA para efeito da fixação do montante das parcelas variáveis do preço, a afastarem, de forma total, a prática contábil que vinha sendo utilizada pelas Editoras A&S antes da venda do controle societário. Ainda que pudessem alterá-la, para aplicar a sua própria prática, adquirida no Brasil ou alhures, é curial que cumpriria demonstrar que ela se afeiçoa às práticas habitualmente usadas no mercado editorial brasileiro;

(v) Natural assim a perplexidade que se apoderou dos Vendedores, ao procurar entender a equívoca e maliciosa interpretação construída pelos Compradores. Admitida a alteração a ser imprimida pelos Compradores nos princípios contábeis por práticas utilizadas no mercado editorial de publicações educacionais, pergunta-se, afinal, que mercado seria esse: o mercado brasileiro? o mercado internacional? ou um conceito que envolvesse os dois mercados? A dúvida se justifica na medida em que a parte compradora é constituída de sociedades brasileiras e estrangeiras, que atuam no mercado editorial brasileiro e internacional. É óbvio que constituiria um absurdo científico encontrar uma média ponderada de usos e costumes contábeis, e mais ainda admitir que prevaleçam hábitos contábeis estrangeiros em empresas nacionais. O mais comezinho bom senso nos leva a concluir que eventuais alterações de práticas contábeis em empresas brasileiras só podem recorrer àquelas que foram consagradas pelos usos e costumes vigorantes no mercado nacional.

4. Princípios da interpretação dos contratos

4.1 Para concluir, cabe aqui invocar dois princípios básicos da doutrina de interpretação dos contratos: (a) a interpretação do contrato pelo exame da vontade contratual e (b) a interpretação e efeitos do contrato conforme o princípio da boa-fé objetiva. O primeiro princípio é o da busca da intenção comum das partes, pela via da vontade manifestada no contrato. Como diz J. X. Carvalho de Mendonça, "nos contratos bilaterais, verifica-se não a intenção de cada uma das partes, mas o que aparece como vontade concorde de todas".[8] A doutrina não discrepa ao afirmar que se deve, sim, procurar a intenção das partes, como preconiza o art. 85 do Código Civil, mas o princípio da segurança jurídica não permite que o intérprete mergulhe nas profundezas obscuras do foro íntimo, para supor o que tivesse sido a intenção dos contratantes, para fazê-la prevalecer sobre o teor do contrato.

4.2 Carvalho Santos, comentando o citado dispositivo legal, diz que nas declarações de vontade a intenção das partes devem prevalecer sobre o sentido literal da linguagem, mas recomenda que o intérprete não se afaste da significação própria dos termos do ato, a não ser que haja razões convincentes que o façam crer que as palavras foram empregadas em outro sentido que não o natural.[9] E Carvalho de Mendonça sentencia: "A prova mais exata da vontade das partes deve achar-se no texto literal do negócio jurídico". Talvez ninguém tenha expressado com tanta justeza e ponderação o pensamento da doutrina sobre o art. 85 do Código Civil como Caio Mário da Silva Pereira: "a segurança social aconselha que o intérprete não despreze a manifestação da vontade ou *vontade declarada*, e procure, já que o contrato resulta do con-

8. Carvalho de Mendonça, *Tratado de Direito Comercial Brasileiro*, v. 1, n. 299, p. 208.

9. Carvalho Santos, *Código Civil Interpretado*, v. II, 4ª ed., 1952, p. 286.

sentimento, qual terá sido a intenção comum dos contratantes, trabalho que nem por difícil pode ser olvidado. (...) Fixar a vontade declarada ou manifestada, guardando fidelidade à intenção das partes, sem a consagração do arbitrário subjetivismo do intérprete, eis a linha de conduta da boa hermenêutica".[10]

4.3 Essa procura da "vontade manifestada ou declarada" foi imposta pelo segundo princípio invocado, ou seja, o *princípio da boa-fé*, preconizado pelo art. 131, 1, do Código Comercial brasileiro: "Sendo necessário interpretar as Cláusulas do contrato, a interpretação, além das regras sobreditas, será regulada sobre as seguintes bases: 1 — a inteligência simples e adequada, que for mais conforme à boa-fé e ao verdadeiro espírito e natureza do contrato, deverá sempre prevalecer à rigorosa e restrita significação das partes". Em estudo sobre esse princípio hermenêutico e integrativo, pondera Antônio Junqueira de Azevedo: "Do confronto entre a posição exclusivamente subjetivista do Código Civil e a objetivista, fundada nos usos e costumes e na boa-fé do Código Comercial, chega-se à uma solução conciliadora, própria da jurisprudência brasileira. (...) A visão tradicional da vontade dos contraentes é completada, como procuramos demonstrar no tópico anterior, pelo princípio da boa-fé e suas exigências".[11]

4.4 A inteligência da convenção no sentido que melhor corresponda a boa-fé presumida dos contratantes parte da premissa de que esse princípio domina o comércio jurídico, como regra de recíproca lealdade destinada a dar-lhe certeza e segurança, e não determina se apure se cada um dos contratantes se encontrava de boa-fé ao assinar o contrato, tarefa quiçá impossível, pois implicaria na invasão do foro íntimo das partes (boa-fé subjetiva). Ao intérprete cabe entender a vontade declarada no contrato pelas partes tal como essa vontade deveria ser manifestada segundo os cânones da boa-fé (boa-fé objetiva).

4.5 Ora, a leitura da *vontade declarada* pelas partes no Contrato evidentemente não leva a concluir, nem que as partes excluíram da expressão *interests*, constante do conceito de EBITDA, as despesas financeiras relativas à correção monetária e à variação cambial, nem que, na definição dos *Agreed GAAP*, base de cálculo do EBITDA, prevaleçam as práticas de contabilidade, relacionadas com a indústria editorial de publicações educacionais, habitualmente empregadas por *uma* das compradoras (a ... S/A) em suas atividades no exterior. Também não se encontra *declarado* no Contrato que o objetivo dos *Agreed GAAP* seria o de legitimar "a alteração de práticas contábeis na escrituração da A&S, a partir do exercício de 1999, para o fim específico de realizar o cálculo para se fixar o *Earn-Out Amount*", como asseveram os Compradores na correspondência de 26.10.2000 citada. Daí que, dado o absoluto silêncio do Contrato a respeito desse tópico, não se pode admitir que os contratantes, em sã consciência, tivessem ajustado que à parte compradora, que passou a controlar as empresas, e a quem caberá fixar o valor da parcela variável do preço, pudesse alterar, *unilateralmente*, as regras contábeis, que influiriam na determinação do fluxo de caixa, base de cálculo dessa parcela do preço. Contraria os mais simples princípios da boa-fé e até agride o *sinalagma* imanente ao Contrato, que impõe uma certa paridade entre prestação e contraprestação nos contratos bilaterais.

4.6 Ainda que essas "mudanças nos métodos de contabilidade nos livros das empresas A&S, para efeito do cálculo do *Earn-Out Amount* tenham sido objeto de discussão nas tratativas preliminares, elas, decididamente, não se refletiram na *vontade declarada* no Contrato. E ademais foi expressamente pactuado no QPA (Cláusula 17.1) que o Contrato constituía o acordo

10. Caio Mário da Silva Pereira, *Instituições de Direito Civil*, 10ª ed., Rio, pp. 27-28.

11. Parecer publicado na *Revista Forense* 351/275 e ss., jul./set. 2000.

final e exaustivo em relação ao negócio, substituindo todo e qualquer ajuste anterior, *verbis*: "This Agreement constitutes the entirety of the agreement between the Parties with regard to the subject-matter hereof and supersedes any previous agreement or agreements whether verbal or written with regard thereto".

4.7 Em síntese, é totalmente destituído de razão o entendimento construído pelos Compradores em relação à determinação das parcelas variáveis do preço ajustado para a venda do controle societário das empresas A&S. É o nosso mais sincero parecer sobre a questão.

São Paulo, 19 de janeiro de 2001

LEI DE FALÊNCIAS — ALIENAÇÃO DE ESTABELECIMENTO DA CONCORDATÁRIA

Paulo Fernando Campos Salles de Toledo

Consulta. Parecer: 1. O projeto de reestruturação; 2. As limitações próprias da concordata; 3. Conceito de estabelecimento; 4. Natureza jurídica do estabelecimento; 5. As mutações nos elementos componentes do estabelecimento; 6. Aplicações ao caso concreto; 7. O aviamento e sua importância; 8. A eficácia do negócio; 9. A insolvência como pressuposto; 10. A modernidade do negócio; 11. A não-extensão dos efeitos da falência; 12. Os grupos de empresas, segundo a Lei das Sociedades por ações; 13. A desconsideração da personalidade jurídica. Respostas aos quesitos.

Consulta

Na qualidade de advogados das L. A. S/A, cuja concordata se processa perante a 6ª Vara Cível da Comarca da Capital de São Paulo, consultam-me os Doutores Sergio Bermudes, Ricardo Tepedino e Daltro de Campos Borges Filho, conforme a seguir reproduzido:

> Imersa numa crise gravíssima, para a qual foi precipitada pela conjuntura econômica hostil e pela assustadora inadimplência de sua clientela, L. A. S/A, impetrou concordata preventiva ao MM. Juízo da 6ª Vara Cível da Comarca da Capital. No curso da moratória, concebeu, com a assessoria do Unibanco, um projeto de reestruturação que assegurasse o bom andamento da operação comercial da rede varejista e propiciasse o resgate da dívida no menor prazo possível.
>
> Assim, após meses de negociações, aderiram ao projeto credores que representam 85% do passivo quirografário e percentual ainda maior dos créditos garantidos. Prevê esse plano, descrito nas inclusas petição e *Proposta aos Credores* (docs. 1 e 2), a troca da dívida por debêntures de longo prazo, cujo resgate ocorrerá após o levantamento da concordata, assim como a constituição de uma subsidiária da concordatária.
>
> Essa subsidiária, designada, na *Proposta aos Credores*, como L. A. II, foi constituída sob a denominação de A. Comercial S/A, pertencendo à concordatária *99,99%* das ações representativas de seu capital social, subscrito através da cessão de pontos comerciais e estoques de mercadorias. A segregação da operação comercial numa empresa nova e sem dívidas propiciou à L. A. condições muito melhores de negociar a compra de mercadorias, e foi um dos fatores mais importantes para tornar novamente lucrativa a operação comercial, que, hoje, conta com mais de 400 fornecedores, 150 lojas e 2.500 empregados.
>
> Acrescente-se que ao segregar, numa pessoa jurídica distinta, sua operação comercial, óbvio que se agregou valor ao patrimônio da concordatária, pois muito mais valiosa uma rede varejista em pleno funcionamento, com invejável fundo de

comércio, do que os elementos ativos que lhe pertencem.

Anote-se que todos os imóveis da concordatária, e outros bens não vinculados à atividade mercantil, lá remanesceram, sendo aqueles empregados na operação comercial locados à subsidiária.

A constituição da subsidiária vem sendo impugnada pela credora oponente do plano de reestruturação, sob a alegação de que o ato teria configurado a alienação do estabelecimento comercial, o que exigiria a concordância da unanimidade dos credores. A licitude da criação da A. Comercial é defendida pela concordatária no texto anexo (doc. 3).

Além disso, ainda não definida a sorte da concordata — em recente julgamento, a e. 8ª Câmara de Direito Privado do Tribunal de Justiça determinou ao MM. Juiz da 6ª Vara Cível que examinasse todo o plano de reestruturação da concordatária — preocupa qual seria o tratamento jurídico que se daria à subsidiária, caso decretada a falência de L. A. S/A.

Diante disso, indaga-se:

1º) Pode sociedade em concordata constituir subsidiária, cujo capital lhe pertence quase na totalidade (99,99%), nela vertendo bens móveis e intangíveis, e através dela exercendo sua atividade mercantil?

2º) Na hipótese de decretação da falência das L. A. S/A, pode subsistir a A. Comercial, arrecadando-se as ações representativas do seu capital, pelo síndico, ou deverá o juiz estender os efeitos da quebra àquela subsidiária?

3º) No caso de decretação da falência das L. A. S/A, deve ser considerada ineficaz em relação à massa a constituição da A. Comercial?

Parecer

1. O projeto de reestruturação

É fato hoje reconhecido por todos os interessados no estudo e na vivência prática das questões relacionadas às empresas em crise a absoluta inadequação de nosso sistema legal, cuja estrutura não oferece a disciplina jurídica apropriada à solução desses problemas. Este atraso legislativo tem exigido, dos agentes econômicos e dos profissionais do setor, um esforço criativo que proporcione, ao mesmo tempo, o equacionamento dos desafios apresentados e o respeito à ordem jurídica.

O caso em exame é bem um exemplo do que se acaba de dizer. Tradicional empresa varejista, atuando no mercado há algumas décadas, em situação que a levou a impetrar concordata preventiva, viu-se diante do dilema de cumprir estritamente a promessa feita ao ensejo do ajuizamento do pedido, ou de buscar novas soluções, que, embora não previstas expressamente na Lei de Falências (mas igualmente não vedadas), propiciassem não apenas a satisfação dos credores mas também a preservação da atividade empresarial.

A alternativa pela qual se optou, bem exposta na consulta acima reproduzida, tem em mira, mais do que simplesmente prevenir a falência (escopo único da concordata preventiva, no estágio atual do direito positivo brasileiro), promover a recuperação da empresa. Está, desse modo, sintonizada com as mais recentes conquistas do Direito Concursal, como o *redressement* do direito francês, ou a *reorganization* do direito americano, ou a *recuperação* do direito português ou do direito projetado do Brasil. Está, ainda, como se demonstrará neste parecer, em consonância com o ordenamento jurídico de nosso país, em especial na parte aqui examinada.

O projeto de reestruturação da concordatária compreende, além da constituição de uma sociedade formada pelos credores, com o propósito específico de viabilizar o recebimento de seus créditos, a formação de uma subsidiária, encarregada de exercer as operações comerciais da empresa. Os quesitos formulados dizem respeito a esta última, de modo que o parecer se concentrará nesse ponto.

2. *As limitações próprias da concordata*

A empresa sob o regime de concordata, embora deva continuar atuando no mercado (até para poder gerar recursos próprios para o pagamento dos credores), sujeita-se, no exercício de sua atividade, a umas tantas limitações, ditadas pela Lei em função das peculiaridades de sua situação jurídica e financeira. Assim é que, nos termos do art. 167 da Lei de Falências, "Durante o processo da concordata preventiva, o devedor conservará a administração de seus bens e continuará com o seu negócio, sob fiscalização do comissário. Não poderá, entretanto, alienar imóveis ou constituir garantias reais, salvo evidente utilidade, reconhecida pelo juiz, depois de ouvido o comissário".

Como se vê, o denominado *favor legal* não traz conseqüências quanto à estrutura organizacional da concordatária. Esta continuará a ser administrada por seus diretores e conselheiros de administração, só havendo alguma modificação se isto for considerado conveniente para a empresa. É isto o que se depreende da assertiva de que "o devedor conservará a administração de seus bens". Além disso, a empresa é que deverá decidir, dentre as opções que forem encontradas, qual a política empresarial a ser seguida e como deverá conduzir seus negócios. O importante, para a Lei, é apenas que, deferido o processamento da concordata, cumpra a concordatária as promessas de pagamento feitas a seus credores quirografários. E isto porque, na expressão legal, o devedor "continuará com o seu negócio".

Algumas restrições, no entanto, existem. Assim é que a atividade será exercida "sob fiscalização do comissário". Este não terá ingerência alguma na gestão da empresa, mas acompanhará de perto sua atuação. A fiscalização do comissário certamente representa um limite, ao menos subjetivo, à liberdade de gestão.

Limitações mais palpáveis, contudo, são as relativas à vedação de alienar imóveis ou constituir garantias reais. Isto somente será possível se for evidente a utilidade do negócio, e assim o reconhecer o juiz, após ouvir o comissário e o órgão do Ministério Público.

No caso em exame, não se está, ao criar-se a subsidiária, nem alienando imóveis, nem constituindo garantias reais. O ativo dessa nova empresa será formado por bens móveis (mercadorias principalmente) e pela cessão dos pontos comerciais da concordatária. Os demais bens da devedora, em especial os imóveis, não serão objeto do negócio.

De tudo se depreende que a regra do art. 167 da Lei de Falências foi respeitada.

Mas é preciso prestar obediência, também, à norma do art. 149[1] do diploma falimentar. Este artigo, referente às duas espécies de concordata (preventiva e suspensiva), vai mais adiante no terreno das limitações à concordatária. E, além de proibir a alienação ou oneração de "bens imóveis ou outros sujeitos a cláusulas da concordata", impede, também, a venda ou transferência do estabelecimento. Isto somente seria possível com o consentimento unânime de todos os credores quirografários.

Convém, pois, saber se, na hipótese, houve, com a constituição de subsidiária, alienação de estabelecimento.

3. *Conceito de estabelecimento*

Cumpre ter-se em mente o conceito de estabelecimento comercial. Na medida em que a vedação legal em tela refere-se expressamente ao estabelecimento, impõe-se, antes de mais nada, uma precisão concei-

1. "Enquanto a concordata não for por sentença julgada cumprida (art. 155), o devedor não pode, sem prévia autorização do juiz, ouvido o representante do Ministério Público, alienar ou onerar seus bens imóveis ou outros sujeitos a cláusulas da concordata; outrossim, sem o consentimento expresso de todos os credores admitidos e sujeitos aos efeitos da concordata, não lhe é permitido vender ou transferir o seu estabelecimento."

tual. Até porque, diga-se *en passant*, trata-se de noção ainda não inteiramente assimilada.

Entre nós, ninguém melhor do que Oscar Barreto Filho examinou o tema do estabelecimento comercial, definindo-o como um "complexo de bens *lato sensu* (inclusive serviços) organizados pelo empresário como instrumento para o exercício da atividade empresarial".[2] Estão aí presentes os elementos fundamentais do conceito, que podem ser assim sumariados: a) complexo de bens; b) organizados pelo empresário; c) instrumento para o exercício da atividade empresarial.

Não é lugar e hora de nos determos na análise desses elementos. Tendo-os em mente, no entanto, cabe ressaltar, de um lado, que se trata de um conjunto de bens, e, de outro, que o estabelecimento tem um caráter instrumental. Não se pode, portanto, confundi-lo nem com os bens, isoladamente considerados, que o integram, nem com a empresa, para a qual serve de instrumento, embora indispensável.

Conceito bastante assemelhado já se encontrava no Código Civil italiano de 1942. Lê-se, em seu art. 2.555, que "l'azienda è il complesso dei beni organizzati dall'imprenditori per l'esercizio dell'impresa".[3] Como desde logo se observa, aqui também se acham os mesmos elementos conceituais acima salientados. Com isso, a noção adotada demonstra encontrar respaldo num sistema jurídico positivo que tanto vem influenciando o nosso.

Essa influência acaba de, mais uma vez, expressar-se. O novo Código Civil brasileiro, recentemente promulgado, cuja entrada em vigor está prevista para janeiro de 2003, dedica ao *estabelecimento* o Título III do Livro II, consagrado ao Direito de Empresa. E começa conceituando o estabelecimento como "todo complexo de bens organizado, para exercício da empresa, por empresário, ou por sociedade empresária".[4]

O estabelecimento encontrou agora, pois, sede legal. E seu ingresso no Direito Positivo (que se dará plenamente, é claro, após ultrapassado o período de *vacatio legis*) fez-se em consonância com as conquistas da doutrina e a experiência do Direito Comparado. Considerou-se estabelecimento um complexo de bens, não dispersos, mas organizados pelo empresário (com a explicitação, de cunho quase didático, de que está aqui compreendida a sociedade empresária), como instrumento para o exercício da empresa (vale dizer, da *atividade empresarial*, de acordo com o perfil funcional da empresa, na classificação, tantas vezes citada, de Alberto Asquini[5]).

4. Natureza jurídica do estabelecimento

Para melhor equacionamento da matéria, convém agora indicar a natureza jurídica do estabelecimento. Isto nos permitirá, mais do que um simples avanço teórico, partir dessa natureza para localizar e especificar a disciplina jurídica adequada aos negócios que se realizarem tendo por objeto o estabelecimento.

Já foi salientado que o estabelecimento é um complexo de bens, destinados à consecução de uma dada atividade. Para que esta se realize de modo a tornar possível atingir o objetivo visado, é preciso que esses bens sejam vistos como um todo, uma unidade. O conjunto daí resultante, organizado pelo empenho do empresário, irá propiciar a exploração econômica.

Esses bens, ou parte deles, são naturalmente mutáveis. Assim é que alguns, integrantes do ativo circulante da empresa, destinam-se exatamente a serem alienados, enquanto outros, componentes do ativo permanente ou imobilizado, embora devam a

2. *Teoria do Estabelecimento Comercial*, São Paulo, Max Limonad, 1969, n. 98, p. 132.

3. Ou seja, em vernáculo: "o estabelecimento comercial é o complexo de bens organizados pelo empresário para o exercício da empresa".

4. Art. 1.142.

5. "Profili dell'impresa", in *Rivista del Diritto Commerciale*, v. 41, 1ª parte, 1943, pp. 1-2.

princípio ser mantidos no patrimônio da empresa, não são, entretanto, inalienáveis. O importante, nesse ponto, é observar que todos esses bens conservam sua individualidade, e podem ser isoladamente considerados, sem perda de seus atributos peculiares. Mas, ao mesmo tempo, são parte de um todo e, sob este prisma a observação dirige-se ao conjunto, e não às unidades que o compõem.

De tudo se infere que o estabelecimento qualifica-se como coisa coletiva[6] ou universalidade. E, para ser mais exato, como universalidade de fato, uma vez que se trata de um conjunto de objetos de direito.[7] Lembre-se, a propósito, que os bens integrantes do estabelecimento, por manterem sua individualidade, podem ser isoladamente objeto de negócios jurídicos.

O novo Código Civil traz, no art. 90, elucidativo conceito de universalidade de fato, que deve servir como parâmetro para a análise aqui empreendida. Lê-se, no aludido dispositivo, que "Constitui universalidade de fato a pluralidade de bens singulares que, pertinentes à mesma pessoa, tenham destinação unitária".

O estabelecimento enquadra-se perfeitamente no conceito acima reproduzido. Nele se verificam "a pluralidade de bens singulares", a pertinência a uma mesma pessoa (o empresário ou sociedade empresária titular do estabelecimento) e a destinação unitária (o exercício da atividade empresarial). Por outro lado, *a contrario sensu*, não se trata de universalidade de direito, que se caracteriza, nos termos do art. 91 do novo Código Civil, por ser um "complexo de relações jurídicas" (e não um conjunto de bens singulares) "dotadas de valor econômico".

Visto que se cuida de uma universalidade de fato, é, como ensina Sylvio Marcondes,[8] "um conjunto de objetos de direito". Bem por isso, acrescenta o parágrafo único do já citado art. 90, que os bens formadores dessa universalidade "podem ser objeto de relações jurídicas próprias". A circunstância acentua a qualificação jurídica do estabelecimento como universalidade de fato.

5. *As mutações nos elementos componentes do estabelecimento*

A natureza apontada em nada se altera com as mutações que ocorram nos elementos componentes do estabelecimento. E isto porque, como foi visto, os bens singulares que integram o estabelecimento continuam sendo objeto de direito, e podem, pois, ser negociados isoladamente, respeitadas as regras aplicáveis. Além do mais, um conjunto continua sendo um conjunto se dele for retirada uma parte das unidades que o formam. Assim, por exemplo, uma biblioteca, formada por 12.500 volumes, continua sendo uma biblioteca tanto se dela forem excluídos 3.200 volumes como se forem incluídos outros 4.500. A diferença, como se percebe, é meramente adjetiva: a finalidade poderá ser melhor ou pior preenchida, mas, na essência, estaremos ainda diante de uma biblioteca.

No sentido do exposto é eloqüente a regra do art. 55 do Código Civil ainda em vigor: "Nas coisas coletivas, em desaparecendo todos os indivíduos, menos um, se tem por extinta a coletividade".

Enquanto, pois, subsistirem ao menos dois elementos componentes, subsistirá a universalidade, desde que, deve-se acrescentar, persista a possibilidade de perseguir

6. O novo Código Civil, com mais propriedade de linguagem, divide os *bens* (e não as *coisas*) em singulares e coletivos (Parte Geral, L. II, T. Único, Cap. I, Seção V), diversamente do que se verifica no diploma hoje ainda em vigor (art. 54).

7. Segundo Sylvio Marcondes, enquanto a universalidade de direito é um conjunto de direitos (relações ativas e passivas), a universalidade de fato é um conjunto de objetos de direito (*Exposição de motivos do Anteprojeto de Código de Obrigações* (livro III), Rio, 1964, *apud* Oscar Barreto Filho, ob. cit., n. 31, p. 45).

8. Cf. nota 7, supra.

a destinação unitária. Sem esta, não há universalidade. Pode haver um aglomerado de bens, mas estes não formarão um conjunto.

A assertiva acima é corroborada por Bonnecase, para quem não se pode excluir "a possibilidade, reconhecida em princípio, de que os elementos componentes da universalidade possam desaparecer, ser substituídos por outros ou aumentar, sem que se altere a natureza intrínseca da universalidade".[9]

6. Aplicações ao caso concreto

Verificada a natureza jurídica do estabelecimento e analisada essa mesma natureza face às mutações que possam ter por objeto os elementos dele integrantes, cumpre agora confrontar com essas noções as peculiaridades do caso concreto. Importa saber se a constituição de subsidiária da concordatária implicou em alienação de estabelecimento desta.

Já foi visto que hoje, por expresso reconhecimento normativo (novo Código Civil, ainda em *vacatio legis*, art. 1.142), o estabelecimento é considerado um "complexo de bens", os quais não perdem a individualidade e podem ser isoladamente considerados. Por tratar-se, como igualmente ficou claro, de uma universalidade de fato, "pode o estabelecimento ser objeto unitário de direitos e de negócios jurídicos, translativos ou constitutivos, que sejam compatíveis com a sua natureza" (art. 1.143 do novo Código Civil).

Essa "unidade do estabelecimento", salienta Oscar Barreto Filho,[10] "resulta da própria natureza das coisas, que se manifesta na realidade da vida econômica e social. Para que sirva de instrumento para o exercício da atividade econômica, faz-se mister que o organismo seja considerado no seu todo".

Ora, na hipótese em exame, não se pode dizer que tenham sido alienados estabelecimentos da concordatária. O que esta fez foi conferir, para a formação do capital de companhia subsidiária, diversos bens que integram seu ativo circulante (estoque, especialmente), além de ceder os pontos correspondentes a uma série de lojas e depósitos. Outros bens não foram alienados. E, é preciso destacar, não foram transferidos os imóveis de propriedade da concordatária. Não foram, portanto, alienados estabelecimentos da concordatária, e sim uma parte de seus elementos componentes. Os estabelecimentos, unitariamente considerados, não foram objeto de negócio algum.

De tudo se extrai uma primeira conclusão: foram respeitadas as normas dos arts. 167 e 149 da Lei de Falências.

7. O aviamento e sua importância

Não bastasse o que foi dito acerca dos estabelecimentos da concordatária (a hipótese é de pluralidade de estabelecimentos), um outro ponto deixará ainda mais claro que não foram eles objeto de negócio. É que, ao se conferirem determinados bens do ativo da concordatária, não se transferiu o aviamento. Vale a pena enfocar esse tópico.

Observa Oscar Barreto Filho que "a razão que determina a consideração unitária do estabelecimento, nos atos jurídicos que lhe dizem respeito é, sem dúvida, a de assegurar a conservação do aviamento objetivo e, portanto, da clientela".[11]

Ora, se é para preservar o aviamento objetivo que se considera unitariamente o estabelecimento, e se, em virtude dele, se protege, por extensão, a clientela, não se pode deixar de verificar em que ele consiste. E aplicar depois esse dado ao caso concreto.

É Cesare Vivante quem nos informa o que vem a ser o aviamento. Para ele, o aviamento corresponde à "expectativa de lucros futuros, fundada sobre a organização dos bens materiais e imateriais".[12]

9. *Apud* Sylvio Marcondes, ob. cit., n. 76, p. 216, citado por Oscar Barreto Filho, ob. cit., n. 31, p. 45.

10. Ob. cit., n. 100, p. 134.

11. Ob. cit., n. 152, p. 195.

12. *Trattato di Diritto Commerciale*, v. III, 5ª ed., Milão, Francesco Vallardi, 1935, n. 839, p. 2.

Trata-se, segundo se tem entendido, de um atributo do estabelecimento. Em decorrência, quando este é transferido a terceiros, transfere-se, igualmente, com o conjunto de bens materiais e imateriais que o integram, a expectativa de lucros futuros, fundada objetivamente na organização desses bens (aviamento objetivo). Por isso é que o valor do negócio não é igual à soma dos bens transferidos. Há um *plus*, que decorre exatamente do aviamento.

Daí a necessidade de proteção ao aviamento. Sem ele, o negócio perde consideravelmente seus atrativos comerciais. Mas, para que ele exista, é preciso que se negocie o estabelecimento, ou seja, o conjunto de bens, e não parte deles. Essas partes terão apenas o valor inerente a cada uma delas. O sobrevalor somente passa a existir quando esses bens formam uma universalidade e sofrem o influxo positivo da atuação do empresário.

Na exata observação de Oscar Barreto Filho, "O aviamento, tanto sob o ângulo econômico como jurídico, não é coisa, é um valor. Melhor esclarecendo, o aviamento objetivo é o acréscimo de valor, algo mais que se junta à soma dos valores dos elementos singularmente considerados, em virtude de sua organização na unidade técnica do estabelecimento, que os torna aptos a produzir novas riquezas".[13]

Prossegue o Autor, agora citando Giuseppe Valeri, para dizer, em imagem feliz, que o aviamento se compara à fertilidade do solo, a qual é atributo deste, "e liga-se indissoluvelmente à sua sorte".[14] Do mesmo modo que o solo fértil aumenta o valor da terra para a agricultora, o aviamento objetivo valoriza o estabelecimento.

Na hipótese em exame, não há, em momento algum, qualquer referência a que, juntamente com os ativos conferidos para a formação do capital da subsidiária, tenha sido levado em conta, também, o aviamento. Se este não foi considerado, se os bens foram avaliados pelo seu valor intrínseco apenas, se não houve um sobrevalor correspondente ao aviamento, é porque não se alienaram os estabelecimentos da concordatária.

Para encerrar esse tópico, ouça-se, mais uma vez, Oscar Barreto Filho: "Quando o contrato não se fixa, expressa ou implicitamente, sobre o aviamento, não se trata mais de trespasse do estabelecimento, como tal, mas de simples transmissão de um acervo desconexo de bens".[15]

8. A eficácia do negócio

Já se demonstrou não ter sido alienado estabelecimento da concordatária. Ainda assim, para tornar mais completa a análise, convém examinar os efeitos da constituição da subsidiária. E isto porque, nos termos do art. 149, parágrafo único, da Lei de Falências, "os atos praticados pelo con cordatário com violação" do disposto no *caput* (o que, como foi visto, não aconteceu) "são ineficazes relativamente à massa, no caso de rescisão da concordata".

Cumpre notar, antes de mais nada, que a sanção imposta pela Lei ao descumprimento da norma é a de ineficácia relativa. Ou seja, no caso de vir a ser decretada a quebra, os atos serão ineficazes em relação à massa falida. Consoante observa Trajano de Miranda Valverde, "Os atos praticados pelo devedor com violação do artigo não são nulos, nem anuláveis, são ineficazes, não valem em relação aos credores no caso de rescisão da concordata. Se esta tiver sido cumprida, o ato convalesce".[16]

Vale a pena recordar, neste passo, os diversos níveis de exame do negócio jurídico. Antônio Junqueira de Azevedo sugere, para tanto, o uso do que denomina "técnica de eliminação progressiva". Segundo o eminente civilista, "Essa técnica consiste no seguinte: primeiramente, há de se examinar o negócio jurídico no plano da existência e,

13. Ob. cit., n. 134, p. 176.
14. Ob. e loc. cits., pp. 176-177.
15. Ob. cit., n. 166, pp. 208-209.
16. *Comentários à Lei de Falências*, v. II, 4ª ed., Rio, Forense, 1999, n. 944, p. 265.

aí, ou ele existe, ou não existe. Se não existe, não é negócio jurídico, é aparência de negócio (dito 'ato inexistente') e, então, essa aparência não passa, como negócio, para o plano seguinte, morre no plano da existência. No plano seguinte, o da validade, já não entram os negócios aparentes, e sim, somente os existentes; aí, nesse plano, os negócios existentes serão, ou válidos, ou inválidos; se forem inválidos, não passam para o plano da eficácia, ficam no plano da validade; somente os negócios válidos continuam e entram no plano da eficácia. Nesse último plano, por fim, esses negócios, existentes e válidos, serão ou eficazes ou ineficazes (ineficácia em sentido restrito)".[17]

Assim sendo, em princípio, ao se dizer que determinado negócio jurídico é ineficaz, está sendo implicitamente admitido que ele é existente e válido. Superados os dois primeiros planos, seu exame deve situar-se no terceiro: verificar sua eficácia ou ineficácia.

O legislador, no dispositivo ora em foco, aderindo a esse critério, disse ser ineficaz o ato (vale dizer, o negócio jurídico) praticado com infração à regra estipulada no *caput* do art. 149 da Lei de Falências. Admitiu, portanto, que o negócio existe, e é válido. Se fosse inválido — nulo ou anulável — não faria sentido transpor a análise para o plano da eficácia. As conseqüências seriam outras: conforme o caso, ou o negócio, nulo, nenhum efeito produziria, ou, anulável, produziria efeitos até ser anulado, e poderia convalidar-se, quando presentes os requisitos para tanto.

Cabe ainda observar que se trata de ineficácia relativa. Ou seja, o negócio praticado com infração ao disposto no art. 149 da Lei de Falências não produz efeitos em relação à massa. Sua eficácia, quanto ao mais, é preservada.[18]

No caso concreto, no entanto, não tendo sido infringido o disposto no art. 149 da Lei de Falências, não se pode falar em ineficácia do negócio jurídico. Este é, pois, plenamente eficaz, produzindo efeitos em relação a todas as pessoas às quais couber ser oposto. E mais: como sua eficácia é plena, esses efeitos atingirão também a eventual massa falida da hoje concordatária, na hipótese — que se espera não venha a acontecer — de sua concordata preventiva ser convolada em falência.

9. A insolvência como pressuposto

Cumpre agora abordar um outro aspecto do tema. Já foi visto que a lei considera ineficaz em relação à massa, se vier a ser decretada a falência do devedor, a alienação de estabelecimento sem o consentimento expresso de todos os seus credores quirografários. Embora não se apresente a situação que ensejaria a sanção de ineficácia relativa, ainda assim é caso de salientar que, além dos requisitos explicitados na norma, mais um deve ser atendido.

Há uma regra, aplicável à generalidade das hipóteses (e, pois, também a esta), que não pode deixar de ser considerada. Segundo Barassi,[19] "constituindo o patrimônio do devedor a garantia comum dos credores, o titular do patrimônio não pode

17. *Negócio Jurídico — Existência, Validade e Eficácia*, São Paulo, s/e, 1974.

18. Precisa, a respeito, a lição de Enneccerus (*Tratado, Derecho Civil, Parte General*, p. 366, § 189, n. 9, *apud* Antônio Junqueira de Azevedo, ob. cit., p. 65, n. 79): "*Como relativamente ineficaces* se deben calificar más bien aquellos negocios cuyos efectos jurídicos se producen, pero con la limitación de que ciertos intereses de una persona, que la ley quiere proteger, quedan a salvo del mismo modo que si el negocio fuese absolutamente ineficaz. En tales casos la ley califica el negocio de ineficaz frente a ese interesado, cosa que, como resulta de la finalidad de la disposición, tiene que entenderse en el sentido indicado. En este sentido, por ejemplo, una prohibición de enajenar, que sólo se propone la protección de una determinada persona, hace ineficaz la enajenación únicamente frente a esta persona (supra § 135). Tales son además la enajenación por el deudor común de una cosa perteneciente a la masa del concurso y la transmisión formal contraria a la anotación preventiva".

19. Citado por Oscar Barreto Filho (ob. cit., n. 34, p. 48), *apud* J. M. de Carvalho Santos, *Código Civil Brasileiro Interpretado*, v. II, p. 59.

admitir como ativo de que possa livremente dispor senão aquela parte que exceda ao passivo".

Daí se conclui que, alienado o estabelecimento durante a concordata, mas permanecendo o devedor com bens suficientes para solver o seu passivo, o negócio não será ineficaz, ainda que nem todos os credores tenham expressamente anuído.[20] A insolvência do devedor é, portanto, um pressuposto tácito da ineficácia do negócio.

A assertiva acima não se põe tão-somente na esfera teórica. Pelo contrário: o diploma falimentar, em outro dispositivo, específico da ação revocatória, exige sem meias palavras o requisito em tela. Com efeito, o art. 52, inciso VIII, da Lei de Falências dispõe que não produz efeito em relação à massa "a venda, ou transferência de estabelecimento comercial ou industrial, feita sem o consentimento expresso ou o pagamento de todos os credores, a esse tempo existentes, *não tendo restado ao falido bens suficientes para solver o seu passivo* (...)".

A propósito dessa norma, Rubens Requião é enfático: "O empresário pode naturalmente vender seu estabelecimento; mas o que não pode é desfalcar com essa venda seu patrimônio, ficando sem bens suficientes para o pagamento dos credores".[21]

Essa diminuição patrimonial, no entanto, tão relevante para a exata compreensão do ponto, não ocorreu no caso em pauta. Em termos estritamente patrimoniais, o negócio em nada alterou os valores envolvidos. Explica-se: os bens conferidos para a formação do capital da subsidiária deixaram, é certo, o patrimônio da concordatária, onde valiam *x*. Mas a concordatária, em contrapartida, tornou-se acionista da subsidiária, detentora de mais de 99,99% de seu capital, e as ações correspondentes a essa participação acionária valem, naturalmente, tanto quanto valiam os bens conferidos.

Assim, inalterado o valor patrimonial da concordatária, não se pode afirmar que o negócio a conduziu à insolvência. Ausente esse requisito, ainda que se conclua pela alienação do estabelecimento (a qual, repita-se, não houve), não se pode deixar de convir que o negócio é plenamente eficaz.

10. A modernidade do negócio

A constituição da companhia subsidiária representa, para a devedora e para a coletividade de seus credores, a possibilidade de encontro de uma solução de mercado satisfatória. Com isso, ao invés da quebra de uma empresa tradicional, com o rol de problemas que daí decorreria, tem-se a alternativa de propiciar a continuação da atividade empresarial, o que seria positivo não somente para a concordatária, mas também para seus credores e a economia como um todo.

A solução, note-se, está em consonância com as mais recentes tendências do Direito Concursal. Hoje, ultrapassada a clássica dicotomia (a que ainda formalmente se apega o Direito brasileiro) falência/concordata, o que se objetiva, para o equacionamento jurídico das crises das empresas, é basicamente preservar as que se mostrarem economicamente viáveis e liquidar as inviáveis.

Anota, a respeito do tema, Márcio Chalegre Coimbra que: "Aos poucos, várias nações estão chegando à conclusão de que mais importante do que assegurar a imediata satisfação dos créditos ou preservar os interesses do devedor, é a conservação da atividade produtiva. Além do interesse da preservação econômica da empresa, para

20. O requisito da unanimidade do consentimento não é absoluto, como pode parecer à primeira vista. Assim é que Nelson Abrão anota serem válidos esses atos, mesmo sem a concordância de todos os credores, se o concordatário não descumprir as obrigações assumidas (*Curso de Direito Falimentar*, 5ª ed., São Paulo, LEUD, 1997, n. 197, p. 315). E Miranda Valverde considera excessiva a necessidade de consentimento unânime, e dá exemplo de duas hipóteses em que a alienação poderá ser realizada, independentemente da anuência prevista no art. 149 da Lei de Falências (ob. e loc. cits., n. 941, p. 265).

21. *Curso de Direito Falimentar*, 1º v., 16ª ed., São Paulo, Saraiva, 1995, n. 178, p. 201.

que esta volte a ser saudável e pague seus débitos, há um interesse grande do estado para que o negócio tenha continuidade, pois assim este continuará a gerar empregos, arrecadar impostos e estimular o consumo, para que desta forma sirva de forte alicerce para o desenvolvimento da comunidade. Portanto, a preservação da empresa tem um forte caráter social".[22]

Não se pode ainda esquecer que a empresa em funcionamento vale mais do que a simples soma do valor de seus ativos. É o que se chama de *going concern value*.[23] Esse fator é decisivo, na medida em que é conveniente para todos manter-se a empresa em atividade. Para os credores, diretamente interessados no recebimento de seus créditos, isto significa uma garantia maior, ante a valorização do patrimônio da devedora.

A acentuar a modernidade da solução proposta, cabe observar que, para situações até um certo ponto assemelhadas — a disciplina das instituições financeiras em crise — existe regra legal expressa exatamente no mesmo sentido. Vale a pena reproduzir o texto do art. 6º, inciso III, da Lei 9.447, de 14.3.1997:

"No resguardo da economia pública e dos interesses dos depositantes e investidores, o interventor, o liquidante ou o conselho diretor da instituição submetida aos regimes de intervenção, liquidação extrajudicial ou administração especial temporária, quando prévia e expressamente autorizado pelo Banco Central do Brasil, poderá: (...)

"III — proceder à constituição ou reorganização de sociedade ou sociedades para as quais sejam transferidos, no todo ou em parte, bens, direitos e obrigações da instituição sob intervenção, liquidação extrajudicial ou administração especial temporária, objetivando a continuação geral ou parcial de seu negócio ou atividade."

Assim, estivesse a devedora não em concordata preventiva, mas sim num dos regimes especiais indicados na disposição legal supra, e a hipótese estaria resolvida, porque estaria enquadrada perfeitamente na previsão em foco. Não se chega a dizer que, por extensão, a norma seria aplicável ao caso em exame. Mas também não se pode deixar de convir que o legislador reconheceu explicitamente a legalidade da solução, quando se está diante de uma instituição financeira igualmente em situação de crise.

11. A não-extensão dos efeitos da falência

Um outro ponto a ser examinado refere-se à eventual extensão dos efeitos da falência (se vier a ser decretada, o que se espera não venha a acontecer) da hoje concordatária à companhia subsidiária. A falência da controladora acarretaria a quebra da controlada, sua subsidiária quase-integral?

A dúvida é inquietante, mas infundada. O direito falimentar brasileiro não prevê a aludida extensão de efeitos. Mais do que isso, a repudia. Veja-se, a propósito, a regra do art. 5º da Lei de Falências. Lê-se, nesse dispositivo, em sua primeira parte, que "os sócios solidária e ilimitadamente responsáveis pelas obrigações sociais não são atingidos pela falência da sociedade, mas ficam sujeitos aos demais efeitos jurídicos que a sentença declaratória produza em relação à sociedade falida".

22. *A Recuperação da Empresa — Regimes Jurídicos Brasileiro e Norte-Americano*, Porto Alegre, Síntese, 2000, n. 2.1, pp.27-28.

23. Na sintética definição contida no *Dictionary of Finance and Investment Terms* (John Downes e Jordan Elliot Goodman, 4ª ed., Hauppauge, NY, Barron's, 1995), "going concern value" é explicado como "value of a company as an operating business". O valor excedente sobre o valor dos ativos é tratado, acrescenta o verbete, como um ativo intangível, a que se costume chamar de *goodwill*. Nas precisas palavras de Stephen A. Ross, Randolph W. Westerfield e Jeffrey F. Jaffe, "*Goodwill* is the excess of the purchase price over the sum of the fair market values of the individual assets acquired", representando "the increase in value by keeping the firm intact as an ongoing business", ou seja, a diferença entre o preço pago e a soma do correto valor de mercado dos ativos individuais adquiridos, devendo-se esse sobrevalor ao fato de manter-se a empresa em atividade.

Quer isto dizer que, mesmo nas sociedades de pessoas, seus sócios, ainda que solidária e ilimitadamente responsáveis, não são considerados falidos. Falida é a sociedade, não os seus sócios, embora o patrimônio destes também responda pelas obrigações sociais. Ora, se nem sequer nessa hipótese extrema a falência se estende a outras pessoas, com muito mais motivo inexiste essa extensão a empresas distintas, autônomas, e que não compartilhem com a falida responsabilidade pelas obrigações desta.

Note-se que a opção do legislador em matéria falimentar distingue-se daquela por ele assumida no tocante a intervenção e liquidação extrajudicial de instituições financeiras. Aqui sim, há norma prevendo o estabelecimento de "idêntico regime para as pessoas jurídicas que com elas tenham integração de atividade ou vínculo de interesse".[24] Mesmo nesse caso, entretanto, não há propriamente extensão do regime a empresas do grupo, mas a possibilidade de decretar-se a intervenção ou a liquidação extrajudicial também dessas últimas.

12. Os grupos de empresas, segundo a Lei das Sociedades por Ações

Nem se pense que, por integrarem, controladora e subsidiária, o mesmo grupo econômico, tenham por isso perdido a autonomia jurídica. Nesse caso, concebível apenas no plano das suposições teóricas, poder-se-ia falar numa falência grupal, ou na extensão da quebra de uma empresa a outra do mesmo grupo. Não é isso, no entanto, o que estabelece nosso ordenamento jurídico.

Incisiva, a respeito, a observação de Waldirio Bulgarelli: "Mantendo as integrantes [dos grupos societários] as suas respectivas personalidades jurídicas, atuam no mundo jurídico como entidades autônomas, porém subordinadas economicamente a uma direção única".[25]

24. Lei 6.024, de 13.3.1974, art. 51.

25. *Manual das Sociedades Anônimas*, 9ª ed., São Paulo, Atlas, 1997, n. 11.3, p. 297.

Assim, o que existe entre as empresas componentes de um grupo é uma unidade de direção e uma política econômica única, respeitadas, contudo, as autonomias formal e jurídica de cada uma. Conservando, todas, a personalidade jurídica, têm elas, conseqüentemente, patrimônio próprio, respondendo, cada qual, pelas próprias obrigações assumidas, sem se responsabilizar pelas dívidas das demais. Mesmo no chamado "grupo de direito" (aquele que se caracteriza por ser formado mediante convenção grupal), há norma legal expressa dispondo que "cada sociedade conservará personalidade e patrimônio distintos".[26]

13. A desconsideração da personalidade jurídica

Seria também viável a extensão dos efeitos da falência se fosse desconsiderada a personalidade jurídica da subsidiária. A desconsideração, entretanto, é excepcional, aplicando-se apenas aos casos em que a personalidade jurídica perdeu sua razão, ou é utilizada como um véu para encobrir a responsabilidade do devedor. O normal é que a personalidade jurídica seja respeitada.

Entre as hipóteses em que excepcionalmente se pode admitir a desconsideração da personalidade jurídica encontra-se a da confusão patrimonial. Quando o objetivo da separação do patrimônio, característico da pessoa jurídica, deixa de ser perseguido, ocorrendo, pelo contrário, a confusão patrimonial entre duas pessoas, não mais se justifica o respeito à personalidade jurídica.

No sentido do exposto já decidiu a Colenda 7ª Câmara de Direito Privado do Egrégio de Justiça do Estado de São Paulo, em acórdão relatado pelo signatário deste parecer, quando, ainda Desembargador, compunha aquela douta Turma Julgadora. Concluiu-se, então, pela "possibilidade de se desconsiderar a personalidade jurídica na medida em que o patrimônio da falida

26. Lei das Sociedades por Ações, art. 266.

acabou por confundir-se com o da sociedade que se constituiu".[27]

Também é possível afastar-se a personalidade jurídica em casos de utilização fraudulenta desta. São aquelas situações em que o devedor, fraudulentamente, procura esconder-se atrás do biombo da pessoa jurídica para, resguardando o seu patrimônio pessoal, prejudicar os credores.

Na espécie em exame, nada existe que possa tornar invocável a teoria da desconsideração da personalidade jurídica. Nem houve confusão patrimonial, uma vez que a concordatária mantém um patrimônio distinto daquele da subsidiária. Basta lembrar que os bens transferidos para esta não mais pertencem à primeira, a qual, no entanto, em contrapartida, é hoje titular de ações da segunda. Essas ações, e não os bens conferidos para a formação do capital da subsidiária, é que hoje integram o patrimônio da controladora. E esses bens, com a constituição da subsidiária, a esta passaram a pertencer com exclusividade.

Por outro lado, com toda a transparência que vem sendo exercitada no processo de concordata, com as amplas informações prestadas ao Juízo, aos credores, e a todos os que oficiam no feito, não há como falar-se em fraude. A concordatária está (permita-se a eloqüente expressão popular) "jogando limpo", procurando recuperar-se e saldar suas obrigações na medida de suas forças.

Respostas aos quesitos

Passo a responder aos quesitos formulados pelos ilustres Consulentes.

À *primeira indagação* (se empresa em concordata pode constituir subsidiária, da qual participe como controladora quase total, nela conferindo bens móveis e intangíveis) respondo *afirmativamente*. As limitações próprias da concordata são apenas as expressamente previstas, vedando-se, por exemplo, a alienação de estabelecimento, aqui não ocorrida. Nenhuma dessas vedações foi desrespeitada com a constituição da companhia subsidiária. Cabe ainda notar que o negócio adequa-se à moderna tendência de preservação da empresa economicamente viável, solução esta mais interessante para os próprios credores.

Ao *segundo quesito* (se, caso convolada em falência a concordata, pode subsistir a subsidiária, arrecadando-se as ações de propriedade da falida, ou se os efeitos da quebra poderão ser estendidos a essa outra companhia), respondo *sim* à primeira indagação e *não* à segunda. A subsidiária não se confunde com sua controladora, devendo respeitar-se a personalidade jurídica de cada uma. São ambas autônomas e têm patrimônio próprio. A falência, pois, não poderá ser estendida a empresa integrante do mesmo grupo econômico. Naturalmente, as ações da falida, no capital da subsidiária, deverão ser arrecadadas na falência, como todos os bens da devedora (cf. art. 39 da Lei de Falências).

Ao *último quesito* (se a constituição da subsidiária, em sendo decretada a falência da controladora, seria ineficaz em relação à massa) respondo *negativamente*. O negócio em tela, muito pelo contrário, é existente, plenamente válido, e inteiramente eficaz. A sanção de ineficácia relativa, prevista na Lei de Falências, é aplicável à alienação de estabelecimento da concordatária. Na espécie, isso não aconteceu, nem houve, em decorrência do negócio de constituição da subsidiária, prejuízo aos credores. Estes, pelo contrário, com a preservação da atividade empresarial, têm agora melhores perspectivas não somente de receberem seus créditos mas de continuarem a manter, no futuro, relacionamento comercial com a hoje devedora.

São Paulo, 15 de fevereiro de 2002

27. Agravo de instrumento 155.854-4/8, São Paulo, j. 29.11.2000, v.u., cf. texto in *Revista de Direito Mercantil* 120/165-172, out.-dez. 2000, com comentários do Prof. Haroldo Malheiros Duclerc Verçosa.

Impressão e acabamento:
GRÁFICA PAYM
Tel. (011) 4392-3344